études littéraires françaises · 24

D1196215

études littéraires françaises

collection dirigée
par
Wolfgang Leiner

avec la collaboration
de Jacqueline Leiner et d'Ernst Behler

Télémaque de Fénelon

La signification d'une œuvre littéraire à la fin du siècle classique

par Volker Kapp

avec une préface d'Henri Gouhier

Gunter Narr Verlag · Tübingen
Editions Jean-Michel Place · Paris

CIP-Kurztitelaufnahme der Deutschen Bibliothek

Kapp, Volker:
Télémaque de Fénelon : la signification d'une œuvre littéraire à la fin du siècle class. /
par Volker Kapp. Avec une préf. d'Henri Gouhier. – Tübingen : Narr ; Paris : Place, 1982.
  (Etudes littéraires françaises ; 24)
  ISBN 3–87808–580–X

NE: GT

© 1982 · Gunter Narr Verlag · Tübingen

Druck : Becht-Druck · 7403 Ammerbuch-Pfäffingen

ISBN 3–87808–580–X

PREFACE

Bausset, qui n'est pas encore cardinal, a raconté les aventures du
'Télémaque' dans sa précieuse 'Histoire de Fénelon', tome II, 1808.
Après des éditions fragmentaires qui paraissent à l'insu de l'archevêque et malgré l'interdiction du Roi à partir de 1699, c'est seulement en 1701 qu'un libraire de La Haye, Adrien Moetjens, donne une
édition qui se prétend correcte et complète de l'ouvrage, ceci toujours sans l'autorisation de l'auteur. Il faut attendre 1719 pour
trouver une édition établie d'après le manuscrit original par un
petit-neveu de l'archevêque, le marquis de Fénelon, et publiée à
Amsterdam. Alors commence ce que nous appelons "un succès de librai-
rie", lequel va durer plusieurs siècles.

Le 'Catalogue' de la Bibliothèque Nationale de Paris donne à 'Télémaque' 516 numéros; 730, si l'on ajoute les recueils d'extraits et
les traductions; et nous ne comptons pas les rééditions dans les collections d' 'Oeuvres complètes' ou du moins principales de Fénelon.
Ajoutons que le tome 50 de ce 'Catalogue' porte la date de 1912. Mais
reconnaissons que la belle histoire bibliographique de 'Télémaque',
en fait, est désormais celle d'un livre qui a de moins en moins de
lecteurs. Les éditions seront celles d'érudits, elles sont remarqua-
bles et, inévitablement, rares.

Ce déclin dans l'ordre de la quantité ne diminue en rien l'importance historique de l'ouvrage. Sa diffusion en France et en Europe
constitue un gros chapitre dans l'histoire de la culture au XVIIIe
siècle et sans doute aussi dans celle du XIXe. Là est l'intérêt du
livre de M. Volker Kapp qui cherche à l'intérieur même du livre les
raisons de son influence.

L'auteur du présent ouvrage a montré clairement comment le 'Télémaque' de Fénelon appartient à plusieurs histoires: celle des idées,
celle de la pédagogie, celle de la vie politique, celle de la spiritualité. Il a su composer et écrire son exposé de telle façon que le
lecteur puisse immédiatement voir ces histoires non point parallèles
mais convergentes. Enfin cette diversité des préoccupations de Fénelon n'est en aucune façon dispersion de la pensée: qu'il s'agisse de
philosophie ou de théologie, de l'éducation ou de l'art de gouverner,
on trouve toujours, sous-jacentes au discours de Fénelon, les exigences de sa vie intérieure; l'auteur des 'Maximes des Saints' est

toujours présent, serait-ce dans l'ombre. M. Volker Kapp fait partout apparaître ou deviner la dimension spirituelle.

L'ouvrage qu'a voulu écrire M. Volker Kapp impliquait de nombreuses recherches dans diverses directions pour situer 'Télémaque' dans son contexte socio-culturel, expression courante aujourd'hui et fort judicieusement composée. C'est pourquoi le livre ne concerne pas seulement Fénelon: il met en lumière, par exemple, l'importance de l'oeuvre de Fleury; ou encore, il attire l'attention sur un écrivain peu connu, Gueudeville, qui mérite mieux que l'oubli; plus généralement, il éclaire la portée philosophique de la querelle des Anciens et des Modernes. Enfin, en le lisant, nous comprenons mieux la place de Fénelon dans l'histoire du XVIIIe siècle qui commence avec "la crise de la conscience européenne", comme disait Paul Hazard, c'est-à-dire avant l'année 1700.

M. Volker Kapp signale fort justement un curieux changement de référence sous l'expression "lumière naturelle": sous la plume d'un Malebranche elle signifie aussi bien la lumière selon saint Jean que la lumière selon Descartes: chez les "philosophes" du XVIIIe siècle, elle est, comme dit M. Kapp, "sécularisée". Dans cette perspective, 'Télémaque' traduit un effort pour tenir compte d'un certain esprit moderne en sauvant l'essentiel du message évangélique.

Ajoutons: son humanisme érudit, fidèle à la culture gréco-latine, est, dans ses livres et dans 'Télémaque' en particulier, au service d'une spiritualité qui, contrairement à l'humanisme laïcisé, affirme l'insuffisance de l'homme. Qu'est-ce que le "pur amour" sinon un amour tellement désintéressé que le <u>moi</u>, à la limite, disparaît, que <u>ma</u> volonté laisse la place à la volonté de Dieu? Or, une telle substitution ne peut être mon oeuvre: une grâce venue d'en haut, seule, a le pouvoir d'anéantir le naturel au profit du surnaturel. Là est sans doute une des raisons du succès de 'Télémaque', espèce d''Odyssée' chrétienne, charmant les uns en tant qu''Odyssée' et les autres en tant que chrétienne.

Henri Gouhier
de l'Académie française

TABLE DES MATIERES

LISTE DES ABREVIATIONS RELATIVES AUX OEUVRES DE FENELON

Un chiffre romain suivi d'un chiffre arabe (par ex. V, 123) renvoie à l'édition des 'Oeuvres complètes' (1848-1852) en 10 vol. publiées par Gosselin, le chiffre romain indiquant le volume, le chiffre arabe la page.

Un chiffre arabe suivi d'un autre chiffre (par ex. 1, 257) renvoie à l'édition critique de 'Télémaque' publiée par A. Cahen (1927) dans la collection des 'Grands écrivains de la France', le premier numéro indiquant le volume, le deuxième la page.

LA renvoie à l'édition critique de la 'Lettre à l'Academie' publiée par E. Caldarini (1970) dans la collection des 'Textes littéraires français' (158).

Corr renvoie à l'édition critique de la 'Correspondance de Fénelon' publiée et commentée par J. Orcibal (1972-1976, 5 vol. parus).

AVANT-PROPOS

A tous ceux qui m'ont permis de mener à bien l'achèvement du présent ouvrage, je tiens ici à exprimer ma reconnaissance: à mes étudiants, avec lesquels, à deux reprises, j'ai discuté l'argument de mon travail; en 1974, d'abord, lorsque j'ai commencé à porter mes réflexions sur le succès d'une oeuvre littéraire perdue dans un passé lointain; en 1976, ensuite, lorsque j'ai étudié, dans le cadre d'un séminaire organisé en collaboration avec l'historien K. Gerteis, la critique fénelonienne de l'absolutisme.

Mes recherches portant sur la forme littéraire de 'Télémaque' dans son rapport avec la réalité socio-culturelle de l'époque ont profité de l'apport précieux de trois éminents universitaires français: J. Le Brun m'a prodigué des conseils qui ont fait avancer mes travaux. M. Fumaroli m'a autorisé à lire une partie de sa Thèse alors inédite. Il m'a fait comprendre la relation entre les théories rhétoriques et la forme littéraire de 'Télémaque'. H. Gouhier m'a encouragé à continuer dans la direction choisie. Qu'il trouve ici l'expression de ma profonde reconnaissance. On pourra lire la préface dont il a bien voulu honorer mon exposé.

Cet ouvrage a été conçu et réalisé à l'Université de Trèves. Une bourse de recherches de la Deutsche Forschungsgemeinschaft m'a permis, pendant deux années (1977-1979), de me consacrer exclusivement aux questions soulevées par le succès de 'Télémaque'.

Il m'est malheureusement impossible d'énumérer tous les enseignants et les bibliothécaires auxquels je devrais exprimer ma reconnaissance. Une place de choix revient à M. Faure et à M. Erman qui ont relu les épreuves. Je remercie messieurs les professeurs A. Barrera-Vidal, K.-H. Bender, J. Hasler, W. Leiner, H.-J. Niederehe, W. Schieder, I. Leis-Schindler et surtout B. König. Leur bienveillance et leurs précieux conseils m'ont été très utiles.

M. et Mme Bagola m'ont apporté une aide efficace pour la réalisation technique de ce livre. Je suis heureux de leur exprimer ma gratitude.

Je dédie cet ouvrage à Ursula, Christoph, et Matthias.

INTRODUCTION

'Télémaque' est une oeuvre du patrimoine classique qui a profondément marqué non seulement l'évolution de l'esprit français mais également celle de la pensée européenne. Il fait partie de ces ouvrages
que l'on aime citer, mais qu'on hésite à lire. On l'imprime jusqu'à
nos jours dans les collections scolaires sous forme d'extraits. On le
publie même en livre de poche[1]. Il a été une pierre d'achoppement,
qualité qu'il a conservée, car, aujourd'hui, il divise les esprits de
la même manière que lors de sa publication en 1699. Il passionne ceux
qui s'en occupent à tel point que les jugements impartiaux sont rares
parmi le nombre immense des prises de position concernant la qualité
littéraire ou les différents aspects de son message. Certes, l'impar-
tialité n'est pas forcément une qualité de la critique littéraire,
elle est même pour quelques-uns un mirage qu'il faut combattre. Il
est tout de même frappant de constater combien 'Télémaque' éveille
les émotions de ses lecteurs.
    Le succès de 'Télémaque' dans le domaine littéraire est incontes-
table, pourtant la légitimité de ce succès est contestée dès la publication. En 1700, un pamphlet, qui porte le titre révélateur de 'Telemacomanie', déclare sans ambages en expliquant le titre de l'écrit:

        Je l'ai intitulé Telemaco-manie, pour marquer l'injustice de la
        passion, & de la fureur avec laquelle on court à la lecture du
        Roman de Telemaque, comme à quelque chose de fort beau, au lieu
        que je pretends qu'il est plein de deffauts, & indigne de l'Au-
        teur. (5)

Faydit est l'auteur de cette invective. Il considère le retentissement de 'Télémaque' auprès du public comme une espèce de folie populaire. La fureur du polémiste a été célèbre à l'époque. Elle a été
accueillie favorablement par les grands critiques littéraires du début de notre siècle. A. Albalat pense que "ce prétendu chef-d'oeuvre
a été travaillé d'après des principes qui sont le contraire de l'art
d'écrire"[2]. Il n'est pas à court d'arguments lorsqu'il s'agit d'expliquer le succès du livre:

---

1 Collection Garnier-Flammarion; chronologie et introduction par J.-
   L. Goré, Paris 1968.
2 'Le travail du style enseigné par les corrections manuscrites des
   grands écrivains', Paris 13 1931, 220.

La banalité est toujours applaudie. Fénelon mit à la portée des esprits médiocres les éloquentes énergies de la littérature antique. (ibid., 222)

Le style de 'Télémaque' jure avec les principes du goût contemporain. Peu importe que le livre ait recueilli les suffrages des meilleurs esprits du siècle des Lumières et même de quelques-uns des grands écrivains du XIXe siècle. Albalat condamne, au nom des principes esthétiques qu'il approuve, un goût différent. Il ne s'efforce pas de comprendre les raisons pour lesquelles le précepteur du duc de Bourgogne a imaginé ce style.

Les grands critiques littéraires du début du siècle trouvent de dignes successeurs dans les universitaires d'aujourd'hui[3]. On pourrait multiplier les citations qui énumèrent les défauts du style fénelonien et qui condamnent l'esthétique littéraire du 'Télémaque'. Il existe une longue tradition de jugements défavorables sur ce livre, mais cette violence verbale contre la structure de l'oeuvre n'a pas empêché son succès littéraire.

Les adversaires de Fénelon prétendent trop hâtivement que seul le goût relâché du XVIIIe siècle a estimé les qualités littéraires de 'Télémaque'. Stendhal est l'un de ceux qui ne renient pas l'esthétique fénelonienne. Il note dans l''Histoire de la peinture en Italie': "Il ne faut que de la foi pour avoir peur des phrases de Bossuet, il faut de l'âme pour goûter Fénelon"[4]. L'Antiquité du 'Télémaque' lui rappelle la grâce d'un Raphaël: "Le talent du peintre d'Urbin est plus vigoureux, parce qu'il y a une grâce plus divine, parce que rien n'est forcé, parce qu'il est plus lui-même. Quand Raphaël est déclamateur, il l'est comme Fénelon dans certains morceaux du 'Télémaque'"[5]. Les critiques formulées contre l'architecture de Raphaël lui dictent une autre comparaison avec l'archevêque de Cambrai. La "froideur" qu'on imputait à l'architecture du peintre rappelle "le défaut du style de Fénelon aux yeux des imitateurs de M. de Chateaubriand" (ibid., 337).

Le 'Génie du christianisme' (I, 1, 8) compare Fénelon à Virgile. L'au-delà de 'Télémaque' est supérieur à l'Elysée de l''Enéide'. Fournier de Tony trouve les descriptions de 'Télémaque' "délicieuses"[6]. Chateaubriand ne nie pas les faiblesses de 'Télémaque'. Il écrit dans l''Essai historique, politique et moral sur les révolutions anciennes et modernes' (1797):

---

3 A. Adam confirme la condamnation d'Albalat: "Sera-t-il permis de mettre en doute que 'Télémaque' mérite cette admiration? Trop de mollesse se discerne dans le style, et trop d'indécision. Fénelon n'a pour décrire que des épithètes banales, que des comparaisons empruntées à la poésie grecque ou latine, au point de donner parfois l'exaspérante impression qu'il fait une sorte de centon d'Homère et de Virgile" ('Histoire de la littérature française au XVIIe siècle', tome V, Paris 1957, 175-176).
4 Tome 1 de l'éd. Martineau, Paris 1929, 279.
5 'Promenades dans Rome', tome 2, éd. cit., 79.
6 'Les Nymphes de Dyctyme ou Révolutions de l'Empire Virginal', Paris 1790, XI.

Le défaut de cet immortel ouvrage vient de la hauteur de ses
leçons, qui ne sont pas calculées pour tous les hommes. On y
trouve des longueurs, surtout dans les derniers livres. Mais
ceux qui aiment la vertu, et chérissent en même temps le beau
antique, ne doivent jamais s'endormir sans avoir lu le second
livre du Télémaque. L'influence de cet ouvrage a été considérable; il renferme tous les principes du jour: il respire la
liberté, et la révolution même s'y trouve prédite. Que l'on considère l'âge où il a paru, et l'on verra qu'il est un des premiers écrits qui ont changé le cours des idées nationales en
France. ('Oeuvres complètes', vol. 2, Paris 1826, 259-260)

Chateaubriand admire surtout les idées politiques de 'Télémaque' mais
il n'en apprécie pas moins son imitation de l'Antiquité gréco-
romaine. Le rayonnement de l'ouvrage, on le voit, se prolonge au-delà
du XVIIIe siècle. L'art de Fénelon réunit encore les suffrages au
XIXe siècle, époque à laquelle sa fortune littéraire baisse sensiblement. Les éloges de son style ne se font que rarement sans réserves.
Il ne reste pas moins vrai que les qualités littéraires de 'Télémaque' emportent l'adhésion de quelques esprits de premier ordre.

Ces qualités littéraires n'expliquent cependant pas pourquoi 'Télémaque' est, pendant presque un siècle, le livre le plus lu et le
plus imprimé. On a fait entrer la politique dans la justification de
son succès: succès de scandale s'il en fut, ainsi l'aversion contre
le Roi-Soleil a suscité la curiosité des lecteurs. M. Daniélou se
demande, par exemple, si le livre comporte une critique ouverte du
gouvernement royal, et elle répond:

Mais on ne peut pas ne pas y voir une critique détaillée de la
politique de Louis XIV, et le portrait qu'il trace pour le duc
de Bourgogne d'un roi chrétien, est trait pour trait l'antonyme
de son grand-père. Aussi bien personne ne s'y trompa; le livre
n'eût pas eu un succès aussi foudroyant (on jetait des louis
d'or aux libraires pour en obtenir un exemplaire), si on n'y
avait pas vu un roman à clefs. ('Fénelon et le duc de Bourgogne.
Etude d'une éducation', Paris 1955, 187)

Cette hypothèse séduit par la référence à des faits historiques indé-
niables. Elle leur attribue pourtant une signification qui n'en dé-
rive pas nécessairement. 'Télémaque' a fait fortune comme satire politique, mais il a été accueilli immédiatement comme un chef-d'oeuvre
littéraire. Le titre du pamphlet de Faydit ne s'explique que dans la
mesure où il s'oppose au goût d'un public appréciant les qualités
littéraires du livre. Gueudeville publie la même année une 'Critique
generale des Avantures de Telemaque'. Il présuppose, lui aussi, un
accueil favorable de 'Télémaque' sur le plan littéraire. Les
différentes lettres privées, que nous allons étudier, parlent autant
des qualités littéraires que des idées politiques du livre. Le scandale politique a sa part dans la fortune de 'Télémaque'. Il n'en explique pas, pour autant, le succès.

On a opposé l'aspect pédagogique à la valeur littéraire du livre.
Beaucoup de générations ont en effet lu l'écrit fénelonien au cours
de leurs études. L'ennui suscité par la lecture scolaire marque définitivement un ouvrage de son opprobre. P. Barrière parle de ce pro-

blème:

> Pour la plupart des gens Fénelon c'est avant tout l'auteur du
> 'Télémaque' et le 'Télémaque' c'est l'ennuyeuse et monotone rhap-
> sodie qui enveloppe de clichés à l'antique ses utopies politi-
> ques et sa morale périmée, ce manuel tombé de l'écolier royal
> aux grimauds que nous fûmes jadis aux temps du 'Tour de France'
> et du 'Francinet'; tant de générations y ont appris à lire qu'il
> est resté de ce fait irrémédiablement marqué, comme du reste les
> 'Fables' de La Fontaine, avec lesquelles il a tant de rapports.
> ('Fénelon romancier sarladais', dans: 'Bulletin de la Société
> historique et archéologique du Périgord' 88 (1951), 223)

'Télémaque' a été une lecture scolaire jusqu'au début de notre
siècle. C'est un des livres scolaires favoris des lycées allemands
au moment où Fr. A. Wagler conteste sa valeur pédagogique[7]. Mais la
fortune de 'Télémaque' dans le monde scolaire est plus mouvementée
qu'on ne se l'imagine. Querbeuf écrit à ce propos:

> Voilà ce que l'on pense et ce que l'on dit encore de Télémaque
> au bout de plus d'un siècle: il est toujours lu, toujours recher-
> ché. Mais pourquoi n'est-il pas aussi généralement utile? c'est
> peut-être qu'on le lit de trop bonne heure; c'est que l'éclat du
> style éblouit la plupart des lecteurs, qu'ils s'y arrêtent trop,
> et que, fixés par les beautés de l'imagination, ils ne s'élèvent
> point ou ne veulent pas s'élever jusqu'aux beautés sublimes de
> raison et de vérité qu'il renferme. ('Essai historique sur la
> personne et les écrits de Fénelon', dans: Fénelon, 'Oeuvres
> complètes', tome 1, Paris 1810, 218-219)

Querbeuf met en garde contre la séduction du style, dont l'agrément
risque d'obscurcir l'instruction morale. Cet avertissement s'appuie
sur un jugement esthétique qui est confirmé par Du Bos.
    Les 'Réflexions critiques sur la poésie et la peinture' insistent
sur le plaisir de la lecture. L'instruction dispensée par la poésie
passe par le style de l'oeuvre, qui suscite le plaisir du lecteur[8].
L'auteur appuie sa thèse sur l'exemple de 'Télémaque':

> Si la Poésie du style du Roman de 'Télémaque' eût été languis-
> sante, peu de personnes auroient achevé la lecture de l'ouvrage,
> quoiqu'il n'en eût pas été moins rempli d'instructions profi-
> tables. (ibid., 304)

'Télémaque' instruit par le moyen du plaisir esthétique. Du Bos
estime sa valeur esthétique. A en croire S. de Sacy, la séduction de
l'oeuvre fénelonienne a été jugée assez longtemps dangereuse pour la
jeunesse:

> Quand j'étais jeune, le Télémaque était encore défendu dans la
> plupart des pensions et des collèges par une vieille tradition
> universitaire. On ne le lisait qu'en cachette. Il avait l'at-

---

7   'Bemerkungen über den Télémaque mit besonderer Rücksicht auf den
    Gebrauch desselben als Schulbuch', dans: 'Archiv für das Studium
    der neueren Sprachen und Literaturen' 14 (1852), 106-133. Cf. H.
    Schütz, 'Fénelon's Abenteuer des Telemach literarhistorisch und
    kritisch dargestellt', Minden 1868.
8   "En lisant un poème, nous regardons les instructions que nous y
    pouvons prendre comme l'accessoir. L'important, c'est le style,
    parce que c'est du style d'un poème que dépend le plaisir de son
    lecteur" (7e éd. Paris 1770, réimpr. Genève 1967, tome I, 303-304).

trait du fruit défendu. C'est assez dire qu'on allait chercher
bien vite l'endroit coupable, cette histoire des amours d'Eucharis qui faisait frapper d'interdit le livre tout entier, bien
plus, selon moi, par une rancune janséniste contre l'archevêque
de Cambrai que par le danger véritable du passage. ('Variétés
littéraires morales et historiques', tome 1, Paris ²1859, 63)

L'indignation d'un Faydit contre la représentation de l'amour profane
dans un écrit pédagogique ne provient pas de l'hypocrisie mise au
service de la polémique littéraire. Elle est profondément enracinée
dans les convictions pédagogiques de l'époque. De Sacy ne la comprend
plus. 'Télémaque' traite d'un argument mis entre parenthèses par les
éducateurs, et éliminé des textes préparés ad usum delphini.

'Télémaque' est un écrit pédagogique qui n'entre pas dans le schéma des genres littéraires. Est-ce un roman pédagogique[9]? On qualifie
'Télémaque' de roman, mais les premiers lecteurs ne se servent de
cette notion, ainsi que nous le verrons (III, 3), que faute de mieux.
La peinture de l'amour d'Eucharis rappelle la définition du roman
considéré comme une histoire d'amour. Mais le débat sur l'immoralisme
du roman 'Télémaque' est faussé dès qu'on tient la catégorie de roman
éducatif pour une base sérieuse.

Du roman éducatif au "premier roman philosophique", que D. Nisard
reconnaît en 'Télémaque'[10], il n'y a qu'un petit pas. C'est plus
qu'une chicane sur les mots que d'insister sur l'imprécision d'une
telle terminologie. Des liens profonds unissent 'Télémaque' au
XVIIIe siècle[11], mais ces liens relèvent d'élaborations faites,
après coup, à propos d'une oeuvre dont le caractère spécifique échappe à la lecture philosophique.

Prenons l'un de ces essais suggestifs, l'article 'Sur Telemaque'
écrit par Castel de Saint-Pierre. L'auteur constate la supériorité du
poète sur le philosophe dans le domaine de l'imagination. Il prône
ensuite l'alliance des deux:

Le plus haut degré de l'art de bien écrire, c'est de mètre en
évidanse les plus fortes raisons pour convaincre l'esprit, &
d'exciter en même temps par des images dans l'ame du lecteur des
mouvemans de plezir qui gagnent le Coeur. ('Ouvrages de morale
et de politique', tome 12, Rotterdam 1737, 247)

La théorie de l'auteur est séduisante parce qu'elle attribue une fonction pédagogique à la poésie. Mais Castel de Saint-Pierre fausse les
idées qu'il prétend expliquer. Il traduit, d'une part, dans la terminologie philosophique une conception pédagogique de la littérature
basée sur des assises complètement différentes. Il imagine, d'autre

---

9 Priscilla P. Clark écrit: "In many respects Télémaque belongs to
   this earlier age. Not a novel of education as the genre came to be
   defined, it is more properly a novel of instruction, or Erzie-
   hungsroman. And the novel of instruction is, I shall argue, a vehi-
   cule particularly atuned to the esthetic and social concerns of
   seventeenth-century France" ('Leçons du grand siècle: the Aesthetics of Education in Télémaque', dans: 'Papers on French Seventeenth Century Literature' 6 (1976/7), 24).
10 'Histoire de la littérature française', tome III, Paris ⁴1867, 383.
11 Cf. A. Cherel, 'Fénelon au XVIIIe siècle en France (1715-1820)',
   Paris 1917.

part, son hypothèse dans le dessein apologétique de justifier les "négligences" restées sans correction dans l'ouvrage.

Lorsqu'on explique 'Télémaque' dans la perspective des Philosophes, on risque de méconnaître la pensée de Fénelon. Un exemple particulièrement probant de ce fait est l'éloge que 'L'Europe savante' accorde à la peinture de la vertu dans 'Télémaque':

> Il nous démontre, que nous sommes nez pour aimer la Vertu, & que même quand un Dieu n'existeroit pas, nous ne serions pas moins obligez, pour nôtre propre intérêt, à être vertueux. (III, juin 1718, 187)

La distinction fénelonienne entre l'amour de Dieu et l'amour-propre semble justifier cette explication philosophique de l'amour de la vertu dans 'Télémaque'. En vérité, Fénelon ne les distingue que pour préserver l'amour de Dieu de l'influence d'un intérêt propre, qui se déguise en dévotion. R. Spaemann a démontré que les explications philosophiques de sa distinction théologique transforment profondément ses idées. Ces interprétations philosophiques sont dues à la condamnation de la doctrine fénelonienne de l'amour pur[12]. Or, on se demande jusqu'à nos jours si 'Télémaque' est le fruit des mêmes préoccupations que celles qui habitaient Fénelon quant à la spiritualité. Il faut donc esquisser le lien entre les deux domaines de la production fénelonienne.

Leibniz a noté que la pédagogie fénelonienne ne relevait pas de sa doctrine mystique. Spaemann confirme son avis[13]. Aucun des deux n'a vu le plan sur lequel la spiritualité concerne la pédagogie. Il faudra dégager les racines religieuses de 'Télémaque' pour comprendre la contribution de la spiritualité au succès du livre. La seconde partie de la présente étude sera consacrée à ce problème.

L'amour que les Philosophes portent à la vertu ressemble, de l'extérieur, aux principes pédagogiques de Fénelon. Il faut cependant les distinguer pour saisir la signification que 'Télémaque' a pu avoir aux yeux de son auteur. Lorsqu'on analyse cet aspect de l'oeuvre, on risque de s'exposer au malentendu: on part à la recherche naïve de sa signification comme si l'intention de l'auteur était la seule base légitime. Nous nous proposons de reconstruire le cadre global dans

---

12 "Die Tatsache, daß nicht nur im 'Télémaque' die "Tugendliebe" eine zentrale Rolle spielt, sondern daß Fénelon auch seine Lehre vom amour pur immer durch die Berufung auf die antike Liebe zur Tugend um ihrer selbst willen stützt und exemplifiziert, hat ihn zu einem Kronzeugen des Moralismus der Aufklärung werden lassen. "Fénelon hat die Übung der Tugend von der religiösen Erwartung des ewigen Lohnes getrennt", das ist es, was das 18. Jahrhundert behalten hat, und da durch Fénelons Verurteilung Bossuets Verständnis von Religion triumphiert hatte, bedeutete diese Erinnerung zugleich: Fénelon hat die Moral von der Religion getrennt. In Wirklichkeit war dieses so ungeheuer verbreitete Fénelonbild ein Mißverständnis" ('Reflexion und Spontaneität. Studien über Fénelon', Stuttgart 1963, 114-115). Voir aussi H. Gouhier, 'Rousseau et Fénelon', dans: 'Reappraisels of Rousseau. Studies in honour of R. A. Leigh', Manchester 1980, 285.
13 Spaemann, ibid., 206-207. Cf. E. Naert, 'Leibniz et la querelle du pur amour', Paris 1959.

lequel 'Télémaque' s'inscrit au moment de sa composition et de sa
publication. Nous voulons réunir les éléments primordiaux qui ont
déterminé la composition de 'Télémaque'.

Mettre à jour les interprétations philosophiques de 'Télémaque',
ce n'est pas démontrer l'illégitimité des lectures dans la perspective du siècle des Lumières. Déjà, de par la date de sa publication,
'Télémaque' est inséparable de la pensée des Philosophes. Néanmoins
il est nécessaire de déceler les tendances de l'esprit classique,
auxquelles il doit sa naissance. On peut ainsi rendre visible, dans
un champ restreint, l'évolution de la pensée française du classicisme
au siècle des Lumières. Il n'y a certainement pas d'autre oeuvre qui
se prête autant à une telle recherche que le 'Télémaque'.

A travers 'Télémaque', la fin du siècle classique prend part à nos
développements. Notre argument n'est, cependant, jamais perdu de vue.
Tous les éléments ne sont réunis que dans la mesure où ils contribuent à illustrer la signification de 'Télémaque' à la fin du siècle
classique. C'est pourquoi la recherche de la signification donne son
titre à notre ouvrage. On ne peut pas réduire son argument à une
seule causalité prédominante. L'opposition de deux notions, comme par
exemple l'esthétique littéraire et la politique, la spiritualité et
la philosophie, les exigences de la pédagogie princière et de la
doctrine esthétique, s'est révélée insuffisante face à la complexité
de la situation historique dans laquelle 'Télémaque' prend son sens.
Le moment historique confère une riche gamme de significations à
l'oeuvre. Elle sert non de prétexte, mais d'interprète à travers lequel les préoccupations les plus diverses se sont exprimées. 'Télémaque' a joué le rôle de catalyseur du monde moderne, dont les assises marquent toujours notre vie. C'est cette fonction qui rend l'étude de cette oeuvre si passionnante.

Le procès que nous nous proposons d'analyser, est très complexe.
Une systématisation trop rigoureuse aurait obscurci l'interdépendance
des plans littéraires, spirituels et politiques. Il fallait aborder
le même argument sur différents niveaux et selon différents points de
vue afin de rendre compte de la complexion des phénomènes étudiés.
C'est pourquoi nous reviendrons, à plusieurs reprises, au même sujet.

Il faudrait esquisser l'évolution de la notion de littérature si
l'on voulait traiter à fond les problèmes soulevés par la forme littéraire de 'Télémaque'. Nous distinguons entre l'ambition littéraire
qu'on impute, à tort, à Fénelon et le succès littéraire de 'Télémaque'. Certains aspects de sa forme s'expliquent par des raisons qui
ont peu de rapport avec la doctrine littéraire proprement dite. Il
faudra s'éloigner du domaine restreint de la critique littéraire pour
saisir ces éléments.

La forme littéraire a joué un rôle important dans la fortune de
'Télémaque'. Elle a attiré l'attention des différentes générations de
lecteurs. Elle a favorisé la modification de la pensée fenelonienne
par les Philosophes après avoir provoqué l'indignation morale des
lecteurs dévots, l'indignation politique du Roi et de son entourage.

Fénelon est lui-même responsable de la fortune imprévue de son ouvrage parce qu'il a adopté la fiction littéraire comme forme de son message pédagogique.

Certains critiques ont douté que le précepteur du duc de Bourgogne eût des ambitions littéraires lors de la composition de son 'Télémaque'[14]. D'autres ont déploré l'influence de la pédagogie sur la forme littéraire. Ils cherchent alors des excuses ingénieuses:

> Il faut qu'on lui [à Fénelon] passe l'abus des discours, les récits trop exemplaires ou tournant au memento d'histoire et de géographie, la navigation naïvement littéraire avec des tempêtes vues dans l'Enéide et des naufrages de tout repos. Malgré beaucoup de détails d'une observation très fine, les personnages ne vivent pas, ne se détachent pas en relief. Mentor, même quand il se fait charpentier de navire, n'a certes rien d'un Robinson! Le plus regrettable peut-être est que Fénelon, par un reste de scrupule scolaire, n'y montre pas toujours la liberté et l'originalité de son goût...il y affadit un peu la saveur des vieux poèmes homériques, et Virgile semble en général plus présent à sa pensée. S'il n'eût écrit que pour son plaisir, il eût été plus Grec, ce semble, avec plus de fraîcheur et moins d'apprêt. (E. Carcassonne, 'Fénelon l'homme et l'oeuvre', Paris 1946, 106-107)

On peut comprendre les regrets de l'éminent critique de Fénelon. Mais il faut surmonter l'antithèse entre la dimension littéraire et la dimension pédagogique de 'Télémaque', même si toute la structure pédagogique reste étrangère à notre goût littéraire. C'est cette structure pédagogique qui caractérise 'Télémaque'. On doit même renverser la perspective adoptée par la recherche littéraire et essayer d'expliquer la carrière littéraire d'un écrit décidément instructif, qui ne renie nullement son but pédagogique. Espérons qu'on n'imputera pas au présent travail la faute de vouloir comprendre pourquoi Fénelon a choqué les différents critiques de 'Télémaque'[15].

Au fond, Trublet a déjà relevé l'essence du problème littéraire de 'Télémaque' dans ses 'Reflexions critiques sur les Avantures de Telemaque Fils d'Ulysse'. Son article est un compte-rendu de la première édition qui fut autorisée en France. Il y exprime ses réserves sur le

---

14 "Est-ce qu'en composant le 'Télémaque', Fénelon ait eu l'intention d'en faire une oeuvre poétique et littéraire, que les Français pussent opposer aux grandes épopées de l'Antiquité grecque et latine? Assurément non! Ses désirs étaient plus simples et son ambition plus modeste. Il voulait enfermer dans le cadre épique qu'il avait choisi un livre d'éducation politique et morale" (G. Bizos, 'Fénelon éducateur', Paris 1886, 108). A. Blanc a publié récemment deux études qui montrent la complexité de l'univers pédagogique de 'Télémaque': 'Fonction de la référence mythologique dans le 'Télémaque', dans: 'XVIIᵉ siècle' 31 (1979), 373-388, et 'Au dernier livre du "Télémaque". Rencontre du Père ou passage du Divin?', dans: 'Revue d'histoire littéraire de la France' 80 (1980), 699-706.

15 Signalons en passant que les apologètes de 'Télémaque' rendent les attaques même à ceux d'entre les critiques du livre qu'on ne réussit plus à repérer. A. Cahen nomme un certain nombre d'écrits signalés par une bibliographie de Fleischer et connus par Gosselin, qui en parle dans son 'Histoire littéraire' (I, 136-137), mais introuvables, selon toute vraisemblance, pour Cahen (1, LX). Nos propres recherches sont restées sans succès. Les auteurs qui polémiquent contre ces écrits après la publication de l'éd. de Cahen n'en citent aucun passage. Est-ce que ils ont vraiment vu et lu les écrits qu'ils attaquent? On hésite à le croire.

style de 'Télémaque' et recourt à un stratagème: il prétend admirer
ce style, mais son admiration ne va pas jusqu'à l'auteur. Pour justifier son attitude, il raisonne de la manière suivante:

> Y a-t-il aujourd'hui un autre mérite, que celui de la mémoire,
> ou tout au plus celui d'une compilation judicieuse dans ces
> images pompeuses, dans ces descriptions poëtiques, dont il a
> paré son Ouvrage: Elles lui font moins d'honneur, qu'à Virgile &
> à Homere, & aux autres Poëtes anciens, à qui elles appartiennent
> en propre. ('Nouveau Mercure', juin 1717, 119)

Trublet est choqué que le style fénelonien ait le caractère d'un pastiche. Une compilation de clichés poétiques repérés dans la poésie
grecque et latine remplace l'invention poétique. Ce genre d'imitation
se distingue nettement de celle que les grands auteurs du classicisme
français ont faite des anciens. L'auteur remarque ensuite en quoi.
Fénelon s'éloigne de la conception de l'imitation suivie par un Boileau:

> [Boileau] invente en imitant: Tout ce qu'il emprunte, reçoit
> dans ses mains une forme nouvelle: Il y a des graces originales,
> il éclipse ses modéles dans un fond d'idées qu'ils sembloient
> avoir épuisés...Je reviens à M. de Fénelon, & j'avoue librement
> que ses livres les plus poëtiques, ne sont pas ceux que j'admire
> le plus, il n'y imite que de simples expressions, & l'invention
> n'a pas beaucoup de part dans cette sorte d'imitation. (ibid.,
> 220)

Fénelon prend une distance vis-à-vis de l'esthétique littéraire du
classicisme en mettant l'imitation au-dessus de l'invention. Est-ce
par ambition littéraire? La 'Lettre à l'Académie' ne traite pas de
'Télémaque'. Fénelon ne défend nulle part le style du livre. Pourquoi
Trublet s'oppose-t-il donc aux idées littéraires de Fénelon? Il commente l'édition qui s'efforce de consacrer la gloire de 'Télémaque'
comme poème de la France moderne. Cette édition est précédée d'un
'Discours de la poésie épique et de l'excellence du poème de Télémaque'. Ramsay y fournit la preuve que l'ouvrage fénelonien est le pendant moderne des grandes épopées de l'Antiquité. Les remarques critiques de Trublet attaquent les démonstrations du chevalier anglais,
qui est le grand adaptateur des idées féneloniennes aux vues nouvelles du siècle des Lumières.

Le 'Discours' de Ramsay transforme définitivement 'Télémaque' en
chef-d'oeuvre littéraire. Il l'explique selon la méthode expéri-
mentée par les Modernes. Il soutient que 'Télémaque' est un poème
épique:

> Nous examinons le poème de 'Télémaque' selon ces deux vues,
> d'instruire et de plaire; et nous tâcherons de faire voir que
> l'auteur a instruit plus que les anciens, par la sublimité de sa
> morale, et qu'il a plu autant qu'eux, en imitant leurs beautés.
> (VI, 387)

Ramsay recourt à un raisonnement ingénieux. La morale politique de
'Télémaque' prouve la supériorité des temps modernes sur les temps
anciens. Cette supériorité morale doit ensuite justifier la beauté
poétique d'un style qui réunit les clichés de la poésie ancienne la

plus connue. Trublet conteste le bien-fondé de cette conclusion. Il
accepte, par contre, que 'Télémaque' soit un produit de l'esprit philosophique. Ramsay écrit à ce propos:

> Dans Télémaque, tout est raison; tout est sentiment. C'est ce
> qui le rend un poème de toutes les nations et de tous les
> siècles. (VI, 394)

Par de telles formules, Ramsay a beaucoup contribué à la fortune de
Fénelon auprès des Philosophes[16]. Son 'Discours' explique le lien
entre la poésie et la pédagogie dans 'Télémaque'. Si séduisante que
soit son explication, tant pour les lecteurs du XVIIIe siècle que
pour les universitaires de notre temps, elle déforme complètement la
structure de l'oeuvre fénelonienne. Elle adapte l'esthétique littéraire de 'Télémaque' aux besoins de la situation politique et culturelle de la Régence.

Le 'Discours' de Ramsay est doublement important pour la présente
étude: il marque le point final de notre exposé. Il signale l'insertion de l'ouvrage dans le cadre de la poétique, et, partant, le moment où, définitivement, toute lecture commence à se faire sur la
base d'une esthétique littéraire différente de la vision spécifique
de Fénelon. Il indique également que le rapport entre la doctrine
pédagogique et l'esthétique littéraire joue un rôle important dans la
réflexion poétique du XVIIIe siècle. Car c'est par ce biais que Ramsay réussit à ramener cette oeuvre composite aux dimensions de la
poétique de l'époque. C'est pourquoi la première partie de la présente étude commence par traiter le problème de l'univers pédagogique
de 'Télémaque'. Il a fallu remonter jusqu'aux origines de la doctrine
classique pour saisir l'intention pédagogique et esthétique du
livre. La troisième partie sera consacrée au scandale politique de
l'ouvrage. Elle montrera que ce qu'on peut appeler la querelle de
'Télémaque' est un débat littéraire dont l'arrière-plan est politique.

Fénelon est arrivé par le biais de la théologie aux solutions spécifiques qui caractérisent 'Télémaque' sur le plan littéraire. C'est
autant la tradition théologique que la tradition littéraire qui révèle la signification de l'Antiquité de convention. Les luttes théologiques permettent également de comprendre pourquoi on a mis entre
parenthèses, dès la publication de l'oeuvre, la référence fénelonienne à la tradition théologique. La deuxième partie de notre exposé analysera cette dimension spirituelle de l'ouvrage.

Nous avons longtemps pensé qu'il fallait expliquer la fortune de
'Télémaque' par les divergences de perspectives entre l'esthétique
d'après laquelle Fénelon a composé l'ouvrage, et l'esthétique à laquelle les lecteurs se sont référés au XVIIIe siècle. C'est cet état
de notre projet que W. Leiner a présenté en 1977 au Centre Méridional
de Recherche sur le XVIIe siècle[17]. L'étude systématique des Miroirs

---

16 Sur son influence voir: A. Cherel, 'Fénelon au XVIIIe siècle'
...cit., 30-151, et G. D. Henderson, 'Chevalier Ramsay', London
1952.

des Princes nous a permis de restreindre le champ de travail. Nous n'avons trouvé dans les dictionnaires de l'époque aucun renseignement sur ce genre d'écrit. Il y manque également la notion "Institution du Prince". Nous ne différencions pas ces deux notions. Cette production littéraire a été abondante au XVIIe siècle. Elle a suscité peu d'attention dans les études sur 'Télémaque'. Les historiens de profession la négligent. L'ouvrage de G. Truc sur les 'Educations de princes' (Paris 1947) est insuffisant à bien des égards. Il existe également des études sur l'éducation princière de G. Compayré[18] et H. Druon[19]. Le livre d'A. Floquet[20] quant à lui a au moins le mérite de réunir beaucoup de matériaux sur le préceptorat de Bossuet. En ce qui concerne l'éducation du duc de Bourgogne, on ne dispose d'aucun livre bien documenté[21]. Le littéraire aimerait se référer, pour l'époque de Louis XIV, à une étude historique des Miroirs des Princes comparable à celle de W. Berges[22] sur les Miroirs des Princes au Moyen Age ou à celle d'E. Hinrichs sur la morale politique à la fin de l'humanisme[23]. Le travail bibliographique restait donc à faire afin de disposer de documents suffisants pour situer l'énoncé politique de 'Télémaque' dans la lignée des Miroirs des Princes. Notre bibliographie réunit les ouvrages écrits ou réédités au XVIIe siècle. Elle présente les titres qu'il a été possible de trouver dans les fonds de la Bibliothèque Nationale de Paris et de la Herzog August Bibliothek de

---

17 'Projets et travaux en cours', dans: 'Actes du 8ème Colloque de Marseille (janvier 1978)', Marseille 1979, 261-262 (=C.M.R. 17).
18 'Histoire critique des doctrines de l'éducation en France depuis le seizième siècle', Paris 1879. Sur les Miroirs des Princes cf. R. Darricau, art. 'Miroirs des Princes', dans: 'Dictionnnaire de spiritualité', vol. 10, Paris 1980, 1303-1313, et R. Mousnier, 'Les Institutions de la France sous la monarchie absolue', vol. 2, Paris 1980, 15-26. Sur le genre des miroirs cf. R. Bradley, 'Backgrounds of the title "Speculum" in medieval literature', dans: 'Speculum' 29 (1954), 100-115.
19 'Histoire de l'éducation des princes dans la maison des Bourbons', Paris 1897, 2 vol.; à compléter par l'ouvrage d'A. Cabanès, 'Moeurs intimes du passé', Paris 1917-1936, 7e série: 'Enfances royales, de Charles V à Louis XIV', et 8e série: 'Education de princes'. Cf. aussi M. A. Galino Carrillo, 'Los tratados sobre educación de príncipes. Siglos XVI y XVII', Madrid 1948.
20 'Bossuet précepteur du Dauphin, fils de Louis XIV, et évêque à la Cour (1670-1682), Paris 1864. Cf. H. Chérot, 'Trois éducations princières au XVIIe siècle. Le Grand Condé, son fils le duc d'Enghien, son petit-fils le duc de Bourbon 1630-1684', Paris 1896, et P. Girault de Coursac, 'L'éducation d'un roi: Louis XVI', Paris 1972.
21 L'ouvrage cité de M. Daniélou se contente de répéter les généralités sur Fénelon éducateur.
22 'Die Fürstenspiegel des hohen und späten Mittelalters' (1938), réimpr. Stuttgart 1952; Berges publie une bibliographie impressionnante des Miroirs des Princes écrits au Moyen Age (291-356). Cf. aussi P. Hadot, art. 'Fürstenspiegel', dans: 'Reallexikon für Antike und Christentum', vol. 8, Stuttgart 1972, 555-632. D. M. Bell, 'L'idéal éthique de la royauté en France au Moyen Age d'après quelques moralistes de ce temps', Genève-Paris 1962. W. Kleineke, 'Englische Fürstenspiegel vom Policraticus Johanns v. Salisbury bis zu Basilikon doron König Jakobs I.', Halle 1937, et J. Prys, 'Der Staatsroman des 16. und 17. Jahrhunderts und sein Erziehungsziel', Würzburg 1913.
23 'Fürstenlehre und politisches Handeln im Frankreich Heinrichs IV. Untersuchungen über die politischen Denk- und Handlungsformen im Späthumanismus', Göttingen 1969.

Wolfenbüttel.

L'étude des Miroirs des Princes a confirmé que 'Télémaque' n'est pas un livre révolutionnaire. Il fallait donc accepter son caractère traditionnel. Fénelon s'approprie des idées qui, auparavant, n'ont pas soulevé de protestations. S'il existe une manifestation de cette crise de la conscience tant évoquée depuis la publication de l'ouvrage écrit par P. Hazard[24] sur ce phénomène, c'est 'Télémaque'.

Les chercheurs n'ont pas manqué de rattacher 'Télémaque' à la crise de la conscience qui se manifeste à l'époque. Ils n'ont pourtant jamais vu que la forme littéraire de l'oeuvre y ait joué un rôle déterminant. L'Antiquité de convention dans l'ouvrage s'explique à la lumière des études sur les 'Moeurs des Israélites' de Claude Fleury.

La présence d'une influence de Fleury dans l'oeuvre fénelonienne a, depuis toujours, été signalée. Il faudra pourtant préciser la nature de cette influence. Fleury relie le monde biblique au monde homérique. 'Télémaque' présuppose ce lien entre l'Antiquité sacrée et profane. Les premiers lecteurs n'ont pas compris ce point de vue de l'auteur. Leur refus final d'accepter la perspective primitive de l'auteur s'avérera être le ressort de la fortune mouvementée du livre.

Nous rattacherons la signification de 'Télémaque' au problème de la sécularisation de l'esprit européen. Cette notion est sujette à caution. Des travaux récents ont montré qu'elle est chargée d'implications difficiles à saisir[25]. Elle caractérise pourtant l'ambiguïté qui marque la fortune de 'Télémaque'. Elle contribue à mieux saisir l'enjeu du débat sur la pensée politique du livre. Fénelon a eu le tort de croire qu'il pouvait arrêter un procès dont l'ampleur dépassait la volonté des participants. Ses idées n'ont rien d'anachronique. On n'aurait pas pu transformer son ouvrage en modèle d'une certaine pensée philosophique s'il n'avait été lui-même imbu de l'esprit moderne qu'il combat. Il faut donc, d'une part, lire 'Télémaque' en gardant la perspective qui rattache l'esprit classique à la pensée du XVIe siècle. Cette perspective a été écartée pour toujours par l'esprit philosophique de l'image du classicisme français. D'autre part, il faut savoir que 'Télémaque' est lié à l'avènement de l'esprit philosophique parce que la pensée fénelonienne s'efforce de répondre aux problèmes que le XVIIIe siècle soulèvera.

Etant donné la nature de notre propos, il a été inutile de charger notre développement de polémiques contre les explications qui n'entrent pas dans la présente interprétation de 'Télémaque'. Nous appuyons nos développements sur ceux des textes de l'époque qui nous ont amené à nos conclusions. Nous renvoyons, parmi les études faites sur l'auteur, à celles auxquelles nous croyons devoir certains éléments de notre exposé. Nous avons déjà fait l'état des recherches de

---

24 'La crise de la conscience européenne', Paris 1935.
25 H. Blumenberg, 'Die Legitimität der Neuzeit', Frankfurt 1966, et R. Specht, 'Innovation und Folgelast. Beispiele aus der neueren Philosophie- und Wissenschaftsgeschichte', Stuttgart 1972.

l'après-guerre sur Fénelon[26]. Il n'est donc pas nécessaire de répéter ici ce qui est dit ailleurs.

---

26 'Ergebnisse und Stand der Fénelon-Forschung (1946-1978)', dans:
   'Romanistisches Jahrbuch' 29 (1978), 100-114.

I. L'UNIVERS PEDAGOGIQUE DE 'TELEMAQUE'

I. 1. LE RAPPORT ENTRE L'UNIVERS PEDAGOGIQUE ET L'UNIVERS LITTERAIRE AU XVIIe SIECLE

'Télémaque' a été destiné à l'éducation d'un prince. Son retentissement dans les milieux littéraires et mondains, et son influence sur l'évolution du goût est difficile à comprendre aussi longtemps qu'on ne s'efforcera pas de relier l'intention pédagogique de 'Télémaque' au débat sur l'esthétique littéraire. Les rapports entre ces deux perspectives sont étudiés à deux niveaux tout à fait différents. Les uns se demandent quelle est la fonction des oeuvres littéraires dans le domaine scolaire. Ils étudient dans quelle mesure la littérature ancienne sert de base à l'éducation morale des élèves. Les autres partent de la prétention de la doctrine classique à une littérature utile au public en raison de son intention pédagogique. Ils traitent des rapports entre littérature et société à cette époque. Quoique cette distinction soit légitime pour la commodité de la recherche, on ne doit pas instaurer une séparation trop nette entre les deux domaines. Si l'on veut comprendre les réactions provoquées par la publication de 'Télémaque' il faut remonter à la source qui alimente à la fois les discussions sur l'esthétique littéraire et les débats sur les idées pédagogiques. Pour y arriver, il faut dépasser le niveau où la divergence des fonctions de la création littéraire et de la formation des hommes cache une identité de l'intention.

Le champ de l'esthétique littéraire ne coïncide pas avec celui de la pédagogie. Mais la théorie littéraire recouvre une vaste partie de la théorie pédagogique. Dès qu'il ne s'agit plus de détails techniques concernant la création littéraire, la poétique empiète sur le terrain même de la pédagogie. La doctrine classique fonde la légitimité de la création littéraire sur son utilité et définit cette utilité comme un effet pédagogique. L'utilité est aussi importante que le plaisir que procure la poésie. Chapelain, dont l'importance dans la formation de la doctrine classique est bien connue, n'hésite pas à écrire dans la 'Préface de l'Adone du Chevalier Marino' (1623):

La fin de la poésie étant l'utilité, bien que procurée par le moyen du plaisir, il y a de l'apparence que ce qui a l'utilité

> pour objet, c'est-à-dire ce qui tend à l'utilité, soit plus esti-
> mable en icelle que ce qui n'a pour objet que le plaisir seule-
> ment, c'est-à-dire qui se termine au plaisir. ('Opuscules criti-
> ques' éd. par A. C. Hunter, Paris 1936, 95)

La subordination du plaisir à l'instruction est pour Chapelain une
présupposition dont il tire des conséquences sans discussion préala-
ble sur l'idée. La doctrine classique ne touchera pas à la corrélation entre le divertissement et l'instruction. Au contraire, elle
fonde l'instruction sur le plaisir esthétique.

Le Père Rapin formulera, cinquante ans plus tard, dans ses 'Réflexions sur la poétique de ce temps' (1674), la même idée que Chapelain
sur un ton plus prudent:

> Il est vray que la poésie a pour but de plaire: mais ce n'est
> pas son principal but. Car la poésie, estant un art, doit estre
> utile par la qualité de sa nature, et par la subordination essen-
> tielle, que tout art doit avoir à la politique, dont la fin gé-
> nérale est le bien public. C'est le sentiment d'Aristote, et
> d'Horace son premier interprète. (éd. critique publiée par E. T.
> Dubois, Genève 1970, 20).
> Ce n'est mesme que pour estre utile que la poésie doit estre
> agréable: et le plaisir n'est qu'un moyen dont elle se sert pour
> profiter. (ibid., 23)

Rapin prend la défense de l'utilité de la poésie en invoquant l'autorité d'Aristote et d'Horace. C'est par son effet pédagogique que la
poésie contribue au bien public. Cet effet ne peut être atteint que
si l'on s'efforce de plaire au public[1].

Les règles de la poétique sont établies en fonction du public dont
le plaisir est le but recherché par la poésie. C'est ainsi que Boileau écrit dans son 'Art poétique' publié également en 1674:

> Voulez-vous faire aimer vos riches fictions?
> Qu'en sçavantes leçons votre Muse fertile
> Partout joigne au plaisant le solide et l'utile.
> Un lecteur sage fuit un vain amusement,
> Et veut mettre à profit son divertissement.
> (IV, 86-90, éd. par Ch.-H. Boudhours, Paris 1939, 112)

Boileau lui aussi est convaincu que la poésie doit instruire. Il résume par là une évolution de la doctrine classique, qui concevait la
théorie de la création littéraire à partir d'un idéal du comportement
en société. Il range l'art d'écrire sous le règne de l'art de plaire,
qui domine également les règles de la conversation en société. La
poésie est un divertissement de l'honnête homme. Elle s'enracine dans
la vie mondaine, le sérieux de l'enseignement étant caché sous le
voile d'un extérieur divertissant. C'est cette attention au plaisir
du public qui distingue l''Art poétique' de Boileau des autres poétiques publiées au XVIIe siècle[2]. Insister sur le plaisir provoqué par

---

1 Sur le problème du plaisir esthétique, voir: E. Dubois, 'René Rapin l'homme et l'oeuvre', Lille 1972, 304-307. Cf. "Mais parce que
   la poésie n'est utile qu'autant qu'elle est agréable: l'importance
   de cet art est de plaire" (Rapin, ibid., 24).
2 Voir: U. Schulz-Buschhaus, 'Honnête Homme und Poeta doctus. Zum
   Verhältnis von Boileaus und Menzinis poetologischen Lehrgedich-

la poésie, ce n'est donc pas récuser son intention pédagogique.

Cette esthétique se rattache à une conception de l'homme. L'art de plaire est le résultat d'une éducation dont la réussite consiste en un oubli de la contrainte. Les règles y sont appliquées comme si elles étaient une seconde nature. L'application juste des règles fait retrouver la spontanéité perdue au cours du procès éducatif. L'intention pédagogique de la poésie est basée sur une vision de la société où l'art de plaire détermine tout le comportement des hommes. L'initiation à la bonne conduite en société aboutit à la maîtrise de soi. Elle culmine dans la faculté de trouver la parole juste. C'est pourquoi l'art poétique, la théorie de la conversation et les doctrines de l'éducation débattent des problèmes d'anthropologie en se disputant leur dénominateur commun, qui est l'art du discours, la rhétorique.

Au XVIIe siècle, la rhétorique règle la communication dans tous les domaines où la parole est en jeu. Les auteurs qui en traitent soulignent l'utilité primordiale des leçons qu'on peut tirer de leurs développements. B. Lamy écrit, par exemple, dans la 'Préface' de sa 'Rhétorique ou l'Art de parler' (1675):

> L'Art de parler est très-utile, & d'un usage fort étendu. Il renferme tout ce qu'on appelle en François 'Belles Lettres': en Latin & en Grec 'Philologie', ce mot Grec signifie l''amour des mots'. Savoir les Belles Lettres, c'est savoir parler, écrire ou juger de ceux qui écrivent. (éd. Amsterdam 1712, page non numérotée)

Lamy répète ici l'opinion commune, selon laquelle la rhétorique enseigne la technique de parler, d'écrire, de juger. Celui qui possède cette technique saura maîtriser les situations les plus diverses. Ce passage éclaire bien le rôle de la rhétorique comme trait d'union de tout le spectre de la civilisation classique. Mais il n'y a pas une seule et même rhétorique appliquable à tous les domaines. Ce sont les divergences entre les différentes applications du système rhétorique qui marquent l'évolution de la civilisation classique[3]. Il faut insister, avec M. Fumaroli, sur le fait qu'il n'y a pas "La rhétorique, mais des rhétoriques. On peut se placer du point de vue des sources antiques et chrétiennes: elles suggèrent une infinité de rhétoriques possibles. On peut se placer du point de vue des milieux et des institutions: la rhétorique scolaire n'est pas celle des écrivains adultes et expérimentés; la rhétorique des collèges universitaires n'est pas celle des collèges de Jésuites; la rhétorique du Parlement n'est pas celle des gens de la Cour ni celle des prédicateurs"[4]. Ramener ces rhétoriques à un système commun, celui de La rhétorique ne sert qu'à

ten', dans: 'Arcadia' 9 (1974), 132.

3 Cf. mes remarques dans mon article 'Rhetorische Theoriebildung im Frankreich des 17. und frühen 18. Jahrhunderts. Methodologische Randbemerkungen mit Nachträgen zu einer Auswahlbibliographie von R. Behrens', dans: 'Zeitschrift für französische Sprache und Literatur' 89 (1979), 198-199.

4 'Critique et création littéraires en France au XVIIe siècle', Paris 1977, 289.

souligner les divergences des rhétoriques. Les rhétoriques ne se réduisent pas à un seul système, qui expliquerait la relation entre
l'univers pédagogique de la littérature et l'univers pédagogique du
monde scolaire[5]. La relation entre les deux univers pédagogiques fait
partie d'un débat culturel qui englobe tous les éléments de la civilisation classique.

Vers la fin du XVIIe siècle, on critique dans les milieux mondains
l'insuffisance de l'éducation scolaire: il y a incompatibilité entre
un enseignement scolaire qui insiste sur l'acquisition des connaissances et l'attitude de l'honnête homme qui se moque des connaissances
sans pourtant tomber dans l'ignorance. Une notion centrale de l'art
de plaire, le bel esprit[6], permet de mesurer le partage des esprits.
Le Père Bouhours lui consacre le second des 'Entretiens d'Ariste et
d'Eugène' (1671). Il y développe en quoi la vie en société divergeait
par force du monde scolaire:

> Il est certain que la nature ne fait pas toute seule un bel
> esprit. La plus heureuse naissance a besoin d'une bonne éduca-
> tion et de ce bel usage du monde qui raffine l'intelligence et
> qui subtilise le bon sens. De là vient que les savants de profes-
> sion ne sont pas d'ordinaire de beaux esprits. Comme ils sont
> toujours ensevelis dans l'étude et qu'ils ont peu de commerce
> avec les honnêtes gens, ils n'ont pas dans l'esprit une certaine
> politesse et je ne sais quel agrément qu'il faut y avoir. Ce
> n'est pas que la science soit contraire d'elle-même à la beauté
> de l'esprit, mais c'est que les grands docteurs et ceux qui
> savent le plus de grec et de latin ne savent pas le plus souvent
> bien user de leur science. (éd. par R. Radouant, Paris 1920, 170)

Ce passage traite de la relation entre nature et culture dans le bel
esprit. Il précède un paragraphe où l'auteur distingue le propre du
bel esprit, qui excelle dans les lettres, de celui des beaux esprits
qui se sont formés par la seule fréquentation de la bonne société. La
distinction entre la "bonne éducation" et le "bel usage du monde"
coïncide à peu près avec l'acquisition des connaissances dans le monde scolaire et l'initiation au raffinement du goût par la fréquentation de la bonne société. Ce raffinement ne contredit pas forcément,
selon Bouhours, les connaissances. Il les présuppose sans en être une
conséquence nécessaire. Il est greffé sur un fonds de savoir auquel
il s'ajoute comme un surplus, qui en est le couronnement.

Il n'y a pas d'opposition insurmontable entre le monde et l'école.
Mais l'insuffisance de la formation scolaire nécessite une formation
supplémentaire dans le monde. Une certaine forme de politesse et
d'agrément, nécessaire pour réussir dans le monde, reste étrangère à
l'école. On pourrait même dire que la civilisation classique en France se développe à côté du monde scolaire, à condition qu'on n'oublie
pas qu'elle bénéficie de l'élévation du niveau culturel de la bonne
société. Elle est le produit d'une mentalité qui, sous Louis XIII,

---

5 Une telle simplification se trouve chez G. Snyders, 'La pédagogie
   en France aux XVIIe et XVIIIe siècles', Paris 1965, 111-128.
6 Sur cette notion, voir: L. Messerschmidt, 'Über französisch "bel
   esprit". Eine wortgeschichtliche Studie', Giessen 1922, et A. Pizzorusso, 'La poetica di Fénelon', Milano 1959, 41-44.

s'est formée dans les salons des précieux. Cette mentalité s'oppose au monde scolaire dans la mesure où, sous Louis XIV, le raffinement des salons contribue à former la "société de Cour"[7]. L'évolution de la civilisation classique divise les esprits. Loin d'être un signe d'immobilisme, les réticences du monde de l'éducation face à cette évolution résultent d'un refus plus ou moins conscient. Pour comprendre l'enjeu de cette discussion, il faut se garder d'épouser la position d'un des deux partis.

Beaucoup d'éléments sont en jeu dans le différend entre la bonne société et le monde de l'éducation: on s'accuse de part et d'autre d'un culte du superflu qui peut recevoir le titre de pédantisme pour l'école, de manque de sérieux pour la bonne société. Les dénominations cachent souvent la vraie nature du débat. L'éducation des Jésuites, à laquelle on imputera toutes les faiblesses du collège, allait, au début du siècle, à l'encontre des efforts de la bonne société. Elle avait pour but "de former des lettrés chrétiens, d'associer les lettres humaines et les bonnes moeurs en les intégrant dans un idéal religieux"[8]. R. Chartier et D. Julia soulignent que cet enseignement part d'une source commune, la doctrine des grands humanistes et qu'il vise un but commun, l'éloquence. Avec la fin de l'espoir d'une réconciliation entre les confessions, "l'enseignement religieux est l'élément essentiel de la différenciation" (ibid., 159). Bien entendu, l'influence de la spiritualité sur l'enseignement ne peut se borner aux seules vérités dogmatiques.

L'éducation est un moyen de propagande religieuse. Les communautés religieuses voient là l'intérêt primordial de l'enseignement. La spiritualité étend son influence jusqu'au centre des discussions sur les idées pédagogiques. Elle conditionne les réactions du monde scolaire face à l'évolution de la société. Elle est en jeu dans les querelles de rhétorique et par conséquent dans les querelles sur l'esthétique littéraire. Constater cette importance de la spiritualité religieuse, ce n'est pas réduire tous les problèmes aux querelles doctrinales des théologiens. L'élément religieux a une place de choix dans la dispute qui sépare l'univers pédagogique de la littérature et l'univers pédagogique du monde scolaire.

Au début du XVIIe siècle, le monde scolaire est en avance sur les cercles mondains quand il s'agit de justifier le raffinement. Bien avant 'L'Honneste homme ou l'Art de plaire à la cour' (1630) de Nicolas Faret, le monde scolaire lance une campagne contre une érudition qui récuse la politesse. Le Père de Cressolles insiste sur la correspondance entre l'intérieur et l'extérieur. Il attribue à la rhétorique la fonction d'initier à l'urbanité et prépare ainsi la voie au

---

7   Sur cette notion, voir: N. Elias, 'Die höfische Gesellschaft', Darmstadt-Neuwied 1969.
8   R. Chartier - D. Julia - M. M. Compère, 'L'éducation en France du XVIe au XVIIIe siècle', Paris 1976, 159. Cf. aussi H. de La Fontaine Verwey, 'Les caractères de civilité et la propagande religieuse', dans: 'Bibliothèque d'Humanisme et Renaissance' 26 (1964), 7-27.

Père Nicolas Caussin. Son ouvrage 'La Cour sainte', publié à partir de 1624, va à la conquête des courtisans pour un renouveau religieux, qui est en même temps une initiation à un idéal de comportement mondain[9]. Les 'Vacationes Autumnales, sive de perfecta orationis actione et pronuntiatione libri III' (1620) du Père de Cressolles, dont l'importance primordiale pour l'humanisme Jésuite et pour l'évolution de la civilisation française a été démontrée par M. Fumaroli[10], rompent avec la description tradionnelle du procès de la création oratoire. Cressolles privilégie "l'action, somme toute la part de l'acteur au sens théâtral, mais aussi social, dans l'art oratoire. Et c'est du point de vue de l'action qu'il remonte, par une série d'allusions ou de digressions, vers le discours lui-même, le style de son élocution, les sources morales, spirituelles et intellectuelles de son invention" (ibid., 268). Fumaroli montre que ce traité de rhétorique dépasse largement les limites des collèges en s'attaquant au style âpre des savants ainsi qu'à la grossièreté affectée des gens du monde. Cressolles propage "un style commun à tous, signe d'une conquête intérieure, mais signe aussi d'une plus haute sociabilité. Ce style, Cicéron, le conciliateur par exellence, l'_uomo_ _universale_ du _Logos_, en donnera la norme idéale. Et ce sera le style de la douceur, de l'harmonie fluide et musicale, signe de la consonance de l'âme avec l'ordre cosmique, avec la volonté divine, et avec le bon ordre de la vie en société" (ibid., 270). Cet ouvrage sera une des sources de l'atticisme français, dont l'oeuvre civilisatrice mettra la France à la tête de l'Europe cultivée. C'est avec raison que A. Michel nomme le Père de Cressolles en même temps que Guez de Balzac[11] lorsqu'il parle de l'importance de l'atticisme pour le classicisme français. D'un commun effort, le monde scolaire et les cercles mondains pensent faire avancer l'oeuvre civilisatrice de la société française en travaillant au style de la communication orale ou écrite.

Les discussions à propos du style aboutissent à un débat sur la relation entre la forme et la signification des énoncés. Les partisans d'un style raffiné se voient confrontés au fait que le travail du style risque d'obscurcir la vérité. L'atticisme de Balzac, résultat de beaucoup de recherches, est bel et bien contesté à l'époque[12]. L''Avant-propos' de son 'Socrate chrestien' (1652) dit à ce sujet:

Quel mal y auoit-il, je vous prie, de vouloir guérir avec des

---

9 On ne peut oublier dans ce développement l'influence capitale de François de Sales, dont 'L'introduction à la vie dévote' (1609) a marqué la dévotion des gens du grand monde, mais dont la spiritualité ne se propage pas par le moyen de la pédagogie scolaire.
10 Dans le numéro spécial de la 'Revue des sciences humaines' 158 (1975), 268-271; voir également la Thèse de Fumaroli: 'L'Age de l'éloquence. Rhétorique et "res literaria" de la Renaissance au seuil de l'époque classique', Genève 1980.
11 'Critique et création littéraires'...cit., 390-391.
12 Cf. Z. Youssef, 'Polémique et littérature chez Guez de Balzac', Paris 1972, et R. Zuber, 'Les "Belles Infidèles" et la formation du goût classique. Perrot d'Ablancourt et Guez de Balzac', Paris 1968, 377-411.

remedes delicieux? Estoit-ce un vice de se servir de la volupté
pour persuader la Vertu? Au pis aller c'estoit user des charmes
à bonne fin. C'estoit employer la desbauche du style à corriger
les defauts des moeurs. ('Oeuvres' éd. par V. Conrart, vol. II,
Paris 1665, page non numérotée)

Cette défense de l'art oratoire marque un pas en arrière par rapport
à la conception de l'humanisme chrétien, mais un pas qui va dans la
direction de l'évolution de la civilisation classique en France. Balzac n'est plus en état d'associer l'esthétique et la spiritualité qui
étaient en harmonie dans la synthèse du Père de Cressolles. Il se met
sur le terrain des adversaires de l'art oratoire en acceptant de justifier l'éloquence malgré son aspect mensonger. L'art n'est qu'un
charme nécessaire à la faiblesse humaine. Il permet d'obtenir une
correction plus libre des moeurs sans pour autant blesser l'orgueil.
Dès lors, la correspondance entre un fond intérieur de vérité et sa
manifestation extérieure dans la parole n'est plus la base théorique
de l'art oratoire.

L'élargissement du domaine de l'action oratoire avait favorisé
l'essor des lettres italiennes. L'influence de la civilisation littéraire en Italie a favorisé les débuts de la civilisation classique en
France. "La littérature italienne tend alors à faire du théâtre la
métaphore centrale d'une culture profane où les éléments stoïciens,
épicuriens et sceptiques se combinent en une synthèse subtile, à la
fois éthique et esthétique, avec le christianisme"[13]. L'essor du
théâtre français sous Louis XIII profite des acquisitions de l'art
oratoire en Italie.

La tendance vers une réconciliation du théâtre et de l'Eglise pré-
supposait une conception de l'action oratoire qui associât l'art et
la vérité. Face à cette ambition, on mesure quelle est la perte dans
la conception de Balzac. "Cette réaction contre le théâtre légitimé
par l'Eglise s'explique surtout par le discrédit qui commence à frapper en France, depuis le succès de 'La Fréquente Communion' d'Arnauld
(1643), les thèses de l'humanisme chrétien et du probabilisme en morale. Or ces thèses, à première vue si éloignées du théâtre, fondaient
en réalité la synthèse de l'art dramatique et du christianisme, dont
la tragédie religieuse était une des plus significatives manifesta-
tions" (Fumaroli, ibid., 1028). Le sérieux de la vérité révélée s'oppose au mensonge des représentations inventées. C'est la onzième des
'Lettres Provinciales' (1656) de Pascal qui met en lumière le fond de
cette question.

Dans cette lettre, Pascal attaque l'humanisme chrétien des Pères
Jésuites. Il cite entre autres 'Les Peintures Morales' (1640-1643) du
Père Le Moyne, qui écrit dans le troisième livre du premier tome:

La Sorbonne n'a point de iurisdiction sur le Parnasse: les Er-

---

13 M. Fumaroli, 'La querelle de la moralité du théâtre avant Nicole
et Bossuet', dans: 'Revue d'histoire littéraire de la France' 70
(1970), 1017. Cf. aussi les développements sur le théâtre des Jésuites dans: Fr. de Dainville, 'L'éducation des Jésuites (XVIe -
XVIIIe siècles)', Paris 1978, 476-480, 504-517.

reurs de ce Pays-là ne sont suiettes ny aux Censures, ny à l'In-
quisition: & il y a des Couronnes ordonnées pour ceux qui y dog-
matisent, & non pas des Anathemes ny des Sanbenis. (243)

Ce passage défend un conte sur l'origine des passions. Ce conte est
imaginé par Le Moyne pour démontrer que "les premiers Philosophes du
Monde ont esté Poëtes" (ibid., 237). La philosophie et la poésie sont
associées. La poésie donne une forme attrayante à la vérité[14]. Le
Moyne assigne au poète un rôle de médiateur entre la sphère spirituelle des vérités éternelles et la sphère inférieure de l'homme qui vit
dans un monde s'adressant aux sens. Cette théorie doit faire revivre
le procédé de Platon pour lequel la poésie est mythique. Elle est une
manière humaine de dire des idées éternelles. L'association de la
poésie et de la philosophie fait partie d'un mythe destiné à expliquer l'origine des passions humaines. Selon ce mythe, l'homme est
composé de "trois differentes parties" (ibid., 245): "la basse Matiere, qui est insensible & toute terrestre: il y a le pur Esprit qui
est venu du Ciel: & la Partie animale, qui tient de la Matiere & de
la Forme, & qui est moyenne entre l'une & l'autre" (ibid., 245). Les
passions sont situées dans "la Partie animale" (ibid., 246), elles
"nous sont communes auec les Bestes" (ibid., 247) et par conséquent
"ces mouuemens sont indifferens de leur nature" (ibid., 247). Le
Moyne les décrit comme des mouvements qui d'eux-mêmes "ne tendent ny
à la Vertu, ny au Vice" (ibid., 247). L'enthousiasme du philosophe,
qui voit l'essence des choses, ne diffère pas de la fureur du poète,
qui imagine des contes pour exhorter les hommes à la vertu et se sert
ainsi des passions. Celles-ci abrutissent les hommes qui ne savent
pas les dominer. Il faut donc mettre l'homme en état de se rendre
maître de ses passions. Dans ce but, Le Moyne imagine les "peintures"
des passions, dont il réunit les tableaux dans une "Galerie"[15].

Dans l''Epître' dédicatoire à Henry de Mesme, Le Moyne compare
cette galerie des passions aux signes du zodiac pour illustrer leur
nature en même temps que le but de ses peintures:

> [Les passions] sont inégales & dangereuses de leur complexion:
> elles ont des mouuemens irreguliers, & des inclinations contrai-
> res au bien de l'Homme: & comme les Signes que i'ay dits sont
> nez au Ciel, & ont des Figures de Bestes, nos Passions de mesme
> sont brutales, & ont leur siege dans une Nature raisonnable. Il
> est donc nécessaire que leurs impressions ayant des suittes aus-
> si dangereuses, que celles des Signes celestes elles soient sou-
> mises à quelque haute Vertu, qui leur oste leurs malignitez natu-
> relles, & les mette dans une égalité qui soit suiuie du repos
> des particuliers, & de la tranquillité publique. (page non numé-
> rotée de l''Epître' du tome I)

---

14 "La Philosophie n'a pas tousiours esté si melancolique ny si se-
uere que nous la voyons à present" (ibid., 236). La même idée se
trouve dans la littérature espagnole de l'époque, cf. E. R. Curtius, 'Europäische Literatur und lateinisches Mittelalter', Bern
1948, 530-540.
15 Cette galerie est représentée par Grégoire Huret sur le frontispice de l'oeuvre, cf. M. Fumaroli, 'Réflexions sur quelques frontispices gravés d'ouvrages de rhétorique et d'éloquence (1594-1641)',
dans: 'Bulletin de la Société de l'histoire de l'art français'
(1975), 32-33.

Les passions sont des ennemies   redoutables car elles influencent toute action humaine. Le Moyne exprime une conviction que les milieux
littéraires partagent avec les milieux scolaires. En effet, leur intention pédagogique commune est bien circonscrite par la formule qui
fait se soumettre les passions à "quelque haute Vertu, qui leur oste
leurs malignitez naturelles". Mais là s'arrête le consensus et les
divergences commencent dès qu'il s'agit des procédés à suivre pour
remédier à un tel mal. Les Jésuites n'hésitent pas à recourir aux
passions, éveillées par la poésie pour éduquer les hommes. Leur
théâtre scolaire est un produit typique de cette attitude. Il sur-
vivra aux attaques auxquelles Le Moyne se voit exposé. Le roman d'un
Jean-Pierre Camus s'est servi de ces "saintes ruses" pour la catéchè-
se des mondains[16].   Pascal réprouve le genre des histoire dévotes.
Il les tient pour une manière indigne de parler des choses saintes:

> Direz-vous que la manière si profane et si coquette dont votre
> Père Le Moine a parlé de la piété dans sa 'Dévotion aisée', soit
> plus propre à donner du respect que du mépris pour l'idée qu'il
> forme de la vertu chrétienne? Tout son livre des 'Peintures mora-
> les' respire-t-il autre chose, et dans sa prose et dans ses
> vers, qu'un esprit plein de vanité et des folies du monde? ('On-
> zième lettre écrite par l'auteur des Lettres au Provincial aux
> Révérends Pères Jésuites', dans: 'Oeuvres' éd. par J. Chevalier,
> Paris 1954, 788)

Le Moyne adopte le point de vue des mondains pour parler des vérités
religieuses. Pascal condamne ce stratagème. Il s'oppose à tout mélange de la poésie avec la religion afin de préserver la vérité du
mensonge. Mais pourquoi faut-il considérer la fiction poétique comme
une espèce de mensonge? Elle est le produit de la puissance trompeuse
par excellence: l'imagination humaine. La critique de la onzième des
'Lettres Provinciales' a pour origine un point de vue spirituel. Le
zèle qui avait incité les Jésuites à chercher une formule d'humanisme
chrétien pousse Pascal à la critique de cet humanisme.

Dans le refus pascalien, l'Augustinisme prend sa revanche sur l'humanisme des Jésuites. Pascal ne nie pas l'idée du "rapport"[17] qui est
à la base de l'esthétique de l'humanisme chrétien, mais il doute que
cette idée serve la connaissance de la vérité. Car, selon lui, cette
esthétique se heurte à un obstacle: l'imagination trouble le rapport
entre le fonds intérieur et sa manifestation extérieure:

> Imagination.- C'est cette partie dominante dans l'homme, cette
> maîtresse d'erreur et de fausseté, et d'autant plus qu'elle ne
> l'est pas toujours; car elle serait règle infaillible de véri-

---

16 Cf. M. Tietz, 'Religiöse Literatur für Laien. Ein Vermittlungsproblem -   Kontroverspredigt, Andachtsbuch, Traktat und Roman bei
   saint François de Sales und Jean-Pierre Camus', dans: 'Jahrbuch
   für salesianische Studien 16 (1980), 56-59. Cette conviction se
   trouve déjà chez Coëffeteau, cf. R. Bady, 'L'homme et son "institution" de Montaigne à Bérulle 1580-125', Paris 1964, 455-457.
17 Br. 32, Ch. 37, dans: 'Oeuvres'...cit., 1097. Je cite Br. le clas-
   ment des fragments par Brunschvicg, Ch. celui par J. Chevalier
   dans son éd. des 'Oeuvres' cit., cf. aussi Ph. Sellier, 'Pascal et
   saint Augustin', Paris 1970, 133-135.

té, si elle l'était infaillible du mensonge. Mais, étant le plus souvent fausse, elle ne donne aucune marque de sa qualité, marquant du même caractère le vrai et le faux. (Br. 82, Ch. 104, 'Oeuvres', 1116)

Loin d'amener à la vérité, l'imagination en empêche même la recherche. Elle l'obscurcit, au lieu de la rendre manifeste. Elle l'abaisse au niveau de l'homme. C'est cette nature de l'imagination humaine qui interdit de mélanger la fiction et la vérité pour obtenir un effet pédagogique en littérature:

> L'homme n'est qu'un sujet plein d'erreur, naturelle et ineffaçable sans la grâce. Rien ne lui montre la vérité. Tout l'abuse. Ces deux principes de vérités, la raison et les sens, outre qu'ils manquent chacun de sincérité, s'abusent réciproquement l'un l'autre. Les sens abusent la raison par de fausses apparences... Les passions de l'âme troublent les sens, et leur font des impressions fausses. Ils mentent et se trompent à l'envi. (Br. 83, Ch. 92, 'Oeuvres', 1113)

Revêtir les vérités religieuses d'une forme poétique, c'est les priver de leur différence par rapport aux vérités humaines et les faire entrer dans le jeu trompeur entre les sens et les passions. Pascal souligne la rupture que manifeste l'idée de la grâce. Il ne rejette qu'une conception de la rhétorique pour en instaurer une autre[18]. Sa rhétorique est centrée sur le coeur de l'homme. Cet organe juge de la juste valeur des choses. Dans cette optique, il décide des relations de l'homme avec son Dieu autant que de son comportement envers les autres hommes.

L'Augustinisme, qui se manifeste dans la critique pascalienne de la Compagnie de Jésus, se métamorphose tout au long du siècle classique. Il est perceptible dans l'évolution du théâtre, de Corneille à Racine, dans l'effort des moralistes pour démasquer l'apparence trompeuse dans le comportement de la société, dans le résumé de la doctrine classique qu'est l''Art poétique' de Boileau[19]. Sous son influence, le classicisme établit une séparation nette entre le sérieux de la vérité et une conception considérant la littérature comme un divertissement[20]. Cette évolution contribuera à brouiller les rapports entre littérature et morale[21]. Tous les genres littéraires ne sont pas affectés de la même façon: c'est surtout le poème épique et le poème dramatique qu'on attaque. Le roman contient tous les vices qu'on reproche aux deux autres genres. Ce sont donc les genres à intention éducative qui provoquent la réaction des pédagogues de pro-

---

18 Cf. H. U. von Balthasar, 'Herrlichkeit. Eine theologische Ästhetik', vol. II, 2, Einsiedeln 1962, 596-599, et W. Floeck, 'Esthétique et théologie. L'influence des auteurs religieux sur la doctrine classique', dans: 'Papers on French Seventeenth Century Literature' 9 (1978), 152-171.
19 Sur le rôle important de l'Augustinisme pour l'évolution de la pensée au XVIIᵉ siècle, voir: H. Gouhier, 'Cartésianisme et Augustinisme au XVIIᵉ siècle', Paris 1978, et J. Lafond, 'La Rochefoucauld, Augustinisme et littérature', Paris 1977.
20 Cf. B. Tocanne, 'Boileau et l'épopée d'après l'Art Poétique', dans: 'Critique et création littéraires'... cit., 207-209.
21 Cf. J. Lafond, 'Littérature et morale au XVIIᵉ siècle', dans: 'Critique et création littéraires'... cit., 395-406.

fession.

On refuse un caractère de moralité à la poésie parce qu'on doute du bien-fondé de sa prétention pédagogique. Plus une oeuvre littéraire est parfaite, plus elle semble être dangereuse aux yeux de ceux qui combattent la littérature. L'Oratorien B. Lamy résume bien les attaques de l'Augustinisme contre la création littéraire quand il écrit dans ses 'Nouvelles Reflexions sur l'Art poétique' (1678):

> Dans un Poëme où la vray-semblance est gardée, & où tout est aussi exactement observé, rien ne nous détrompe & ne nous fait remarquer que le Poëte se joue de nôtre curiosité. Quand il nous a uni avec ses personnages par les liens d'une étroite sympathie, en leur donnant tous les qualitez que nous aimons, nous entrons plus aisément dans tous leurs sentimens, & nous épousons toutes leurs Passions: cependant la Religion nous ordonne de les bannir de nôtre ame, & de fermer avec soin toutes les avenües par où elles peuvent y entrer. (Réimpr. Genève 1973, 132)

La littérature profite du même mécanisme que la pédagogie. Elle expose des modèles de comportement à l'admiration du public et s'efforce d'éveiller la sympathie pour le modèle proposé afin d'inciter à son imitation[22]. Le reproche que Lamy adresse à l'imagination poétique est alors très grave: elle détourne les hommes du vrai but de leur vie. La poésie nourrit l'esprit de fantasmagories quand il aurait besoin de vérité. Elle égare les hommes au lieu de les détromper. On craint que l'homme ne devienne insensible aux sollicitations d'un Dieu qui, selon saint Augustin, apparaît dans le désir du coeur humain. On réprouve la vie mondaine qui s'épuise en vaines agitations dans un monde de l'apparence. Le plaisir causé par la littérature risque de faire perdre le goût des choses sérieuses, qui ne satisfont pas au même degré le besoin de plaisirs. Tout ce raisonnement de Lamy n'a rien d'original dans la civilisation française du XVIIᵉ siècle. Il exprime plutôt la réalité commune à tous ceux qui se réfèrent alors à l'Augustinisme.

Le vaste tour d'horizon que nous venons de faire va fournir le cadre dans lequel les discussions soulevées par 'Télémaque' doivent être débattues par la critique littéraire. Cette oeuvre a éveillé l'espoir que l'antagonisme entre la littérature et la morale puisse être surmonté sur la base de convictions religieuses. Elle a également alerté les milieux dévots.

Les rigoristes religieux attaquent Fénelon dès la publication de 'Télémaque'. Ils lui reprochent l'immoralité de son ouvrage. Faydit écrit dans la 'Telemacomanie' (1700):

> Je voudrais bien sçavoir à quoy peuvent servir de pareilles lectures, qu'à corrompre l'esprit des jeunes gens qui les font, & qu'à exciter en eux des images que la Religion nous oblige au contraire d'écarter & d'étouffer. (6)

Les fictions dispensent un enseignement inutile. Elles comportent le

---

22 Cf. mon article 'Die Idealisierung der höfischen Welt im klassischen Drama', dans: 'Französische Literatur in Einzeldarstellungen', herausgegeben von P. Brockmeier - H. Wetzel, vol. 1, Stuttgart 1981, 125-130.

danger spirituel d'un éveil de l'imagination. Dans la prière du soir,
l'Eglise invite le croyant à demander à Dieu d'être préservé des rê-
ves nocturnes. Faydit relève dans 'Télémaque' la prière où Calypso
implore le contraire (1, 144-145). C'est pourquoi il proteste:

> Que peuvent dire, en lisant ces choses, tant de jeunes gens de
> l'un & de l'autre sexe, en qui les passions sont vives, & en qui
> la chaleur de l'âge, & l'irreligion est extrême, sinon de faire
> une semblable prière pour eux en se couchant? (9)

Comment faut-il interpréter ce reproche? Comme une exagération d'un
polémiste? Mais alors, on sous-estime l'argument pédagogique qui
s'exprime dans ce passage: la jeunesse est en proie à la furie de ses
passions, l'éducateur a donc le devoir de l'en préserver. 'Télémaque'
semble contredire cette idée fondamentale de la pédagogie de son époque. Un tel écrit pédagogique est condamnable:

> C'est que je prétends que Mr. de Cambray a fait plus de tort à
> la Religion par son 'Telemaque', que par son livre des 'Maximes
> des Saints', & que le premier est plus pernicieux que le second.
> En effet, le poison qui ne va qu'à infecter l'esprit, & à faire
> couler en lui l'erreur & le mensonge, est moins dangereux que
> celui qui corrompt le coeur, & qui empoisonne les moeurs des
> Chrestiens. L'homme s'intéresse tout autrement à se conserver la
> possession des plaisirs sensuels, qu'il ne s'entête à soûtenir
> ses erreurs. (16)

On a tort de se moquer de Faydit, comme le faisaient E. Delval[23] et
H. Fabureau[24]. Il ne compte certainement pas parmi les grands esprits
de la fin du XVIIe siècle, mais il exprime des idées qu'on peut soutenir à cette époque sans tomber dans le ridicule. Il n'est qu'à lire
'Les Nouvelles de la République des Lettres' (octobre 1700, 384-390)
pour se rendre compte qu'à l'époque, cette invective était prise au
sérieux tout comme le célèbre polémiste l'était lui-même.

L'invective de Faydit contre 'Télémaque' a une valeur documentaire. Elle reflète la mentalité de certains milieux intellectuels à la
fin du siècle de Louis XIV. Quel est l'enjeu du débat? Est-ce que
Fénelon a pris une distance vis-à-vis de toute la tradition pédagogique de l'époque, qui s'efforçait d'inculquer à la jeunesse la maîtrise de ses passions? Il est évident qu'un tel acte révolutionnaire
était hors de son intention. Quelles sont les raisons qui justifient,
dans la pédagogie fénelonienne, le recours à l'imagination poétique?
La réponse à cette question ne peut être donnée qu'en cherchant une
justification pédagogique à la présentation littéraire du message. Il
faut donc situer Fénelon dans l'évolution des doctrines pédagogiques
du XVIIe siècle pour voir si le différend qui l'oppose à Faydit n'est
qu'une reproduction du différend qui opposait les Jésuites à Pascal

---

23 'Autour du "Télémaque" de Fénelon', dans: 'Mémoires de la Société d'Emulation du Cambrai' 84 (1936), 133-215.
24 'La Télémacomanie de l'abbé Faydit', dans: 'Mercure de France' 310
(1950), 381-384. Le Fèvre et Le Clerc auraient souscrit aux diatribes de Faydit. Cf. R. Naves, 'Le goût de Voltaire', Paris 1938,
22-23. Un Jésuite comme Rapin n'hésite pas à traiter de la poésie.
Au début du XVIIIe siècle, des Jésuites comme Jouvancy prennent la
défense de la poésie.

ou si cette polémique révèle une innovation pédagogique.

I. 2. L'EVOLUTION DE LA CONCEPTION DE L'ENFANCE ET LA PEDAGOGIE DE FENELON

Les effets néfastes des oeuvres littéraires sont critiqués au nom de principes théologiques. Mais le zèle religieux repose autant sur la philosophie de l'Antiquité que sur les convictions de la physiologie médicale de l'époque. Les discussions sur la valeur pédagogique de la littérature présupposent cet ensemble de convictions. On doit donc tenir compte de tous ces aspects. Dès qu'on confronte la critique de 'Télémaque' faite par Faydit aux arguments que Fénelon avance contre l'éducation traditionnelle des jeunes filles, on s'aperçoit que tous deux partent d'un certain nombre d'idées communes. Pour saisir les points de divergence entre les différents partis, il faut tout d'abord dégager la base commune aux théories pédagogiques du XVIIe siècle.

La théorie pédagogique de Fénelon n'est expliquée nulle part de manière satisfaisante. Le traité 'De l'éducation des filles' compte parmi les premiers écrits de l'auteur. Or, l'éducation des filles n'est qu'une partie restreinte du vaste domaine de l'éducation. Elle a ses problèmes spécifiques qui relèvent de la situation de la femme dans la société d'alors. Ce qui vaut pour l'éducation des filles ne vaut pas forcément pour l'éducation des garçons, qui se fait soit au collège soit à l'académie. Et encore, l'éducation d'un prince est une affaire d'une importance toute autre que l'éducation d'un sujet. Nous disposons des oeuvres écrites en vue de l'éducation du duc de Bourgogne, mais nous ne disposons pas d'énoncé théorique sur cette matière si l'on excepte le Miroir des Princes qu'est 'Télémaque'. Le 'Télémaque' nous renseigne sur l'éducation idéale d'un prince. Il ne justifie pas le recours à l'imagination poétique dans cette éducation.

L'histoire des idées pédagogiques attribue à Fénelon le concept d'éducation attrayante. Cette notion ne figure pas dans ses écrits. La fortune de Fénelon dans le monde de l'éducation est constituée par trois éléments: son traité 'De l'éducation des filles', le succès de l'éducation du duc de Bourgogne[1], sa direction spirituelle. L'influence de la spiritualité de Fénelon renforce celle de son traité pédago-

---

1 Ce succès lui valut d'être nommé archevêque de Cambrai, cf. Orcibal, Corr I, 272.

gique. Sa spiritualité explicite l'argument de son traité. L'esprit de l'enfance joue un rôle déterminant dans sa spiritualité et dans sa pédagogie. La conception que la théorie pédagogique se fait de l'enfance renforce la méfiance des éducateurs vis-à-vis des oeuvres littéraires. Fénelon ne modifie que partiellement cette tradition pédagogique à laquelle il adhère à plus d'un égard.

Le "projet de poétique" de la 'Lettre à l'Académie' commence par souligner l'utilité de la poésie: "La poésie est plus sérieuse et plus utile que le vulgaire ne le croit" (LA, 62). Fénelon a une position modérée vis-à-vis de la création littéraire[2]. Cela ne l'empêche pas de condamner la lecture des romans et la représentation des spectacles. Le traité 'De l'éducation des filles' les cite parmi les "inconvéniens des éducations ordinaires" (V, 564):

> [Les jeunes filles] qui ont de l'esprit s'érigent souvent en précieuses, et lisent tous les livres qui peuvent nourrir leur vanité; elles se passionnent pour des romans, pour des comédies, pour des récits d'aventures chimériques, où l'amour profane est mêlé. Elles se rendent l'esprit visionnaire, en s'accoutumant au langage magnifique des héros de romans: elles se gâtent même par là pour le monde; car tous ces beaux sentimens en l'air, toutes ces passions généreuses, toutes ces aventures que l'auteur du roman a inventées pour le plaisir, n'ont aucun rapport avec les vrais motifs qui font agir dans le monde, et qui décident des affaires, ni avec les mécomptes qu'on trouve dans tout ce qu'on entreprend. (V, 565)

La critique de l'esprit chimérique des romans ne se fait pas au nom d'un sens du réel. Il n'est qu'à comparer ce passage à la défense du roman que Morvan de Bellegarde imagine dans un des 'Modeles de conversation pour les Personnes Polies' (1697).

Morvan de Bellegarde attribue à Ariste les arguments traditionnels utilisés contre les romans et il y condamne ce genre littéraire par un argument pédagogique: le roman n'est qu'une histoire d'amour et la passion d'amour est dangereuse pour la jeunesse[3]. Timante lui répli-

---

2 Bossuet confesse qu'il n'aime pas les fables. Il critique en 1690 Santueil d'avoir employé dans une pièce latine intitulée 'Pomona in agro Versaliensi' des évocations mythologiques. Fénelon ne cache pas, en revanche, son goût pour cette espèce d'ornatus dans une lettre du 18 avril 1690 à Santueil où il prend la défense du procédé incriminé par l'évêque de Meaux; cf. Corr II, 160 et le commentaire de cette lettre dans Corr III, 253, où Orcibal réunit les éléments essentiels de cette controverse.
3 Cf. "Quoyque les Romans donnent de plaisir & de la satisfaction par les rares évenemens dont ils sont pleins, par les guerres, les combats, & les avantures qu'ils rapportent, & par les divers stratagemes qu'on y voit; il est bien vray neanmoins qu'on les peut appeler le poison de l'ame; puis qu'ils luy font perdre la grace, qui est sa vie. Et en effet, c'est là où s'enflamment les passions des jeunes gens; & c'est là où ils trouvent mille inventions pour gagner des serviteurs, pour tromper leurs parens, pour se défaire de ceux qui veillent sur leur conduite; & pour tourner en ridicules les personnes qui veulent arrester le cours de leurs débauches, & s'opposer à leurs cupitiez" (P. Coustel, 'Traité d'Education Chretienne et Littéraire, propre à inspirer aux Jeunes Gens les sentimens d'une solide pieté et à leur donner le gout des Belles-Lettres', Paris 1749, vol. 2, 340-341. La première édition de cet ouvrage a été publiée en 1687 sous le titre 'Les règles de l'éducation des enfants').

que: les romans ne sont qu'une "représentation de ce qui se passe dans le monde" (269). Ils en traitent "d'une manière noble, relevée, polie & agréable" (ibid., 269). Ils sont donc propres et à rendre familier avec la vie de société et à polir le langage des lecteurs. Fénelon critique le côté chimérique des romans. Morvan de Bellegarde loue la valeur éducative du genre. Il se réfère au roman héroïque des Scudéry, Gomberville, La Calprenède:

> La liberté que se donnent les faiseurs de Romans, est cause qu'ils ne représentent que des Heros parfaits, & doüez de toutes sortes de vertus; ils suppriment leurs défauts & leurs vices; ils ne manquent pas d'inventions pour excuser leurs foiblesses, en y donnant des couleurs qui les montrent sous des jours favorables; ils relevent l'éclat de leurs vertus & de leurs belles actions par des circonstances qu'ils y ajoutent. (275)

Selon Morvan de Bellegarde, le roman inspire la vertu. Il inspire les sentiments généreux et les grandes actions. Quelles peuvent être les raisons qui amènent les deux auteurs à des conclusions tout à fait opposées? Est-ce que Morvan de Bellegarde veut réhabiliter un genre tant décrié à l'époque? Certainement pas, car ses 'Lettres curieuses de littérature et de morale' (1702) avancent des réserves contre la mode des historiettes[4]. Mais il accepte la réalité sociale qui a entraîné l'essor de la production romanesque: l'ascension de la femme dans la société d'alors. En effet, reconnaître l'utilité pédagogique des romans n'a de sens que si l'on accepte qu'ils introduisent à la vie de société. Ce genre littéraire renvoie à une société où le comportement de la femme fait loi. Rien d'étonnant, par conséquent, que Morvan de Bellegarde défende le rôle de la femme dans la société de Cour[5]. Il n'est rien moins qu'un mondain ou un libertin. Comme les Jésuites, il s'approprie l'idéal de l'honnête homme pour en pénétrer l'esprit de la doctrine chrétienne. Fénelon, en revanche, part d'une rupture avec la société mondaine. Il est par cette attitude l'héritier des disciples de saint Augustin.

Il y a un lien évident entre le refus d'une société où la femme joue un rôle important, et la condamnation des romans. Nicole en parle dans son traité 'De la comédie' (1659):

> Il y a une infinité de femmes, qui se croyant innocentes, parce qu'elles ont en effet quelque horreur des vices grossiers, ne laissent pas d'être très-criminelles devant Dieu, parce qu'elles sont bien-aises de tenir dans le coeur des hommes une place qui n'appartient qu'à Dieu seul. Elles prennent plaisir d'être l'objet de leur passion. Elles sont bien aises qu'on s'attache à elles, qu'on les regarde avec des sentimens non seulement d'estime, mais de tendresse; & elles souffrent sans peine qu'on la leur témoigne par ce langage profane, qu'on appelle cajolerie.

---

4 Cf. H. Anton, 'Gesellschaftsideal und Gesellschaftsmoral im ausgehenden 17. Jahrhundert. Studien zur französischen Moralliteratur im Anschluß an J.-P. Morvan de Bellegarde', Breslau 1935, 76-77.

5 Cf. Anton, ibid., 70-75, et W. Sombart, 'Liebe, Luxus und Kapitalismus', München 1967, chap. III et IV. J. Deprun constate: "Pour la plus grande gloire des lumières, le médecin - et le littérateur par lui instruit - opposeront au métaphysicien et au prêtre une perspective intégralement physicocentrique" ('La philosophie de l'inquiétude en France au XVIIIe siècle', Paris 1979, 94).

C'est pourquoi, quelque soin que l'on prenne de séparer de la
comédie & des romans ces images de dérèglemens honteux, l'on
n'en ôtera jamais le venin, puisque l'on y voit toujours une
vive représentation de cette attache passionnée des hommes envers
les femmes, qui ne peut être innocente. ('Essais de morale'...cit., vol. 3, 247-248)

La littérature d'imagination admet la galanterie. Les milieux mondains
la cultivent comme un jeu de société. Les théologiens la combattent
comme un sentiment contraire à l'amour de Dieu, le seul amour légitime
à leurs yeux. L'épisode de Calypso et de la Nymphe Eucharis dans 'Télémaque' (1, 249-286) et la description de l'Ile de Chypre (1, 149-
163) sont imaginées par Fénelon pour inculquer à son pupille l'horreur
de l'amour profane. Selon la mentalité d'alors, il est même néfaste
d'apprendre la tendresse du coeur et son langage. La tendresse humaine
détourne l'affectivité de son vrai but, qui est, selon la pensée religieuse, Dieu. La pédagogie s'appuie sur cette conception théologique
de l'amour. Elle refuse de préparer la jeunesse à un comportement
dont elle conteste le bien-fondé moral[6]. La pédagogie des collèges
est sceptique vis-à-vis de la culture féminine qui se développe hors
de son champ d'action.

Le comportement de la société de Cour est critiqué par les milieux
qui sont les innovateurs en matière pédagogique au XVIIe siècle. Cette
contestation est commune à toutes les théories pédagogiques des milieux religieux, malgré les divergences profondes qui séparent leurs
traditions spirituelles. Elle est même due au progrès de la pédagogie.
On "voit apparaître chez eux le sens de la particularité enfantine,
la connaissance de la psychologie enfantine, le souci d'une méthode
adaptée à cette psychologie"[7]. Ce sens de la particularité enfantine
invite les éducateurs à la critique du comportement mondain. Le monde
scolaire accentue la différence entre le monde des enfants et le monde
des adultes. Il élève l'enfant dans un univers pédagogique qui rejette
un certain comportement de la bonne société. Les éducateurs profitent
de la chance que leur offre la particularité de l'enfance. Ils forment
leurs élèves selon un idéal de vie qu'ils jugent plus convenable au
but religieux de l'éducation.

Quand Erasme a écrit son ouvrage 'De civilitate morum puerilium'
(1530), il s'est adressé, sans distinction, à la fois aux adultes et
aux mineurs[8]. Un grand nombre d'écrits adapte ou imite son traité

---

6 Cf. le jugement du janséniste Coustel: "Depuis qu'on a commencé à
ne se nourrir que de ces sortes de fadaises [les romans], l'on
ne peut plus quasi goûter les bonnes choses; le stile simple des
Ecritures, & des Peres de l'Eglise, quoyque plein de majesté & de
force, n'a plus de charmes pour des coeurs devenus tout sensuels,
& tout corrompus." (ibid., 341).
7 Ph. Ariès, 'L'enfant et la vie familiale sous l'Ancien Régime',
Paris 1975, 209, cf. aussi J. Lacotte, 'La notion de "jeu" dans la
pédagogie des Jésuites au XVIIe siècle', dans: 'Revue des sciences
humaines' 158 (1975), 251-265.
8 Cf. N. Elias, 'Über den Prozeß der Zivilisation. Soziogenetische
und psychogenetische Untersuchungen', Bern 1969, vol. I, chap. II.
Cl. Joly, un grand admirateur d'Erasme au siècle de Louis XIV,
écrit dans ses 'Avis chrétiens et moraux pour l'institution des
enfans' (1675): "Il ne faut pas aussi négliger d'apprendre de bonne

dans la France du XVIIe siècle. Trois seulement sont adressés aux seuls enfants. Tous les trois sont publiées dans la première moitié du siècle. Pour les autres, Chartier et Julia signalent un glissement dans le vocabulaire des titres: jusqu'au milieu du XVIIe siècle, ces titres indiquent "un public défini par l'âge ('enfants', 'jeunesse', 'puérile') et une intention de pédagogie morale ('bien instruire', 'instruction', 'former', 'apprendre', 'éducation')"[9]. En cela, ils sont les héritiers de l'idée érasmienne que "les règles de conduite doivent être universelles" (ibid., 138). Mais, dans la deuxième moitié du XVIIe siècle, la civilité devient de plus en plus un instrument pour définir "une frontière sociale" (ibid., 138). Le destinataire du traité est pensé "selon une grille sociale ('honnêtes gens', 'homme de qualité', 'personnes polies') et son contenu présenté en fonction des pratiques et des valeurs qui ont cours dans le 'commerce du monde'" (ibid., 140). Les règles de bonne conduite sont restreintes au comportement de la bonne société. La connaissance de ces règles sert à démontrer qu'on fait partie de cette société qui se distingue de la grande masse des autres. "La civilité devient intériorisation du code qui norme les relations sociales et les bonnes moeurs, critères distinctifs des gens du monde" (ibid., 138). Elle ne s'adresse qu'aux adultes qui veulent apprendre la bonne conduite des gens de qualité. Le monde scolaire ne se soumet pas aux exigences du grand monde. Il maintient un enseignement moral que la bonne société considère comme insuffisant pour réussir dans le monde.

La pédagogie des collèges est restée fidèle à l'héritage humaniste. Son enseignement ne s'adresse pas à une minorité privilégiée. Fr. de Dainville a étudié la provenance sociale des élèves de collèges. Les catalogues des élèves prouvent que:

> A l'époque du grand Roi, alors que les rangs semblaient le plus nettement tranchés dans la société, les fils de familles se coudoyent sur les bancs du collège avec les fils de petits bourgeois et d'artisans. A côté de noms aristocratiques, on lit d'autres qui le sont fort peu et dont des notes particulières apprennent qu'ils désignent des fils de cordiers, de menuisiers, de rôtisseurs. ('L'éducation des Jésuites'...cit., 106)

Le collège propage toujours un programme de réforme chrétienne. Il doit former les moeurs de la société en inculquant le système des valeurs chrétiennes au caractère. L'enfant est considéré comme une créature sans forme déterminée. Le procès éducatif doit lui donner

---

heure aux enfans ce qui est de la civilité & de l'honnêteté pour converser & se rendre agréable dans le monde. Pour quoy il est bon de leur apprendre le poëme de Sulpice Verulain 'De moribus in mensâ servandis', comme ils doivent se comporter à table; & de leur lire aussi le traité composé par Erasme 'De civilitate morum puerilium', de la civilité des moeurs des enfans: lequel par cet effet a été mis plusieurs fois en françois, comme un livre bien utile, où l'on ne peut trouver rien à redire. Mais apres tout, la hantise & la frequentation des honnêtes gens, peut apprendre en cela plus qu'aucun livre." (101-102). Cf. aussi H. de La Fontaine Verwey, 'The first "book of etiquette" for children, Erasmus, De civilitate morum puerilium', dans: 'Quaerendo' 1 (1971), 19-30.

9   'L'éducation en France'...cit., 140.

une forme fixe. C'est pourquoi tous les traités de l'éducation soulignent d'une part la disponibilité des enfants au bien et au mal,
d'autre part l'importance des bonnes habitudes.

La disponibilité de l'enfant préoccupe des éducateurs tels que
Frédéric Rivet. Son traité 'De l'education des enfans' (1679) propage
l'idée de la formation de l'enfant dans les premières années de sa
vie:

> Les vertus & les vices sont des habitudes qui s'acquierent, par
> la reïteration des actions vertueuses ou vicieuses, & quoyque
> les enfans soyent incapables d'en faire la difference, & qu'ils
> ayent plus d'inclination au vice, qu'à la vertu, neanmoins dans
> la foiblesse, on les peut accoustumer, ou à l'un ou à l'autre, &
> il est extrêmement important de travailler de bonne heure à for-
> mer en eux les habitudes de la vertu. (118)

La théorie pédagogique varie selon le degré d'inclination au bien ou
au mal qu'on suppose dans la nature de l'enfant. Tous les éducateurs
reconnaissent que les habitudes s'acquièrent. Il faut profiter du
manque d'habitudes afin de former leurs moeurs et de les mener dans
la bonne direction[10]. Rivet compare ailleurs l'enfant à "une cire,
où on imprime sans peine le bien ou le mal" (ibid., 9). Pour y imprimer le bien, il faut surveiller tout ce qui entre dans les oreilles
de l'enfant:

> Il faut sur tout ne luy faire rien oüir qui ne soit bien dit,
> car c'est en écoutant qu'un enfant apprend à bien penser, & ja-
> mais une chose n'est bien dite, qu'elle n'ait auparavant esté
> bien pensée. Il n'y a donc rien qui doive estre gardé avec plus
> de soin, que les oreilles d'un enfant, puis que ce sont les por-
> tes par où entre en luy ou tout le bien, ou tout le mal, qui
> peut embellir ou corrompre son esprit. C'est la parole qui verse
> la lumière, ou les tenebres dans l'esprit de ceux qui écoutent:
> si elle y porte la vérité, elle fortifie l'esprit en l'éclairant,
> & elle cause la netteté des pensées, & la naïveté des expres-
> sions, au lieu que le mensonge ne peut apporter que l'erreur
> dans les pensées & la confusion dans les paroles. (ibid., 88-89)

---

10 "Donnez leur aussi-tost qu'ils commencent à faire usage de leur
raison, des principes qui leur puissent estre utiles dans toute la
suite de leur vie. De même, dit Plutarque, qu'il faut dés la naissance dresser & former les membres du corps, afin que croissans
ils soient droits & non pas contrefaits & tortus: Aussi faut-il
dés le commencement donner une bonne forme aux moeurs, parce que
l'ame estant dans cet âge extrêment tendre, elle reçoit facilement
toutes les impressions qu'on luy donne; la source & la racine de
toute bonté & de toute prud'hommie, continuë le même Plutarque,
est d'avoir esté bien instruit pendant la jeunesse" (L. Bordelon,
'La Belle Education', Paris 1693, 47-48). Cf.: "D'ailleurs, ne
nous dit-on pas tous les iours que l'habitude est une seconde naissance qui change souvent la premiere, & que nous ne viuons pas
tels que nous sommes nez, mais tels que nous auons semblé viure
par le passé? Que si l'habitude peut passer pour une naissance
reïterée, on peut attribuer le mesme nom à l'éducation, qui est
comme le fondement des habitudes, ou legitimes, ou vicieuses" (Fr.
de Grenaille, 'L'honneste Garçon ou l'Art de bien elever la Noblos-
se à la Vertu, aux Sciences, & à tous les exercices conuenables à
sa condition', Paris 1642, livre I, 85). Cf. aussi B. de Gurrea,
'Arte de enseñar hijos de Principes y señores', Lerida 1623, 17v.
Fr. Garau énumère beaucoup d'autorités qui soutiennent cette théorie ('El Sabio instruido de la Naturaleza en cuaranta maximas politicas, y morales con todo genero de erudizion sacra, y umana',
Barcelona 1675, 19-27).

Ce passage justifie la surveillance pédagogique qui caractérise l'éducation au XVIIe siècle. Sa conception de la rhétorique se retrouve, par exemple, dans la 'Rhétorique' de Bernard Lamy, publiée quatre ans avant le traité de Rivet. Lamy y définit les paroles comme "des signes qui représentent les choses qui se passent dans l'esprit" (éd. cit., 5). Il y a, selon lui, une priorité de la pensée sur la parole exprimée, car "nôtre discours est la copie de l'original qui est en nôtre tête" (ibid., 5). Rivet en déduit une conséquence pédagogique: il faut faire entrer la vérité dans l'esprit des enfants si l'on veut qu'ils aient l'esprit juste. Il y va aussi de la santé physique de l'enfant, car la physiologie médicale se préoccupe de la mollesse du nouveau-né[11].

Fénelon exprime les mêmes idées que Rivet. Le traité 'De l'éducation des filles' parle de la mollesse du cerveau des enfants et du besoin de leur imprimer de bonnes habitudes. Il en tire une conséquence qui caractérisera la pédagogie fénelonienne aux yeux de la postérité:

> Les premières images gravées pendant que le cerveau est encore mou, et que rien n'y est écrit, sont les plus profondes.... Si l'enfance est propre à graver des images dans le cerveau, il faut avouer qu'elle l'est moins au raisonnement... Ainsi il faut ménager avec grand soin les organes, en attendant qu'ils s'affermissent... Entretenez seulement sa curiosité, et faites dans sa mémoire un amas de bons matériaux: viendra le temps qu'ils s'assembleront d'eux-mêmes, et que, le cerveau ayant plus de consistance, l'enfant raisonnera de suite. (V, 568-569)

L'image sensible marque le cerveau mou des enfants. Le raisonnement abstrait n'a pas la même force. Il faut profiter de leur manière spécifique d'acquérir des expériences et leur mettre les maximes de bonne conduite dans l'esprit. Fénelon insiste sur le rôle des images dans l'apprentissage de l'enfant. L'éducateur doit s'adapter à cette particularité de leur esprit. Cette idée a marqué l'évolution de la pédagogie. Elle est préfiguré chez Claude Fleury.

En 1679, Fleury a publié son 'Catéchisme historique' que précède un 'Discours du dessein et de l'usage de ce Catéchisme'. Il y explique la méthode qu'il a suivie dans la composition de son 'Catéchisme'. Il y énonce le postulat suivant:

> Le Catéchiste doit prendre sur lui toute la peine, se faire petit avec les enfans & avec les simples, étudier leur langage, & entrer dans leurs idées pour s'y accommoder autant qu'il sera possible. ('Opuscules', vol. I, Nisme 1780, 447)

Toute la pédagogie du XVIIe siècle exige qu'on s'adapte à l'esprit des enfants. Elle défend, par contre, de se faire petit avec les petits. Fleury veut s'abaisser au niveau des ignorants. Une vision posi-

---

11 Cf. 'Entrer dans la vie. Naissances et enfances dans la France traditionnelle', présenté par J. Gélis, M. Laget et M.-F. Morel, Paris 1978, 116-117. Sur les théories de Lamy cf. G. Rodis-Lewis, 'Un théoricien du langage au XVIIe siècle: le P. B. Lamy', dans: 'Le Français Moderne' 36 (1968), 19-50.

tive de l'ignorance ne se trouve que dans les livres de dévotion. La
sainte ignorance de la spiritualité n'est pourtant pas le manque de
connaissance et d'instruction. Fleury découvre la sainte ignorance
dans l'imbécilité des gens sans instruction, c'est-à-dire chez les
enfants et dans le petit peuple. Il a une vision positive de l'enfance
dont la plupart des auteurs du XVIIe siècle sont assez éloignés. Car,
selon Ariès, "c'est à cette époque qu'on parle vraiment de la faiblesse, de l'imbécilité de l'enfance. Auparavant, on l'ignorait plutôt
comme une transition rapidement franchie et sans importance"[12]. Fleury
sait justifier son postulat pédagogique:

> Il n'y a qu'à bien étudier l'Ecriture sainte; on y trouvera les
> moyens d'être simple, non-seulement sans bassesse, mais avec
> grande dignité. (ibid., 447)

La Bible[13] confirme la théorie pédagogique de Fleury. Elle raconte
des histoires pour instruire les simples. Elle se sert de l'imagination sans obscurcir la vérité.

Il y a un lien évident entre ces recherches pédagogiques et les
réflexions sur la prédication de Fleury et de Fénelon[14]. Les 'Dialogues sur l'éloquence' de Fénelon fixent l'esthétique littéraire qui
inspire la théorie pédagogique du 'Catéchisme historique'. Ces 'Dialogues' doivent certainement, comme l'a remarqué J.-L. Goré[15], au 'Gor-
gias' de Platon et au 'De oratore' de Cicéron. Ils citent également
le 'Traité du sublime' de Longin (VI, 570). Fleury s'en est inspiré
dans le catéchisme pour les ignorants.

Le catéchisme doit profiter des procédés pédagogiques de l'Ecriture
sainte. C'est ainsi que Fleury insiste sur le rôle de l'imagination
dans le procès éducatif:

> Tout le monde peut entendre & retenir une histoire où la suite
> des faits engage insensiblement, & où l'imagination se trouve

---

12 Op. cit, 156. D. de Gurrea explique "como se deue el Maestro con-
   formar en la educación, con la edad de los niños" ('Arte de enseñar'...cit., 18r-22r).
13 Sur la doctrine biblique de l'enfance spirituelle, voir: M.-F. Berrouard, art. 'Enfance spirituelle', dans: 'Dictionnaire de spiritualité', vol. IV, 1, Paris 1960, col. 682-696. La famille de Fénelon a pratiqué la dévotion à l'enfant Jésus, cf. Orcibal, Corr I,
   47-49, 64-65, 70-71, 90-93; Spaemann, op. cit., 142-146; H. Gouhier, 'Autour du jeune Fénelon', dans: 'Permanence de la Philosophie', Neuchâtel-Paris 1977, 241-249. Cette dévotion se rattache
   à la spiritualité de Bérulle, qui écrit sur l'enfance: "Dans l'Enfance humaine & ordinaire, il y a trois impuissances & incapacitez,
   l'une au regard de la Vie humaine & exterieure, incapable de communication externe auec les creatures...l'autre au regard de la
   Vie raisonnable & interieure, incapable d'aucune pensée, discours,
   affections, de tout sentiment de gratitude, d'amour d'estime, &c.
   La 3. au regard de la Vie de grace, incapable des Lumieres, sentimens, & de tout usage de la vie de grace" ('Oeuvres complètes',
   Paris 1644, 845).
14 Cf. mon article 'L'éloquence du barreau et l'éloquence de la chaire. La critique de la prédication mondaine par La Bruyère et l'analyse des problèmes institutionnels et stylistiques de l'éloquence
   religieuse par Claude Fleury et Fénelon', dans: 'Papers on French
   Seventeenth Century Literature' 9 (1978), 173-196.
15 'L'itinéraire de Fénelon: humanisme et spiritualité', Paris 1957,
   290-305.

> prise; & quoique plusieurs se plaignent de leur mémoire, elle
> est toutefois moins rare que le jugement, de là vient la curiosi-
> té pour les nouvelles, l'amour des romans & des fables, sur-tout
> ce sont les enfans qui en sont les plus avides, parce que tout a
> pour eux l'agrément de la nouveauté, & comme d'ailleurs les per-
> sonnes âgées aiment naturellement à raconter les faits dont elles
> ont la mémoire pleine, rien ne seroit si facile que d'instruire
> les enfans dans la religion, si les pères & les mères en étoient
> bien instruits, & s'ils vouloient s'appliquer à raconter les
> merveilles de Dieu comme ils faisoient autrefois. (ibid., 435)

La curiosité pour les nouvelles est condamnée par les théologiens.
Les pédagogues y voient une dépravation de la culture féminine. Fleury
adapte le genre des histoires dévotes aux fins éducatives du catéchisme[16]. Le 'Catéchisme historique' est une innovation pédagogique.
Les histoires y remplacent l'alternance des questions et des réponses.
Cette alternance caractérise les catéchismes traditionnels et beaucoup
d'écrits scolaires. La Bible est le modèle de cette nouvelle conception pédagogique. Fleury est convaincu que son procédé n'est qu'un
retour à la pratique pédagogique des anciens. Cette utilisation de la
Bible renvoie à son livre sur les 'Moeurs des Israélites' (1681).

Ayant à traiter de l'enseignement dans l'Israël de l'Ancien Testament, Fleury justifie le manque d'écoles publiques par un jeu étymolo-
gique:

> Le nom d'Ecole signifie en grec Loisir; comme étant le lieu où
> s'assemblent ceux qui n'ayant point d'affaire pressée, cherchent
> à se divertir honnêtement; & le mot latin Ludus, qui signifie
> Jeu, revient à la même idée. J'estime donc que la plus grande
> partie des études se faisoit sans lecture & sans leçons reglées,
> par les entretiens des pères & des vieillards. ('Opuscules'
> ...cit., vol. 1, 56-57)

Fleury accepte qu'une civilisation ne connaisse pas d'écoles publiques. La pédagogie des anciens Israélites incarne l'idéal de l'enseignement religieux[17]. C'est pourquoi il imagine un catéchisme fait
d'histoires racontées. Il veut copier la transmission du savoir dans
les civilisations à tradition orale. Le récit du catéchisme écrit
doit assumer la fonction du discours familier. Comme dans l'Ancien
Testament, les parents devraient instruire eux-mêmes leurs enfants.

Fleury critique la littérature d'imagination de la culture savante
et la tradition populaire. Les récits populaires pour les enfants
sont peu sérieux. Mais les traditions des Hébreux "étoient nobles &
utiles" (ibid., 54). Leurs discours allégoriques ont un grand avantage
sur le merveilleux païen. Ils renferment "les maximes de morale, sous
des images agréables & en peu de paroles, afin que les enfans les

---

16 "Les Juifs avoient la methode pour enseigner la Philosophie à leurs
   enfans, de leur proposer des sentences saintes, & des histoires
   pleines de gravité & d'honnêteté, qu'ils mettoient quelquefois en
   vers avec des problèmes, des enigmes, & des questions remplies de
   doctrine, & enveloppées d'allegories, avec des paroles élegantes,
   & une façon de parler agréable selon les termes de leur langue"
   (C. Joly, 'Avis chrétiens'...cit., 107). Nous avons déjà traité
   des histoires dévotes (I. 1).
17 Il faut juger la portée de cette théorie à la lumière du rôle que
   Fleury attribue à la civilisation des Hébreux (cf. II. 2).

retinssent plus aisément" (ibid., 54).

Fleury rajeunit les idées qui avaient inspiré l'humanisme dévot. Son 'Catéchisme historique' a certainement encouragé Fénelon à composer des ouvrages instructifs pour son élève royal. Cet aspect sera à approfondir dans la deuxième partie de notre exposé (II. 2).

La théorie pédagogique de Fleury a beaucoup d'affinité avec celle de Fénelon[18]. C'est peut-être sous son influence que Fénelon a reconnu la valeur pédagogique du jeu de l'enfant. Le traité 'De l'éducation des filles' conseille de mélanger l'instruction avec le jeu:

> Laissez donc jouer un enfant, et mêlez l'instruction avec le jeu; que la sagesse ne se montre à lui que par intervalle, et avec un visage riant; gardez-vous de le fatiguer par une exactitude indiscrète. (V, 569)

Cette devise pédagogique rappelle les spéculations étymologiques de Fleury. Fénelon plaide pour la souplesse dans l'éducation des enfants[19]. Il vise plus l'entretien familier que le passe-temps innocent. Le chapitre VI du traité 'De l'éducation des filles', parle également "de l'usage des histoires pour les enfans" (V, 575).

Comme Fleury, Fénelon met la passion des enfants pour "les contes ridicules" (ibid., 575) au service de l'éducation. Il y parle des histoires de l'Ecriture sainte. Il y parle également des fables. C'est ce dernier point qui importe pour la composition de 'Télémaque':

> Quand vous les voyez disposées à vous entendre, racontez-leur

---

18 G. Dartigues ('Le Traité des Etudes de l'abbé Claude Fleury (1686). Examen historique et critique', Paris, 1921, 275) et F. Gaquère ('La vie et les oeuvres de Claude Fleury (1640-1735)', Paris 1925, 256 et 265) réduisent cette influence au traité 'De l'éducation des filles'. Si l'on réduit l'influence réciproque des deux auteurs au chapitre sur l'éducation des filles dans le 'Traité des Etudes' et dans le traité 'De l'éducation des filles', tout dépend de la date, difficile à établir, où les deux auteurs se sont rencontrés personnellement (cf. sur ce problème: Orcibal dans Corr I, 79 et III, 53, note 15). Mais on s'attache alors à un problème mineur en perdant de vue l'essentiel. Car sans sous-estimer la valeur d'une oeuvre capitale telle que le 'Traité des Etudes', il faut insister sur la théorie pédagogique dans le 'Discours' du 'Catéchisme historique' et sur les 'Moeurs des Israélites' qui donnent une caution, tirée de l'Ecriture sainte et de l'héritage de l'Antiquité, aux idées pédagogiques de Fleury. R. Wanner, 'Claude Fleury (1640-1723) as an Educational Historiographer and Thinker', La Haye 1975 néglige cet aspect complètement. Ce livre n'apporte rien de nouveau à l'argument qu'il traite, voir: J. Le Brun, 'Bulletin d'histoire de la spiritualité: L'époque moderne', dans: 'Revue d'histoire de la spiritualité' 53 (1977), 197.
19 "L'enfant aussi mêlera volontiers l'utile avec le doux, en se donnant le plaisir de la lecture des Fables d'Esope, de Phèdre, d'Avienus, de Laurens Abstemius & d'autres narrations semblables Grecques & Latines, dont le sens morale n'est pas moins serieux, & instructif, que le recit de ces contes est divertissant. Les instructions s'insinuent plus doucement, & s'impriment plus fortement dans les esprits par les colloques que par des discours continus; parce que l'homme étant naturellement sociable, il se plaît à s'entretenir avec ses amis, ou égaux" (C. Joly, 'Avis chrétiens' ... cit., 94-95). Joly permet de saisir le lien entre la pédagogie humaniste et celle de Fleury et de Fénelon. Fleury est un ancien élève des Jésuites. Son 'Traité' "se sépare de leur 'Ratio', autant que des plans d'étude de l'Université ou de l'Oratoire" (Fr. de Dainville, 'L'éducation des Jésuites'...cit., 51).

quelque fable courte et jolie: mais choisissez quelques fables d'animaux qui soient ingénieuses et innocentes: donnez-les pour ce qu'elles sont; montrez-en le but sérieux. Pour les fables païennes, une fille sera heureuse de les ignorer toute sa vie à cause qu'elles sont impures et pleines d'absurdités impies. Si vous ne pouvez les faire ignorer toutes à l'enfant, inspirez-en l'horreur. (ibid., 575)

Il faut tenir la curiosité enfantine en suspens pour mener l'enfant dans la direction qu'il doit prendre. Conter une histoire aux enfants, c'est pour Nicole une simple récompense[20]. Fénelon y voit une forme d'instruction adaptée à la nature de l'esprit enfantin. Son traité considère le 'Catéchisme historique' comme "un livre simple, court, et bien plus clair que les Catéchismes ordinaires" (ibid., 576). Fénelon profite des théories de Fleury et les développe. Tout éducateur doit s'appuyer sur les dons naturels des enfants et profiter de la vivacité de leur imagination. Cette même imagination que Fénelon lui-même attaque comme une suite funeste de la lecture des romans, joue un rôle légitime dans le processus éducatif. Cela n'a rien à voir avec la littérature proprement dite, car le but sérieux est le seul envisagé[21]. Les fables païennes sont condamnées. Mais le moralisme n'empêche pas que le récit doive être animé:

Animez vos récits de tons vifs et familiers; faites parler tous vos personnages: les enfans qui ont l'imagination vive, croiront les voir et les entendre. (ibid., 575)

La littérature entre ici par le biais de l'éducation dans le dessein moral du théologien. La rhétorique fournit les procédés qui rendent plus vivant le récit instructif. L'éducateur peut recourir à l'emploi de l'hypotypose, dont les auteurs dramatiques usent pour captiver l'attention de leur public[22]. Cette théorie lui permettra plus tard de s'approprier les procédés littéraires en vue de la création d'un ouvrage instructif qu'on confondra avec une oeuvre littéraire proprement dite.

Fénelon a rendu l'instruction du dauphin plus attrayante. Il a mis les techniques de la persuasion oratoire au service de la seule éducation, qui se déroule à cette époque devant les yeux de tout le royaume: l'éducation d'un prince. Cette tâche était à la mesure de son esprit. Il a voulu préparer un avenir meilleur à la France absolutiste par la formation morale du futur roi.

A ce point de notre travail, il nous faut établir une distinction entre deux plans qui doivent être isolés pour la commodité de l'expo-

---

20 'De l'Education d'un Prince' (1670), repris dans le vol. II des 'Essais de morale', je les cite d'après l'éd. Paris 1733, réimpr. Genève 1971, 300.
21 Vauquelin des Yveteaux ne veut pas "l'exclusion des romans et des poètes, car il faut de la salade et des fruits avec la nourriture solide, et pour aymer à voir le plus souvent des temples magnifi-ques et des palais eslevez, il ne faut pas renoncer aux grottes, ny haïr les perspectives et les miroirs" ('Institution du prince', dans: 'Oeuvres complètes', éd. par G. Mongrédien, Paris 1921, 164).
22 Cf. M. Fumaroli, 'Rhétorique et dramaturgie: le statut du personna-ge dans la tragédie classique', dans: 'Revue d'histoire du théâtre' 3 (1972), 23.

sé. D'une part le plan des idées pédagogiques qui dictent la forme
littéraire et les arguments du 'Télémaque'; d'autre part celui des
exigences spécifiques de l'éducation princière que nous étudierons
dans le chapitre suivant. La première partie est consacrée aux fins
pédagogiques et politiques du 'Télémaque'. Son message nécessitera
l'étude de la spiritualité qui fera l'objet de la deuxième partie. Il
nous faut donc interrompre, pour le moment, l'étude d'un certain nombre de problèmes soulevés par la spiritualité fénelonienne[23] afin
d'étudier exclusivement le champ plus restreint de l'éducation de la
jeunesse. Nous définirons le cadre dans lequel la composition de 'Télémaque' s'inscrit: la théorie pédagogique de l'époque et la doctrine
de l'éducation princière s'y trouvent réunies.

---

23 Ils seront étudiés au chapitre II. 4.

I. 3. UNE SPECIFICITE DE L'EDUCATION PRINCIERE: L'INTRODUCTION AUX IDEES POLITIQUES

L'éducation d'un prince se distingue beaucoup de l'éducation d'un particulier, car dans une monarchie, c'est une affaire d'Etat. Son enjeu est l'avenir de tout le royaume et le prix de sa réussite est le bonheur public. Dès la naissance d'un dauphin, un débat public s'engage sur les procédés à suivre dans l'éducation princière, sur les buts à proposer au roi de demain, sur les matières à enseigner au cours des études. Il y a une vaste littérature qui s'occupe exclusivement de l'institution du prince. La recherche n'a pas assez exploité ce domaine de la mentalité au XVIIe siècle[1]. Aux livres consacrés exclusivement à ce problème, il faut ajouter le grand nombre de chapitres et de passages dans les oeuvres les plus diverses où l'on traite de l'argument. G. Compayré n'exagère pas quand il considère la pédagogie de l'époque comme "une pédagogie princière. C'est en élevant des princes que le dix-septième siècle a donné la mesure de ses idées sur l'éducation"[2]. L'abondante littérature, qui s'occupe de ce problème,

---

1 La liste des ouvrages nommés dans les notes 18-23 de notre 'Introduction' est à compléter par: W. Münch, 'Gedanken über Fürstenerziehung aus alter und neuer Zeit', München 1909. Le seul auteur qui s'est efforcé de réunir les différents écrits voulant contribuer à l'oeuvre commune de l'éducation du prince est G. Lacour-Gayet, 'L'éducation politique de Louis XIV', Paris 1898. Au chap. II de la première partie (22-93), il parle des "ouvrages écrits en vue de l'éducation de Louis XIV". L'ample bibliographie de ce chapitre n'est remplacée par aucune des publications postérieures. Ses jugements sur ces ouvrages doivent, en revanche, être révisés. Cf. aussi G. Mongrédien, 'Etudes sur la vie et l'oeuvre de Nicolas Vauquelin Seigneur des Yveteaux, précepteur de Louis XIII', Paris 1921. J.-A. Maravall, 'La philosophie politique espagnole au XVIIe siècle dans ses rapports avec l'esprit de la Contre-Réforme', Paris 1955, chap. 1, et L. Fertig, 'Die Hofmeister. Ein Beitrag zur Geschichte des Lehrerstandes und der bürgerlichen Intelligenz, Stuttgart 1979, 35-43. Cf. aussi 'Geschichte der Erziehung der Bayrischen Wittelsbacher von den frühesten Zeiten bis 1750. Urkunden nebst geschichtlichem Überblick und Register von F. Schmidt', Berlin 1892; 'Geschichte der Erziehung der Pfälzischen Wittelsbacher. Urkunden nebst geschichtlichem Überblick und Register von F. Schmidt', Berlin 1899; J. Richter, 'Das Erziehungswesen am Hofe der Wettiner Albertinischer (Haupt-)Linie', Berlin 1913.

2 'Histoire critique'...cit., 303. Grenaille écrit à ce propos: "[L'instruction] de Monseigneur le Dauphin ne perdra rien de son éclat, quoy qu'elle commence d'appartenir à d'autres Garçons. Au contraire, l'exemple de ce Prince estant Royal, les préceptes qu'on luy donne seront d'autant plus majestueux, qu'ils serviront

servira de toile de fond à notre analyse. Il nous faut étudier l'éducation dispensée par Fénelon au duc de Bourgogne à l'intérieur de cette tradition.

La discussion portant sur l'éducation du prince aborde tous les problèmes dont on traite dans les théories pédagogiques. Elle les considère par rapport aux fins politiques que cette éducation implique. Les auteurs ne se lassent pas de souligner la différence fondamentale entre un simple particulier et le prince:

> Pour estre bon sujet, il suffit d'estre obeïssant & fidele, mais pour estre grand prince, il faut avoir de la piété, de la justice, de la prudence, & toutes ces autres qualitez éclatantes qui doivent estre la gloire, & l'ornement de ceux que Dieu a élevez à cette dignité. (F. Rivet, 'De l'education des enfans', Amsterdam 1679, 120-121)

Le sujet est tenu d'obéir. Il ne fait pas usage de son jugement propre de la même manière qu'un prince. Celui-ci doit commander. Il est obligé d'acquérir toutes les vertus et toute la science, qui lui permettent ensuite de juger lui-même des buts à poursuivre et des moyens à employer[3].

Les écrits sur l'éducation du prince envisagent le gouvernement d'un Etat dans la perspective des fins morales avant de s'occuper des questions juridiques et techniques du maintien du pouvoir. Le traité 'De l'Education d'un Prince' est typique à cet égard. Nicole y fait de la morale la science du prince:

> La morale est la science des hommes, & particulièrement des princes, puisqu'ils ne sont pas seulement hommes, mais qu'ils doivent aussi commander aux hommes, & qu'ils ne le sauroient faire s'ils ne se connoissent eux-mêmes & les autres dans leurs défauts & dans leurs devoirs. ('Essais de morale'... cit., vol. II, 276)

Le prince doit apprendre la morale pour se connaître lui-même. En

---

3   de regle mesme à ceux qui peuuent un jour estre ses sujets" (op. cit., 213).
"Les soins que demande la conduite d'une personne si precieuse à l'Etat sont bien differens de ceux qu'on a coûtume de prendre en faveur de tout le reste des hommes. Il suffit au fils d'un Marchand de ne pas ignorer le prix des choses qui entrent ordinairement dans le commerce. Que celuy d'un Avocat veüille embrasser la profession de son Pere, l'etude des Loix, & le bon usage qu'il en sçait faire luy acquierent de la reputation dans le Barreau. Et qu'un Gentilhomme soit nourry de la civilité & se serve prudemment de son épée, il remplit l'esperance que l'on a conceuë, ou que l'on a dû concevoir de luy. Mais un Prince doit sçavoir les gouverner tous les trois" (Boursault, 'La véritable étude des souverains', Paris 1671, 9-10). Naudé confirme, dans sa 'Bibliographie politique' (1633), cette opinion. Il écrit: "Horum autem commode primi se offerunt REGES ipsi ac PRINCIPES, ex quorum moribus & institutione reliquorum hominum fata dependere adeo verum est, ut tunc illis bene ac fortunate sit, cum ipsi qui reipublicae clavum moderantur, non solis modo praetorianorum cohortibus & longo satellitum ordine auctoritatem suam fulciunt; sed labore in negotiis, fortitudine in periculis, industria in agendo, celeritate in conficiendo, ac denique consiliis in providendo dignitatem suam illustrant ac muniunt" ('Gasparis Scoppii Paedia politica et Gabrielis Naudaei Bibliographia politica un & ejusdem argumenti alia. Nova editio reliquiis omnibus multum emendatior', cura H. Coringii, Helmstadii, 1663, 86).

cela il est sur le plan de tous les hommes. L'éducation lui montre
les ressorts cachés de l'action humaine. Cordemoy aborde cet argument
dans son ouvrage 'Des moyens de rendre un Etat heureux'. Il y note
trois devoirs du souverain: celui de particulier, celui de chef de
famille, celui de roi, "qui l'oblige de faire tout ce qui dépend de
luy, pour rendre le Royaume heureux" ('Divers Traitez de Metaphysique,
d'Histoire, et de Politique', Paris 1691, 214-215).

Le prince a besoin de la science de l'homme pour pouvoir gouverner.
L'instruction morale lui enseigne la maîtrise de lui-même et des autres. Il doit se dévouer au métier de roi. Le bien public coïncide
avec son intérêt propre:

> Un Prince n'est pas à lui, il est à l'Etat, Dieu le donne aux
> peuples en le faisant un Prince: il leur est redevable de tout
> son tems. Et sitôt qu'il est capable de discernement, il commet
> une double faute, s'il ne s'applique, avec tout le soin qu'il
> peut, aux études & aux exercices qui servent à le disposer à
> s'acquitter des devoirs d'un Prince. Car il ne se fait pas seule-
> ment tort à soi-même en abusant de son tems; mais il fait tort
> à l'Etat auquel il le doit. (Nicole, ibid., 265)

Dans l'éducation d'un futur souverain, les problèmes pédagogiques
ont une dimension politique. La formation de l'homme y coïncide avec
l'instruction du chef d'Etat. La maxime de La Bruyère: "Tout prospère
dans une monarchie où l'on confond les intérêts de l'Etat avec ceux
du prince." ('Les Caractères' X, 25) caractérise bien l'esprit dans
lequel les théories pédagogiques jugent les problèmes de l'éducation
du prince.

L'identité des intérêts du prince et de l'Etat est un argument
également avancé par les auteurs qui critiquent les abus du pouvoir.
Mais elle est tant de fois répétée par les écrits sur l'institution
du prince qu'il serait erroné d'y voir une idée d'opposition. Dans
l'intention des pédagogues, elle manifeste le lien entre la personne
du prince et le bien public[4].

L'éducation du prince est un champ de discussions politiques. Les
auteurs en sont conscients. Le Père Senault constate dans son livre
'De l'usage des passions' (1644) que les qualités attribuées aux
princes varient selon les intentions politiques des auteurs. Il re-

---

4 Le Moyne exprime les devoirs du prince en se référant à l'image du
souverain en tant que pasteur de son peuple: "Si le Prince... est
le Pasteur des Peuples qui luy sont commis; qu'il considere quelle
doit estre sa fonction dans la Bergerie. Est-ce de passer toute la
journée à ioüer du Flageolet ou de la Musette? à faire l'amour à
Amarille ou à Philis? ... Qu'il apprehende au moins d'encourir la
malediction, que le Prophete Interprete du Pasteur Souverain donne
aux Pasteurs qui laissent leurs troupeaux sur la foy des chiens...
Mais si le Prince est l'image & le Lieutenant de Dieu dans son
Etat; s'il y doit regner comme Dieu regne dans le Monde; prendra-t-
il pour modele de son regne, le regne du Dieu d'Epicure, qui
estoit un regne d'assoupissement & d'oisiveté?...Le Prince
Chrestien s'en éloignera donc le plus qu'il pourra: il aura la
veuë tousiours arrestée, & l'intention tousiours fixe & immobile,
sur le regne du vray Dieu, qui tourne toutes ses pensées, & dresse
tous ses desseins aux besoins, aux commodités, aux plaisirs mesmes
des hommes" ('L'Art de regner', Paris 1665, 26-27); cf. à ce
propos: La Bruyère, 'Les Caractères' X, 29.

vient sur ce problème dans son ouvrage 'Le monarque, ou les devoirs
du Souverain' (1661). Il y réflechit sur la passion qui doit régner
dans le coeur du prince. Il écrit:

> Les opinions sont 'tellement partagées sur ce sujet, que l'on
> peut dire que châque Politique se forme un Prince selon son hu-
> meur, & qu'il luy donne la Passion qui luy est la plus agréable.
> Il s'en est trouvé qui ont souhaité qu'il n'en eust pas une, &
> qu'estant l'Image de Dieu, il fût élevé au dessus des Créatures,
> & vît tous les mouvemens de la terre sans émotion; mais on sçait
> bien que pour estre d'une condition plus élevée que celle de ses
> suiets, il n'est pas exempt des maladies du corps, il ne peut
> pas se deffendre des Passions de l'ame. (éd. Paris 1662, 175)

Les Miroirs des Princes s'occupent de l'idéal éthique de la royauté.
Leur morale s'intègre à la théorie politique dès qu'elle décrit
l'idéal moral que le prince doit acquérir. Dans l'éducation princière, tout précepte moral implique un énoncé politique.

On participe parfois au débat sur l'éducation du prince pour attaquer la politique du Gouvernement. C'est le cas du livre de Claude
Joly 'Recueil de maximes veritables et importantes pour l'Institution
du Roy. Contre la fausse et pernicieuse Politique du Cardinal Mazarin,
prétendu Sur-Intendant de l'éducation de Sa Majesté' (1652). La mazarinade de cet ecclésiastique est plutôt l'exception à la règle[5].

Dans un sens, le livre de Joly ne fait pourtant pas d'exception:
il critique le gouvernement de Mazarin en exposant au jeune roi quel
est l'idéal d'un bon monarque. Fénelon imaginera un dialogue entre
Richelieu et Mazarin. Ainsi ses 'Dialogues des Morts' (VI, 327-329)
où il ose critiquer le ministre, non le Roi, démasquent Mazarin. Le
souverain n'a qu'à changer de ministre pour modifier sa politique. Sa
personne est au-dessus du débat. Elle reste hors d'atteinte.

L'institution du prince n'a pas comme seul destinataire le prince
en train de s'instruire. Elle s'adresse autant au roi qu'au dauphin.
Comme les livres de civilité, elle garde longtemps le caractère d'une
littérature qui ne se soucie guère des différences entre le jeune
homme et l'adulte (Cf. I. 2). Tout au plus, l'auteur souligne que le
jeune prince ne comprend pas encore tout ce qu'il écrit pour lui. Il
le comprendra plus tard quand il sera lui-même au pouvoir.

Le but principal de ce genre d'écrits est d'exposer le plus clairement possible les devoirs du souverain. Guez de Balzac compose 'Le
Prince' (1631) selon le modèle des Miroirs des Princes. Il fait de
Louis XIII un nouveau Moïse dont les actes sont exemplaires. Dans cet
état de fait, un auteur peut énoncer des idées qui contredisent la
politique du gouvernement, quoiqu'il n'ait pas le moindre intérêt à
s'écarter des idées du roi. Le gouvernement ne possède pas de doctrine
fixée par une théorie politique. La réalité politique est ouverte aux

---

5 Sur Joly cf. K. Malettke, 'Opposition und Konspiration unter Ludwig
   XIV. Studien zu Kritik und Widerstand gegen System und Politik des
   französischen Königs während der ersten Hälfte seiner persönlichen
   Regierung', Göttingen 1976, 46-49; sur sa doctrine, ibid., 89-101.
   Cf. aussi J. Brissaud, 'Un libéral au XVIIe siècle, Claude Joly
   (1607-1700)', Paris 1898.

interprétations les plus diverses. Ni le Père Senault dans le traité
cité ci-devant, ni le Père Le Moyne dans son livre 'L'Art de regner'
(1665) ne pensaient faire figure d'opposants à Louis XIV. Mais l'historien moderne range leurs livres parmi les écrits d'opposition[6]. Ce
fait révèle l'avantage et en même temps le risque de ce genre
d'écrits. Ils traitent d'un argument politique dans un Etat où il n'y
a pas de parti politique comme de possibilité de s'ingérer dans les
affaires publiques. Ce pouvoir revient exclusivement à ceux que le
roi admet au sein de son conseil.

Bien qu'il y ait une longue tradition des Miroirs des Princes,
chaque auteur doit légitimer son entreprise. Quelques écrivains ont
la chance de s'autoriser de la volonté expresse du souverain. Antoine
Godeau a écrit son 'Institution du prince chrestien' (1644) sur un
ordre de la Régente elle-même, Anne d'Autriche. Il fait mention dans
la dédicace à la mère de Louis XIV de deux sources sans cesse utilisées dans ce genre d'écrits: l'Ecriture sainte et les instructions
des rois à leurs fils.

La référence à l'Ecriture sainte est constante dans les Miroirs
des Prince. Il existe une oeuvre qui se présente comme un exposé de
la doctrine biblique sur les devoirs des rois: 'La politique tirée
des propres paroles de l'Ecriture sainte' de Bossuet. Nous reviendrons
sur ce livre à plusieurs reprises dans notre exposé. Il a été publié
après la mort de l'évêque de Meaux en 1709 et l'on sait que Fénelon
le connaissait.

Dans la dédicace au dauphin, son élève, Bossuet cite les motifs
qui l'incitent à légitimer l'instruction du prince par un exposé de
la doctrine biblique:

> Dieu est le Roi des rois: c'est à lui qu'il appartient de les
> instruire et de les régler comme ses ministres. Ecoutez donc,
> Monseigneur, les leçons qu'il leur donne dans son Ecriture, et
> apprenez de lui les règles et les exemples sur lesquels ils doi-
> vent former leur conduite.
> Outre les autres avantages de l'Ecriture, elle a encore celui-
> ci, qu'elle reprend l'histoire du monde dès sa première origine,
> et nous fait voir par ce moyen mieux que toutes les autres his-
> toires, les principes primitifs qui ont formé les empires. (éd.
> critique par J. Le Brun, Genève 1967, 1)

La référence à la Bible s'explique par plusieurs raisons. Elle n'est
pas forcément un indice de croyance religieuse. Elle combine deux
sources d'autorité dans l'institution du prince: l'expérience des

---

6 Malettke, ibid., 28-32, 56-69, 64-65, 78-79, 112-113. On peut rele-
   ver la différence entre la théorie du pouvoir absolu basé sur la
   raison d'Etat et toute explication du pouvoir royal par des catégories religieuses. Les Miroirs des Princes continuent au XVIIe
   siècle la tradition de la pensée politique des humanistes selon
   laquelle la piété est le fondement de toute théorie politique, cf.
   E. Hinrichs, 'Fürstenlehre und politisches Handeln im Frankreich
   Heinrichs IV.' ...cit., 114-115. V. Cabot souligne: "I'estime bien
   veritable ce que Bodin escrit que le sçavoir d'un prince s'il
   n'est accompagné d'une rare & singuliere vertu est un dangereux
   cousteau en la main d'un furieux, & qu'il n'est rien tant à craindre qu'un sçavoir suivy d'iniustice & orné de puissance" ('Les
   Politiques', Toulouse 1630, 662).

rois et la vérité de la révélation divine. Cet appel à l'expérience
vécue dans les temps passés caractérise les Miroirs des Princes. Il
les distingue des traités politiques sur la théorie de l'Etat. Les
auteurs concrétisent les idées abstraites par des personnes et des
faits historiques. Leur renvoi aux instructions des rois doit suppléer
à leur manque de compétence par l'expérience de quelqu'un qui en sait
plus qu'eux. L'Ecriture sainte apporte la caution de la révélation
divine au témoignage déficient des hommes que sont les rois. Elle
préserve de toute erreur. Le Père Nicolas Caussin élabore l'institution du prince à partir de citations des 'Livres des Rois' dans l'Ancien Testament[7].

La Bible est un fonds inépuisable pour l'éducation morale. Elle
fournit un inventaire riche de rois, bons ou mauvais, que les auteurs
peuvent utiliser comme exemples pour le prince. Elle commente également les actions de ces rois. Ce commentaire, fort apprécié, présente
un modèle du discours humain sur l'idéal du monarque. De l'histoire
du peuple élu, on passe insensiblement à l'histoire profane, du passé
lointain de l'Ancien Testament au passé récent de la tradition nationale. 'Le Prince' de Balzac fond même deux conceptions de la royauté:
"la réflexion politico-historique de Machiavel, de Commynes, ou des
Trattatistes, et les leçons édifiantes du prône et de l'hagiographie"[8]. La diversité des traditions n'est néanmoins pas confondue.

Les théologiens du XVIIe siècle ne font pas de synthèse entre leur
théologie et la doctrine de la Bible. Tout au contraire ce que J. Le
Brun dit de la spiritualité de Bossuet vaut pour toute l'époque:

> La philosophie qui soutient l'anthropologie de Bossuet ne peut
> se définir en fonction d'un seul système; catégories bibliques,
> platonisme chrétien, thomisme où ce disciple de saint Augustin

---

7 Dans son ouvrage 'Regnum Dei, seu Dissertationes in libros Regum,
   in quibus quae ad institutionem principum illustriumque virorum
   totamque politicen sacram attinent, insigni methodo tractantur',
   Paris 1650. Ce procédé est très répandu au Moyen Age, cf. H. Herkommer, art. 'Das Buch der Könige alter ê und niuwer ê', dans:
   'Die deutsche Literatur des Mittelalters', hrsg. von K. Ruh, vol.
   1, Berlin 1978, 1089-1092. Gerson fait réciter au dauphin la prière
   de Salomon (Sap IX, 1-7, 10), cf. Bell, 'L'idéal éthique'...cit.,
   134. Juan Marquez avait écrit un ouvrage intitulé 'El Governador
   christiano, deducido de las vidas de Moysen y Josue', Salamanca
   1612; une traduction française de l'ouvrage a été publié sous le
   titre 'L'Homme d'Estat chrestien tiré des vies de Moyse et Josué
   ...traduit d'espagnol en françois...par D. Vivion', Nancy 1621.
   Scudéry profitera du même procédé dans son 'Salomon instruisant le
   Roi', Paris 1651. Il réunit "les passages de Salomon, qui parlent
   des Roys" (4 pages non numérotées). Puis il fait dire à Salomon:
   "Mais dans ce que ie pense, & dans ce que ie dy / L'egalité de
   rang, me rend bien plus hardy, / Comme toy, Grand Louis le pourpre
   m'environne; / Comme toy, ie soutiens le Sceptre & la Couronne: /
   Et pour faire un Discours qui soit digne d'un Roy, / Je te parle
   du Throne où ie suis comme toy" (1-2).
8 J. Jehasse, 'Guez de Balzac et le génie romain 1597-1654', Saint-
   Etienne 1971, 271. Morvan de Bellegarde publiera au début du
   XVIIIe siècle un ouvrage qui associe l'Ecriture sainte et l'histoire profane selon le schéma connu des Miroirs des Princes: 'Maximes
   avec des exemples tirez de l'Histoire-sainte et profane, ancienne
   et moderne, pour l'instruction du Roi. Où l'on donne des Preceptes
   pour l'Education & pour former les Moeurs et l'Esprit' (Paris,
   1717).

croit retrouver la doctrine de ses maîtres, cartésianisme sédui-
sant pour un esprit qui sans être scientifique pressent l'importance de la science et aime les idées claires, des métaphysiques
différentes se mêlent sans se fondre en une synthèse. ('La spiritualité de Bossuet', Paris 1972, 270)

La Bible apporte un argument de choix à tout énoncé sur l'institution
du prince. Si sa doctrine fait autorité, elle n'en fournit pas pour
autant la seule base. Elle est complétée par les oeuvres de l'Antiquité grecque et romaine. On s'informe sur l'origine des institutions.
Mais on ne se réfère pas à l'idée d'évolution. On n'est sensible aux
différences d'époque que pour confronter le passé au présent à l'intérieur d'un univers intemporel, celui de la vérité dogmatique.

Les instructions des rois à leurs fils représentent l'autre tradition à laquelle les institutions se réfèrent pour légitimer leurs
énoncés. Godeau renvoie aux "Instructions du grand Saint Louis à son
fils" ('Epître', page non numérotée), dont il reproduit le texte. A.
Theveneau en avait fait une édition en 1627 en commentant chaque précepte de saint Louis[9].

Les 'Remontrances de Basile, empereur des Romains, à Léon, son
fils', dont Flurance Rivault publia en 1612 une traduction française
"par exprès commandement du très auguste et très juste Louis XIII,
Roi de France et de Navarre", cultivent le même sujet ainsi qu'on
peut le lire dans le titre du livre[10]. L'authenticité de ces instruc-

---

9 'Les préceptes du roy S. Louys à Philippes III, son fils, pour
bien vivre et régner, tirez des histoires de France et des Registres de la Chambre des comptes; avec des discours sur chacun
d'iceux de Me Theveneau..., où sont rapportez et interprêtez
plusieurs Ordonnances touchant la police, tant spirituelle que
temporelle', Paris 1627. Jean d'Espagnet publie en 1616 'Le Rozier
des guerres composé par le feu Roy Louis XI. de ce nom: Pour Monseigneur le Dauphin Charles son fils. Mis en lumiere sur le manuscrit trouué au Chasteau de Nerac dans le cabinet du Roy par le
sieur President d'Espagnet...Et ensuite un traitté De l'Institution du ieune Prince, fait par ledit sieur President d'Espagnet'.
Sur la paternité de l'ouvrage cf. Bell, 'L'idéal éthique'...cit.,
153. Cette édition du texte est "très incomplète" (M. Diamant-
Berger, 'Un essai de réhabilitation. Nouvelles recherches sur le
"Rosier de Guerres" de Louis XI', dans: 'Mercure de France' 181
(15 juillet 1925), 513). Le testament politique et les Miroirs des
Princes se rejoignent dans ce genre d'écrits. B. Gracián publie
en 1646 'El Político D. Fernando el Catholico, que publica Don
Vincencio Juan de Lastanosa' (cf. A. Ferrari, 'Fernando el Catholico en Baltasar Gracián', Madrid 1945); cet ouvrage est certainement connu en France dès sa publication bien qu'il ne soit traduit
qu'au XVIIIe siècle: 'Réflexions politiques de Baltasar Gracian
sur les plus grands princes et particulièrement sur Ferdinand le
Catholique, ouvrage traduit de l'espagnol, avec des notes historiques et critiques, par M.D.S.*** (de Silhouette)', s.l. 1730
(cf. K.-H. Mulagk, 'Phänomene des politischen Menschen im 17. Jahrhundert', Berlin 1973, 259–282); cf. aussi l'ouvrage de Pedro
Gonzalez de Salzedo, 'Nudricion real, reglas o preceptos de como
se ha de educar á los reyes mozos, desde los siete á los catorce
años; sacados de la vida y hechos de el santo rey Don Fernando III
de Castilla, y formados de las leyes que ordenó en su vida el rey
Alonso' (Madrid 1671).
10 Pline le Jeune est très apprécié en tant qu'auteur du 'Panégyrique
de Trajan'; le XVIIe siècle connaît 3 traductions de cet ouvrage,
au début du XVIIIe siècle en paraît une quatrième qui sera réédi-
tée trois fois au cours du siècle. Juste Lipse en avait fait en
1600 une édition enrichie d'un abondant commentaire: 'Iusti Lipsii

tions est souvent incertaine. Elle ne préoccupe même pas les auteurs. Ils ne veulent pas l'appui de témoignages authentiques, mais le prestige d'un grand personnage dont la renommée renforce le poids de l'argument avancé sous leur autorité. Scudéry compose des 'Discours politiques des rois' (1647). Chez lui, le discours royal n'est qu'un procédé de la présentation littéraire. La prosopopée lui permet d'imaginer une instruction sous la forme d'un discours royal.

Dans la deuxième moitié du XVIIe siècle, ce genre d'écrits mêle la théologie positive, fondée sur un savoir encyclopédique issu de l'Ecriture sainte et de la tradition des Pères de l'Eglise, avec un savoir encyclopédique issu de la culture de l'Antiquité. Les volumes de 'La Méthode d'étudier et d'enseigner Chrétiennement & solidement les Lettres Humaines par rapport aux Lettres Divines et aux Ecritures' (1681-1693) du Père Louis Thomassin de l'Oratoire invoquent poètes, historiens, philosophes, grammairiens. Tous les auteurs témoignent de la supériorité d'un christianisme menacé par la sécularisation du savoir. Ce dessein ambitieux rappelle les sommes théologiques du Moyen Age. La pensée spéculative de la scolastique opéra de vastes synthèses. Les connaissances accumulées par la théologie positive développent un panorama impressionnant de savoir en ordonnant les arguments selon un schéma tout à fait extérieur à la fois à l'esprit des écrits cités et à l'intention de leurs auteurs[11].

Thomassin traite de l'éducation des enfants. Il renvoie, dans son livre sur les poètes (IIIème partie, livre second, chap. 26), à Claudien. Il cite de larges extraits du poème sur le consulat d'Honorius et commente les instructions de Théodose à son fils. Les paroles que Claudien met dans la bouche de Théodose sont prises pour des paroles de Théodose lui-même. Le même procédé se retrouve dans le livre sur les historiens. Plutarque est son autorité en ce qui concerne les devoirs réciproques des pères et des enfants (livre II, chap. 18). Il raconte que le roi de Sparte Agésilaus aimait jouer avec ses enfants. Thomassin passe ensuite du roi de Sparte "au mystère de la Sagesse éternelle, humaine & ravalée par une adorable complaisance aux fonctions de notre nature" (op. cit., 651). Ses réflexions sur l'incarnation aboutissent à une instruction morale sur les devoirs des parents

---

Dissertatuncula apud principes: item C. Plinii Panegyricus liber Traiano dictus, cum eiusdem Lipsii commentario', Antverpiae 1600 (autres éditons 1604, 1613, 1622, 1670, 1671), cf. J. Jehasse, 'La renaissance de la critique. L'essor de l'humanisme érudit de 1560 à 1614', Saint-Etienne 1976, 415. Ce commentaire est très connu au XVIIe siècle. Balzac l'utilise, cf. Jehasse, 'Guez de Balzac'... cit., 283. Il faut ajouter à ces ouvrages celui d'Agapete 'Exhortation faicte par Agapete Diacre de la grande Eglise de Constantinople à l'Empereur Iustinian'. Traduicte de Grec en François par Hierosme de Benevent, Paris 1612. Une autre traduction est attribué à Louis XIII 'Preceptes d'Agapetus à Justinian, mis en françois par le Roy très chrestien Louis treizieme... en ses leçons ordinaires', Paris 1612. La Bibliothèque Nationale possède des éditions: Paris 1614 et 1634, Francoforti 1603, Herbonae 1605, Franekerae 1608, Lipsiae 1610 et 1669, Bremae 1615, Basileae 1633.
11 Sur la théologie positive de Thomassin cf. G. Tavard, 'La tradition au XVIIe siècle en France et en Angleterre', Paris 1969, 68-78.

envers leurs enfants. Dans les Miroirs des Princes, les instructions
des rois à leurs fils se justifient selon les mêmes procédés. Ils
représentent un genre de littérature d'imagination où la vérité ne
s'oppose pas à la fiction comme dans la poésie. Ils contiennent souvent des discours prononcés par les rois. Fénelon profite de ce procédé fort répandu dans toute espèce d'ouvrage instructif à l'époque[12].

On n'avait pas manqué d'utiliser l'historiographie pour l'instruction du prince. Dans ce genre d'écrit, les discours ont la même fonction que l'exercice oratoire dans l'enseignement des humanités. Ce
sont des instructions. Nous possédons un semblable ouvrage composé
pour l'éducation de Louis XIV: l''Histoire du Roy Henry le Grand'
(1650) par Hardouin de Péréfixe, le précepteur de Louis XIV[13]. G.

---

12 Scudéry constate: "Ie crois qu'au lieu de me seruir de la seuerité
des Preceptes; qui parlent d'un ton trop imperieux, pour agréer à
des Souverains; l'exemple aura plus de force en effet, quoy qu'en
apparence il en ait moins" ('Discours politiques des Rois', Paris
1663, 282). Cf. R. Galli Pellegrini, 'Le Prince selon Georges de
Scudéry dans les Dicours politiques des Rois', dans: 'XVIIe siècle'
33 (1981), 36-51. Il faut rappeler un écrit indiqué par l'Histoire
littéraire de Fénelon' comme un précurseur de 'Télémaque'. Gosselin
y note: "Mais nous ne devons pas omettre ici une singularité remarquable, et qui paroit avoir échappé, jusqu'à ce jour, aux nombreux
éditeurs du 'Télémaque'. Environ un siècle avant la publication de
cet ouvrage, Pierre Valens, célèbre professeur d'humanités au collège de Montaigu, à Paris, dédia au prince de Condé un exercice
littéraire intitulé: 'Telemachus, sive de profectu in virtute et
sapientia' (Paris 1609; 58 pages in-8°). Ce recueil contient qua-
torze discours en prose et quelques pièces en vers, récités par
les écoliers de Valens, au nom de Télémaque, et de quelques autres
personnages qui figurent dans le second livre de l'Odyssée. Un de
ces discours est intitulé: Minervae ad Telemachum, sub persona
Mentoris oratio, ut forti animo mare condescendat. Ne pourroit-on
pas soupçonner que ce recueil est, en quelque sorte, le germe de
Télémaque?" (I, 100). N. Hepp commente largement 'Telemachus' ('Homère en France au XVIIe siècle', Paris 1968, 258-264). Il s'agit
d'une pièce de théâtre scolaire où "important les principes de la
composition oratoire" (262). Hepp remarque qu'Homère n'est pour
Valens ni un maître dans le domaine de la morale ni dans celui de
la rhétorique. Elle ne renvoie pas à Fénelon. La pièce de Valens
n'est pas un modèle de 'Télémaque'. Mais elle nous avertit que
Fénelon a pu s'inspirer de l'enseignement des humanités dans les
collèges.
13 Antoine Varillas (pseud. pour le sieur de Bonair) imitera ce livre
dans son ouvrage 'La pratique de l'éducation des Princes', Paris
1684 en décrivant l'éducation de Charles-Quint par Chievres sous
la forme de Miroir des Princes. En 1643, Jean Danès avait décrit
le règne de Louis XIII selon le modèle des Miroirs des Princes. Il
dit dans sa dédicace au roi: "I'ay pris pour principal sujet de
cette oeuvre les actions priuées de sa vie, & tasché de prouuer
par ses desportemens particuliers qu'il a donné à vostre Majesté,
l'exemple d'un Prince tres-accomply. I'estime que cette derniere
preuue est bien plus glorieuse & excellent, & pour la reputation
d'un Monarque, & plus propre pour vostre instruction (Sire) que la
premiere" ('Toutes les Actions du Regne de Louis XIII'...(1643);
l'éd. de 1644 est intitulée 'Le Regne de Louys Trezieme donné pour
exemple et instruction au Roy son Fils', Paris 1644, page non numérotée). Cf. aussi l'ouvrage de P. Matthieu, 'Histoire de Louis
XI.,...et des choses memorables advenües en l'Europe durant vingt
et deux annés de son règne, enrichie de plusieurs observations qui
tiennent lieu de commentaires, divisée en unze livres [...suivie
de Maximes, jugements et observations politiques de Philippes de
Commynes], Paris 1610 (autres éd. 1620, 1628); sur cet ouvrage cf.
A. Cherel, 'La pensée de Machiavel en France', Paris 1935, 107-

Lacour-Gayet loue la valeur de ce livre: "charme d'une narration fami-
lière et vivante, caractère élevé et pratique, tout ensemble, des
idées morales qui inspirent ce récit" (op cit , 78). Ces propriétés
caractérisent l'intention pédagogique de l'oeuvre L'élément instructif est souligné par l'auteur lui-même dans son avis au lecteur:

> Comme mon intention n'a esté que de recueillir tout ce qui peut
> servir à former un grand Prince, & à le rendre capable de bien
> regner. je n'ay point trouvé à propos d'entrer dans le détail
> des choses, & de raconter au long toutes les guerres & toutes
> les affaires, comme font les historiens, qui doivent écrire pour
> toutes sortes de personnes. Je n'en ay pris que le gros, & n'ay
> rapporté que les circonstances que j'ay jugées les plus belles &
> les plus instructives. (éd Amsterdam 1679, page non numérotée)

La vie d'un Roi contient beaucoup d'instructions pour le dauphin. Le
futur souverain doit connaître la vie de ses ancêtres. Il y apprend
les idéaux à imiter

Péréfixe fait du grand-père de Louis XIV un roi idéal. Il présente
ses exploits comme exemplaires. Son instruction revêt deux formes
littéraires différentes: le récit de la vie et la réflexion morale
sur les faits racontés. Ce sont ces réflexions qui ont une certaine
affinité littéraire avec 'Télémaque'.

Les éditeurs humanistes ont l'habitude de marquer les passages
importants dans le texte. Des gloses en marge du texte ou des procédés typographiques signalent les endroits les plus importants de la
littérature ancienne. Les éditions de l''Histoire du Roy Henry le
Grand' appliquent le même procédé. Elles mettent entre guillemets
certains parties du texte. Ces guillemets ne signalent que fort rarement un discours direct. D'ordinaire ils indiquent que l'auteur y
énonce une instruction générale. En marge du texte on trouve des
gloses telles que "belle & genereuse action de nostre Henry" (43) ou
"belle réflexion à faire aux rois" (105) ou "ses genereuses paroles"
(163).

Considérons l'exemple de la glose qui mentionne une "belle &
importante reflexion":

> C'est certes une noble ambition, & qui non seulement sied bien,
> mais qui est tout-à-fait necessaire à un Roy, de croire qu'il
> n'y a aucun de ses sujets qui vaille mieux que luy. Quand il n'a
> pas cette bonne opinion de soy-mesme, il ne manque point de se
> laisser conduire par celuy qu'il croit plus habile homme, & par
> là il tombe aussitost en captivité. Aussi deust-il se tromper,
> il faut qu'il s'estime toujours plus capable que tout autre de
> gouverner son Royaume. Je dis bien plus, il ne sçauroit se trom-
> per en cela, dautant qu'il n'y a personne plus propre que luy à
> regir son Estat, Dieu l'ayant destiné à cette fonction, luy &
> non pas un autre & les peuples estant toujours disposez à rece-
> voir les commandemens lors qu'ils sortent de sa bouche sacrée.
> (319-320)

Cette réflexion interrompt la continuité du récit historique. Le chan-

---

108. Les histoires de France sont les héritiers des Miroirs des
Princes. "Elles aussi, prétendant donner des leçons de morale à
leurs lecteurs et tout particulièrement au premier d'entre eux, le
roi" (M. Tyvaert, 'L'image du roi: légitimité et moralité royales
dans les histoires de France au XVIIe siècle', dans: 'Revue d'histoire moderne et contemporaine' 21 (1974), 531).

gement de forme littéraire est nécessité par la nature de l'énoncé.
Le récit historique admet difficilement la transmission d'idées générales. L'importance d'une telle réflexion risquerait d'y passer
inaperçue. Le futur roi doit apprendre l'histoire de son royaume.
Cela fait partie de son programme d'études. Il a encore plus besoin
des maximes politiques exprimées dans les réflexions qui le préparent
à son gouvernement futur, tandis que le récit historique n'y contribue
qu'indirectement.

L''Histoire' de Péréfixe est peu satisfaisante du point de vue de
la forme littéraire. Elle nous révèle le dilemme que Fénelon a dû
surmonter lors de la composition des ouvrages instructifs écrits pour
le duc de Bourgogne. Le 'Télémaque' doit autant à la forme littéraire
des Miroirs des Princes qu'à la poétique de l'épopée et du roman. Il
insère les discours instructifs dans une affabulation romanesque.

Un grand nombre de schémas littéraires servent à l'institution du
prince. Pierre Ménard les réunit dans 'L'Academie des Princes, où les
Roys apprennent l'Art de Regner de la bouche des Roys. Ouvrage tiré
de l'Histoire tant ancienne que nouvelle' (1646). Il recourt à la
forme littéraire des maximes dans l'instruction de "David à Salomon"
et de "Salomon aux Roys" (268-274), à la forme du discours dans "Cambyse à Cyrus et à ses suiets" (274-275), au dialogue dans "Dialogue
entre Auguste et Livia sur la coniuration au suiect de celle de Cin-
na" (282-299), à la forme du testament politique dans "Testament de
Sainct Louis" (318-325). Il attribue une place de choix aux instructions faites par les rois à leurs fils.

L'instruction d'un souverain à son fils contient un élément primordial de toute éducation princière: elle souligne la nécessité de la
continuité du père au fils. L'héritier du pouvoir doit être de même
l'héritier des idées politiques et morales de son père. Le frontispice
de 'La veritable politique du Prince chrestien à la confusion des
sages du monde, & pour la condamnation des Politiques du siecle'
(1647) exprime cette idée de continuité. Boulanger y représente une
séance de la composition du portrait d'un prince. Le portraitiste est
en train de peindre le fils du Grand Condé. Il se réfère en même temps
au modèle vivant du jeune prince et au portrait de son père, dont les
traits reviennent rajeunis dans le tableau qui est sur le chevalet.
Mugnier est l'auteur de l'ouvrage. Il remarque dans l''Epître' que
"le tableau que ie vous propose...n'est qu'une copie, dont Monseigneur
vôtre Pere a esté l'original" (page non numérotée). Cette idée de
continuité hante l'éducation princière[14]. C'est elle qui force à tenir

---

14 Espagnet constate dans son 'Institution du ieune Prince' (1616):
"La gloire de la race se conuertit en honte, si elle n'est suiuie
de la mesme vertu qui luy a donné commencement" (26). Cf. sur cet
argument E. Hinrichs, 'Das Fürstenbild Bodins und die Krise der
französischen Renaissancemonarchie', dans: 'Jean Bodin. Actes du
colloque international Jean Bodin à Munich', hrsg. von H. Denzer,
München 1973, 284-285. Grenaille écrit: "Quand un jeune naturei
trouve de la gloire mesme dans son berceau, il s'efforce de meriter
ce qu'on luy a donné sans merite: il s'imagine que l'honneur ne
l'a fait viure que pour le faire mourir dans l'éclat des belles

compte de la réalité politique quand on prépare le jeune prince à son métier de roi.

Dès que la pédagogie princière aborde la réalité politique, elle doit affronter le conflit entre l'univers pédagogique et le comportement du grand monde. Nous avons déjà analysé les causes de ce conflit (I. 2). Il nous faut maintenant envisager les conséquences que ce conflit entraîne dans l'éducation du dauphin.

Au XVIIe siècle, l'univers pédagogique est peuplé d'idéaux. L'éducation morale introduit la jeunesse dans le système des valeurs. Elle lui enseigne une morale intégrale qui ne peut pas être pratiquée dans le monde. Le monde de l'éducation s'éloigne ainsi de la vie des adultes[15]. On veut faire des vertus les préjugés de la jeunesse. On étudie les exemples illustres présentés par la littérature ancienne. La jeunesse doit prendre conscience de ses possibilités. L'imitation de ces exemples la conduit à la gloire. Ce qui éloigne cet univers des idéaux pédagogiques est éliminé du champ d'expérience des élèves. D'où l'exhortation à bien surveiller les moeurs de ceux qui fréquentent la jeunesse.

Les parents sont le modèle qu'il faut imiter. Il y a beaucoup de plaintes qui partent du principe que leurs moeurs ne sont pas un bon exemple pour leurs enfants, qu'ils les corrompent même[16]. Le même problème se présente dans l'éducation du prince, mais il prend alors une dimension différente.

Sur le plan moral, l'éducation d'un prince pose les mêmes problèmes que l'éducation d'un particulier. Les précepteurs cherchent à éviter toute critique du souverain. Ils se conforment à l'attitude des panégyristes. Ils présupposent que les idéaux sont réalisés dans la personne du souverain. Peu importe qu'il y ait une divergence entre l'idéal et la réalité défectueuse. Le jeune prince ne doit pas transformer les faiblesses humaines en reproches contre son père.

---

actions: Il croit qu'estant né dans la pourpre, il ne doit pas estre enseuely dans un linceul comme les hommes inutils" ('L'honneste Garçon', Paris 1642, 67). Cette idée de continuité se trouve souvent dans les épître dédicatoires, cf. W. Leiner, 'Der Widmungsbrief in der französischen Literatur (1580-1715)', Heidelberg 1965, 51-90.

15 L'abbé Gédoyn dénonce au début du XVIIIe siècle, les suites funestes de cette pratique: "Quelque soin qu'on prenne d'inspirer des sentimens de Religion aux enfans, il vient un âge où la fougue des passions, le goût du plaisir, les transports d'une jeunesse bouillante, étouffent ces sentimens. Alors un jeune homme, je parle surtout de ceux qui ont à vivre dans le grand monde, un jeune homme se croit tout permis; il devient un composé de tous les vices, sans presque aucun mélange de vertu. Il n'a pour tout mérite au plus que de l'esprit avec cette politesse aimable que l'on prend à la Cour, & qui destituée de probité, n'est, pour la bien définir, qu'un masque" ('Oeuvres diverses', Paris 1745, 48). C'est un témoignagne précieux de l'inadaptation de la pédagogie à la fin du XVIIe siècle.

16 Pierre Coustel écrit à ce propos: "La vie des parens est aussi quelquefois un obstacle incroyable au bien des enfans. Car ce sont de vrais singes, qui sont tres-disposez à faire tout ce qu'ils leur voyent faire, parce qu'ils presument qu'ils sont sages, & qu'ils ont toûjours raison" ('Traité d'Education Chretienne'... cit., Paris 1749, 105). Sur le rôle de l'imitation dans l'éducation cf. Fénelon, 'De l'éducation des filles', chap IV (V, 567-568).

L'instruction politique du dauphin ne se situe ni sur un plan purement théorique ni sur un plan décidément pratique du gouvernement
royal. Il ne s'agit pas non plus des affaires courantes quand la politique royale est abordée dans l'éducation du prince. Le futur monarque
apprend les mêmes notions fondamentales de politique que ses sujets.
La théorie des Etats fait partie du plan d'études des particuliers,
mais elle ne suffit pas au futur chef d'Etat. Dans l'éducation du
dauphin, tout enseignement vise à la pratique du gouvernement
royal[17]. Inspirer l'amour du bien et fortifier la vertu, c'est au
XVIIe siècle l'intention de toute éducation. Réaliser cet idéal moral
par l'imitation de la politique de son père, c'est la spécificité de
l'éducation d'un fils de roi.

Dans l'éducation du prince, l'idée de continuité a une dimension
politique. Le jeune Louis XIV en parle dans la lettre dans laquelle
il rend hommage à son père. Anne d'Autriche a commandé cette lettre,
qui fait partie d'une apothéose de la vie de son mari défunt. Jean
Valdor a édité l'ouvrage intitulé 'Les Triomphes de Louis le Juste'
(1649). On y lit au début de la 'Lettre du Roy pour la traduction de
l'ouvrage en langue latine':

> L'emulation que j'ay toujours euë pour les glorieuses actions du
> feu Roy mon tres-honoré Seigneur & Pere, m'a fait desirer l'abre-
> gé de sa vie pour voir plus facilement dans une reduction que
> dans son Histoire generale, des vertus que je dois imiter pour
> succeder à sa reputation, aussi bien qu'à sa couronne. (page non
> numérotée)

La relation du père au fils est déterminée par les idées d'imitation
et d'émulation. Le fils du roi doit perpétuer la gloire du lignage.
S'il imite son père, il conservera le règne de son prédécesseur et
aquerra la gloire. Il doit entrer en émulation avec lui afin que les
vertus de la famille royale revivent en lui.

Péréfixe exprime cette même idée dans son 'Histoire du Roy Henry
le Grand'. Il y établit une relation entre Henry IV et Louis XIV:

> Vous ne pouvez pas, Sire, avec de si belles dispositions, avec
> tant de rares faveurs du Ciel, demeurer au dessous de la gloire
> & de la reputation de ce Grand Prince. Souvenez-vous, s'il vous
> plaist, que vous m'avez fait l'honneur de me dire plus d'une
> fois que vous aspiriez fortement à une semblable perfection, &
> que vous n'aviez point de plus grande ambition que celle-là.
> Toute la France qui a maintenant les yeux sur vous; se réjouit
> de voir que les effets secondent vos desirs, & remplissent ses
> esperances, & que vous agissez aussi puissamment, que vous avez
> passionnément souhaité d'entendre le recit d'une si belle vie.
> (4)

Ce n'est certainement pas au seul genre épidictique que nous pouvons

---

17 Varillas constate: "Toutes les speculations dont on vient de parler
doivent aboutir à la pratique; & Chievres n'eut pas plûtôt achevé
de former par elles l'esprit de l'Archeduc, qu'il exigea de ce
jeune Prince qu'il mit en usage ce qu'il venoit d'aprendre, quoy
qu'il fût encore en âge où l'on ne parloit à ceux de son rang que
de se divertir. Il vouloit non seulement qu'il entrât dans son
Conseil, mais encore qu'il y fut autant & plus assidu qu'aucun de
ses Conseillers d'Etat" ('La pratique de l'éducation des Princes',
Paris 1684, 48).

imputer cette vue sur l'éducation de Louis XIV. Cette conviction se rencontre partout dans la pensée politique. Elle se trouve dans les différents écrits qui s'adressent au Roi ou aux Grands. Toute la poésie de louange la répète.

L'énoncé de Péréfixe est confirmé par un document officiel, la relation de Bossuet au Pape sur l'instruction du Dauphin:

> Nous avons souvent ouï dire au Roi..., que Monseigneur le Dauphin étant le seul enfant qu'il eût, le seul appui d'une si auguste famille et la seule espérance d'un si grand royaume, lui devoit être bien cher: mais qu'avec toute sa tendresse il ne lui souhaitoit la vie que pour faire des actions dignes de ses ancêtres et de la place qu'il devoit remplir, et qu'enfin il aimeroit mieux ne l'avoir pas que de le voir fainéant et sans vertu. ('De l'instruction de Monseigneur le Dauphin au Pape Innocent XI', dans: 'Oeuvres' éd. Lachat, vol. 23, 15)

Faire des actions dignes de ses ancêtres, c'est la devise de toute éducation de la noblesse. Le récit de leur vie doit inciter à l'émulation. Les instructions des souverains à leurs fils poursuivent le même but. Elles montrent ce qui est possible et ce qui est à éviter. Dans la formation d'un futur monarque, l'émulation concerne surtout le gouvernement politique.

L'éducation d'un fils de roi doit initier d'une part à la tradition politique du pays, d'autre part aux idées maîtresses du gouvernement royal. D'où résulte d'une part l'importance attribuée à l'étude de l'histoire, d'autre part la necessité d'exposer la théorie sous-jacente à la politique royale. Il faut familiariser le dauphin avec les idées politiques du Roi. L'éducation morale du jeune prince est déterminée par l'imitation du père et l'émulation avec les représentants du lignage. Selon Balzac, le prince dispute la gloire "de la vaillance & de la Iustice avec ses Ancestres, & toute l'Antiquité" ('Le Prince', dans: 'Oeuvres' vol. 2, Genève 1971, 43).

L'éducation du dauphin suscite la réflexion sur les bases morales et juridiques du gouvernement royal[18]. Les écrits éducatifs ont une conception religieuse du pouvoir. Ils se contentent rarement d'un exposé purement pragmatique, ils projettent une pratique gouvernementale sur le plan moral. Ils traitent leurs arguments à la lumière des

---

18 La politique et la jurisprudence font alors partie de la morale. Yves de Paris souligne le lien entre ces matières dans l'éducation des nobles: "La Iurisprudence est une partie de la morale, dont il seroit utile à un Gentil-homme d'auoir une legere connoissance, comme des Institutions, des Regles de droit, des coûtumes du pays... La politique en est une partie, dont il doit faire son etude principal, afin de sçauoir bien reüssir dans ses emplois. Cette science est fort étenduë dans Platon & dans Aristote, Lipse en fait un abregé fort utile, & qui sert comme antidote aux pernicieuses maximes de Machiavel" ('Le Gentilhomme Chrestien', Paris 1666, 176-177). Un exemple d'instruction juridique se trouve chez: P. Rebuffe, 'De christianissimi atque invictissimi regis Franciae muneribus et eius praerogativis', dans: 'Tractatus varii', Lugduni 1600; cf. aussi ibid., 'De Regum et Principum muneribus ac praerogativis', et P. J. Belluga, 'Speculum principum, in quo universa imperatorum, regum, principum, rerumpublicarum ac civitatum... jura ... praesertim regni Aragoniae ... tractantur ex jure canonico, civili, constitutionibus regnum Hispaniae', Bruxelles 1655.

idéaux moraux de l'époque. Sont-ils donc simplement antimachiaveli-
ques? Certes ils ne rejettent pas complètement les leçons du machia-
velisme, mais ils s'opposent à toute séparation rigoureuse entre la
politique et la morale. Selon eux, la morale n'est pas subordonnée
aux stratégies du pouvoir politique, elle les juge[19].

Les auteurs qui exaltent la conception moderne de l'Etat inclinent
plus facilement à suivre un certain nombre d' idées de Machiavelli.
Même "la pensée étatiste" reste tributaire de la conception sacrée du
pouvoir. E. Thuau constate:

> Elle frappe par son caractère composite et des discordances
> singulières s'observent dans l'image que les sujets de Louis XIV
> se font du roi, à la fois roi-thaumaturge, César, Prince
> chrétien et Prince machiavéliste. ('Raison d'Etat et pensée
> politique à l'époque de Richelieu', Paris 1966,414)

Thuau a observé qu'à "la cristallisation étatiste correspond une dé-
cristallisation théocratique" (ibid., 414). Les Miroirs des Princes
ne participent pas au même titre que la science politique à cette évolution. La théorie pédagogique rend difficile l'adoption d'arguments
rationnels détachés du système des valeurs religieuses. La laïcisation
de la pensée politique ne s'imposera dans l'institution du prince
qu'à la suite des discussions soulevées par la publication de 'Télémaque'[20].

La nécessité d'initier un prince aux idées politiques de son père
provoque l'ambition de se faire l'interprète des idées royales. C'est
elle qui donne, en fin de compte, la légitimité morale et politique
aux Miroirs des Princes.

Les 'Mémoires' de Louis XIV confirment ce qui vient d'être dit sur
l'éducation du prince. Le Roi y justifie son entreprise. Au début du
premier livre, il dit à son fils:

> Je n'ai jamais cru que les rois, sentant comme ils font, en eux
> toutes les tendresses paternelles, fussent dispensés de l'obliga-
> tion commune des pères, qui est d'instruire leurs enfants par
> l'exemple et par le conseil. Au contraire, il m'a semblé qu'en
> ce haut rang où nous sommes, vous et moi, un devoir public se
> joignait au devoir de particulier, et qu'enfin tous les respects
> qu'on nous rend, toute l'abondance et tout l'éclat qui nous envi-
> ronnent, n'étant que des récompenses attachées par le ciel même
> au soin qu'il nous confie des peuples et des Etats, ce soin
> n'était pas assez grand s'il ne passait au delà de nous-mêmes,
> en nous faisant communiquer toutes nos lumières à celui qui doit

_____

19 Les attaques contre Machiavelli supposent souvent une acceptation
   partielle de sa position: "il ne s'agit plus de définir un idéal
   à réaliser, mais il n'est pas non plus question de ramener la politique au pur positivisme comme chez Machiavel. Ce qu'il faut, c'est
   placer la politiqe sur le plan de la prudence, laquelle compte à
   la fois avec la fragilité humaine et avec la possibilité d'une
   amélioration" (Maravall, 'La philosophie politique espagnole'...
   cit., 33), cf. Cherel, 'La pensée de Machiavel' ...cit., 135-137.
20 W. F. Church a critiqué l'opinion de Thuau selon laquelle Richelieu
   est "essentially Machiavelian in precept and motivation" ('Richelieu and Reason of State', Princeton 1972, 8). J. Wollenberg a
   confirmé récemment l'opinion de Church. Ses recherches ont montré
   la parenté entre la "pensée étatiste" et la conception sacrée du
   pouvoir ('Richelieu. Staatsräson und Kircheninteresse. Zur Legitimation der Politik des Kardinalpriesters', Bielefeld 1977).

régner après nous. (éd. Longnon, Paris 1923, 51-52)

L'éducation du dauphin est surtout le devoir du roi[21]. Le roi possède des dons qui font défaut à ses sujets. Ses facultés particulières
viennent du caractère sacré de la monarchie. Les pouvoirs extraordi-
naires d'un roi "sont donc indissolublement liés à la fonction royale,
et c'est l'exercice de celle-ci qui les confère au monarque"[22]. Il y
a un savoir royal que le roi seul peut et doit transmettre à son héritier. Dieu le lui a donné en l'élevant à la dignité de roi. La théorie du droit divin de la royauté incite Louis XIV à faire lui-même le
travail de précepteur de son héritier. Une telle conséquence est dans
la logique des fonctions attribuées traditionnellement à l'institution
du prince. La décision d'écrire lui-même des 'Mémoires' pour initier
son fils aux idées politiques est un défi du Roi-Soleil. Ce défi rend
manifeste le devoir et l'intention des Miroirs des Princes.

---

21 Vauquelin des Yveteaux rapporte un propos analogue d'Henri IV: le
   roi "creut n'avoir pas besoin de tant de circonspection ny d'adver-
   tance quand il donna un gouverneur à Monsieur le Dauphin; ayant
   souvent ouy dire à Sa Majesté qu'il estoit le premier gouverneur
   de son fils, et que ceux qui en auroyent la qualité ne seroit (sic)
   que pour le mener à la messe et luy faire prendre des habitudes
   vertueuses et des exercices convenables à sa santé" ('Oeuvres complètes'... cit., 167-168). La même idée se trouve chez Jacques
   Ier: "A qui plus justement appartient ce liure de l'institution
   d'un Prince en tous les points de son gouvernement, soit en general
   comme chrestien enuers Dieu, ou en particulier comme Roy vers son
   peuple? A qui, dis-je, appartient-il plus justement qu'à vous, mon
   trescher fils, puis que j'en suis l'auteur, & obligé en suite du
   soin de vostre education, comme un pere de son enfant? puis aussi
   que comme Roy je doy de bonne heure vous mettre au chemin du gouuernement Royal, afin que vous sachiez des-apresent que vous estes
   né autant à la peine qu'à l'honneur, & qu'un jour il vous faut
   surpasser tous vos sujets non seulement en grandeur & dignité,
   mais aussi en travail & sollicitude, à cause du fardeau que Dieu
   vous met sur les épaules" ('Basilikon doron'... cit., 11-12.).
22 J.-L. Thireau, 'Les idées politiques de Louis XIV', Paris 1973, 37.

I. 4. L'INFLUENCE DES IDEES PEDAGOGIQUES SUR LA
REPRESENTATION LITTERAIRE DU SYSTEME DES VALEURS DANS
'TELEMAQUE'

La tâche d'éducateur du dauphin n'était pas seulement l'honneur le plus convoité dans la France du XVIIe siècle. Elle était en même temps la fonction la plus difficile à remplir. Louis XIV signale la difficulté que doit affronter l'instruction du prince. Il écrit lui-même ses 'Mémoires' afin de transmettre à son fils une expérience de base qui lui sera utile pour son gouvernement futur. Louis XIV se sert de la notion d'"expérience" ('Mémoires', éd. cit., 52) pour spécifier ses instructions au dauphin. Cette notion se retrouve également chez d'autres auteurs. Elle indique qu'on ne pose pas le problème de la légitimité des instructions dans les Miroirs des Princes sur le seul plan de la compétence intellectuelle du spécialiste en sciences politiques. L'enseignement de la théorie politique doit se combiner avec une compétence morale. L'éducation princière veut former l'homme moral en transmettant des connaissances intellectuelles. L'instruction dépasse le cadre des sciences politiques parce qu'elle s'adresse autant au caractère qu'aux capacités intellectuelles du jeune prince.

La théorie de la monarchie de droit divin avait rendu plus difficile la tâche de l'éducation du dauphin. L'élévation du niveau culturel de la noblesse influait sur la formation du futur roi. La nécessité d'une meilleure instruction du monarque vient également de la complexité croissante de l'appareil gouvernemental. Quelles étaient les problèmes à résoudre par une telle entreprise?

L'introduction des 'Mémoires' pour l'année 1661 ébauche la conception que Louis XIV avait du problème de l'éducation politique de son fils:

> J'ai même espéré que dans ce dessein [de composer ses 'Mémoires'] je pourrais vous être aussi utile et par conséquent à mes sujets, que le saurait être personne du monde; car ceux qui auront plus de talents et plus d'expérience que moi, n'auront pas régné, et régné en France; et je ne crains pas de vous dire que plus la place est élevée, plus elle a d'objets qu'on ne peut ni voir ni connaître qu'en l'occupant. (ibid., 52)

L'utilité présumée des 'Mémoires' dépend de la haute idée des fonctions auxquelles elles doivent préparer le fils du Roi. Comme c'est le souverain qui décide des affaires politiques, c'est lui seul qui

possède la science politique inaccessible à ses sujets. Il y a un
lien évident entre le refus de prendre un premier ministre et la prétention d'être le seul précepteur compétent quand il s'agit d'introduire le dauphin aux idées politiques de Louis XIV. On a peut-être
trop insisté sur le souci du Roi-Soleil de vouloir se justifier face
à la postérité. Cette justification se fait au nom d'une prétention
pédagogique. En analysant les 'Mémoires' comme un document sur les
idées politiques du Grand Roi, on a oublié de les mettre en relation
avec le genre littéraire des Miroirs des Princes. La rédaction des
'Mémoires' par Louis XIV est la dernière conséquence pédagogique
qu'entraîne l'idée de la supériorité royale dans la conception absolutiste de la monarchie. Il faut remonter jusqu'à l'empereur Charles
Quint pour trouver un souverain qui se soucie à ce point d'introduire
son fils à ses idées politiques[1].

Les rapports entre la noblesse et le Roi se modifient par la con-
centration du pouvoir dans la main du roi qui transforme la noblesse
en aristocratie de Cour. Selon le pacte féodal, le Roi devait protec-
tion à sa noblesse, laquelle, de son côté, lui devait aide et conseil.
Dès la première moitié du siècle, ce pacte est menacé par la dignité
royale[2]. L'obéissance est substituée aux fonctions d'aide et de conseil. Dès que le conseil n'est plus un droit inhérent à l'état de
noblesse, il devient difficile de donner des instructions au souverain
sans dépasser les limites du permis[3].

---

1 Cf. B. Stübel, 'Die Instructionen Carls V. für Philipp II.', dans:
   'Mitteilungen des Instituts für österreichische Geschichtsforschung' 23 (1902), 611-638. Un extrait latin de ces instructions a été publié en 1602 par J. Bornitz dans son édition
   des 'Conseils' de J. Bodin. Il s'agit pourtant d'un écrit composé
   par G. E. Löhneyss (cf. Stübel, ibid., 633-634). La première édition française de ces instructions date de 1699. La B.N. possède
   la deuxième éd. 'Instructions de l'Empereur Charles V. à Philippe
   II., roi d'Espagne. Et de Philippe II. au prince Philippe, son
   fils. Mises en François...par A. Teissier...2e Ed.. A laquelle on a
   joint la Métode qu'on a tenüe pour l'Education des Enfans de
   France', La Haye 1700. Ce dernier écrit est le 'Mémoire sur l'éducation des ducs de Bourgogne, d'Anjou et de Berri' rédigé, probablement en 1696, par le marquis de Louville. Gosselin l'a publié
   dans les 'Oeuvres complètes' (VII, 519-524). Il ignore la publication de La Haye.
2 On ne manque pas d'exalter l'obéissance due au Roi en faisant l'é-
   loge de son style de gouvernement: "L'obeïssance est agreable &
   glorieuse quand c'est à son maistre qu'on obeït: Quand l'ordre
   part immediatement de la bouche du Souverain, la sujetion n'est
   plus honteuse aux ames les plus grandes & les plus hautaines: On
   obeït non seulement par necessité, & par devoir, mais par inclination & par reverance. Les peuples reçoivent avec joye toutes les
   charges qu'on leur impose, quand la fortune d'un seul n'est pas la
   ruïne de tous; quand ils voyent que leurs travaux & leurs peines
   sont les instrumens de la gloire de leur Monarque, & de la felici-
   té de son Estat" (Ch. Cotin, 'Reflexions sur la conduite du Roy',
   Paris 1663, 10-11). Sur la "mise au pas des noblesses" cf. R. Mandrou, 'Louis XIV et son temps 1661-1715', Paris 1973, 113-121. Il
   faut noter que Guillaume Budé attribue dans son 'Institution du
   Prince' (1518/19) "un rôle purement honorifique" à la noblesse
   (Cl. Bontemps, 'Le prince dans la France des XVIe et XVIIe siècles', Paris 1965, 18). Bontemps constate dans cet ouvrage de Budé
   "une doctrine qui est la plus absolutiste de toutes celles élabo-
   rées sous l'Ancien Régime" (ibid., 75).
3 Hédelin d'Aubignac souligne cet aspect du problème: "Ceux qui se

Lorsqu'on fixe la relation entre le Roi et la noblesse par le devoir d'obéissance, le système des valeurs ne peut plus être fondé de la même façon qu'auparavant. Cette nouvelle perspective modifie la conception de la vertu royale. Guez de Balzac l'a bien vu[4]. La vertu royale n'a plus rien de commun avec celles de la noblesse, puisque la personne du roi les possède, selon la conviction la plus répandue, à titre personnel. La noblesse les acquiert par l'obéissance au roi, son maître. Cette idée affecte également les relations du gouverneur et du précepteur à leur élève, qui est fils de roi. En tant que fils de roi, leur élève est au-dessus d'eux. Il est leur maître, même si ceux-là ont reçu du roi le droit de correction corporelle du fils royal[5]. Plus la différence de condition entre le roi et ses sujets est soulignée par la pensée étatiste, plus on s'efforce de donner une éducation intellectuelle extrême au dauphin. La religion est le seul dénominateur commun entre le système des valeurs du Roi et de ses sujets. La théorie politique étatiste accorde toujours beaucoup d'importance aux idées religieuses dans l'éducation politique. La religion supplée au manque de compétence et d'autorité de tout énoncé proféré par un sujet du roi. Dans l'éducation du futur souverain absolu, la pensée religieuse ne s'oppose pas nécessairement à la sécularisation de la pensée politique[6]. Le caractère unique conféré à la personne du

---

trouvent dans le trône par le droit d'une succession legitime, ne sont plus sujets à la censure de la Philosophie, & le choix que les Dieux ont fait long-temps auant le cours des années, ne nous laisse plus la liberté d'en examiner le merite; ils en sont toûiours dignes à l'égard des peuples & la Philosophie qui les instruit ne pretend pas donner à leurs sujets des pretextes de revolte. Le respect est un droit de la Royauté, & l'obéissance un devoir de la soûmission: On ne peut se dispenser de l'un sans blesser la grandeur de Dieu dont la Majesté des Roys est l'image, ny manquer à l'autre sans se rendre coupable d'un desordre qui n'a jamais d'assez rudes châtimens comme il n'a point de mesure" ('Macarise ou la reine des isles fortunées. Histoire allegorique contenant la Philosophie Morale des Stoïques sous le voile de plusieurs aventures agréables en forme de Roman', Paris 1664, 341-342).

4 Cf. F. E. Sutcliffe, 'Guez de Balzac et son temps. Littérature et politique', Paris 1959, 252-256. Jehasse constate: Balzac "remplace les perspectives transcendantes des Miroirs des Princes par l'unique souci de la conservation. La société des hommes précisément à cause de la Chute, se trouve réduite à être à elle-même sa propre fin; l'étude de ses problèmes et de ses besoins, qui constitue la politique, est une science, où n'intervient que la raison" ('Guez de Balzac'...cit., 318). Fénelon sera aux antipodes de Balzac.

5 Cf. Compayré, 'Histoire critique des doctrines de l'éducation' ...cit., 314-315. Foix écrit à ce propos: "Mais de tous les obstacles de l'éducation dont nous parlons, le plus considérable à mon sens, est cét Esprit de Souveraineté & d'indépendance qui paroît dans les Princes, dés qu'ils commencent à se sentir: Accoûtumez qu'ils sont dés le berceau, à voir tout le monde à leurs pieds, ils ne peuvent s'imaginer que ceux qu'ils regardent comme leurs Esclaves, puissent être leurs maîtres" ('L'Art d'élever un Prince', Paris 1688, 11-12).

6 "La laïcisation de la pensée politique s'accompagne d'une sacralisation de l'Etat" (Thuau, 'Raison d'Etat'...cit., 390) et l'institution du dauphin se rattache à cette sacralisation de l'Etat. C'est pourquoi Cabanès constate: "La teneur du serment prêté par le précepteur dit assez ce qu'on attendait de lui. "Je jure, proclamait-il, de m'employer de tout mon pouvoir à l'élever [le Dauphin] en l'amour, en la crainte de Dieu; à régler ses moeurs, à former son esprit par la connaissance des lettres, des sciences,

roi absolu explique pourquoi, au cours du XVIIe siècle, l'esprit religieux a pris une importance toujours croissante dans l'éducation des
Fils de France.

François de La Mothe Le Vayer reconnaît l'importance de la religion
dans l'éducation du prince. Il écrit dans son traité 'De l'Instruction
de Monseigneur le Dauphin' (1640):

> Mon dessein est de commencer par ce qui est de plus essentiel au
> gouvernement d'une Monarchie, que j'appuîerai sur ces quatre
> colomnes d'un Etat bien établi, la Religion, la Justice, les
> Finances & les Armes. ('Oeuvres', Dresde 1756-1759, vol. I, 18)

Le religion est fondamentale pour l'Etat, donc il faut l'intégrer
dans l'instruction politique du futur roi. Bordelon conseille aux éducateurs des particuliers: "Fondez toutes vos instructions sur la
piété"[7]. La Mothe Le Vayer ne le contredit pas. Ses propos sur l'éducation du dauphin rappellent la mentalité des éducateurs d'alors. Le
passage cité traite du choix des matières à enseigner. Il considère
l'éducation religieuse comme une partie de la formation intellectuelle.

Nicole n'a pas été, comme La Mothe Le Vayer, précepteur royal. Son
traité 'De l'Education d'un Prince' insistera en 1670 sur la formation
religieuse du prince:

> Cette éducation chrétienne se rapporte directement au salut du
> Prince & au bien du peuple; & pouvant avoir des suites d'une
> conséquence infinie, on la doit regarder comme la chose du monde
> la plus importante. ('Essais'... cit., vol. II, 266)

Chez La Mothe Le Vayer, la religion est une des bases de l'Etat. Chez
Nicole, elle devient le point essentiel de toute l'éducation princière. Un lien d'obéissance lie les sujets à la volonté de leur roi, qui
n'est, lui-même, responsable de sa conduite que devant Dieu. L'éducation princière doit tenir compte de ce qu'on appelle à l'époque "le
mystère de la monarchie". On entend par là "cet accord profond et
constant de la volonté du roi et de la volonté réelle de son
peuple"[8]. Selon cette conception de la fonction royale, "le roi, la
tête, interprète les besoins et les voeux du corps. Il en sent, comprend et dégage la volonté profonde" (Mousnier, op. cit., 508). Nicole
se propose de mettre le futur roi en état de reconnaître les vrais

---

propres à un très grand prince" ('Moeurs intimes... Education de
princes' ... cit., 61-62).
7 'La Belle Education', Paris 1693, 33. Cette exigence se trouve déjà dans la doctrine humaniste de l'éducation princière. Elle ne
nous renseigne pas sur l'orthodoxie religieuse des éducateurs. Les
Miroirs des Princes qui se réfèrent à la politique de Justus Lipsius ('Les Politiques ou Doctrine civile' (1602) et J. Baudoin,
'Le Prince parfait' (1650) cf. G. Oestreich, 'Justus Lipsius als
Theoretiker des neuzeitlichen Machtstaates', dans: 'Historische
Zeitschrift' 181 (1956), 31-78) ressemblent par la structure de
leurs exposés aux Miroirs des Princes qui se basent, comme les
écrits des Jésuites, sur la théologie morale du christianisme.
8 Mousnier, 'Les Institutions de la France sous la monarchie absolue', tome 1, Paris 1974, 508; cf. aussi G. Frühsorge, 'Der politische Körper. Zum Begriff des Politischen im 17. Jahrhundert und in
den Romanen Christian Weises', Stuttgart 1974, 93-123.

besoins de l'Etat et de ses sujets. La formation religieuse remplira
cette fonction.

L'utilité des connaissances à enseigner au prince dépend, selon
Nicole, de ce "qui lui est le plus nécessaire pour vivre en Prince
Chrétien" (ibid., 267). Le précepteur doit lui montrer surtout l'usage
des choses, cet usage étant le seul point qui importe pour le métier
de roi. Le prince décide de ce que ses sujets ont à faire: il faut
donc former son jugement. Nicole réduit tout le problème de l'éducation d'un prince à la morale religieuse. La morale est la science
principale des princes parce qu'elle permet l'analyse des passions
(cf. I. 5). La connaissance des passions aide le prince à se surveiller lui-même et à dévoiler les motifs qui inspirent les actions de
ses sujets. Que faut-il de plus pour un monarque que la connaissance
de l'homme et des devoirs de son métier?

Nicole a expliqué la fonction que la morale religieuse a dans la
théologie politique de l'absolutisme. Il montre sur le plan pédagogique l'importance de l'Ecriture sainte dont le rôle primordial pour
l'institution du prince a déjà été mis en relief dans le précédent
chapitre (I. 3). C'est de la logique d'un tel raisonnement qu'est
certainement née l'idée de Bossuet d'écrire pour l'instruction politique du dauphin, son élève, une 'Politique tirée des propres paroles
de l'Ecriture sainte'.

On a souvent reproché un manque d'esprit pédagogique aux écrits de
Bossuet faits pour le dauphin. Ce reproche est justifié du point de
vue d'une pédagogie qui exige l'adaptation à la spécificité de l'esprit enfantin. Il est complètement erroné du point de vue d'une pédagogie qui exige l'adaptation à la spécificité du statut d'un roi absolu. Tout au contraire, la 'Politique' est la réponse pédagogique à la
théorie du droit divin de la dignité royale. Elle introduit le dauphin
aux idées politiques de son père par l'instruction sur les devoirs du
prince chrétien selon l'autorité incontestable de la Bible. L'adaptation de la forme littéraire était moins importante dans la théorie
pédagogique de l'époque que l'appropriation de la forme intellectuelle. La 'Politique' réduit les idées politiques à l'instruction morale.
Elle révèle par là une intention pédagogique qui prépare l'avènement
de 'Télémaque'.

Ce qui fait l'originalité de 'Télémaque' vis-à-vis du genre littéraire des Miroirs des Princes est tout à fait dans la ligne de l'originalité des écrits composés par Bossuet pour le dauphin: la réduction
des idées politiques de l'absolutisme au niveau pédagogique d'une
morale politique chrétienne. Fénelon s'est servi, dans son travail de
précepteur, des écrits de Bossuet[9]. Il en a développé l'intention
pédagogique selon une mesure qui fait oublier la parenté entre les
écrits des deux hommes d'Eglise. Il poursuit la voie prise par Bossuet. Il réunit l'instruction sur les devoirs d'un roi avec la formation du caractère de l'héritier présomptif du pouvoir royal. L'ins-

---

9 Cf. A. Floquet, 'Bossuet précepteur du Dauphin'...cit., Paris
1864, 213.

truction sur les devoirs d'un roi se présente dans les écrits de Bossuet comme un traité de théologie politique. Sa théorie politique
repose sur la conception d'un pouvoir responsable seulement devant
Dieu. Bossuet enseigne la morale au dauphin dans le 'Traité de la
connaissance de Dieu et de soi-même'. Il lui explique les nécessités
du présent en analysant la situation historique de l'époque dans
l''Histoire universelle'. Fénelon descend du niveau de la théorie
abstraite au niveau de la pratique concrète. Le registre du texte
change: il passe du traité dogmatique à l'instruction morale. L'énoncé abstrait des idées politiques est remplacé par la discussion
d'exemples destinés à susciter l'admiration des vertus royales ou à
inspirer l'horreur des vices. Les traités théoriques de Bossuet se
transforment chez Fénelon en littérature morale par la seule logique
de l'intention pédagogique, dont Nicole a exprimé la théorie.

On ne doit pas surestimer les différences entre les écrits des
deux prélats. On verra par la suite (II. 4) que leurs théories politiques et pédagogiques renvoient à différentes spiritualités qui appa-
raissent lors de la querelle du quiétisme. Mais tout cela n'empêche
pas que Fénelon parte des mêmes présupposés que Bossuet et qu'il
veuille aboutir aux mêmes fins que celui-ci: la formation morale et
politique d'un futur roi absolu.

La critique avancée par Bossuet contre 'Télémaque' confirme ce qui
vient d'être dit. Il écrit le 8 mai 1699 à son neveu:

> Le Télémaque de M. de Cambray, c'est sous le nom du fils d'Ulys-
> se, un roman instructif pour Mgr le duc de Bourgogne. Il partage
> les esprits: la cabale l'admire; le reste du monde trouve cet
> ouvrage peu sérieux pour un prêtre. ('Correspondance', publiée
> par Ch. Urbain et E. Levesque, vol. 12, Paris 1920, 6)

Il faut bien noter que Bossuet ne conteste que la forme littéraire du
'Télémaque. Il juge avec "le reste du monde" qu'un "roman instructif"
n'est pas adapté aux intentions pédagogiques d'une éducation princière. Les prêtres ne doivent pas consacrer leur temps à la rédaction
d'une oeuvre qui rappelle la fiction littéraire.

L'archevêque de Paris résume bien la pensée de Bossuet lorsqu'il
écrit le 9 octobre 1699 à l'évêque de Châlon:

> Télémaque n'est pas digne d'un prêtre, et ne convient pas à l'é-
> ducation d'un jeune prince qu'on voulait élever chrétiennement.
> (BN, fr.23 206, f° 35, cité en note par les éditeurs de la 'Cor-
> respondance' de Bossuet.., cit., 6)

De nouveau le reproche concerne la forme et non les idées de 'Télémaque'. L'archevêque pense sans aucun doute aux critiques que l'Eglise
avance contre la fiction poétique, car il répond à une lettre de
l'évêque de Châlons dans laquelle Gaston de Noailles fait bien la
distinction entre les deux plans:

> J'y trouve de beaux principes de gouvernement et des maximes
> solides répandues dans le corps du livre; mais le style cause de
> l'indignation, il est poétique qu'on outré: je n'y vois rien d'admira-
> ble, les descriptions sont trop détaillées et le livre me paraît
> très dangereux et peu propre à inspirer à un jeune prince une

éducation chrétienne. (ibid., 6)

Les maximes politiques sont à louer, la manière de les présenter est, en revanche, à condamner. Le style fleuri du 'Télémaque' dépasse largement les limites de ce qui est permis dans un écrit instructif. Gaston de Noailles craint que l'imagination poétique corrompe la vérité de l'énoncé politique, qu'elle éveille les passions du jeune prince au lieu de les apaiser. Il entend par "style poétique outré" certainement moins le problème d'esthétique littéraire auquel nous pensons aujourd'hui que ce qu'il appelle "le détail des descriptions". Il attaque la présentation de l'instruction politique sous forme d'une action inventée parce que ce procédé recourt à l'imagination poétique.

L'affabulation poétique est condamné par les dévots. Elle est appréciée par Boileau, qui juge, dans une lettre du 10 novembre 1699, Fénelon "par son Roman digne d'estre mis en parallele avec Heliodore"[10]. Il n'estime pas Fénelon, mais il approuve son imitation de l''Odyssée', dont le succès auprès du public mondain lui fait espérer qu'une traduction d'Homère faite selon le modèle de 'Télémaque' pourra remporter un jour un pareil succès. Bien sûr, il ne se méprend pas sur l'infériorité de 'Télémaque' par rapport à l''Odyssée':

> Je souhaiterois que Mr de Cambray eust rendu son Mentor un peu moins prédicateur et que la morale fust respandue dans son ouvrage un peu plus imperceptiblement et avec plus d'art. Homere est plus instructif que lui; mais ses instructions ne paroissent point preceptes et resultent de l'action du Roman plutost que des discours qu'on y estale. Ulysse par ce qu'il faict nous enseigne mieux ce qu'il faut faire que par tout ce que lui ni Minerve disent. La verité est pourtant que le Mentor du Telemaque y dit des choses fort bonnes, quoi qu'un peu hardies, et qu'enfin Mr de Cambray me paroist beaucoup meilleur Poëte que Theologien. (ibid., 18)

Boileau critique deux traits qui caractérisent bien 'Télémaque': le ton prédicateur des discours et la priorité du discours instructif sur l'action. Du point de vue de la doctrine classique, il a certainement raison de critiquer la construction de l'oeuvre. Il faut pourtant signaler une imprécision dans sa terminologie. Il considère 'Télémaque' comme un roman en mettant Fénelon en parallèle avec Héliodor, mais il juge l'épopée d'Homère supérieure au roman de Fénelon. La comparaison avec l''Odyssée' s'explique par le titre de l'édition chez la veuve de Claude Barbin: 'Suite du quatrième livre de l'Odyssée d'Homère ou les Avantures de Telemaque fils d'Ulysse' (1699). Or, comparer un roman à une épopée, c'est nécessairement établir l'infériorité du roman par rapport à l'épopée, si l'on ne veut pas oublier les bases de l'esthétique littéraire du classicisme.

Boileau pense au roman héroïque quand il cite Héliodore. C'est à ce genre que rattache H. Coulet dans 'Télémaque' "la composition, l'action, le caractère du personnage principal, les épisodes, les récits, les descriptions"[11]. Faut-il soutenir avec Boileau que 'Télé-

---

10 'Lettres à Brossette', éd. Boudhours, Paris 1942, 18.
11 'Le roman jusqu'à la Révolution', vol. 1, Paris 1967, 298-299.

maque' est un roman héroïque manqué? On ne peut pas répondre à cette
question sans avoir analysé les premiers jugements du 'Télémaque'.

Dans la 'Critique generale des Avantures de Telemaque' (Cologne
1700), Gueudeville range le livre de Fénelon parmi les romans héroïques:

> Mettez vous le sage Telemaque dans ce même rang que les Cassan-
> dres, les Clelies, les Cyrus, les Astrées? Oüi, sans doute:
> n'est-ce pas sa vraye Categorie; ou voulez-vous que je le place
> mieux? j'avoüe qu'on n'y vise point au Mariage: mais ce n'est
> pas par cet endroit que les devots ont foudroyé ces Livres. (47)

Pour Gueudeville, 'Télémaque' porte tous les signes d'un roman héroïque français. Les 'Nouvelles de la République des Lettres' (Mai 1700,
583-584) confirment cet avis. Cette parenté du jugement ne serait pas
importante si le polémiste n'attaquait pas la même faiblesse que Boileau: le rôle des discours. Ces discours se distinguent des conversations abondantes qui remplissent les romans héroïques de l'époque.
Gueudeville constate:

> [Mentor] ne raisonne, il ne prouve & ne démontre ni l'effet par
> la cause, ni la cause par l'effet: toute sa Philosophie se réduit
> à cette legere induction: ils ont fait ceci & en ont été loüez,
> donc vous le devez faire: ils ont fait ceci & en ont été blamez,
> donc vous devez vous donner de garde de les imiter: faut-il être
> sorti de la cervelle de Jupiter pour en dire autant: il est vrai
> que le flus des paroles supplée à la force du raisonnement. (65)

Gueudeville reproche à Fénelon de n'amener aucune preuve dans ses
discours. Ils louent ce qu'on doit imiter. Ils blâment pour mettre en
garde contre un mal à éviter. La justesse de cette observation ne
peut être mise en doute. On se demande pourtant si Fénelon a suivi
cette voie parce qu'il était incapable de faire mieux. Est-ce qu'il
n'a pas, au contraire, délibérément agi ainsi?

Le procédé littéraire incriminé s'explique par l'intention pédagogique de 'Télémaque'. Le discours moralisant fait partie de la structure instructive du livre. Pourquoi les premiers lecteurs de 'Télémaque' ne savent-ils pas bien distinguer entre un écrit instructif et
une oeuvre littéraire proprement dite? Il nous faudra réfléchir, dans
la troisième partie de notre exposé (III. 3 et 4), sur les raisons
politiques qui ont suscitée cette confusion. Dans le chapitre présent,
il faut identifier les éléments littéraires du discours pédagogique
par lesquels cette confusion est née.

Boileau et Gueudeville jugent 'Télémaque' d'après la conception du
roman qu'un autre Miroir des Princes avait adopté: Jean Desmarests de
Saint-Sorlin avait publié en 1639 un roman intitulé 'Rosane histoire
tirée de celles des Romains et des Perses'. La recherche l'a toujours
passé sous silence. Il mériterait pourtant une analyse détaillée. On
ne sait pas si Fénelon l'a connu. De toute façon, une comparaison
avec 'Télémaque' ne serait pas dépourvue d'intérêt. Signalons par
exemple le fait que 'Rosane' se termine par la fondation d'un Etat
(472-518) où les idées de Platon sont largement exploitées.

Desmarests de Saint-Sorlin exploite les possibilités structurales

du roman héroïque en vue de l'instruction du prince. Il écrit dans sa
'Préface':

> Les Princes ne doiuent pas estre instruits à la façon des person-
> nes vulgaires: Il faut leur apprendre les sciences parmy les
> ieux, & les vertus parmy les contes. Ils sont nez dans une si
> haute fortune, & les plaisirs leur sont offerts de tant de cos-
> tez, qu'ils ne tourneroient iamais les yeux vers une chose qui
> leur seroit presentée par les mains de la Peine... Il faut les
> faire approcher d'eux déguisées, parmy une dance d'Amours & de
> Graces. Ie m'asseure qu'ils viendront lire ceste histoire à des-
> sein d'y voir de merueilleuses auantures, & ils y apprendront
> sans y penser à estre sages. (page non numérotée)

'Rosane' est un roman héroïque qui parle de la vie des princes, de
leurs aventures de guerre, de leurs voyages, de leurs amours. Il reproduit les lettres qu'ils échangent, et surtout leurs conversations.
Les récits et les entretiens forment un tout homogène. L'intention
instructive est intégrée dans l'action. Au fond, 'Rosane' n'est rien
d'autre qu'un roman qui traite des devoirs d'un prince. C'est par là
qu'il se distingue du 'Télémaque'. 'Rosane' développe les thèmes de
la littérature moderne, 'Télémaque' ceux de la littérature ancienne.
L'un se réfère à l'instruction du grand monde, l'autre à celle du
monde scolaire.

L'intrigue de 'Rosane' est extrêmement complexe, celle de 'Télémaque' est beaucoup plus simple. Dans l'un, les aventures s'enchevê-
trent, dans l'autre il n'y a pas d'intrigue secondaire. Desmarests de
Saint-Sorlin analyse les passions et les sentiments du coeur humain,
Fénelon ne les fait apparaître qu'autant qu'ils contribuent à l'instruction morale d'un prince. Les deux auteurs projettent l'action de
leur ouvrage dans l'Antiquité païenne (cf. III. 3). Mais l'un évoque
le passé selon les procédés de la littérature d'imagination de l'époque alors que l'autre oppose à cette espèce de littérature moderne un
pastiche des épopées anciennes. 'Télémaque' traite de l'instruction
telle que les éducateurs d'alors la puisent dans les poèmes d'Homère
et de Virgile. Il accentue les éléments qui contribuent a la formation
du futur roi.

Le dix-huitième livre du 'Télémaque' contient un discours où Mentor
explique l'intention pédagogique du livre. Il dit à son pupille:

> Je n'ai instruit aucun mortel avec autant de soin que vous. Je
> vous ai mené par la main au travers des naufrages, des terres
> inconnues, des guerres sanglantes et de tous les maux qui peuvent
> éprouver le coeur de l'homme. Je vous ai montré, par des expé-
> riences sensibles, les vraies et les fausses maximes par lesquel-
> les on peut régner. Vos fautes ne vous ont pas été moins utiles
> que vos malheurs: car quel est l'homme qui peut gouverner sage-
> ment, s'il n'a jamais souffert et s'il n'a jamais profité des
> souffrances où ses fautes l'ont précipité? (2, 552)

L'intrigue du 'Télémaque' est imaginé pour discuter un certain nombre
d'_exempla_. Elle est subordonnée à la finalité instructive de l'ouvrage. La réalité qu'elle évoque n'est que symbolique. Chaque épisode
illustre une vérité générale. Ses descriptions rassemblent des éléments traditionnels. Elles servent à la composition du lieu où l'ac-

tion se déroule.

Les premiers critiques ont raillé le manque de vraisemblance des épisodes[12]. Ces attaques invoquent l'esthétique littéraire. Mais les faiblesses révèlent l'intention de l'auteur. La littérature n'entre dans 'Télémaque' que par le biais du procédé allégorique. Toute action sert d'exemple, toute scène de tableau, tout personnage de caractère. Fénelon se sert de la prosopopée pour faire parler des personnages connus dans l'histoire ancienne, il se sert de l'éthopée pour transposer l'action dans une Antiquité de convention. Cette Antiquité est le point de convergence du monde littéraire et du monde scolaire (cf. I. 1). 'Télémaque' réunit les clichés d'une Antiquité de convention en résumant le savoir encyclopédique qu'un homme cultivé doit posséder à l'époque. Les romans héroïques font de même. Bien que l'intention pédagogique n'ait pas toujours servi l'esthétique littéraire, elle a rendu possible la synthèse fénelonienne de la littérature moderne exclue du monde scolaire, et de la littérature ancienne étudiée au cours des humanités. Les épopées françaises avaient poursuivi un but analogue.

Le recours à l'allégorie renvoie, toujours à la fin du règne de Louis XIV, aux genres littéraires de l'épopée et du roman. Aux débuts du siècle de Louis XIV, l'humanisme chrétien était encore présent à l'esprit des hommes de lettres. Cet humanisme considérait l'épopée comme la forme poétique de l'institution du prince[13]. Le Père Le Moyne a publié un 'Traité du Poëme Heroïque'. Il y veut instruire les courtisans sur ses fins esthétiques. Ce 'Traité' précède son épopée 'Saint Louys ou la Sainte Couronne reconquise' (1658). La fin de la poésie héroïque est "d'instruire les Grands & d'apprendre aux Roys l'Art de regner" (éd. 1666, page non numérotée). Mais sa conception de la poésie est tombée, comme on l'a vu (I. 1), sous l'anathème de l'Augustinisme. Elle n'était pas au goût du jour dans une monarchie qui refuse désormais le droit de conseil à la noblesse.

A l'époque, justement, où l'épopée française a définitivement perdu la faveur du public, le Père Le Bossu publie un 'Traité du Poëme Epique' (1675). Il se détourne des épopées modernes. Les poèmes d'Ho-

---

12 Faydit, 'Telemacomanie', 113; Gueudeville, 'Critique du second tome des Avantures de Telemaque', Cologne 1700, 131-135.
13 J. Ijsewijn signale neuf poèmes néo-latins sur l'institution du prince ('Un poème inédit de François Modius sur l'éducation du prince humaniste', dans: 'Latomus' 25 (1966), 572-573). Signalons encore un Miroir des Princes sous forme de poème épique: J. de La Fons, 'Le Dauphin', Paris 1609 et l'ouvrage de P. de Nancel, 'La souveraineté des rois', S.l. 1610. Ces deux poèmes ne préludent pas à 'Télémaque', puisqu'ils entrent dans le genre littéraire de la poésie didactique. Lorsqu'on veut se faire une idée des possibilités que l'affabulation romancée offre aux éducateurs de l'époque, il faut se référer au poème du Père Josset 'Rhetorice Placida quam Pieris irrigat unda...' (Limoges 1650). M. Fumaroli note sur cette oeuvre: "Héritier du XVIème siècle, le P. Josset pratique une composition "en oignon"...il vise à résumer et à condenser toute une culture sans sacrifier la richesse de celle-ci à la volonté de la ressaisir dans un geste global" ('Une épopée Jésuite à Limoges, en 1650', dans: 'Le Limousin au XVIIe siècle... numéro spécial de Trames', Limoges 1979, 17-18).

mère et de Virgile sont les seuls qui importent. Ils sont instructifs.
Le Bossu élabore une théorie sur la base de laquelle il sera possible
de donner une interprétation allégorique de tous les détails des épopées d'Homère et surtout du poème de Virgile. Pour y arriver, il définit la fable comme "un discours inventé pour former les moeurs par
des instructions déguisées sous les allégories d'une action" (éd.
1714, Réimpression Hamburg 1981, 23). Cette définition se rattache à
l'explication allégorique de Virgile. Elle accentue la dimension pédagogique de la littérature ancienne.

La fable épique n'est pas d'une essence différente des apologues.
Pour la fable épique, il résulte que:

> Le Poëte doit feindre une action générale...il doit ensuite cher-
> cher dans l'Histoire, ou dans les Fables connuës, les noms de
> quelques personnes, à qui une action pareille soit arrivée véri-
> tablement ou vrai-semblablement, &... il doit mettre... son ac-
> tion sous ces noms. (ibid., 27)

Le Bossu imagine la création des personnages épiques selon le procédé
rhétorique de l'allégorie. L'action épique contient une instruction
morale déguisée sous le voile de l'allégorie. Sa théorie rappellera
plus tard à Ramsay l'esthétique littéraire sous-jacente à la création
du 'Télémaque'. Il y puisera son interprétation morale de 'Télémaque'
dans son 'Discours de la poésie épique et de l'excellence du poème de
Télémaque'.

On ne sait pas si Fénelon connaissait le 'Traité' du Père Le Bossu.
Mais il était familier de la théorie rhétorique de l'allégorie sur
laquelle le Père Le Bossu base son interprétation. Il connaissait
certainement des récits allégoriques, par exemple 'Les Peintures Morales' (1640-1643) du Père Le Moyne. Celui-ci renvoie à Philostrate,
qui représente les passions par des tableaux vivants d'une histoire
véritable ou inventée[14].

Le Moyne part dans 'L'Art de regner' (1665) de représentations
figuratives pour expliquer au prince le métier de roi par des poésies
et des récits allégoriques. Il a pu s'inspirer d'un livre de Saavedra
Fajardo[15]. La combinaison d'une représentation figurative avec une
explication allégorique, en poésie ou en prose, était le propre de la
littérature emblématique qui est très répandue à l'époque. En France,
on rencontre cette technique chez Gomberville, qui a publié en 1646
un livre intitulé 'La doctrine des moeurs, tirée de la philosophie

---

14 Sur le rôle de Philostrate pour l'allégorie cf. M. Fumaroli, 'Rhétorique, dramaturgie, critique littéraire: le recours à l'allégorie
dans les querelles littéraires (1578-1630)', dans: 'Critique et
création littéraires'...cit., 456-461; sur l'allégorie cf. B. Beu-
gnot, 'Pour une poétique de l'allégorie classique', dans: ibid.,
409-432.

15 'Idea de un principe politico-christiano representada en cien empresas' (Münster 1640); une traduction latine de l'ouvrage existe
dès 1649: 'Symbola christiano-politica; idea principis christiano-
politici centum symbolis expressa' (Bruxelles 1649), une traduction
française dès 1668: 'Le prince chrestien et politique', traduit de
l'espagnol par Jean Rou, 2 vol. Sur cet ouvrage cf. Mulagk, 'Phänomene des politischen Menschen'...cit., 107-183.

des Stoïques: représentée en cent tableaux et expliquée en cent discours pour l'instruction de la jeunesse'[16]. Plus proche encore de
'Télémaque', le roman allégorique de François Hédelin d'Aubignac 'Macarise ou la reine des isles fortunées' (1664) porte le sous-titre
d''Histoire allegorique contenant la Philosophie des Stoïques sous le
voile de plusieurs aventures agréables en forme de Roman'. Ce roman
allégorique se distingue des 'peintures morales' dans le style des
oeuvres de Le Moyne ou de Gomberville par l'importance attribuée à
l'intrigue. Elle donne le cadre à l'ensemble du roman et structure
les épisodes. D'Aubignac substitue l'action unique à la composition
par pièces détachées telle qu'elle se trouve dans les livres de Le
Moyne et de Gomberville.

Un document de l'époque confirme notre lecture allégorique de 'Télémaque'. Mme de Grignan écrit dans une lettre de 1704:

> Ce n'est point un archevêque qui a fait l'Ile de Calypso ni Té-
> lémaque: c'est le précepteur d'un grand prince, qui devoit à son
> disciple l'instruction nécessaire pour éviter tous les écueils
> de la vie humaine, dont le plus grand est celui des passions. Il
> vouloit lui donner de fortes impressions des désordres que cause
> ce qui paroît le plus agréable, et lui apprendre que le grand
> remède est la fuite du péril. Voilà de grandes et d'utiles ins-
> tructions sans compter toutes celles qui se trouvent dans ce
> livre, capable de former un honnête homme et un grand prince.
> ('Lettres de Madame de Sévigné, de sa famille et de ses amis,
> recueillies et annotées par M. Mommerqué', vol. X, Paris 1852,
> 508)

'Télémaque' se propose l'instruction morale. Il développe un tableau
allégorique de la vie humaine, de ses écueils. Partout y sont percep-
tibles les devoirs d'un roi et les risques qui le guettent dans son
métier.

L'action fictive rehausse les désordres du vice. L'aspect négatif
prédomine dans l'oeuvre. Cette attitude vient de la pédagogie du
XVIIe siècle. La répétition constante de la louange ou du blâme est
un produit typique de l'enseignement moral du siècle classique. N.
Hepp a bien raison de constater que dans 'Télémaque' "nul bonheur
n'est jamais conquis que par la victoire perpétuellement remportée
dans une guerre sans fin contre le mal"[17]. Mais on ne doit pas expliquer ce phénomène en disant que 'Télémaque' est "écrit par son auteur
contre lui-même et contre son milieu" (ibid., 623). Cet élément sert
à mettre le jeune homme en garde contre lui-même. Ce genre d'avertissement se trouve partout dans la pédagogie de l'époque entière. Tout
innovateur qu'il soit, Fénelon ne s'affranchit pas de l'esprit pédagogique du XVIIe siècle.

---

16 Gomberville prend les gravures faites par Othon Vaenius pour son
   ouvrage 'Emblemata horatiana' (1607) comme point de référence dans
   l'explication de la philosophie morale des Stoïciens. La littérature politique espagnole considère l'emblème comme un moyen particulièrement adapté à l'instruction du prince, cf. Maravall, 'La
   philosophie politique espagnole'...cit., 45-57. Cf. aussi J. W.
   Zincgref, 'Emblematum Ethico-Politicorum Centuria', Francfurti
   1624.
17 'Homère en France'...cit., 628.

Les illustrations qui ont été faites au XVIIIe siècle soulignent la structure allégorique du 'Télémaque'. Elles résument l'action de chaque livre en un seul tableau[18].

Le caractère allégorique de 'Télémaque' s'est prêté à être interprété comme une satire politique du gouvernement de Louis XIV. Nous allons étudier, dans la troisième partie de notre exposé (III. 1), les problèmes soulevés par le foisonnement des prétendues "clefs" de l'allégorie de 'Télémaque'. Avant d'aborder la discussion des raisons qui ont inspiré ces interprétations actualisantes, il nous faut souligner les assises de l'allégorie de 'Télémaque' dans le dessein pédagogique de l'ouvrage. Cette analyse révèlera sous le voile de l'Antiquité de convention du 'Télémaque' l'image de la cour de Versailles.

---

18 Selon la division de l'ouvrage en 24 livres, on publie 24 figures dans les éditions illustrées; H. Cohen ('Guide de l'amateur de livres à gravures du XVIIIe siècle', sixième édition revue, corrigée et considérablement augmentée par Seymour de Ricci, Paris 1912, tome I, 379-390) énumère les éditions suivantes qui ont suivi ce procédé: 1717, 2 vol. J. Estienne, 24 figures par Bonnart, 1730, 2 vol. J. Estienne, 24 figures par Cazes, Coypel, de Favanne, Humblot, Souville, 1730, D. Barthélémy, 24 figures par J.-A. Fridrich, 1734, Amsterdam, Wettstein - Rotterdam, Hofhout, 23 figures par Debrie, Dubourg, Picart, 1755, Theodor Legros, 24 figures par J.-B. Le Bas, 1781, Drouët, 25 grands sujets par Cochin, un seul vol. paru, 1783, Didot, imprimé par ordre du Roi pour l'éducation de Monseigneur le Dauphin, 24 planches d'après Charles Monnet, 1785, De l'Imprimerie de Monseigneur, 72 gravures, 24 planches.

La description allégorique de différentes cours s'imposait dans l'éducation princière de l'époque. Desmarests de Saint-Sorlin dispense le même genre d'instruction que Fénelon. Il écrit dans 'Rosane':

> [Les Princes] verront icy quatre Cours de grands Princes bien differentes: l'une où regne l'orgueil, l'insolence & la cruauté; l'autre où il ne se parle que de valeur, de generosité, & des autres vertus necessaires aux Conquerans: En une autre ils verront la lascheté, la volupté & les desbordemens; & en l'autre une sagesse si grande qu'elle domine à son gré toutes les passions. (page non numérotée)

'Rosane' contient des tableaux de cours où tous les éléments ont une signification allégorique. Les Miroirs des Princes se rapprochent des traités de cour parce qu'ils tiennent compte de l'importance que cette institution a acquise. La cour a été de tout temps un centre de pouvoir où les grands voulaient profiter de la faveur du souverain. Il fallait avertir le prince des manoeuvres que l'ambition inspire aux courtisans. Desmarests s'en tient au plan moral. Il montre que les moeurs du roi déterminent celles des courtisans. Fénelon accentue la prépondérance de la cour. Il instruit un prince qui devra régner dans une cour comme Versailles, laquelle est le centre du royaume et la principale partie d'une administration dirigée par le roi. La cour a une importance accrue dans la France de Louis XIV. C'est pourquoi Télémaque visite des royaumes où l'appareil gouvernemental est aussi développé que celui de la France absolutiste.

Fénelon multiplie les situations où les intrigues de la vie de cour sont rendues manifestes. Un tel procédé était osé. Mais l'auteur ne semble pas avoir prévu les réactions qu'une publication éventuelle pourrait provoquer. Il proteste dans son 'Mémoire au Père Le Tellier' daté par les éditeurs à 1710:

> Je n'ai jamais songé qu'à amuser M. le duc de Bourgogne par ces aventures, et qu'à l'instruire en l'amusant, sans jamais vouloir donner cet ouvrage au public. Tout le monde sait qu'il ne m'a échappé que par l'infidélité d'un copiste. (VII, 665)

Sa déclaration est nette: à l'opposé de 'Rosane', 'Télémaque' ne s'adresse pas au public, mais est destiné à l'instruction du duc de Bourgogne. On peut juger cette affirmation trop apodictique pour la

croire. Mais Fénelon est sincère lorsqu'il souligne son intention
pédagogique. C'est elle qui structure la relation entre l'allégorie
et la réalité.

'Télémaque' transforme une expérience concrète en une vérité générale. Le couple Télémaque/Mentor n'est autre que le duc de Bourgogne
et Fénelon. Chacun des deux personnages personnifie un type: le futur
dauphin et son précepteur. Ils jouent donc ce rôle sans être des portraits du duc de Bourgogne et de Fénelon. La recherche tend à négliger
cette différence bien qu'elle soit capitale.

Le caractère que Fénelon attribue à son précepteur devrait inspirer
de la prudence à ceux qui voient dans le personnage de Mentor un autoportrait de Fénelon. Minerve est le précepteur qui accompagne Télémaque
que "sous la figure de Mentor" (1, 7). Le vrai maître du fils d'Ulysse
n'est donc pas un homme portant le nom de Mentor, mais Minerve sous
la figure de Mentor. Cette divinité est identifiée à la Sagesse de la
Bible par la tradition de l'humanisme chrétien. Pourquoi Fénelon fait-
il du précepteur la personnification de la Sagesse divine sinon pour
signaler le point de vue de son discours instructif?

Télémaque est instruit sub specie eternitatis. La perspective est
la même dans la 'Politique' de Bossuet. La métamorphose de Mentor en
Minerve à la fin de 'Télémaque' et les instructions que Fénelon met
alors dans la bouche de la déesse accentuent la dimension religieuse
du livre.

La métamorphose de Mentor en Minerve est exprimée dans un langage
qui pastiche le style fleuri d'Homère. Derrière le voile de l'éthopée,
on reconnaît pourtant les idées chrétiennes de l'auteur. Les instructions finales de Minerve contiennent un paragraphe sur la crainte des
dieux:

> Craignez les dieux, ô Télémaque; cette crainte est le plus grand
> trésor du coeur de l'homme: avec elle vous viendront la sagesse,
> la justice, la paix, la joie, les plaisirs purs, la vraie liber-
> té, la douce abondance, la gloire sans tâche. (2, 555)

Les qualités que Fénelon fait dériver de la crainte des dieux caractérisent les valeurs les plus hautes pour un souverain. Le monarque
modèle s'acquiert la seule gloire capable de durer, "la gloire sans
tâche". Il juge son métier de roi dans une perspective religieuse. La
sagesse des dieux garantit la distinction du vrai d'avec le faux.
Derrière le voile des dieux païens apparaît le visage du Dieu des
Chrétiens.

Fénelon ne souligne pas l'importance de sa propre personne. Tout
au contraire, il efface le personnage du précepteur par rapport au
message, dont il n'est que le porte-parole. Le maître humain ne joue
lui-même qu'un rôle inférieur et passager par rapport à la parole de
Dieu. Ses discours se font au nom d'une Sagesse qui le dépasse. Il
sert d'interprète à cette Sagesse pour rendre son élève capable de se
faire lui-même porte-parole de la Sagesse dans son métier de roi.
C'est pourquoi le texte continue ainsi:

> Je vous quitte, ô fils d'Ulysse; mais ma sagesse ne vous quittera

point, pourvu que vous sentiez toujours que vous ne pouvez rien
sans elle. (2, 555)

Lorsque le fils d'Ulysse n'a plus besoin de guide humain, Minerve
cesse d'accompagner Télémaque sous la figure de Mentor. Au bout du
processus éducatif, il retrouve lui-même la déesse, qui représente la
Sagesse. Si l'éducation porte ses fruits, le jeune prince est en état
de suivre les conseils de la sagesse sans avoir besoin de précepteur
humain.

Le texte souligne à deux reprises la supériorité de la sagesse
divine de Minerve sur la personne humaine qui en exécute les conseils.
Au dix-septième livre, Mentor s'entretient avec Télémaque sur ses
expériences dans la guerre contre Adraste. Il lui dit:

> Vous avez fait de grandes choses; mais avouez la vérité, ce n'est
> guère vous par qui elles ont été faites: n'est-il pas vrai qu'el-
> les vous sont venues comme quelque chose d'étranger qui étoit
> mis en vous? N'étiez-vous pas capable de les gâter par votre
> promptitude et par votre imprudence? Ne sentez-vous pas que Mi-
> nerve vous a comme transformé en un autre homme au-dessus de
> vous-même, pour faire par vous ce que vous avez fait? (2, 460-
> 461)

Le succès des exploits vient de la Sagesse, qui a inspiré à Télémaque
ses hauts faits. Il faut donc se défaire de la spontanéité, qui est
un mouvement incontrôlé de "promptitude" et d'"imprudence" et épouser
les inspirations de la sagesse divine. Cette Sagesse porte le nom de
la déesse païenne Minerve, elle symbolise, pourtant, la grâce divine
de la religion chrétienne. Car elle transforme le jeune prince "en un
autre homme". Elle le métamorphose en un prince chrétien.

L'influence de la Sagesse est manifeste au deuxième livre. Télémaque est pour la première fois séparé de Mentor. Abaissé au rang d'esclave, il vit avec des bergers qui sont des hommes grossiers. Lorsqu'il pense être au bout de ses forces, il entend une voix qui lui
révèle merveilleusement la fin heureuse de ses aventures. Cette expérience de la présence divine fait "renaître la joie et le courage"
(1, 70) dans le coeur de Télémaque, qui décrit lui-même sa réaction
à Calypso:

> Je me levai tranquille; j'adorais à genoux, les mains levées
> vers le ciel, Minerve, à qui je crus devoir cet oracle. En même
> temps, je me trouvai un nouvel homme: la sagesse éclaira mon
> esprit: je sentois une douce force pour modérer toutes mes pas-
> sions et pour arrêter l'impétuosité de ma jeunesse. (1, 70-71)

Fénelon souligne ici la transformation de l'homme qui s'ouvre à la
Sagesse. La rencontre avec la déesse marque la modération de l'impé-
tuosité naturelle et des passions du jeune prince. Il se trouve alors
"un homme nouveau", une expression bien connue dans le Nouveau Testament[1]. La transformation du jeune prince montre que la sagesse est
une réalité qui dépasse l'homme et qui le relie au divin. Faire de
Minerve la vraie nature de Mentor, c'est effacer l'ambition du précep-

---

1 Saint Paul, Col. III, 10; Eph. IV, 22-24.

teur humain vis-à-vis du message spirituel dont il est le porte-
parole.

On s'est demandé pourquoi Fénelon attribue à la sagesse la fonction
de dominer les passions du jeune prince. Poser une telle question amène à réfléchir sur la relation entre le personnage de Télémaque et la
personne du duc de Bourgogne. Bien sûr, Télémaque représente le duc
de Bourgogne comme Mentor représente Fénelon, mais on a vu que Mentor
n'est point un autoportrait de l'auteur. Télémaque porte-t-il plus de
traits du pupille que Mentor du précepteur?

Il semble qu'il faille répondre affirmativement à cette question.
Tous les biographes du duc de Bourgogne parlent de son caractère vio-
lent durant sa jeunesse[2]. L'éducation a changé cette violence naturelle en douceur. Les contemporains ont admiré ce succès de l'éducation
de Fénelon. Mais on pense, de nos jours, que cette éducation a gâté
le naturel du jeune prince en en brisant la spontanéité[3]. Il faudra
montrer d'une part ce qu'il y a de traditionnel dans la démarche de
Fénelon, et d'autre part ce qui est typique du duc de Bourgogne dans
le caractère de Télémaque.

Le combat contre les passions est commun à toutes les doctrines
pédagogiques au XVIIe siècle[4]. Corneille en fait un argument de 'Cin-
na' (V, 3, vers 1696-1700). Le Père Senault en parle dans son livre
'De l'usage des passions'. Il y écrit dans la dédicace à Richelieu:

> C'est un malheur déplorable que les Princes pensent à vaincre
> leurs ennemis, & ne songent pas à vaincre leurs Passions, qu'ils
> levent des troupes pour attaquer leurs voisins, & qu'ils n'ac-
> quierent point de vertus pour se deffendre des vices. (page non
> numérotée)

La modération du caractère laisse espérer qu'un souverain gouvernera
avec modération tant sur le plan moral que sur le plan politique. On
ne néglige pas l'importance des institutions politiques d'un Etat,
mais on est convaincu que ces institutions ne valent pas plus que
ceux qui s'en servent. Pour cette raison, on veut former le caractère
du prince (cf. I. 4). On l'incite à modérer ses impulsions et à suivre
la voix de la prudence.

Machiavelli avait séparé la prudence politique des bases éthiques

---

2 Cf. à ce propos: M. Cagnac, 'Le duc de Bourgogne 1682-1712', Paris
   1921, 21; M. Daniélou, 'Fénelon et le duc de Bourgogne. Etude d'une
   éducation', Paris 1955, 34-37. Saint-Simon écrit: "Ce prince, héritier nécessaire, puis présomptif, de la couronne, naquit terrible,
   et sa première jeunesse fit trembler. Dur de colère jusqu'aux derniers emportements, et jusque contre les choses inanimées; impé-
   tueux avec fureur, incapable de souffrir la moindre resistance,
   même des heures et des éléments, sans entrer en des fougues à faire
   craindre que tout ne se rompît dans son corps; opiniâtre à l'ex-
   cès" ('Mémoires' éd. par A. de Boislisle, vol. 22, Paris 1910,
   305). "De cet abîme sortit un prince affable, doux, humain modéré,
   patient, modeste, pénitent, et autant, et quelquefois au delà de
   ce que son état pouvoit comporter, humble et austère pour soi"
   (ibid., 310).
3 Cf. G. Poisson, 'Monsieur de Saint-Simon', Paris 1973, 168.
4 Cf. R. Chartier - D. Julia - M.-M. Compère, 'L'éducation en France'
   ...cit., 138-144; G. Snyders, 'La pédagogie en France'...cit., 122-
   127.

du pouvoir. Le prince a tout intérêt à être vertueux. Mais il a ses faiblesses comme tout autre homme. C'est pourquoi la prudence lui inspire un comportement où l'apparence prend le dessus. Le prince doit apparaître vertueux même s'il ne l'est pas[5]. Juste Lipse est l'adversaire le plus influent de Machiavelli. Il l'attaque dans 'De Constantia' (1583), dans les 'Politicorum libri VI' (1589) et dans les 'Monita et exempla politica' (1605)[6]. Diego de Saavedra Fajardo aborde dans 'Idea de un principe politico-cristiano' (1640) la fonction proprement pédagogique de la prudence. Cette vertu doit dominer dans l'éducation princière et doit déterminer les actions du souverain[7]. Cet aspect préoccupera Fénelon.

Citons quelques exemples où des auteurs français du XVIIe siècle traitent des risques que les passions faisaient courir au souverain. Faret en parle dans son ouvrage 'Des vertus necessaires à un Prince' (1623). Il y dit que la tempérance est une qualité exigée par la majesté des rois:

> Puisque la Temperance n'est autre chose qu'un pouvoir absolu de la raison sur toutes les mouuemens desreiglez de l'ame, qui ne voit qu'elle est entierement necessaire à ceux qui sont nez pour commander? Car il n'est rien de si excellent, ny de si magnifique qui n'ait besoin de quelque sorte de modération, autrement toutes les choses du monde iroient dans l'exces ou tomberoient dans le manquement. (99-100)

Les passions sont des mouvements déréglés de l'âme. Tout dérèglement doit être exclu chez le souverain, dont le pouvoir est trop grand pour qu'un défaut d'harmonie de son caractère entraînât des suites funestes.

Foix répète la même idée dans 'L'Art d'élever un Prince' (1688):

Un Prince doit être tellement maître de son coeur, qu'il ne per-

---

5 "Sarebbe laudabilissima cosa in uno principe trovarsi, di tutte le soprascritte qualità, quelle che sono tenute buone: ma perché le non si possono avere né interamente osservare, per le condizioni umane che non lo consentono, gli è necessario essere tanto prudente che sappi fuggire l'infamia di quegli vizii che li torrebbano lo stato" ('Opere' a cura di M. Bonfantini, Milano-Napoli 1954, 50-51). Cf. aussi: "Debbe uno uomo prudente intrare sempre per vie battute da uomini grandi, e quelli che sono stati eccellentissimi imitare: accio che, se la sua virtù non vi arriva, almeno ne renda qualche odore" (ibid., 18).

6 Cf. Jehasse, 'La renaissance de la critique'...cit., 578-579, et Mulagk, 'Phänomene des politischen Menschen'...cit., 71-88. Les princes du Palatinat lisent 'Les Politiques' de Lipse pendent leurs études, cf. 'Geschichte der Erziehung der Pfälzischen Wittelsbacher'...cit., 174, 344.

7 "Nacen con nosotros los afectos, y la razon llega después de muchos años, cuando ya los halla apoderados de la voluntad, que los reconoce por señores, llevada de una falsa apariencia de bien, hasta que la razon, cobrando fuerzas con el tiempo y la experiencia, reconoce su imperio, y se opone á la tiranía de nuestras inclinaciones y apetitos" (Empresa VII, dans: 'Obras', Madrid 1947, 23). Cf. aussi: "Es tambien oficio de la prudencia disimular la ira y los enojos cuando se presume que puede suceder tiempo en que sea dañoso el haberlos descubierto" (Empresa VIII, ibid., 28). Sur la doctrine de Saavedra Fajardo cf. Mulagk, 'Phänomene des politischen Menschen'...cit., 121-150; sur la prudence chez Gracián, cf. ibid., 254-258, 333-334.

> mette jamais, quelque passion qui l'agite, que cette émotion se répande au dehors: il ne sçauroit s'empêcher quelquefois de sentir ce qu'une passion a de plus violent, mais il faut que tout cela se passe chez lui si secretement, que ceux là même qui l'examinent de plus prez, ne s'en apperçoivent pas. Le caractère d'un grand Prince est de paroître homme le moins qu'il se peut. (136-137)

Les exigences de la raison d'Etat servent les fins de l'éducation morale du prince. Tout concourt à soutenir la part du combat contre les passions. Le précepteur doit trouver des moyens pour rendre le jeune prince maître de toutes ses impulsions spontanées.

Fénelon montre au duc du Bourgogne les risques que présentent les passions. L'impatience, qu'il attribue au caractère de Télémaque n'est pas forcément un trait de la personnalité du duc de Bourgogne[8]. Elle est un attribut de la jeunesse dont le comportement est moins contrôlé par la raison que celui des adultes.

Télémaque est "impatient de combattre" (2, 13-14), il est impatient quand il se dérobe à la multitude pour embrasser Nestor (2, 31-32). Un roi ne cède jamais aux passions incontrôlées. Le jeune prince doit combattre ses impulsions. Le dixième livre de 'Télémaque' dit à ce propos:

> Un roi, quelque bon et sage qu'il soit, est encore homme. Son esprit a des bornes, et sa vertu en a aussi. Il a de l'humeur, des passions, des habitudes, dont il n'est pas tout à fait le maître. Il est obsédé par des gens intéressés et artificieux; il ne trouve point le secours qu'il cherche. Il tombe chaque jour dans quelque mécompte, tantôt par ses passions et tantôt par celles de ses ministres. (2, 77-78)

L'instruction morale sur le métier de roi combat les impulsions incontrôlées[9]. Ce point particulier est d'un grand intérêt en ce qui concerne les affaires d'Etat. Les Miroirs des Princes en parlent. Fénelon ne fait pas exception à cette règle[10] et le Roi-Soleil confirme l'importance de l'argument.

Dans les 'Mémoires pour l'année 1666', Louis XIV exhorte son fils à s'élever au-dessus de ses passions. Il lui raconte ses réactions vis-à-vis de la fierté de l'électeur de Brandebourg et conclut:

---

8 'Le Fantasque' fait la caricature du caractère que Fénelon combat: "L'homme d'aujourd'hui ne sera point celui de demain; celui qui nous promet maintenant disparoîtra tantôt: vous ne saurez plus où le prendre pour le faire souvenir de sa parole: en sa place, vous trouverez un je ne sais quoi qui n'a ni forme ni nom, qui n'en peut avoir, et que vous ne sauriez definir deux instants de suite de la même manière" (VI, 335).

9 L'emblème de la raison dans l''Iconologie' de Cesare Ripa souligne cet aspect. Il représente Pallas avec une couronne. L'auteur explique ce symbolisme: "La Couronne d'or nous enseigne, Que la Raison seule est capable de mettre les bons courages sur le theatre, & dans l'estime universelle des hommes: Car l'or n'a pas de plus grands auantages sur les Metaux, qu'en a la Raison sur les puissances de l'ame, qu'elle regle par sa conduitte" (éd. fr. Paris 1644, 167).

10 La fable intitulé 'La patience et l'éducation corrigent bien des défauts' se termine par la leçon suivante: "O que l'impatience empêche de biens et cause de maux" (VI, 208). Cet apologue traite d'un animal adulte.

Mais, à qui se peut vaincre soi-même, il est peut de chose qui
puisse résister. (éd. cit., 131)

Le Roi-Soleil parle de son expérience politique. La domination des
passions est pour lui un postulat de prudence politique, non de raison
morale. Il s'élève par la suite au niveau des pensées générales en
résumant son développement précédent:

> Exerçant ici-bas une fonction toute divine, nous devons paraître
> incapables des agitations qui pourraient la ravaler. Ou s'il est
> vrai que notre coeur, ne pouvant démentir la faiblesse de sa
> nature, sente encore naître malgré lui ces vulgaires émotions,
> notre raison doit du moins les cacher sitôt qu'elles nuisent au
> bien public, pour qui seul nous sommes nés. (ibid., 132-133)

Ce qui compte dans la pratique de la politique, c'est l'effet, non le
motif, de l'action royale. La faiblesse humaine des rois est une réalité pour Louis XIV, seulement il déduit de la "fonction toute divine"
des rois l'exigence de se défaire de cette faiblesse vulgaire. Cette
exigence morale a comme corollaire pratique la nécessité de cacher
cette faiblesse, dès qu'on en est atteint. Autrement le souverain
nuirait à la dignité royale.

Fénelon considère l'initiation au métier de roi comme un procès
éducatif qui rend le fils conforme à son père. Vers la fin de l'ouvrage, Minerve dit à Télémaque:

> Vous avez rempli, comme votre père, les terres et les mers de
> vos tristes aventures. Allez, vous êtes maintenant digne de mar-
> cher sur ses pas. (2, 552-553)

Télémaque personnifie le fils de roi. La relation qu'il entretient
avec Ulysse est semblable à celle d'un dauphin et d'un roi modèle.
Elle ne symbolise certainement pas le rapport entre le duc de Bourgogne et son père, mais le rapport entre ce jeune prince et Louis XIV,
son grand-père. Dès qu'on rapproche la biographie du discours allégorique, on voit quel message Fénelon veut communiquer par 'Télémaque':
la situation caractéristique prédomine sur la réalité des relations
familiales; la relation du fils au père est la seule qui importe dans
'Télémaque'.

Le fils admire son père. C'est pour cette raison que Fénelon fait
d'Ulysse un roi modèle dont l'idéal est proposé à l'imitation de Télémaque. Mentor fait l'éloge du héros errant lorsque, dans le dix-
huitième livre, Télémaque vient de rencontrer son père sans le reconnaître:

> Ulysse, votre père est le plus sage de tous les hommes; son coeur
> est comme un puits profond: on ne sauroit y puiser son secret.
> Il aime la vérité et ne dit jamais rien qui la blesse: mais il
> ne la dit que pour le besoin, et la sagesse, comme un sceau,
> tient toujours ses lèvres fermées à toute parole inutile. (2,
> 545)

Cet éloge est dicté par les nécessités de l'éducation princière, où
le roi est toujours le modèle à imiter. Ulysse doit être un roi modè-

le, même si quelques contemporains de Fénelon ne l'apprécient pas.
Rapin méprise Ulysse. Dans sa 'Comparaison d'Homère et de Virgile'
(1668), il attaque les libertés prises par Homère[11]. Fénelon se range
du côté des admirateurs d'Ulysse parce que l'institution du prince le
lui impose. Quant à Télémaque, il estime les qualités d'Ulysse parce
que le duc de Bourgogne doit admirer Louis XIV.

Un écrit du duc de Bourgogne confirme que cette admiration pour le
roi lui a été inculquée lors de son éducation. Proyart publie dans sa
'Vie du Dauphin, Père de Louis XV' (1782) un discours à propos des
grandeurs humaines. Il s'agit d'un exercice de rhétorique fait par
l'élève de Fénelon. On y lit:

> Mais pourquoi en chercher les preuves [des grandeurs humai-
> nes] dans l'antiquité, toujours obscurcie de quelques nuages?
> Montrons au doigt la grandeur:... Sous un climat tempéré, dans
> la plus belle et la plus riche partie de ce globe, existe un
> peuple nombreux, respecté de tous les peuples de la terre, peuple
> autrefois vainqueur de ces fiers Romains les vainqueurs de la
> terre, grand par sa valeur, grand par son industrie, grand par
> les arts qu'il invente et par les sciences qu'il cultive, plus
> grand encore peut-être par la douceur de ses moeurs. Un prince,
> grand parce qu'il est juste, un prince sage et puissant, un roi
> père, Louis commande à cette nation fortunée, avec la modération
> et l'autorité des patriarches sur leur nombreuse postérité.
> (Proyart, 'Oeuvres complètes', vol. 7, Paris 1819, 34)

Un panégyriste du Roi-Soleil n'aurait pas mieux chanté un tel hymne
à la grandeur de la France et à l'excellence de son Roi. Les lieux
communs des éloges du siècle de Louis le Grand sont réunis dans cet
exercice oratoire du jeune Prince. La valeur documentaire du livre de
Proyart est sujette à caution, car on n'a pu retrouver les manuscrits
du duc de Bourgogne. Ces réserves faites, la citation démontre que
Fénelon a suivi la même voie que Bossuet. Il a proposé à l'admiration
de son élève "les actions de Louis le Grand"[12].

Le personnage d'Ulysse nous laisse découvrir l'image du Roi-Soleil
que les éducateurs du duc de Bourgogne ont peinte à leur élève. Sans
être un portrait de Louis XIV, Ulysse joue, dans 'Télémaque', le rôle
qui revient au Roi dans la réalité.

---

11 "Ulysse, qu'Homere propose comme le modele de la Sagesse, se laisse
enyvrer par les Phéaciens, en quoy Aristote & Philostrate reprennent ce Poëte. Mais quelle extravagance à ce Sage achevé, d'oublier
si-tost sa femme, qui estoit une si honneste personne, & son fils
qui luy estoit si cher, pour s'amuser si long-temps à Calypso, qui
estoit une prostituée, courir après Circé fameuse Magicienne: &
tout Roy qu'il est, s'abbaiser à faire à coups de poing avec un
gueux & un miserable, nommé Irus?" (Rapin, 'Les Comparaisons des
grands hommes de l'Antiquité, qui ont le plus excellé dans les
belles Lettres', Amsterdam 1693, vol. 1, 123). Cf. sur l'argument:
W. B. Stanford, 'On some References to Ulysses in French Literature
from Du Bellay to Fénelon', dans: 'Studies in Philology' 50 (1953),
451. On pourrait dire que Fénelon s'inspire de Le Bossu, s'il n'y
avait pas la divergence sur l'interprétation de l'Odyssée, dont N.
Hepp fait état ('Homère en France'...cit., 601). Sur la présence
de l''Odyssée' dans la littérature française d'alors cf. ibid.,
593-595. Sur le rôle d'Ulysse dans 'Télémaque' cf. J. Wilhelm,
'Odysseus in Fénelons "Aventures de Télémaque"', dans: 'Zeitschrift
für französische Sprache und Literatur' 66 (1956), 231-240.
12 Bossuet, 'De l'instruction de Monseigneur le Dauphin', éd. cit.,
23.

Fénelon n'est pas le seul à donner un sens allégorique au personnage d'Ulysse. Les beaux-arts ont utilisé ce symbolisme dans la décoration des chateaux royaux. Cl.-Fr. Menestrier en signale la présence dans les tableaux de la grande galerie de Fontainebleau, ce qui est très important pour notre étude:

> Pour faire voir que les Emblêmes sont les ornemens des Palais & des Galeries, il ne faut que considerer celle de Fontainebleau, où les travaux d'Ulysse sont representez en cinquante-huit Tableaux, qui sont autant d'Emblêmes; puisque celuy qui a décrit les merveilles de cette Maison, dit expressement que le Peintre a eu intention de representer les moeurs & les nobles qualitez d'un grand Prince, & d'un Heros illustre en Ulysse, dont il fait un modele à tous les Princes. ('L'Art des Emblemes où s'enseigne la Morale par les Figures de la Fable, de l'Histoire, & de la Nature. Ouvrage rempli de près de cinq cent Figures', Paris 1684, 340-341)

Selon Menestrier, un tableau est emblématique même s'il ne comporte pas d'inscription. La simple représentation a une valeur instructive dès qu'elle décore l'habitation d'un grand ou d'un roi. P. Dan ne mentionne pas ce côté instructif des tableaux dans sa description de la Galerie où se trouvent les fresques peintes par Niccolo dell'Abate[13]. Menestrier a pu influencer Fénelon. Son explication des tableaux de Fontainebleau confirme qu'Ulysse peut symboliser le roi de France sans que cette allégorie n'implique d'impertinence. Elle montre par ailleurs que la recherche des clefs allégoriques est "une démarche normale et nécessaire"[14] à l'époque.

Le symbolisme de 'Télémaque' renvoie à la France de Louis XIV. Son souverain est présent sous la figure d'Ulysse dont la perfection n'a rien de contestataire. Fénelon corrige l'image qu'Homère donne de ce personnage. Rapin avait blâmé Homère de n'avoir pas idéalisé ce roi. La littérature doit représenter des idéaux pour être instructive. Sa 'Comparaison' blâme Homère d'avoir négligé cette règle. L'Ulysse d'Homère est trop humain. Le caractère d'un prince est au-dessus du commun:

> En quoy il [Homère] n'a pas fait comme Xenophon, qui en décrivant son Prince, le grand Cyrus, pour le faire tout-à-fait accompli, ne s'est pas arresté à la vérité des choses; mais à l'idée en general d'un Prince parfait, selon les preceptes d'Aristote en sa Poëtique, qui veut que dans les images & les portraits que fait le Poëte, il représente les personnes non telles qu'elles sont, mais telles qu'elles doivent estre. Et Platon, au Livre cinquiéme des Loix, enseigne que l'imitation ne se doit faire que des choses les plus accomplies. D'ailleurs, comme l'image d'une imitation juste, doit ressembler à cet original: cet original ne doit point estre ni un homme, ni un Prince en particulier: mais l'idée d'un Prince ou homme accompli en general. C'est sur ce modele que Platon a décrit l'idée parfaite de l'homme juste, Xenophon celle d'un Prince, & Ciceron celle de l'orateur: en donnant à chacun ce qu'il y a de plus achevé, dans l'idée qu'il formoit. ('Les Comparaisons'...cit., vol. 1, 105-

---

13 'Le Tresor de la Maison Royale de Fontainebleau', Paris 1643, 110, 120-127.
14 G. Couton, 'Réapprendre à lire: deux des langages de l'allégorie au XVIIe siècle', dans: 'Cahiers de l'Association internationale des Etudes Françaises' 28 (1976), 99.

106)

Ce passage de Rapin résume les principes auxquels l'Ulysse du 'Télémaque' doit sa naissance. Il fait une synthèse entre la 'Poétique'
d'Aristote et la philosophie morale, la théorie littéraire et l'aspiration pédagogique de l'époque. Il est évident que Louis XIV est visé
par le symbole d'Ulysse, mais qu'Ulysse est une allégorie qui dépasse
le personnage évoqué. Ulysse incarne l'idée du prince parfait, tant
sur le plan moral que sur le plan littéraire. Il possède le caractère
que la persona d'un roi a dans une épopée composée selon les règles
de la doctrine classique. Il renvoie au père idéal que Louis XIV est
dans l'éducation politique du duc de Bourgogne, et à la fois au roi
modèle que le pupille de Fénelon devra représenter dès qu'il accèdera
au pouvoir.

Télémaque part à la recherche du père. Ulysse est un père idéal
mais absent. Il est si étranger à son fils que celui-ci ne le reconnaît pas avant que Minerve ne lui ouvre les yeux. L'action du 'Télémaque' a une double signification: la recherche du père absent structure
l'intrigue de l'ouvrage entier. Mais les expériences que Télémaque
fait au cours de ce voyage ont leur signification propre: elles contribuent à la formation du jeune prince. Les épisodes de l'intrigue
constituent donc un itinéraire éducatif qui accentue le symbolisme de
la recherche du père absent. Cette double structure du livre prouve
que Télémaque ne retrouvera son père idéal sur le plan physique qu'au
moment où il lui sera conforme sur le plan moral. L'instruction politique ne se contente pas d'admiration pour Louis le Grand, elle perce
les apparences du monde visible, elle communique les idéaux de la
royauté française.

La recherche du père absent est le but de l'ouvrage tandis que la
formation du jeune prince en est l'intention. Le voyageur suit les
traces d'Ulysse, mais Mentor est le guide humain qui conduit Télémaque, alors que Minerve connaît toutes les données de l'intrigue. Elle
mène Télémaque à travers les différents royaumes. Les faiblesses du
père et du fils lui sont connues. Faut-il conclure de cette structure
de l'action que Fénelon critique le Roi-Soleil?

'Télémaque' commence par une situation équivoque. Les deux voyageurs abordent l'île de Calypso. Télémaque est alors exposé à la tentation que son père vient de surmonter. Calypso tombe amoureuse du
fils comme elle avait aimé le père. Elle essaie de le détourner de
son objectif et elle y réussit partiellement. Télémaque se complaît
dans la "magnificence" (1, 17) qu'elle lui offre. Mentor le gronde
pour cela. Il craint les flatteries de la nymphe: "Gardez-vous d'écouter les paroles douces et flatteuses de Calypso" (1, 18). Télémaque y
succombe tout de même en prenant plaisir à raconter ses aventures. Il
parle "sans prudence" (1, 146) et doit apprendre à "ne parler jamais
par vanité" (ibid.). En cela, il est encore éloigné de la "sagesse"
(ibid.) de son père. Mentor fait donc valoir cette sagesse dans une
situation où Ulysse lui-même n'était pas au-dessus de la tentation.
On voit que Fénelon expose le fils aux épreuves morales qu'Ulysse n'a

pas subies sans contrainte. Ce procédé permet de traiter des défauts
du père. Cela pourrait être une manière détournée de critiquer Louis
XIV s'il n'y avait pas tout un côté traditionnel dans cette démarche.

Un certain nombre d'exhortations qu'on est incliné à considérer
comme des allusions évidentes à la réalité du siècle de Louis XIV
sont communes à 'Télémaque' et à 'L'Histoire du Roy Henry le Grand'
de Péréfixe. Le précepteur de Louis XIV y rapporte "trois principales
choses" critiquées par Henry IV: il reproche à Henry III "sa molesse
& sa fainéantise" (176), "son mauvais ménage, & la dissipation de ses
Finances" (177), "le peu de creance qu'on avoit en sa foy" (177). Ces
faiblesses d'un roi sont critiquées à travers le personnage d'Idoménée
de 'Télémaque'. On verra (III. 1) que ce personnage a été considéré
comme un portrait du Roi-Soleil. Par ailleurs, le dialogue entre "les
cardinaux de Richelieu et de Mazarin" tient Louis XIII pour "un roi
inappliqué" (VI, 327). Il n'est donc pas invraisemblable que Fénelon
s'inspire de Péréfixe. Pourquoi ne passe-t-il pas sous silence les
faiblesses des rois?

Fénelon connaît les critiques que ses contemporains avancent contre
l''Odyssée'. Il en profite[15]. Ainsi le sage Ulysse a ses défauts, ce
qui est humain:

> Les plus grands hommes ont, dans leur tempérament et dans le
> caractère de leur esprit, des défauts qui les entraînent, et les
> plus louables sont ceux qui ont le courage de connoître et de
> réparer leurs égarements. Pensez-vous qu'Ulysse, le grand Ulysse,
> votre père qui est le modèle des rois de la Grèce, n'ait pas
> aussi ses foiblesses et ses défauts? Si Minerve ne l'eût conduit
> pas à pas, combien de fois auroit-il succombé dans les périls et
> dans les embarras où la fortune s'est jouée de lui. Combien de
> fois Minerve l'a-t-elle retenu ou redressé, pour le conduire
> toujours à la gloire par le chemin de la vertu. N'attendez pas
> même, quand vous le verrez régner avec tant de gloire à Ithaque,
> de le trouver sans imperfections: vous lui en verrez, sans doute.
> La Grèce, l'Asie, et toutes les îles des mers l'ont admiré mal-
> gré ces défauts; mille qualités les font oublier. Vous serez
> trop heureux de pouvoir l'admirer aussi et de l'étudier sans
> cesse comme votre modèle. (2, 79-80)

Il faut considérer tous les éléments de ce long développement pour
comprendre l'intention pédagogique de Fénelon. Même les grands hommes
ont leurs faiblesses. Un roi, si grand qu'il soit, a besoin de l'as-
sistance divine. Fénelon en conclut qu'il faut s'avouer humblement
ses fautes à soi-même pour se corriger. Par ailleurs, les défauts
d'un souverain ne doivent en rien diminuer l'admiration qu'on lui
porte. Il reste le modèle à imiter malgré ses faiblesses. Celles-ci

15 Sur les différents interprétations d'Ulysse dans la littérature
européenne, cf. W. B. Stanford, 'The Ulysses Theme. A Study in
Adaptability of a Traditional Hero', Oxford 1954, et L. Schrader,
'Odysseus im Siglo de Oro. Zur mythologischen Allegorie im Theater
Calderóns und seiner Zeitgenossen', dans: 'Spanische Literatur im
Goldenen Zeitalter. Fritz Schalk zum 70. Geburtstag', hrsg. von H.
Baader und E. Loos, Frankfurt 1973, 401-439. Ulysse symbolise le
voyageur dans le titre de certains guides: A. Gölnitz, 'Ulysses
belgico-gallicus', Lugduni Batavorum 1631; L. Coulon, 'L'Ulysse
françois, ou le voyage de France, de Flandre, de Savoye', Paris
1643; G. Horn, 'Ulyssea, sive studiosus peregrinans omnia lustrans
littora', Lugduni Batavorum 1671.

sont une suite inhérente à l'humaine condition. On trouve cette franchise dans les lettres que les théologiens adressent au roi[16]. Elle distingue, en revanche, 'Télémaque' des écrits éducatifs composés par Bossuet pour le Dauphin. C'est une gageure dans la France de Louis XIV, surtout dès le moment où le grand public entre en jeu.

'Télémaque' exploite les divergences entre la théorie et la pratique, la morale et les actions du gouvernement royal[17]. Il représente la réalité défectueuse et fait valoir, surtout par la bouche de Mentor, les idéaux moraux de la royauté. Mentor réunit deux points de vue. Il soutient les exigences de la raison humaine et les vérités de la sagesse divine. Les idéaux de la royauté dépassent la personne humaine qui en porte les insignes. C'est pourquoi le message du précepteur concerne l'anthropologie et la théologie, la politique et la morale. Fénelon marque par l'allégorie cette structure de son enseignement: Minerve instruit le dauphin sous la figure de Mentor.

L'allégorie de Minerve est préfigurée dans les livres d'emblèmes de l'époque. L'ouvrage le plus connu en France est celui de Cesare Ripa. J. Baudoin en a fait une version française[18]. Il renvoie à deux reprises à Minerve. La première fois, elle symbolise le gouvernement "pource que le bon gouvernement d'un Estat doit estre fondé sur les biens de la Paix" ('Iconologie'...cit., 125). Les médailles des rois de France connaissent ce symbolisme. En 1666, la médaille qui commémore la bataille de Norlingue, porte par exemple l'effigie de cette déesse[19]. L'allégorie du 'Télémaque' évoque ce symbolisme de la sagesse gouvernementale. Mentor symbolise la sagesse politique des rois de France. Sur le plan moral, il est supérieur à Ulysse, qui est un personnage assez abstrait.

---

16 Bossuet écrit en mai 1675 à Louis XIV: "Un roi peut pratiquer cet amour de Dieu et du prochain à tous les moments, cet amour les lui fera faire avec fermeté, avec douceur, avec une consolation intérieure, et un repos de conscience qui passe toutes les joies de la terre" ('Correspondance de Bossuet', publiée par Ch. Urbain et E. Levesque, tome I, Paris 1909, 355); la même année, il écrit au Roi: "Songez, Sire, que vous ne pouvez être véritablement converti, si vous ne travaillez à ôter de votre coeur, non seulement le péché, mais la cause qui vous y porte" (cité d'après J. Truchet, 'Politique de Bossuet', Paris 1966, 137 cf. tous les textes réunis par Truchet sur l'argument).
17 Cette divergence est un argument privilégié dans la controverse religieuse à l'époque, cf. J. Le Brun, 'Critique des abus et signifiance des pratiques (La controverse Leibniz-Bossuet)', dans: 'Theoria cum praxi'. Zum Verhältnis von Theorie und Praxis im 17. und 18. Jahrhundert', vol. III, Wiesbaden 1980, 247-257.
18 La première édition italienne de l''Iconologia' date de 1593. Sur cet ouvrage cf. E. Mâle, 'La clef des allégories peintes et sculptées au XVIIe et au XVIIIe siècle', dans: 'Revue des deux mondes' 39 (1er mai 1927), 106-128 et 39 (15 mai 1927), 375-394. Fénelon a pu lire la traduction française: 'Iconologie, ou, Explication nouelle de plusieurs Images, Emblemes....Tirée des Recherches & Figures de Cesar Ripa, moralisées par J. Baudoin', Paris 1644.
19 Cf. J. Jacquiot, 'Médailles et jettons de Louis XIV d'après le manuscrit de Londres ADD. 31.908', Paris 1968, vol. II, 198; cf. ibid. vol. I, 54. La décoration du Grand Appartement de Versailles exploite les allégories de l''Iconologie', cf. Ch. Schlumbohm, 'De la Magnificence et de la Magnanimité. Zur Verherrlichung Ludwigs XIV. in Literatur und bildender Kunst', dans: 'Romanistisches Jahrbuch' 30 (1979), 88-89.

La Minerve de l''Iconologie' a une signification symbolique qu'on
retrouve chez le Mentor du 'Télémaque'. Les deux personnages sont des
allégories du gouvernement royal. Les discours de Mentor expriment
les maximes du bon gouvernement. Le côté pédagogique de l'ouvrage
fénelonien participe de ce symbolisme. Car, Minerve représente, par
ailleurs, l'emblème de la raison. L''Iconologie' fait de cette faculté une vertu. La raison établit le lien entre l'immanence et la
transcendance[20]. Elle doit dominer les passions si l'homme veut avoir
la maîtrise de soi[21]. L'emblème de la raison propage des idées qu'on
retrouve dans l'éducation princière: le moralisme des discours instructifs du 'Télémaque' est donc renforcé par la dimension symbolique
de l'ouvrage. La structure allégorique du 'Télémaque' confirme que
l'instruction du duc de Bourgogne est à son apogée dans ce qu'on pourrait nommer avec R. Darricau "la spiritualité du prince"[22]. 'Télémaque' n'est pas un livre de dévotion mais il contient une leçon de
morale politique. Il transmet un message spirituel symbolisé par le
personnage de Mentor.

'Télémaque' résume ce qui est l'essentiel dans l'éducation princière; il développe la morale du prince. Proyart l'a bien compris. Sa
'Vie du Dauphin' rapporte que le duc de Bourgogne "decouvrit, sous
ces fictions ingénieuses qu'avoient amusé son jeune âge, la morale
sublime des bons princes, et un traité de ses devoirs" (éd. cit.,
231). C'est la spiritualité du prince qui traite des devoirs du souverain. Elle ne se contente pas de spéculations théoriques sur la nature
du pouvoir politique, elle vise la pratique du gouvernement royal.
Cette pratique était toujours présente à l'esprit de Fénelon, même
pendant son préceptorat[23]. Elle est au centre de ses instructions
finales, que les allégories du 'Télémaque' transmettent. D'où la
structure de ces allégories: leur aspiration à baigner le monde dans

---

20 "Cette vertu, que les Théologiens appellent la plus puissante de
   l'ame, pource qu'elle commande à l'homme, & luy donne de vrayes
   Loix... subsiste par une extraordinaire vigueur de Sagesse" ('Iconologie'...cit., 167).
21 "L'Espée qu'elle porte nous fait souuenir, Qu'il faut s'en seruir
   courageusement à exterminer les monstres de l'ame...Nous auons
   pour parfait exemple de cecy IESUS-CHRIST...la Doctrine duquel n'a
   point d'autre but que d'arracher les vieux pechez de nos ames, &
   d'en couper la racine par le moyen de la Raison, éclairée par sa
   grace" ('Iconologie'...cit., 167).
22 'La spiritualité du prince', dans: 'XVIIe siècle' 62-63 (1964), 78-
   111.
23 Le marquis de Louville note que Fénelon avait "une grande horreur
   de la pédanterie" (VII, 521) dans l'éducation du prince "parce
   qu'il est ridicule à un prince d'être caractérisé par aucune chose
   que ce puisse être, lorsqu'elle ne convient pas essentiellement à
   son état, n'y ayant que trois choses, pour ainsi dire, qu'il lui
   soit permis de savoir à fond, l'histoire, la politique, et commander ses armées" (VII, 521). Le duc de Bourgogne est convaincu que
   la morale règle le gouvernement politique: "La politique...n'est
   autre chose que le talent d'amener les hommes à la justice, par la
   connoissance du coeur humain et des intérêts qui le remuent. La
   justice, principe général de tous les devoirs, est donc le seul
   but légitime de la vie politique, et la connoissance des hommes la
   voie qui y conduit" ('Vie du Dauphin'...cit., 232). Il ajoute que
   "les erreurs du gouvernement sont presque toutes des erreurs de
   pratique" (ibid., 232).

une atmosphère d'idéaux moraux et, en même temps, leur tendance à
soupçonner partout la présence du mal. D'où surtout leur rapport à la
France de Louis XIV.

L'instruction de 'Télémaque' tend à être aussi concrète que possible. Les allégories du livre se réfèrent à la réalité que le précepteur et son pupille ont sous les yeux. Elles élargissent la cour de
Versailles aux dimensions du monde antique. Leur but n'est ni de louer
le gouvernement du Roi-Soleil ni de le dénigrer, mais de préparer le
duc de Bourgogne au gouvernement de la France d'alors. Mentor enseigne
à Télémaque les idéaux de la monarchie française et les risques moraux
qui menacent le gouvernement d'un roi absolu. La forme littéraire de
l'épopée se prêta à la peinture du prince idéal, le discours instructif compléta les registres littéraires du poème. La littérature d'imagination et la littérature éducative entrent en synthèse.

Fénelon n'a pas besoin de cacher le rapport qui existe entre 'Télémaque' et la réalité contemporaine par le procédé allégorique, car
l'allégorie implique ce rapport. Elle transforme une situation réelle
en histoire instructive. La France absolutiste est la base sur laquelle l'imagination de l'auteur prend naissance et à laquelle la fiction
du livre renvoie toujours. Fénelon projette cette expérience du plan
des personnes vivant à son époque à celui de la réflexion sur la
dignité royale et le gouvernement des Etats. La fonction de l'allégorie est d'opérer cette projection du particulier au général sans faire
oublier le rapport qui l'unit à la réalité originelle.

II. L'INFLUENCE DE LA SPIRITUALITE FENELONIENNE SUR 'TELEMAQUE'

II. 1. LA CONTESTATION DE LA VALEUR EXEMPLAIRE DE L'ANTIQUITE ET LE CHARME DE LA SIMPLICITE DES MOEURS ANCIENNES

L'action de 'Télémaque' se déroule dans une Antiquité de convention. Fénelon se sert d'un procédé que l'on trouve partout tant dans la littérature de l'époque que dans toute espèce de panégyrique du roi et dans la pédagogie. Si la référence au monde ancien va de soi sur le plan purement formel, elle peut être lourde de signification. L'Antiquité entre pour un auteur du XVIIe siècle dans un champ sémantique qui diverge de celui qui procède de notre expérience de la civilisation ancienne. C'est ce message qu'il faut à présent dégager de l'oeuvre en insérant 'Télémaque' dans la tradition de la pensée humaniste de la fin du XVIIe siècle.

L'humanisme a tellement changé d'aspect depuis le XVIIe siècle qu'il constitue à présent un obstacle à la compréhension du 'Télémaque':

> Notre hésitation devant le 'Télémaque' vient moins de ses défauts que de notre rupture avec un monde dont nous avons perdu la clef de par la disparition progressive de tout humanisme: Raphaël, Poussin, Lebrun, Monteverdi, Lulli, Charpentier – comme La Fontaine, comme Racine, comme Fénelon, ont puisé dans une fable qui pour eux était encore proche et riche de substance. (J.-L. Goré, 'L'itinéraire de Fénelon: humanisme et spiritualité', Paris 1957, 608-609)

Fénelon est influencé par la civilisation ancienne qui est en voie de disparition à l'époque même où 'Télémaque' est publié. Il nous a laissé un certain nombre de remarques, assez sommaires d'ailleurs, qui permettent d'éclaircir certains aspects de sa vision de l'Antiquité. Ces remarques s'inscrivent pourtant dans un contexte culturel plus large, que nous nous proposons d'étudier. Cela nous éloignera assez des idées que nous mettons en rapport avec le monde ancien.

A la fin du XVIIe siècle, l'Antiquité est une réalité historique dispensatrice de richesses culturelles. On étudie les auteurs anciens pour répondre aux questions qui affectent l'homme:

> L'Antiquité est pour Fénelon source de vérités et d'erreurs; il lui demande une aide, une vision de l'homme, une esthétique, et même une morale. (Goré, op. cit., 456)

Le monde ancien entretient des rapports avec tous les aspects de la civilisation moderne. Il concerne aussi bien les créations de l'imagination poétique ou artistique que la vie quotidienne, l'économie et la politique.

L'importance de la littérature ancienne est renforcée par une vision de l'histoire qui ramène les écrits païens à la tradition de la Bible[1]. D'où le raisonnement, déconcertant à nos yeux, qui soupçonne les païens de malveillance en imputant la création des dieux au mensonge des grands[2]; et l'idée que le sens véritable de la littérature ancienne n'est accessible qu'à la lumière de la révélation divine. C'est à cette lecture spirituelle de la fable païenne que se réfère Boileau en écrivant dans l''Epitre' IX:

> Rien n'est beau que le Vrai. Le Vrai seul est aimable.
> Il doit regner par tout, et mesme dans la fable:
> De toute fiction l'adroite fausseté
> Ne tend qu'à faire aux yeux briller la Verité.
> ('Oeuvres complètes'...cit., Paris 1939, 48)

Le Bossu a expliqué la fable païenne avec une habilité qui embarrasse le lecteur moderne. Son 'Traité du Poëme Epique' est jugé par Boileau dans la troisième de ses 'Réflexions sur Longin' comme "un des meilleurs Livres de Poëtique qui, du consentement de tous les habiles gens, ayt esté fait en notre langue" (éd. cit., Paris 1942, 66). Il est convaincu que la vérité cachée sous le voile de la fable païenne répond aux questions soulevées par la vie dans la civilisation moder-

---

1 Cf. T. Heydenreich, 'Culteranismo und Theologische Poetik. Die "Collusión de letras humanas y divinas" (1637-1644) des Aragoniers Gaspar Buesso de Arnal zur Verteidigung Góngoras', Frankfurt 1977, 134-286.

2 Desmarets de Saint-Sorlin rapporte dans 'La verité des Fables ou l'Histoire des Dieux de l'Antiquité' le témoignage du célèbre Evhémère de Messene. Selon cet auteur, "les hommes pour rendre immortels des Princes que l'on auoit enseuelis" ont divinisé des hommes ('Preface' de l'éd. Paris 1648, page non numérotée); cf. J. Dryhurst, 'Evhémère ressuscité: "La vérité des Fables" de Desmarets', dans: 'Cahiers de l'Association internationale des Etudes Françaises' 25 (1973), 281-293. Le P. Tournemine publiera, en 1702, le 'Projet d'un ouvrage sur l'origine des fables'. Il veut y démontrer que "les fables ont commencé de bonne heure à corrompre l'histoire & la religion" ('Journal de Trévoux', nov.-déc. 1702, 86-87). Cette idée se trouve dans la théorie politique de Tommaso Campanella: "Legislator est qui novum imperium, sub novis plerumque legibus, et religione, et armis, et ritibus auspiciisque fundat, ut Moyses bonus et Mahomettus perversus. Igitur legislator vel Deus est, ut Christus; vel Dei nuntius ut Moyses; aut astutissimus politicus, horum imitator, ut Minos, Osiris, Iupiter, Mahomettus" ('Aforismi politici'...a cura di L. Firpo, Torino 1941, 167-168).

ne.

La littérature ancienne fait, vers la fin du siècle classique,
l'objet d'un débat sur la moralité de la poésie. Si la fiction littéraire des anciens sert à la diffusion de la vérité, pourquoi la littérature moderne ne remplit-elle pas la même fonction? Ce débat se
rapporte également aux convictions religieuses: on cherche des éléments de la vraie religion dans les témoignages du paganisme, car on
pense que la civilisation gréco-romaine résulte de celle des anciens
Hébreux. Au début du XVIIIe siècle, le Père Tournemine se propose
encore de démontrer cette dépendance.

La littérature ancienne ne va plus de soi dans l'instruction morale. L'Oratorien Louis Thomassin avoue dans la préface du
premier volume de son ouvrage 'La Methode d'étudier et d'enseigner
Chrétiennement & solidement les Lettres Humaines par rapport aux Lettres Divines & aux Ecritures' (1681) qu'il ne s'est aperçu de ses
"égaremens que dans un âge avancé" (page non numérotée). Le titre du
livre annonce son programme: il confronte la littérature profane avec
les livres saints pour en dégager un message moral servant à instruire
la jeunesse. Thomassin est un grand spécialiste des Pères de l'Eglise[3]. Sa méthode de lecture vient des Pères et veut s'opposer à l'évolution de la civilisation moderne.

Thomassin attaque les éducateurs qui se contentent de la pratique
des anciens grammairiens et des rhétoriciens tels que Servius, Donat,
Quintilien:

> Croit-on s'acquiter Chrétiennement de l'éducation & de l'ins-
> truction de la jeunesse, dont on s'est chargé, quand on ne cher-
> che que l'élégance des expressions, ou les beaux tours d'esprit,
> ou les antiquitez du Paganisme, & qu'on néglige les semences de
> la Religion & de la Morale Chrétienne qui sont cachées dans les
> mêmes Auteurs, ou qui y sont quelquefois fort évidentes, pourvu
> qu'on y fasse attention? (ibid.)

Thomassin met en doute un des résultats de la querelle du merveilleux
chrétien. Bien qu'il ne se propose pas d'ébranler les bases de la
doctrine classique, il y touche en tirant les conclusions de ses propres études patrologiques et de la recherche érudite. Les sciences
religieuses modifient la vision de l'héritage humaniste[4] et affectent
l'esthétique littéraire bien que ce ne soit pas leur intention première. La critique littéraire ignore l'évolution des sciences religieuses. Mais les critiques de 'Télémaque' se réfèrent aux apologistes
du christianisme cités par Thomassin[5].

---

3 Cf. J. Le Brun, 'La spiritualité de Bossuet'...cit., 40-41, 94-95,
   189.
4 Cf. J. Le Brun, 'Das Entstehen der historischen Kritik im Bereich
   der religiösen Wissenschaften im 17. Jahrhundert', dans: 'Trierer
   Theologische Zeitschrift' 89 (1980), 100-117.
5 "Je ne me suis aperceu de mes égaremens que dans un âge plus avancé. Selden, Bochart, Vossius, Marsham, M. Huet, m'ont ouvert les
   yeux, quand ils ont commencé à paroistre, & m'ont excité à recher-
   cher ceux qui les avoient precedez dans ce noble travail & encore
   davantage à relire les anciens Poëtes, les Orateurs, les Historiens, & les Philosophes, pour y découvrir moy-mesme, ce qui pour-

Pierre-Daniel Huet est une des autorités citées par Thomassin. Il avait publié en 1679 un ouvrage intitulé 'Demonstratio Evangelica' où il s'efforce de démontrer la vérité de la religion chrétienne en utilisant "la méthode géométrique dans les sciences humaines"[6]. Faydit se souviendra du livre de Huet pour attaquer l'affabulation littéraire de 'Télémaque'[7]. Il n'est pas d'ailleurs le dernier à exploiter cette méthode.

Thomassin s'en tint à l'instruction morale. Le 'Traité du Poëme Epique' (1675) avait débordé, en revanche, sur le terrain de la théorie littéraire. Le Bossu y chercha la "vérité" cachée sous le voile de l'énoncé poétique. Il fonde sa lecture sur un constat des limites épistémologiques de la poétique et de l'imitation des anciens. Les sciences n'ont pas la même structure que l'esthétique:

> Les Arts ont cela de commun avec les Sciences, qu'ils sont comme elles fondez sur la raison, & que l'on doit s'y laisser conduire par les lumières que la nature a données. Mais les Sciences ne laissent point à ceux qui les trouvent ou qui les cultivent, la liberté de prendre d'autres guides que les lumières naturelles; Et les Arts au-contraire, dépendent en beaucoup de choses, du choix & du génie de ceux qui les ont inventez les premiers, ou qui y ont travaillé avec l'approbation la plus générale de tout le monde. (éd. cit., 1-2)

Le Bossu veut fonder sur la raison la poétique du classicisme. Ses efforts se heurtent pourtant à la supériorité des sciences modernes sur celles des anciens. Les anciens ne sont pas les maîtres dans tous les domaines. Il faut donc modifier notre représentation de la supériorité des anciens. C'est pourquoi Le Bossu cite les critères spécifiques qui caractérisent la rationalité des arts.

Le Bossu pense servir la cause de l'humanisme en refusant de considérer les arts de la même manière que les sciences. Bien que la raison soit le dénominateur commun entre l'art et les sciences, les arts sont déterminés par quelque chose qui s'ajoute aux "lumières naturelles". Claude Fleury avait abordé le même problème dans son ouvrage intitulé 'Si on doit citer dans les plaidoyers'. Ce dialogue avait été composé en 1664 mais publié seulement en 1925 "de façon très médiocre"[8]. Cordemoy y défend l'imitation des anciens en recourant à l'argument de la raison:

> Je croy donc que l'Eloquence dont Aristote nous a donné des preceptes et Demosthene des exemples, vaut sans comparaison mieux que la nôtre, non pas à cause qu'elle est plus ancienne, mais parce qu'elle est plus conforme à la raison. (éd. par F. Gaquère, Paris 1925, 47; je corrige la lecture erronnée de Gaquère d'après Hepp, op. cit., 454)

L'éloquence des anciens est un modèle à imiter parce qu'elle est con-

---

roit avoir plus de rapport à l'Ecriture, à la Religion & à la Morale Chrestienne" (ibid.).
6 J. Le Brun, 'Entre la Perpétuité et la Demonstratio Evangelica', dans: 'Leibniz à Paris (1672-1676)', tome II, Wiesbaden 1978, 10.
7 'Telemacomanie'...cit., 68.
8 N. Hepp, 'Humanisme et cartésianisme: La guerre ou la paix?', dans: 'Travaux de linguistique et de littérature' 13 (1975), 452.

forme à la raison. Mais l'argument de la raison n'a pas la même signification chez Fleury et chez Le Bossu. L'un insiste sur la nature
tandis que l'autre pense aux idées claires. Fleury se rapproche des
idées de Huet: La civilisation des anciens est une manifestation ex-
ceptionnelle de la nature de l'homme[9]. Il faut profiter de leurs réussites. La littérature ancienne a, selon Le Bossu, une priorité tempo-
raire, qui se transforme en prééminence esthétique par la qualité de
ses épopées et par le rang de sa poétique[10].

Dès qu'on fait entrer l'argument de la raison dans la justification
de l'imitation des anciens, on est obligé de rejeter tous les aspects
qui ne s'intègrent pas dans un système d'explication rationnelle du
statut exemplaire de cette civilisation. L'humanisme lui-même fournit
ainsi aux partisans de la supériorité de la civilisation moderne
l'instrument par lequel ils peuvent contester la valeur exemplaire de
l'Antiquité. La supériorité des anciens se heurtera donc à l'historicité de toute civilisation[11]. Mais le même raisonnement s'applique
aussi à la civilisation moderne. A force d'affirmer la supériorité de
la civilisation ancienne ou moderne on insistera sur leur historicité.
C'est cette opposition entre la conception traditionnelle d'une civilisation exemplaire et son historicité qui est au centre du débat
déclenché par Perrault[12].

---

9   "Le génie vient de la nature; le savoir vient de l'étude & de
l'art. La constitution des corps suit d'ordinaire celle du terri-
toire, de l'air, des eaux... il faut demeurer d'accord que les
terres nouvellement cultivées sont beaucoup plus vigoureuses, &
plus fécondes que des terres lassées & épuisées par une longue
culture. On ne voit plus de ces grappes énormes que rapporterent
les espions de Moyse de la terre de Chanaan... n'est-il pas aisé
de comprendre que dans les premiers tems que la Grèce & l'Italie
furent défrichées; ces terres toutes neuves, qui avoient encore
tout leur sel, toute leur sève, & toute leur vigueur, couvertes
d'un air pur, entier & sans mélange, produisoient des hommes, mieux
temperez, plus animez, plus pleins d'esprits, des têtes mieux dis-
posées...? Mais le tems a changé ces heureux tempéramens. Les tré-
sors de la nature ne sont plus dans cette première abondance. Les
corps humains se sentent de cet épuisement... Le suc vital & vege-
tal s'épuise de jour en jour... Peut-on douter que la nature des
esprits n'ait suivi celle des corps?" (Huet, 'Huetiana ou pensées
diverses de M. Huet Evesque d'Avranches', Paris 1722, 30-33).
10 "La Poëtique est de cette nature; quoique la raison ait pû lui
prescrire; on ne peut nier que l'invention des Poëtes, & le choix
qu'il leur a plû de faire, ne lui aïent donné sa matière & sa forme. C'est donc dans les excellents Ouvrages des Anciens qu'il faut
chercher les fondements de cet Art, & nous devons nous arrêter à
ceux à qui tous les autres ont cédé la gloire, ou de l'avoir le
plus heureusement pratiqué, ou d'en avoir le plus judicieusement
ramassé & prescrit les règles" (éd. cit., 2).
11 Le Bossu répond à Desmarests de Saint-Sorlin qui avait écrit: "Homere nous paroist avoir esté le premier Inventeur du Poëme heroïque; & Virgile l'a suivy en plusieurs choses, & l'a corrigé & sur-
passé en d'autres. Mais ont-ils esté de si grands esprits, & d'un
si parfait jugement, que la France n'en puisse jamais produire de
semblables?" ('La Comparaison de la Langue et de la Poësie Françoise, Avec la Grecque & la Latine, Et des Poëtes Grecs, Latins &
François. Et les Amours de Protée et de Physis. Dediez aux beaux
Esprits de France', Paris 1670, 10). Sur la conception de l'histoire chez Desmarests de Saint-Sorlin cf. J. Schlobach, 'Zyklentheorie
und Epochenmetaphorik. Studien zur bildlichen Sprache der Geschichtsreflexion in Frankreich von der Renaissance zur Frühaufklärung', München 1980, 259-269.

Perrault dévoile par la lecture de son poème 'Le siècle de Louis
le Grand' lors de la séance de l'Académie Française du 27 janvier
1687 la divergence cachée entre la conscience d'une continuité culturelle et la pratique culturelle de l'époque. La transformation d'un
état de fait en état de droit était depuis longtemps nécessaire. La
civilisation nationale tendait à obscurcir la gloire de l'héritage
humaniste, resté étranger au public mondain qui ne possédait pas suf-
fisamment les langues anciennes. Son essor était favorisé par la politique royale. Depuis Richelieu, la France ambitionnait de surpasser
les civilisations d'Italie ou d'Espagne. Colbert lança l'idée d'un
siècle de Louis le Grand afin d'actualiser la comparaison avec les
siècles d'Alexandre et d'Auguste et même de montrer la supériorité
des temps modernes. Il contesta à la ville de Rome sa prédominance
culturelle sur la ville de Paris.

François de Caillières répond au poème de Perrault. Son 'Histoire
poëtique de la guerre nouvellement declarée entre les Anciens et les
Modernes' plaide pour le maintien de la littérature ancienne comme
objet d'imitation. Elle confirme d'autre part "aux autres Poëtes modernes les rangs" (Paris 1688, 286) que les Modernes leur ont accor-
dés. Mettre les productions de la littérature moderne sur le même
plan que la littérature de l'Antiquité, c'est confirmer que la politique royale a atteint son but.

L'esthétique classique repose sur un jugement de goût. Elle présuppose une correspondance entre la doctrine objective et l'expérience
subjective, entre le dogmatisme de la collectivité et l'impressionnis-
me de l'individu. Dès que le consensus général est menacé, il faut
essayer de justifier de l'extérieur ce qu'on ne peut justifier que de
l'intérieur. C'est pourquoi les développements de Boileau contre les
Modernes portent la marque de la difficulté que la critique classique
"éprouve à donner un fondement objectif à des valeurs qui sont objet
d'intuition, et appartiennent à l'ordre d'un sentiment dont seule une
collectivité de lecteurs peut assurer à ses yeux l'objectivité"[13].
C'est la justification du jugement de goût qui donne à la querelle
des Anciens et des Modernes son aspect particulier.

La "raison" n'est pas l'enjeu véritable de la querelle des Anciens
et des Modernes bien que le choix de la civilisation moderne se fasse
au nom de la "raison". Perrault rapporte dans le premier dialogue du
'Parallele des Anciens et des Modernes en ce qui regarde les Arts et
les Sciences' (1688) que les Modernes sont tenus par les Anciens pour
des "gens sans goût & sans autorité" (91). Il répond que:

---

12 Sur Perrault et la Querelle cf. Hepp, 'Homère en France'...cit.,
   521-563; H. R. Jauss, 'Asthetische Normen und geschichtliche Reflexion in der Querelle des Anciens et des Modernes', dans: Perrault,
   'Parallele des Anciens et des Modernes' (1688-1697), réimpr. München 1964, 8-64; H. Kortum, 'Charles Perrault und Nicolas Boileau.
   Der Antike-Streit im Zeitalter der klassischen französischen Literatur', Berlin 1966; 'Antike und Moderne in der Literaturdiskussion
   des 18. Jahrhunderts'. Hrsg. und eingel. von W. Krauss und H. Kortum, Berlin 1966.
13 B. Tocanne, 'Boileau et l'épopée d'après l'Art poétique', dans:
   'Critique et création littéraires'...cit., 209.

De ces deux paroles il y en a une qui ne dit rien, ou du moins qui n'est autre chose que l'énonciation du fait dont il s'agit ... Pour l'autre parole que ce sont des gens sans autorité, on ne voit pas bien ce que cela signifie, apparemment on a voulu dire que ce ne sont pas des personnes d'assez grand poids parmy les gens de lettres, ou qui ayent composé des ouvrages assez considérables pour en estre crûs sur leur parole... Il y a long-temps qu'on ne se paye plus de cette sorte d'autorité, & que la raison, est la seule monnoye qui ait cours dans le commerce des Arts & des Sciences. (91-92)

Selon les Anciens, le goût et l'autorité vont ensemble. Perrault dé-nonce le cercle vicieux qui est à la base du jugement de goût. Evidem-ment, l'autorité ainsi établie peut être contestée au nom de la rai-son. Mais le recours à la raison fonctionne chez Perrault selon le même schéma que chez ses adversaires. Il repose sur le choix d'une conception différente de la civilisation. C'est ce choix qui est l'en-jeu véritable de la Querelle.

Perrault renvoie au "goût des Dames" (ibid., 30) qu'il oppose au goût des Anciens et à l'héritage gréco-romain. Il vante:

la justesse de leur discernement pour les choses fines & delica-tes. La sensibilité qu'elles ont pour ce qui est clair, vif, naturel & de bon sens. (ibid., 31)

La culture des femmes et des hommes du monde est substituée à l'héri-tage gréco-romain, qui n'est accessible qu'à une minorité possédant une culture supérieure à celle de la bonne société. Perrault plaide pour une civilisation conforme au goût du grand monde[14]. Il reste donc fidèle au jugement de goût bien qu'il change de référence[15]. C'est pourquoi il faut reconnaître que la Querelle, "dans sa spécifi-cité, ne relève pas, en dernière analyse, de questions philosophiques, mais d'une situation historique et politique"[16]. L'ambition culturelle

14 "Il n'y a aucun Art ny aucune Science ou mesme les Anciens ayent excellé, que les Modernes n'ayent portez à un plus haut point de perfection" (ibid., 104-105).
15 Huet a bien compris le parti pris de Perrault, auquel il riposte que "dans l'opposition qu'il [Perrault] a faite de notre siècle aux siècles passez, il s'est proposé notre siècle même, & le goût de notre siècle pour règle & pour modèle, n'approuvant dans les autres que ce qui en approche; & il s'est formé l'idée de la souve-raine perfection sur notre nation, sur nos moeurs, & sur nos goûts. Il ne s'est pas apperçû qu'il posoit pour certain ce qui étoit douteux, qu'il prenoit pour principe ce qui est en question, & qu'il établissoit pour juge du différend, une des deux parties" ('Huetiana'...cit., 35).
16 B. Magné, 'Crise de la littérature française sous Louis XIV: huma-nisme et nationalisme', Paris 1976, 745. Longepierre remarque à ce propos: "Pour mieux penetrer dans sa pensée [de Perrault], disons que son zele pour la grandeur du Roy l'a emportée, & que la gloire d'un si grand Monarque l'a ébloüi. Il est persuadé qu'elle ne seroit pas entierement parfaite, si le siecle que les merveilles de ce regne élevent au dessus de tous ceux qui l'ont précédé, leur cedoit en quelque chose; & il n'a pas crû possible que la gloire du Roy ne rejaillit dans toute son étenduë, sur tout ce qui peut en être témoin. Persuadé que la sublimité de l'éloquence dépend de la grandeur des sujets, il a conclu que celle du siécle de Loüis le Grand, ce siécle qui en offre tous les jours de si surprenans, devoit effacer celle de tous les siécles passez, & tenir lieu du plus heureux génie" ('Discours sur les anciens', Paris 1687, 199-

de Louis XIV était, à la longue, incompatible avec le statut exemplaire de la civilisation ancienne. La Querelle est déclenchée par cette
ambition royale, c'est un "conflit qui concerne à peu près l'ensemble
du règne personnel de Louis XIV" (Magné, ibid., 895). C'est donc, à
l'intérieur de la civilisation classique, une contradiction voilée
qui nécessite un débat sur les acquisitions de la civilisation moderne. La Querelle sert à "la prise de conscience d'une rupture"[17] qui
s'effectue au cours de l'évolution de la civilisation classique en
France. Ce débat dépasse largement le cadre de la France de Louis
XIV. Il crée les bases de l'épanouissement des cultures nationales de
l'Europe moderne autant que d'une transformation fondamentale de l'humanisme européen. Le classicisme allemand profitera, au XVIIIe siècle,
des résultats du débat entre les Anciens et les Modernes en France[18].

La philosophie reste plutôt étrangère aux positions des deux partis. Les Modernes font de Descartes une lumière de la civilisation
moderne, les Anciens ne le combattent nullement. Malebranche dénonce
les faiblesses des deux camps. Son ouvrage 'De la recherche de la Vérité' (1674) tient le culte de l'Antiquité et la délicatesse des mondains pour des obstacles dans la recherche de la vérité. Il critique
les esprits efféminés et leur oppose la simplicité des moeurs anciennes:

> La plûpart des grands, des gens de Cour, des personnes riches,
> des jeunes gens, & de ceux qu'on appelle beaux esprits, étant
> dans des divertissemens continuels, & n'étudiant que l'art de
> plaire par tout ce qui flatte la concupiscence & les sens; ils
> acquierent peu-à-peu une telle délicatesse dans ces choses, ou
> une telle mollesse, qu'on peut dire fort souvent que ce sont plû-
> tôt des esprits efféminez, que des esprits fins, comme ils le
> prétendent. Car il y a bien de la différence entre la véritable
> finesse de l'esprit, & la mollesse, quoi que l'on confonde ordi-
> nairement ces deux choses. ('Oeuvres complètes', vol. I, éd. par
> G. Rodis-Lewis, Paris 1972, 311)

La bonne société est sans compétence dans le domaine de l'esprit. La
délicatesse des moeurs n'amène pas la finesse de l'esprit. Malebranche
sépare les bonnes manières et la "véritable finesse de l'esprit" et
attaque ainsi, à l'avance, la base du raisonnement de Perrault. Il a
compris que le plaidoyer en faveur du goût de la bonne société implique que l'on adopte son mode de comportement. La querelle des Anciens
et des Modernes passe nécessairement de la contestation d'une esthétique littéraire à la contestation d'un mode de comportement.

La recherche a trop négligé, jusqu'à présent, la crise des moeurs
rendue manifeste par la querelle des Anciens et des Modernes. Le lien
entre le débat sur les moeurs et le débat sur l'esthétique en général
est intime. Il assure la justification morale de la littérature d'une
part, des bonnes manières d'autre part. La pensée morale des mondains
et des rigoristes religieux avait miné la justification religieuse

---

200).
17 P. Chaunu, 'La civilisation de l'Europe classique', Paris 1966, 26.
18 Cf. A. Buck, 'Die humanistische Tradition in der Romania', Bad
   Homburg v.d.H. 1968, 117-132; H. R. Jauss, 'Literaturgeschichte
   als Provokation', Frankfurt 1973, 67-106.

des bonnes manières et de la finesse de l'esprit (cf. I. 1). La transformation des moeurs est plus profonde que ne l'a souhaité la conception de l'honnête homme tant celle de l'humanisme chrétien des Jésuites que celle de l'humanisme dévot d'un François de Sales. On assiste
alors à "l'émergence des structures mentales de la future civilisation
planétaire"[19]. Perrault est dans le domaine des moeurs aussi iconoclaste que dans celui de l'esthétique proprement dite. Le 'Parallele
de Anciens et des Modernes' explique les conséquences des changements
survenus auparavant.

Perrault opte pour la transformation des valeurs humanistes en
valeurs nationales. La Bruyère combat cette ambition. Son 'Discours
sur Théophraste' insiste sur l'incompatibilité de la civilisation
ancienne avec la moderne.

La Bruyère s'élève contre ceux qui vantent leur propre code de
comportement aux dépens des anciens. Ils manquent de distance vis-à-
vis de leurs propres moeurs. La différence des moeurs choque le goût
moderne puisque l'homme a perdu sa grandeur primitive:

> Alors ni ce que nous appelons la politesse de nos moeurs, ni la
> bienséance de nos coutumes, ni notre faste, ni notre magnificence
> ne nous préviendront pas davantage contre la vie simple des
> Athéniens que contre celle des premiers hommes, grands par eux-
> mêmes, et indépendamment de mille choses extérieures qui ont
> été depuis inventées pour suppléer peut-être à cette véritable
> grandeur qui n'est plus. (éd. cit., 13)

La délicatesse des modernes est largement contrebalancée par la simplicité des anciens. L'attaque contre l'incongruité d'une vie frugale
provoque la contre-attaque envers le faste de la bonne société, dont
la civilité risque d'oublier la valeur véritable. La simplicité des
moeurs anciennes devient attrayante face à la complexité des moeurs
modernes. L'application purement extérieure des règles de la bonne
conduite marque l'échec d'une conception de la civilité qui comptait
sur une élévation du niveau moral de l'homme civilisé (cf. I. 2).
Dès que la magnificence sert autant à cacher le manque de qualités
véritables qu'à les mettre en valeur, le problème de la grandeur
authentique se pose: c'est alors qu'on fait l'éloge de la simplicité
où tout est authentique. La conception de l'honnêteté avait rapproché
la simplicité de la négligence et du naturel qu'on retrouve à la fin
du processus de formation culturelle. La Bruyère la retourne contre
le raffinement de la civilisation moderne. Dès lors, l'Antiquité acquiert une nouvelle signification par contraste avec la civilisation
moderne.

La simplicité ancienne surpasse toutes les acquisitions de la civilisation moderne, qui obscurcissent la corrélation entre l'intérieur
et l'extérieur, la valeur et la magnificence. La Bruyère vante la
dignité de la "nature" et combat la "vanité", le "luxe", la "sotte

---

19 Chaunu, op. cit., 21. L'auteur constate: "Le XVIIe siècle est,
dans l'ordre des moeurs, le grand, peut-être le seul siècle révolutionnaire, à l'encontre de la civilisation traditionelle, le siècle
iconoclaste par excellence" (op. cit., 209).

ambition". Il préfère la force physique au rang social, la richesse foncière aux "charges" et aux "pensions". On dirait que l'esprit féodal prend sa revanche sur la société de Cour, La Bruyère n'était pas pour autant partisan de la noblesse d'épée. En vérité, ce qui rappelle un retour aux idéaux des Frondeurs n'est qu'une réaction contre l'abus de l'art de plaire et contre la perversion de la civilité par un jeu habile avec les règles de la bonne conduite. Ce changement de perspective est causé par la situation historique de la France d'alors: à la génération des écrivains qui ont favorisé la transformation de la noblesse féodale en aristocratie de Cour succède une génération d'écrivains dont le but est le maintien des vrais idéaux de l'aristocratie de Cour. Ils s'adressent à une société qui risque de se perdre. Ils exaltent donc la gloire de Louis XIV en combattant ce qui s'y oppose[20].

La Bruyère ne rejette pas la civilisation en tant que telle comme plus tard Rousseau, il veut rétablir l'authenticité menacée par l'évolution de la civilisation moderne. Si cette réaction contre le raffinement des moeurs est un signe de crise, cette crise est surtout l'indice de l'épanouissement de la société de Cour[21]. Dès que la civilisation s'est assurée de sa propre identité, elle se rend compte de sa différence par rapport à la civilisation ancienne: l'Antiquité commence à devenir une civilisation étrangère. Sa compréhension exige un effort d'étude historique, son imitation est l'objet d'un choix conscient. La Bruyère compte sur cette distance entre les civilisations en acceptant que ses contemporains puissent être rebutés par la différence des moeurs. Il les invite pourtant à se défaire du préjugé en faveur de leurs propres moeurs:

> ...que peuvent-ils faire de plus utile et de plus agréable pour eux que de se défaire de cette prévention pour leurs coutumes et leurs manières, qui, sans autre discussion, non seulement les

---

20 Longepierre invoque "l'équité" de Louis XIV "qui n'a jamais connu d'autre grandeur que celle qui est appuyée sur la raison & sur la Vertu; ce Prince en un mot, qui n'a jamais voulu devoir ses avantages à l'injustice. Il ne voudra point commencer par ravir avec violence à l'Antiquité la seule gloire du bien dire qui luy est demeurée; & qu'il luy auroit enlevée comme tout le reste, s'il ne l'avoit jugée en quelque maniere au dessous de luy. Aprés avoir reuny en sa personne toutes les differentes qualitez des Heros de l'Antiquité, & les avoir passez tous; content d'avoir mieux fait qu'eux, il se contentera d'aspirer à estre aussi bien loué qu'ils l'ont esté, sans autre avantage que celuy de l'estre plus veritablement" ('Discours'...cit., 200-201).
21 Cl. Henn soutient que la simplicité change de signification par la nouvelle fonction qu'elle prend dans la rhétorique de la Cour ('Simplizität, Naivetät, Einfalt. Studien zur ästhetischen Terminologie in Frankreich und Deutschland 1674-1771', Zürich 1974, 88-90). Cette évolution s'annonce déjà dans les années 1604 à 1642: "Par une sorte de purification complémentaire, tandis que le gallicanisme politique fait de Cicéron le seul garant antique d'un atticisme national, accordé à la majesté du Roi de France, le gallicanisme religieux regroupé autour de Saint-Cyran, fait de saint Augustin la référence centrale... La juste mesure cicéronienne s'accorde à la majesté et gravité du Roi de France, et d'une Cour digne de lui. La juste mesure augustinienne, accordé à la Majesté divine, l'est aussi à la faiblesse de l'homme" (Fumaroli, 'L'Age de l'éloquence'...cit., 671-672).

> leur fait trouver les meilleures de toutes, mais leur fait pres-
> que décider que tout ce qui n'est pas conforme est méprisable,
> et qui les prive, dans la lecture des livres des anciens, du
> plaisir et de l'instruction qu'ils en doivent attendre? (ibid.,
> 11)

Dans la lecture des textes anciens, l'écart culturel amène le plaisir. La Bruyère exploite l'héritage humaniste d'une manière différente de ses prédécesseurs. Il nomme lui-même la catégorie qu'il applique à Théophraste: la distance des civilisations[22]. L'Antiquité entre dans la catégorie de l'exotisme mis à la mode par la lecture des relations des voyageurs ou des missionnaires partis dans les pays d'Orient ou du Nouveau Monde[23]. Par là, la simplicité diffère radicalement de la même idée qu'on avait invoquée, dans la première moitié du siècle, et opposé au maniérisme venu d'Italie et d'Espagne. La simplicité ancien-ne est comparée par La Bruyère au primitivisme des "Siamois, Chinois, Negres ou Abyssins" (ibid., 13). 'Télémaque' exploitera ce qui sépare les moeurs anciennes des modernes pour créer un genre nouveau de fic-tion littéraire. Il évoquera une Antiquité de convention qui se dis-tingue du schéma des romans héroïques par son "interprétation exoti-que" (Magné, op. cit., 761) de la civilisation ancienne.

Fénelon défend, dans une lettre à Houdar de La Motte, "l'aimable simplicité du monde naissant" (VI, 653). Il ne se range ni parmi les Anciens ni parmi les Modernes quand il fait l'éloge de cette simplici-té dans sa 'Lettre à l'Académie'. Il y cite un passage de Salluste pour démontrer que le "luxe" a ruiné Rome, et commente ce récit par l'aveu suivant:

> J'aime cent fois mieux la pauvre Ithaque d'Ulysse qu'une ville
> brillante par une odieuse magnificence. Heureux les hommes, s'ils
> se contentoient des plaisirs qui ne coustent ni crime ni ruine.
> C'est notre folle et cruelle vanité, et non pas la noble simpli-
> cité des Anciens, qu'il faut corriger. (LA, 142)

Fénelon partage dans une certaine mesure la vénération des Anciens pour l'authenticité des premiers hommes. C'est pourquoi il vante les moeurs primitives. Cela n'empêche pas qu'il apprécie l'idéal de l'hon-nête homme et qu'il préfère aux manières du passé celles de son temps:

> Les héros d'Homère ne ressemblent point à d'honnêtes gens et les
> dieux de ce poète sont fort au-dessous de ces héros mêmes si
> indignes de l'idée que nous avons de l'honnête homme... Ces dieux
> semblent inventez exprès par l'ennemi du genre humain pour auto-
> riser tous les crimes et pour mettre en dérision la divinité.
> C'est ce qui a fait dire à Longin qu'Homère a fait "des dieux
> des hommes qui furent au siège de Troye et qu'au contraire des
> dieux mêmes il en a fait des hommes". Il ajoute que "le législa-
> teur des Juifs, qui n'étoit pas un homme ordinaire, ayant fort
> bien conçu la grandeur et la puissance de Dieu, l'a exprimée

---

22 "Rien n'est plus opposé à nos moeurs que toutes ces choses; mais
l'éloignement des temps nous les fait goûter, ainsi que la distance
des lieux nous fait recevoir tout ce que les diverses relations ou
les livres de voyages nous apprennent des pays lointains et des
nations étrangères" (éd. cit., 13).
23 Cf. G. Atkinson, 'Les relations de voyages du XVIIe siècle et
l'évolution des idées. Contribution à l'étude de la formation de
l'esprit du XVIIIe siècle', Paris 1924.

dans toute sa dignité. (LA, 133-134)

Fénelon passe de l'esthétique littéraire au plan moral et de l'Antiquité païenne à la Bible. Il juge donc "la noble simplicité des Anciens" à la lumière des récits de l'Ancien Testament. Il se rallie ainsi aux idées que Claude Fleury avait exposées dans son ouvrage sur les 'Moeurs des Israélites' (1681). Il est donc nécessaire de prendre en considération l'étude de Fleury pour comprendre la signification précise de la référence au monde ancien dans 'Télémaque'.

II. 2. LES 'MOEURS DES ISRAELITES' DE CLAUDE FLEURY
ET LA DIMENSION BIBLIQUE DU MONDE IMAGINAIRE DE
'TELEMAQUE'

B. Dupriez a étudié les assises bibliques de la pensée fénelonienne[1] et détecté dans 'Télémaque' un nombre impressionnant de citations bibliques, littérales ou déguisées[2]. La présence des textes
fondateurs du christianisme dans l'ouvrage est très forte. Quelle est
la leçon que Fénelon en tire pour la France de l'époque?

Il nous faut distinguer entre les citations bibliques et la référence au monde biblique. La signification que l'exégèse contemporaine
attribue aux textes bibliques n'est évidemment pas celle que Fénelon
en dégage. Sa vision du monde biblique est explicitée par les études
de Fleury, dans l'esprit duquel, on le sait depuis longtemps, un certain nombre d'idées de Fénelon se sont développées:

> La "simplicité" des moeurs pastorales est vantée dans les
> 'Moeurs des Israélites' avant de l'être dans 'Télémaque'. Ici et
> là, les Anciens sont caractérisés par l'absence de vanité, par
> le goût pour les plaisirs sans raffinement. Les éléments de la
> 'Bétique' et de 'Salente', on pourra s'en convaincre, se trouvent
> déjà dans le livre de Fleury. Jusque dans certaines idées secon-
> daires, on pourrait établir entre les deux auteurs un parallèle,
> qui serait assez piquant: car Fleury avait toutes ses idées fai-
> tes quand il connut Fénelon; entêté et érudit, il ne les modifia
> certainement pas pour lui complaire. (A. Cherel, 'Notice' précé-
> dant les extraits des 'Moeurs des Israélites' de Fleury, Paris
> 1912, 5)

Cherel montre que Fénelon profite de l'érudition de Fleury. Mais influence ne dit pas forcément dépendance. Le tempérament intellectuel
des deux auteurs est tellement différent que les idées de l'un ne
peuvent influencer celles de l'autre sans subir une modification profonde. Dans l'état présent des recherches sur Fleury[3], les relations
entre les deux amis sont peu connues. La dépendance de Fénelon est
par ailleurs, dans le cadre de nos recherches, secondaire au regard
de l'information qu'on peut tirer des études de Fleury pour analyser
la dimension biblique de 'Télémaque'.

---

1 'Fénelon et la Bible. Les origines du mysticisme fénelonien', Paris
  1961.
2 Cf. l'appendice de son livre, 201-209.
3 Il est toujours nécessaire de se référer au livre de F. Gaquère,
  'La vie et les oeuvres de Claude Fleury (1640-1723)', Paris 1925,
  une Thèse dont la qualité ne dépasse pas celle de la Thèse complémentaire de l'auteur (cf. II. 1, note 8, et I. 2, note 18).

Face aux innovations inquiétantes et dangereuses pour la morale chrétienne, Fleury remonte aux origines. L'argument du progrès scientifique et technique introduit, dans le domaine du savoir, des divisions qui menacent autant la prédominance de la théologie que le statut de modèle de l'Antiquité. Perrault aborde ce problème quand il traite, dans le tome II de son 'Parallele', de l'éloquence ancienne et moderne.

Les Anciens distinguent les "Arts" et les "Sciences" d'une part, l'"Eloquence" et la "Poësie" d'autre part. Ils admettent la supériorité des Modernes sur le plan technique et scientifique pour sauvegarder la valeur exemplaire de la civilisation gréco-romaine dans le domaine des lettres. L'Abbé, qui représente les Modernes, riposte par un parallèle entre l'évolution des deux genres:

> En un mot, comme l'Anatomie a trouvé dans le coeur des conduits des valvules, des fibres, des mouvemens & des symptomes qui ont échappé à la connaissance des Anciens, la Morale y a aussi trouvé des inclinations, des aversions, des desirs & des dégousts, que les mesmes Anciens n'ont jamais connus: Je pourrois vous faire voir ce que j'avance en examinant toutes les passions l'une aprés l'autre. (éd. cit., tome II, 30)

Perrault conteste les distinctions des Anciens: le progrès de la civilité lui semble comparable au progrès des lettres, l'évolution des sciences ou de la technique correspond à celle de la littérature. La supériorité des Modernes n'est justifiable que si les sciences et les lettres restent sur le même plan. Sinon, la rupture avec l'héritage humaniste risquerait de miner les bases de la culture moderne. Il justifie ainsi une des acquisitions spécifiques de la civilisation moderne, la "galanterie".

Les Anciens dénigrent certains aspects de la civilité moderne. Le Président est leur porte-parole. Il condamne la galanterie comme "une pure mollesse dont on devroit rougir si l'on estoit bien sage" (ibid., 33-34). Alors intervient le Chevalier, qui défend la société de Cour:

> Il y a si peu de mollesse dans l'honneste, & respectueuse deference qu'on rend au beau sexe, qu'on a toûjours remarqué que les Chevaliers les plus galands ont esté les plus braves, & qu'autant qu'ils se faisoient aimer dans les carrousels, autant se faisoient-ils craindre dans les combats. (ibid., 34)

Le Chevalier avance une conviction qui guidait la transformation de la noblesse guerrière en aristocratie de Cour. Il était démenti, à l'époque, par la réalité. Bien que Louis XIV exige de la noblesse d'épée des exploits militaires, le raffinement du courtisan galant n'est pas nécessairement un signe de valeur guerrière. Des plaintes se font entendre à propos de l'incompétence des courtisans faits chefs militaires moins à cause de leur aptitude ou de leur expérience que de leur succès à la Cour. Perrault est trop conscient de la divergence entre la galanterie et l'héroïsme pour fonder sur leur correspondance sa justification de la civilité. Il riposte en disant que le raffinement des moeurs modernes perfectionne la technique de la persuasion et dispense de nouvelles richesses esthétiques pour la création littéraire.

Perrault met la civilité hors de l'atteinte de la morale. Il sépare la vie quotidienne et la morale. Le christianisme avait refusé jusqu'alors cette distinction. Ainsi s'ébauche la rupture du catholicisme avec la civilité moderne. La dévotion devient incompatible avec la vie de société. C'est cette évolution que Fleury et Fénelon analysent en participant à la querelle des Anciens et des Modernes.

La querelle des Anciens et des Modernes est tellement centrée sur la supériorité culturelle de la France que la dimension philosophique et théologique du conflit passe presque inaperçue. L'essor de la civilisation classique amorce la séparation du religieux et du profane. Cette séparation est en partie la cause des problèmes débattus dans la Querelle. Ce que J. Meyer remarque à propos du nouveau statut social de la médecine caractérise toute la civilisation d'alors:

> Le recul du mysticisme au cours de la deuxième moitié du XVIIe siècle, le développement d'une pensée rationnelle, voir prérationaliste, tend à séparer de plus en plus nettement les secteurs "religieux" des secteurs "laïcs", à l'exemple d'un Descartes, réservant les problèmes religieux à l'intérieur de son système de pensée. ('Le XVIIe siècle et sa place dans l'évolution à long terme', dans: 'XVIIe siècle' 106-107 (1975), 35)

La transformation des théories littéraires, morales, politiques, économiques fait partie du procès de sécularisation. La génération qui l'affronte a l'impression, comme nous le savons, assez vaine de pouvoir l'arrêter par un retour aux origines. C'est pour cette raison que Fleury étudie les moeurs du Peuple de Dieu et des premiers chrétiens et que les Anciens explorent la civilisation gréco-romaine.

Les défenseurs de l'héritage humaniste sont clairvoyants quant aux conséquences graves qu'entraîne la rupture avec la tradition gréco-romaine. Mais ils se font des illusions sur les moyens par lesquels on peut y remédier. Fleury décrit les 'Moeurs des Israélites' qui répondent aux questions actuelles, mais il se détourne de la lecture spirituelle de la Bible par l'adoption de la méthode historique.

Dès le début du livre, Fleury énonce son programme: il étudie les moeurs des Hébreux parce qu'elles sont "un excellent modèle de la vie humaine la plus conforme à la nature" ('Opuscules'...cit., vol. I, 3). La Bible est un fondement sûr pour juger des innovations de la civilisation moderne. Il compare le message biblique avec la nature et combine la foi en l'Ecriture sainte comme base de toute la vie du chrétien avec la confiance en la raison philosophique en tant qu'instrument de recherche de la vérité. Il juge donc la civilisation moderne à la lumière d'une foi raisonnable. C'est pourquoi il applique la catégorie du "raisonnable" à la vie du Peuple de Dieu:

> Nous voyons dans ses moeurs les manières les plus raisonnables de subsister, de s'occuper, de vivre en société: nous y pouvons apprendre non-seulement la Morale, mais encore l'Economie & la Politique. (ibid., 3)

Ce qui est conforme à la Bible est raisonnable et inaliénable. Tout le reste est contingent et peut être modifié. Dans une situation de

transition, il faut conserver l'essentiel et abandonner le reste. La
doctrine biblique concerne toujours la France de Louis XIV et détermine toute sa réalité. Mais le passage pur et simple de la "Morale"
biblique à l'"Economie" et à la "Politique" bibliques peut révéler
leur historicité, et l'historicité de la civilisation biblique dis-
crédite une source de certitude.

Fleury prend d'une part sa distance vis-à-vis de la civilisation
moderne et fait, d'autre part, perdre aux moeurs bibliques leur statut
de vérité révélée. Il met entre parenthèses la foi religieuse et traite la civilisation des Hébreux comme une civilisation purement humaine. Il la décrit comme les voyageurs parlent des peuples de l'Orient
ou du Nouveau Monde:

> Je ne prétends point ici faire un panégyrique, mais une relation
> très-simple; comme celles des voyageurs, qui ont vu des pays
> fort éloignés. Je prétends donner pour bon, ce qui est bon; pour
> mauvais, ce qui est mauvais; pour indifférent, ce qui est indif-
> férent. Je demande seulement que le lecteur se défasse de toutes
> sortes de préventions, pour ne juger de ces moeurs que par le
> bon sens & par la droite raison. Je le prie de quitter les idées
> particulières de notre pays & de notre temps pour regarder les
> Israélites dans les circonstances des temps & des lieux où ils
> vivoient; pour les comparer avec les peuples qui ont été les
> plus proches d'eux, & pour entrer dans leur esprit & dans leurs
> maximes. Car il faut ignorer tout-à-fait l'Histoire, pour ne pas
> voir la grande différence qu'apporte dans les moeurs la différen-
> ce des temps & des lieux. (ibid., 5)

La civilisation de l'Ancien Testament entre ici dans les catégories
de l'ethnographie religieuse[4]: sa description objective n'est pas une
lecture édifiante de la Bible. L'érudit analyse les textes sacrés et
en extrait des renseignements historiques en vue de l'instruction
morale du lecteur. L'étude érudite de la Bible accentue la distance
vis-à-vis du monde biblique, tandis que la théorie des différents
sens de l'Ecriture sainte avait insisté sur l'identité. L'accent se
déplace insensiblement de la doctrine à l'histoire. Ce procédé contient autant de risques pour le statut de modèle de la civilisation
biblique que pour les acquisitions de la civilisation moderne. Lorsque
le monde biblique n'est plus accepté en bloc, le principe de la sélec-
tion peut fonctionner à double sens. Fleury s'intéresse aux éléments
du monde biblique qui ne sont pas dépassés par l'évolution historique.
Il condamne certains aspects du monde moderne par la mise en relief
de leur contraste avec le monde biblique. On pourrait aussi faire le
contraire. On rejette alors les aspects du monde biblique, lesquels
contredisent la civilisation moderne. La critique ethnographique prépare un renversement des perspectives. L'histoire est une catégorie
ambivalente, qui montre la relativité des civilisations anciennes et
modernes.

Fleury s'élève contre le préjugé qui tient ce qui est ancien pour

---

4 Cf. A. van Gennep, 'Nouvelles recherches sur l'histoire en France
   de la méthode ethnographique, Claude Guichard, Richard Simon, Claude Fleury', dans: 'Revue de l'histoire des religions' 82 (1920),
   139-162.

imparfait, les hommes des cultures primitives pour "brutaux", les
moeurs du monde biblique pour rebutantes. Le monde biblique surpasse
le monde moderne et toutes les civilisations anciennes:

> Quand on compare les moeurs des Israélites, avec celles des Ro-
> mains, des Grecs, des Egyptiens, & des autres peuples de l'anti-
> quité, que nous estimons le plus, ces préventions s'évanouissent.
> On voit qu'il y a une noble simplicité, meilleure que tous les
> raffinemens; que les Israélites avoient tout ce qui étoit bon
> dans les moeurs des autres peuples de leurs temps; mais qu'ils
> étoient exempts de la plupart de leurs défauts, & qu'ils avoient
> sur eux l'avantage incomparable de savoir où doit se rapporter
> toute la conduite de la vie, puisqu'ils connoissoient la vraie
> Religion, qui est le fondement de la Morale. (ibid., 4)

Le monde biblique dépasse l'Antiquité gréco-romaine en raison de
vérité dont il est dépositaire par l'action de Dieu sur son Peuple
élu. Fleury renvoie à la tradition patristique, selon laquelle les
Grecs sont les disciples des Hébreux[5]. Cette argumentation historique
témoigne du fait que l'érudition religieuse veut concilier la prétention de la religion révélée avec les découvertes de la différence des
cultures. Richard Simon minera cette hypothèse historique par l'élaboration de l'exégèse critique des textes bibliques[6].

La supériorité des Israélites dans les domaines qui dépendent de
la religion ne menace pas le statut de modèle des civilisations anciennes, car il y a un dénominateur commun: la nature[7]. Les moeurs de
l'Ancien Testament sont "un excellent modèle de la vie humaine la
plus conforme à la nature" (ibid., 3). L'ouvrage sur les 'Moeurs des
Chrétiens' (1682) décrit les moeurs des Israélites comme "le meilleur
usage des biens temporels, & la manière la plus raisonnable de passer
la vie que nous menons sur terre" ('Opuscules'...cit., tome I, 288).
La conformité à la "raison" est l'argument qui justifie dans les dialogues 'Si on doit citer dans les Plaidoyers' le statut de modèle de
la civilisation gréco-romaine (éd. cit., 47). Les moeurs bibliques
entrent donc pour Fleury dans les mêmes catégories que l'héritage
humaniste. Elles sont l'accomplissement de ce qu'il y a de mieux dans
la civilisation gréco-romaine.

Le monde biblique et la civilisation gréco-romaine se commentent
mutuellement. Fleury soutient cela dès ses 'Remarques sur Homère',
écrites en 1665 mais restées inédites à l'époque:

> Je ne doute point que Moise ne se trouvast encore plus poly que
> Pherecydes ou Caton. Car le Levant a esté bien plus tost cultivé
> que la Grece et l'Italie: le plus bel estat de la Palestine a
> esté sous David et sous Salomon, son Regne estoit pour les He-

5 "En effet, Solon voyagea en Egypte; & les lois qu'il donna aux
   Athéniens, avoient beaucoup de rapport avec celles de Moyse. Pytha-
   gore avoit été long-temps en Egypte, & alla à Babylone du temps de
   Cambyse; il avoit donc vu des Juifs, & avoit pu les entretenir.
   Platon étudia plusieurs années en Egypte: & il fait dire à Socrate
   tant de belles choses, fondées sur les principes qu'enseigne Moyse,
   que l'on peut le soupçonner d'en avoir eu connaissance" (ibid.,
   103-104).
6 Cf. J. Le Brun, 'Das Entstehen der historischen Kritik'...cit.,
   112-114.
7 Cf. B. Tocanne, 'L'idée de nature'...cit., 196.

breux ce que celui d'Alexandre fut pour les Grecs et celui d'Auguste pour les Romains...On peut donc voir, pour en revenir à
Homère, que c'est un des meilleurs interpretes de l'Ecriture à
ceux qui n'y cherchent que le sens litteral. (N. Hepp, 'Deux
amis d'Homère au XVIIe siècle. Textes inédits de Paul Pellisson
et de Claude Fleury', Paris 1970, 163)

Les 'Remarques' prennent la défense d'Homère contre ceux qui le mépri-
sent, comme Louis Le Laboureur, le destinataire de l'écrit. Les descriptions des épopées homériques sont une illustration de l'enseignement biblique. Le monde biblique et l'Antiquité païenne montrent les
idéaux moraux de la civilisation française. Ainsi Fleury dit-il dans
les 'Moeurs des Israélites' à propos de Platon:

Les Juifs pratiquoient effectivement ce qu'il propose de meilleur, dans sa République & dans ses Lois; de vivre chacun de son
travail, sans luxe, sans ambition, sans pouvoir se ruiner, ni se
trop enrichir, comptant la justice pour le plus grand de tous
les biens; fuyant toute nouveauté & tout changement. On recon-
noît en la personne de Moyse, en David & en Salomon, des exemples
de ce Sage, qu'il souhaitoit pour gouverner un Etat, & le rendre
heureux; & qu'il osoit à peine espérer dans toute la suite des
siècles. (ibid., 104)

Les exploits des Hébreux prouvent la vérité des idées de Platon. Fleury retrouve chez lui les mêmes idéaux que dans les moeurs bibliques[8].
D'où le poids de cette tradition dans le débat sur les acquisitions
de la civilisation moderne.

Fleury concède qu'un honnête homme se dégoûte de la lecture de
l'Ancien Testament parce que la différence des moeurs le choque. Ce
choc n'est pas causé par un manque de civilité chez les anciens. "La
corruption" des moeurs modernes provoque le déplaisir du lecteur
moderne. Loin d'être plus éclairés par le christianisme, les modernes
sont moins raisonnables:

Ce n'est pas le Christianisme, qui a introduit cette grande
inégalité de conditions, ce mépris du travail, cet amour du jeu,
cette autorité des femmes & des jeunes gens, cette aversion de
la vie simple & frugale qui nous rend si différens des Anciens.
('Moeurs des Israélites'...cit., 3)

Les moeurs bibliques font contraste avec le comportement typique de
la société de Cour. La vie "de nos courtisans, de nos practiciens, de
nos financiers & de tant de gens qui passent leur vie dans une pauvreté oisive & inquiete" (ibid., 4) empêche qu'ils deviennent "de bons
Chrétiens" (ibid., 4). C'est donc un zèle de missionnaire qui pousse
Fleury à l'étude des moeurs bibliques. C'est le même zèle qui lui
fait compléter ses recherches par un ouvrage sur la vie des premiers
chrétiens.

Les 'Moeurs des Chrétiens' ajoutent à la description de la vie

---

8 "Il prêche par-tout la frugalité, la vie simple & réglée, & y joint
la sévérité des moeurs, une politesse extrême & un enjouement continuel de la conversation" ('Discours sur Platon' (1670), 'Opuscules'...cit., tome III, 190). Les hommes des temps primitifs sont
jugés à la lumière de la société de Cour lorsqu'ils sont décrits
comme des gens polis et jouissant des plaisirs de la conversation.

"raisonnable" des Hébreux une fresque de la vie "chrétienne" de l'Eglise primitive. La vie des chrétiens véritables choque, selon l'auteur, autant ses contemporains que la description des moeurs bibliques. C'est pourquoi il insiste encore plus sur la réalité de ce qu'il raconte et sur l'actualité de son message:

> On s'imagine répondre à tout en distinguant les temps. On feint de respecter l'antiquité, & on la méprise en effet. On la regarde comme un temps miraculeux, on désespère de l'imiter: on ne l'étudie point, on ne veut point la connoître, parce que cette connoissance est un reproche secret contre nos desordres. Nous voulons impossible ce que nous n'avons pas la force de pratiquer. ('Opuscules'...cit., tome I, 284)

Il n'y a rien de miraculeux dans la vie des premiers chrétiens. Fleury postule une identité de la nature de l'homme et des exigences de la vie chrétienne afin de pouvoir rejeter les distinctions introduites par la civilisation moderne. Il condamne surtout, à plusieurs reprises, la réduction de la foi religieuse à des pratiques extérieures[9]. La distinction entre le chrétien et le dévot trahit l'esprit du christianisme. Le message religieux concerne tous les domaines de la réalité, il veut transformer le monde entier[10].

Fleury remarque que le christianisme est entré dans les moeurs. La foi se réduit, dès lors, à un des cultes religieux. Cet énoncé de nature historique vise la France de Louis XIV comme on le voit dans la conclusion du livre. Fleury y avoue qu'il a réuni un certain nombre de faits connus des érudits, mais inconnus des fidèles, qu'il veut "édifier" par son livre:

> Ils verront qu'il ne faut pas réduire la Religion Chrétienne à de simples pratiques, comme plusieurs croient. Faire quelque petite prière le soir ou le matin, assister le Dimanche à une Messe basse, ne distinguer le carême que par la différence des viandes, & s'en dispenser sur de légers prétextes. Ne s'approcher des sacremens que rarement, & avec si peu d'affection, que les Fêtes les plus solennelles deviennent des jours fâcheux & pénibles. Vivre au reste autant occupés des affaires, ou des plaisirs sensibles, que des payens pourroient l'être. (ibid., 286-287)

Quand le christianisme est la religion de tout un peuple, chacun pratique ce qui est selon son goût personnel, et laisse le reste. Cette séparation du religieux et du profane mène à la décadence des moeurs. Fleury soutient cette thèse contre Machiavelli.

Machiavelli avait imputé au christianisme la chute de l'Empire Romain[11]. Fleury riposte que la corruption des Romains, leur luxe,

---

9 "Le monde devenu Chrétien ne laissoit pas d'être monde. On commença à distinguer les Chrétiens d'avec les saints & les dévots" (ibid., 254).

10 Ailleurs, Fleury constate que le christianisme a été réduit à une des formes du culte religieux au lieu d'être une pratique de vie. "Tout le monde étoit Chrétien, ensorte qu'il sembloit qu'on le fût naturellement, & que Chrétien & homme fût la même chose; le Christianisme étoit devenu une partie des moeurs & ne consistoit presque plus qu'en des formalités extérieures. Les Chrétiens ne différoient guères des Juifs & des infidelles, quant aux vices & aux vertus; mais seulement quant aux cérémonies, qui ne rendent point les hommes meilleurs" (ibid., 271).

leur mollesse, leur oisiveté ont causé cette chute. Ses études sur
les moeurs des Israélites et des premiers chrétiens critiquent les
faiblesses qui sont aussi celles de la civilisation moderne. La simplicité des moeurs favorise l'essor d'un Etat, le luxe mène à la
ruine. C'est pourquoi le christianisme fortifie l'Etat[12].

Fleury montre les possibilités d'une civilisation fondée sur
l'esprit du christianisme. Les Machiavélistes sont des libertins[13].
Ils distinguent le profane et le religieux, les nécessités politiques
et les exigences morales, les lois de la raison scientifique et l'expérience spirituelle du croyant, la vie dans le monde et la vie dans
la foi[14]. Fleury leur oppose un principe très simple:

> De dire qu'il soit quelquefois nécessaire d'agir contre la reli-
> gion; c'est dire qu'il n'y en a point: car la vraie Religion
> vient de Dieu, qui ne commande point l'impossible. Toutes ces
> prétendues nécessités sont des imaginations. (ibid., 235)

Evidemment, cette réplique est trop simple pour être concluante.
Fleury refuse de reconnaître les catégories de ses adversaires. Il ne
sert pas forcément sa cause en se retirant sur les positions acquises
de sa foi pour contester la légitimité d'une expérience humaine que
ses convictions ne prévoient pas[15]. L'Antimachiavélisme perdra son

---

11 Cf. le résumé de cette idée ibid., 256-257, et 'Opuscules'...cit.,
vol. III, 227.
12 "Mais enfin, je le prend au mot, & il demeure toujours pour constant, que la Religion est le fondement de toute bonne politique; &
la Religion chrétienne du moins comme une autre" ('Réflexions sur
les oeuvres de Machiavel', 'Opuscules'...cit., tome III, 229).
13 Cf. R. Pintard, 'Le libertinage érudit dans la première moitié du
XVIIe siècle', Paris 1943, vol. I, 539-564, et G. Schneider, 'Der
Libertin: zur Geistes- und Sozialgeschichte des Bürgertums im 16.
und 17. Jahrhundert', Stuttgart 1970, 149-154.
14 La démarche de Fleury est assez originale, puisque la réfutation
de la théorie politique du Florentin se fait d'ordinaire sur le
plan doctrinal et non sur le plan historique. Une refutation doc-
trinale se trouve dans l'ouvrage du Jésuite espagnol Pedro de Ribadeneyra dont la traduction française porte le titre 'Traité de la
religion que doit suivre le prince chrestien et des vertus qu'il
doit avoir pour bien gouverner et conserver son Estat, contre la
doctrine de Nicolas Machiavel et des politiques de nostre temps'
(1610). François Garasse remarque dans 'La doctrine curieuse des
beaux esprits de ce temps, ou pretendus tels, contenant plusieurs
maximes pernicieuses à l'Estat, à la Religion et aux bonnes Moeurs,
combattue et renversée par le père F. Garasse' (1623) que "celui
qui abuse de la Religion pour tromper les hommes, aura quelque bon
succez en ses affaires: mais il ne peut aller de longue" (992).
Sur Garasse cf. M. Fumaroli, 'L'Age de l'éloquence'...cit., 326-
334. Nicolas Caussin répète l'énoncé de Garasse dans son Miroir
des Princes intitulé 'Regnum Dei' (1650): "Consilia profanorum
hominum initio speciosa, progressu anxia, exitu semper horrida"
(éd. 1652, 77). Hubert Mugnier avait constaté dans 'La veritable
politique du Prince chrestien à la confusion des sages du monde, &
pour la condamnation des Politiques du siecle' (1647) l'antagonisme
entre "Saint Louis et Machiavel" (71).
15 Fleury écrit dans le chapitre sur la "politique" de son 'Traité du
choix et de la méthode des études' (1686) qu'il faut laisser la
plupart "des Politiques modernes, & sur-tout Machiavel & l'Anglois
Hobbes. Revenons à Platon & Aristote, dont la politique est fondée
sur des principes solides de morale & de vertu... Voilà, si je ne
me trompe, les principes de la véritable politique. Mais pour le
voir dans sa pureté, il faut remonter plus haut que Platon & Aristote; il faut l'apprendre de Moyse, de David, de Salomon, des Pro-

emprise sur la conscience moderne. Il réagit contre la civilisation moderne, mais son raisonnement risque de provoquer le contraire de ce qu'on avait espéré.

Fénelon hérite des vues historiques de Fleury et de leurs apories. Grâce à Fleury, il écrit avec l'assurance de se trouver en parfaite harmonie avec la nature humaine telle qu'elle est révélée dans les civilisations des origines. Son enseignement de la morale politique profite de la conformité du monde biblique avec l'Antiquité païenne pour déguiser son instruction politique selon l'Ecriture sainte sous le voile allégorique d'une Antiquité de convention.

----

phètes & des Apôtres, ou plutôt de Dieu même, dont ils n'ont été que les interprètes" ('Opuscules'...cit., tome II, 93-94). Sur les idées politiques de Fleury cf. G. Thuillier, 'Economie et Administration au grand siècle: L'Abbé Claude Fleury', dans: 'Revue administrative' 58 (1957), 348-357.

II. 3. LA PORTEE POLITIQUE DE LA FORME LITTERAIRE DE
'TELEMAQUE' DANS L'EFFORT VERS UN RENOUVEAU SPIRITUEL
DE LA SOCIETE FRANÇAISE

L'analogie entre l'écrit de Fleury sur les 'Moeurs des Israélites'
et 'Télémaque' ne se borne pas à la structure des idées. Elle s'étend
au but pédagogique, qui est chez l'un l'éducation des princes de
Conti[1], chez l'autre l'éducation du duc de Bourgogne. Le livre de
Fleury n'est pas un Miroir des Princes, mais son ethnographie vise un
but politique. L'édition originale du livre fut intitulée 'Les Moeurs
des Israélites, où l'on voit le modèle d'une politique simple et sincère pour le gouvernement des Etats et la réforme des moeurs'. Le
titre annonce deux matières susceptibles d'alerter la censure: le
gouvernement des Etats et la réforme des moeurs. Ces deux matières
causeront plus tard la disgrâce de Fénelon parce qu'elles feront de
'Télémaque' un livre d'opposition. Les idées réformatrices de Fleury
ont même pénétré dans les études du pupille de Bossuet[2]. Mais elles
n'entrèrent pas dans la catégorie de l'opposition politique, puisqu'on
ne connaît pas de mesures prises contre ces écrits ni de menaces
contre la personne de leur auteur[3]. Le gouvernement a donc toléré des
réflexions théoriques et des propositions pratiques visant la réforme
de l'Etat.

Fleury pourrait figurer parmi les opposants au Roi-Soleil[4]. Il met
en lumière le cercle vicieux qui renforce la dépendance de la noblesse vis-à-vis du pouvoir royal: l'oisiveté pousse "à raffiner sur les

---

1 Cf. Gaquère, op. cit., 350.
2 Fleury rédigea à l'instigation de Bossuet un traité du 'Droit
  Public de France' qui circulait en manuscrit à l'époque de la publication des 'Moeurs des Israélites'. Il y compare les moeurs
  bibliques à celles de la France de Louis XIV. Cf. G. Thuillier,
  'Comment les Français voyaient l'administration au XVIIe siècle:
  Le "Droit Public de France de l'abbé Fleury"', dans: 'Revue administrative' 103 (1965), 20.
3 Fleury a même pris la fonction de précepteur du duc de Bourgogne
  lorsque Fénelon est tombé en disgrâce, mais il n'en a pas reçu le
  titre.
4 Malettke ne traite pas de Fleury bien qu'il soit un auteur d'opposition au même titre que Le Moyne, Senault, Cordemoy. L'étude de
  Malettke témoigne de la difficulté qu'on rencontre en se servant
  de la notion d'opposition pour désigner tout écrit qui contredit
  la doctrine du pouvoir absolu des rois. Il faudra chercher des
  éléments supplémentaires pour expliquer pourquoi on a reconnu, à
  l'époque, la portée contestataire d'un écrit politique.

plaisirs" ('Opuscules'...cit., tome I, 21), les "grandes dépenses" entraînent les "grandes dettes" (ibid., 21), et tout cela parce que la bonne société veut se distinguer de la lie du peuple. En vérité elle s'affranchit du travail en tombant dans la dépendance "de nouveaux artifices que l'on invente tous les jours pour faire passer l'argent d'une bourse à l'autre" (ibid., 21). On a insisté sur le rôle ambigu que l'idée du luxe joue dans de tels raisonnements, et on a parlé d'un idéal de christianisme agraire opposé au mercantilisme[5]. Fleury précède Fénelon dans la conviction que le nouveau système économique n'est ni nécessaire ni favorable au bien public. Il dénonce le lien entre la création de besoins exigée par le luxe et la dépendance que ce train de vie entraîne pour la bonne société. Le grand nombre doit produire des richesses pour qu'une minorité se complaise dans le luxe. Ce système ne sert qu'à enrichir les commerçants.

On sait aujourd'hui que ce mécanisme a favorisé les fins politiques du Roi-Soleil: la magnificence de la bonne société a avantagé le pouvoir royal et appauvri les grands, qui tombaient dans une dépendance plus grande de la couronne. En attaquant de front le style de vie de la bonne société, Fleury affronte une stratégie politique de Louis XIV.

Les rois d'Israël n'avaient pas un pouvoir absolu. Leur puissance était "bornée; ils étoient obligés d'observer la Loi comme les particuliers; ils ne pouvoient y déroger ni y ajoûter" (ibid., 96). Loin de déplorer cet état, Fleury en fait un idéal. Il vante la liberté primordiale des Hébreux:

> Ils jouissoient donc de cette liberté, si chérie des Grecs et des Romains; et il ne tint qu'à eux d'en jouir toujours. C'étoit l'intention de Dieu, comme il paraît par les reproches que Samuël leur fit de sa part quand ils demandèrent un Roi. (ibid., 84)

La liberté des particuliers est l'apanage des temps héroïques où les hommes vivaient selon la nature. Cela n'exclut pas l'estime pour la royauté dès que l'on ajoute que les hommes ne sont pas capables de supporter cette liberté des temps héroïques. Tout de même, ce développement modifie l'apologie théologique de l'absolutisme par Bossuet, selon lequel "le gouvernement monarchique est le meilleur. S'il est le plus naturel, il est par conséquent le plus durable, et dès là aussi le plus fort"[6]. Selon Fleury, la monarchie est, en revanche, secondaire par rapport à la forme du gouvernement le plus ancien, qu'il appelle "Théocratie" (ibid., 84).

L'idée d'une théocratie hante les théologiens à la fin du XVIIe siècle[7]. Fleury se sert de cette notion pour caractériser une forme

---

5 Cf. L. Rothkrug, 'Opposition to Louis XIV. The Political and Social Origins of the French Enlightenment', Princeton 1965, 242-249.
6 'Politique tirée des propres paroles de l'Ecriture sainte', éd. cit., 54.
7 L'idée de la théocratie a, à l'époque, une autre signification qu'au Moyen Age. Au Moyen Age, la "théocratie est la doctrine selon laquelle l'Eglise détient la souveraineté dans les affaires tempo-

de gouvernement qu'il croit réalisée par les Patriarches:

> Leur état n'étoit donc ni monarchie, ni aristocratie, ni démocratie; mais comme Joseph le nomme, Théocratie; c'est-à-dire, que Dieu même les gouvernoit immédiatement, par la Loi qu'il leur avoit donnée. Tant qu'ils étoient fideles à l'observer, ils vivoient en sureté & en liberté; sitôt qu'ils la violoient pour faire leur volonté particulière, ils tomboient dans l'anarchie & la confusion. ('Opuscules'...cit., tome I, 84)

La théocratie désigne le gouvernement de l'Israël biblique. Elle précède toute distinction entre les différentes formes de gouvernement et ne figure pas sur le même plan que les deux formes de gouvernement avec lesquelles l'auteur la compare. Car l'établissement de la monarchie ne l'abolit pas tout à fait: la Loi reste au-dessus des rois d'Israël.

Thomassin traite de la théocratie dans 'La Méthode d'étudier et d'enseigner Chrétiennement & solidement la Philosophie par rapport à la Religion Chrétienne & aux Ecritures' (1685). Il l'évoque contre Machiavelli en disant de Platon:

> Il est surprenant que ce Philosophe ait eu des lumieres plus pures et plus approchantes de la vérité de nos Ecritures, que quelques-uns d'entre les Chrétiens, qui ont affecté de mettre un grand intervalle entre l'Etat & la Religion, de faire l'Etat le plus ancien, & de dire que la Religion estoit dans l'Etat, & non l'Etat dans la Religion. L'Ecriture & Platon apprennent au contraire, que la Religion a commencé avec le monde, qu'elle a pris naissance de l'Auteur du monde mesme, qu'elle a esté plusieurs siècles avant qu'il y eût de ces grands établissemens que nous appellons des États, & que les premiers Etats ont esté des Théocraties, c'est à dire des gouvernemens divins où les Rois & les autres Magistrats n'estoient que des Lieutenants de Dieu & faisoient gloire de dire que la fin & la felicité de l'Etat estoit de faire que Dieu fût adoré & servi, principalement par la justice & par la pureté des moeurs. (649)

La théocratie est pour Thomassin un fait dont témoigne l'Ecriture sainte. Elle prouve que la religion a précédé la fondation de l'Etat. Cette doctrine contredit la conception sécularisée du pouvoir absolu, mais elle n'a pas été ressentie comme une attaque contre le gouvernement de Louis XIV.

Fénelon s'inspire de la doctrine de Fleury et de Thomassin bien qu'il n'emploie pas la notion de théocratie. Il exprime, en revanche, la même idée que ces deux théologiens par sa conception de la loi.

Le statut de la loi est débattu par Fénelon dans ses 'Dialogues des Morts': le dialogue entre 'Dion et Gélon' l'annonce en sous-titre: "Dans un souverain ce n'est pas l'homme qui doit régner, ce sont les lois" (VI, 265). Cette morale du souverain est basé sur les enseignements bibliques. Gélon est pris comme exemplum pour prouver qu'on "peut commander sans se faire haïr" (VI, 265). Il y va de la distinction entre le roi et le tyran.

------

relles" (M. Pacaut, 'La théocratie. L'Eglise et le pouvoir au Moyen Age', Paris 1957, 7). Fleury ne pense plus au pouvoir temporel de l'Eglise quand il parle de "théocratie", mais à la doctrine du droit divin des rois. La "théocratie" est aux antipodes de la raison d'Etat.

Le bon roi attribue aux lois un autre statut que le tyran. Il se soumet aux lois et coutumes du pays:

> Gélon.- Les bons rois, il est vrai, ont bien des peines à souf-
> frir; mais ils jouissent d'une tranquillité et d'un plaisir pur
> au dedans d'eux-mêmes, que les tyrans ignorent toute leur vie.
> Sais-tu bien le secret de régner ainsi? Tu devrois le savoir,
> car tu l'as souvent ouï dire à Platon ... Il ne faut pas que
> l'homme règne; il faut qu'il se contente de faire régner les
> lois. S'il prend la royauté pour lui, il la gâte, et se perd lui-
> même; il ne doit l'exercer que pour le maintien des lois et le
> bien des peuples. (VI, 266)

On retrouve ici l'association du monde biblique à la philosophie de Platon. La politique fait partie de la philosophie morale (cf. II. 1). L'égoïsme du prince gâte tout. L'Etat n'est pas sa propriété privée. La supériorité des lois sur l'intérêt du souverain doit garantir la liberté des sujets. Le pouvoir absolu du roi est fondé sur une loi immuable, à laquelle le souverain est tout autant soumis que ses sujets. Fénelon identifie le souverain à l'Etat, et en déduit ses devoirs: le roi doit se défaire de l'amour propre et se sacrifier pour ses sujets. Il doit veiller sur leur bonheur[8].

Le dialogue entre 'Socrate et Alcibiade' complète l'instruction du dialogue entre 'Dion et Gélon'. Il attaque la liberté excessive des sujets. Elle mène au despotisme. Seul un roi fort garantit l'ordre:

> Un peuple gâté par une liberté excessive est le plus insuppor-
> table de tous les tyrans; ainsi l'anarchie n'est le comble des
> maux, qu'à cause qu'elle est le plus extrême despotisme: la popu-
> lace soulevée contre les lois est le plus insolent de tous les
> maîtres. Mais il faut un milieu. Ce milieu est qu'un peuple ait

---

8 On trouve chez Cardin Le Bret un développement qui illustre l'intention fénelonienne: "Et si nous faisons une curieuse recherche
de l'origine de tous les malheurs, dont la France est de si long
temps affligée, nous trouverons qu'ils ne procedent que de quelques
Edicts qui ont esté publiez, sans en avoir auparauant consideré
les consequences. Les Roys pourront euiter tous ces inconuiens, si
quand ils veulent faire des Loix ils se despoüillent de leurs propres interests, & ne regardent que le bien & l'utilité de leurs
peuples. Ayans des si bonnes intentions, toutes leurs Ordonnances
seront fondées sur la Iustice, & meriteront par consequent d'estre
receuës avec un applaudissement general de tous leurs subjects.
Mais afin qu'ils puissent proceder plus seurement en une chose de
si grande consequence, il me semble qu'ils deuront imiter l'exemple
de ces anciens Roys d'Israël à qui l'on presentoit, apres leur
sacre, le Liure des Loix divines, pour les lire, & les transcrire
de leur main propre, comme il est commandé dans le 17. Chapitre du
Deuteronome. Afin, dit saint Augustin, qu'elles leur seruissent de
modele, pour former les loix qu'ils iugeront necessaires pour le
gouuernement de leur Royaume" ('De la Souveraineté du Roy', Paris
1632, 66-67). Le Bret est influencé par Bodin (cf. R. von Albertini, 'Das politische Denken in Frankreich zur Zeit Richelieus',
Marburg 1951, 40, et R. Derathé, 'La place de Bodin dans l'histoire
des Théories de la Souveraineté', dans: 'Jean Bodin. Actes'...cit.,
256-257). Machiavelli écrit dans les 'Discorsi sopra la prima deca
di Tito Livio': "Perché io non credo che sia cosa di più cattivo
esemplo in una republica che fare una legge e non la osservare, e
tanto più quanto la non è osservata da chi l'ha fatta" ('Opere'...
cit., 186). Mariana note: "Los príncipes, aunque legítimos, no
deben obrar jamás de modo que parezcan ejercer su dignidad indepen-
dientemente de las leyes" ('Del Rey y de la institución real',
dans: 'Obras', vol. II, Madrid 1950, 489, cf. aussi Maravall, 'La
philosophie politique espagnole'...cit., 172-173).

des lois écrites, toujours constantes, et consacrées par toute
la nation; qu'elles soient au-dessus de tout; que ceux qui gouvernent n'aient d'autorité que par elles; qu'ils puissent tout
pour le bien, et suivant les lois; qu'ils ne puissent rien contre
les lois pour autoriser le mal. (VI, 256)

Fénelon est hanté par la crainte de l'anarchie, comme Louis XIV. Si
le Roi se souvient de la Fronde, l'archevêque pense à la révolution
qui se déroula en Angleterre[9]. Dans 'Télémaque', à deux reprises, il
donne en exemple le soulèvement du peuple opprimé contre un roi tyrannique[10]. La révolte des sujets est causée par un gouvernement arbitraire. L'abus du pouvoir royal est dangereux. Un tel avertissement
fait partie de l'instruction du prince. Le prince parfait est celui
qui trouve le point d'équilibre entre la tyrannie et l'anarchie. Il y
parvient en acceptant les préceptes de la morale chrétienne. Il faut
donc être un prince chrétien si l'on veut assurer la prospérité de
l'Etat et la félicité de ses sujets. La théocratie est un idéal que
doit réaliser le prince chrétien. Elle désigne un Etat où le roi fait
régner la Loi divine. Les lois y sont inviolables par le souverain
comme par le peuple. Elles établissent une norme au-dessus des gouvernants et des gouvernés.

Selon Bodin, la souveraineté du roi induit la faculté législative.
Le roi possède une certaine liberté vis-à-vis de la loi. La théorie
politique réfléchit alors sur les limites de la loi instituée par le
prince lui-même[11]. Fénelon s'oppose à toute forme de gouvernement
tyrannique, qu'il vienne d'en haut ou d'en bas. C'est particulièrement
évident quand il traite du droit de résistance à la domination tyrannique.

Le dialogue entre 'Marcus Coriolanus et F. Camillus' interdit le
soulèvement contre la tyrannie au nom de la supériorité des lois sur
les gouvernants et les gouvernés. Il faut se soumettre aux lois de la
patrie. La liberté individuelle a besoin de lois inviolables à cause

9 Cf. J.-M. Goulemot, 'Discours, histoire et révolutions', Paris
   1975, 148.
10 A propos du roi d'Egypte Bocchoris: 1, 86-91, et à propos de l'ex-
   pulsion d'Idoménée de l'Ile de Crète: 1, 195-200; cf. aussi l'as-
   sassinat de Pygmalion: 1, 296-309.
11 Cf. J. H. M. Salmon, 'Bodin and the Monarchomachs', dans: 'Jean
   Bodin. Actes'...cit., 364-371, et R. W. K. Hinton, 'Bodin and the
   Retreat into Legalism', dans: ibid., 306-321. Fénelon ne semble
   pas avoir en vue les distinctions juridiques sur les lois fondamentales (cf. Mousnier, 'Les Institutions'...cit., vol. I, 502-505).
   Tandis que Fleury est un excellent spécialiste des droits, Fénelon
   ne possède pas les connaissances nécessaires à la discussion du
   statut juridique de la royauté. Il se contente d'un exposé sur la
   morale du souverain. L'intention fénelonienne est de préciser
   comment le Roi doit se comporter pour être "le premier serviteur
   de l'Etat" (Mousnier, ibid., 505). On doit rapprocher les idées
   féneloniennes des développements de Jacques Ier qui avertit son
   fils: "Considerez la difference qu'il y a entre le Roy legitime &
   le Tyran: & par ce moyen vous entendrez beaucoup mieux quel est
   vostre deuoir: L'un sçait qu'il est ordonné par son peuple, & que
   Dieu luy en a commis la charge & le gouuernement, duquel il est
   contable: l'autre croit que le peuple est fait pour ses passions &
   appetits dereglez, en un mot, que son peuple est sa proye; ses
   tyrannies le fruit de sa domination" ('Basilikon doron'...cit., 53-
   54).

de la faiblesse humaine. Car si chacun pouvait se gouverner selon ses propres idées, il y aurait une multitude de "gouvernements bizarres" (VI, 277). Tout gouvernement est le gardien des lois de la patrie. D'où la conclusion: "Il est de la nature raisonnable d'assujettir sa liberté aux lois et aux magistrats de la société où l'on vit" (VI, 278). Les lois expriment, chez Fénelon, ce qui est naturel et raisonnable. Il leur attribue donc le statut que Fleury avait donné au monde biblique.

Le cinquième livre du 'Télémaque' traite des lois dans le gouvernement des Etats. La description de la Crète y ressemble autant au monde biblique que le tableau de la Bétique. Les propos sur l'autorité des rois y reprennent les pensées de Fleury et de Thomassin:

> Il [le roi] peut tout sur les peuples; mais les lois peuvent tout sur lui. Il a une puissance absolue pour faire le bien, et les mains liées dès qu'il veut faire le mal. Les lois lui confient les peuples comme le plus précieux de tous les dépôts, à condition qu'il sera le père de ses sujets. Elles veulent qu'un seul homme serve, par sa sagesse et sa modération, à la félicité de tant d'hommes; et non pas que tant d'hommes servent, par leur misère et par leur servitude lâche, à flatter l'orgueil et la mollesse d'un seul homme. Le roi ne doit rien avoir au-dessus des autres, excepté ce qui est nécessaire ou pour le soulager dans ses pénibles fonctions, pour imprimer aux peuples le respect de celui qui doit soutenir les lois. (1, 190-192)

Fénelon projette la théocratie du monde biblique dans la tradition grecque. Les lois de Minos renvoient à la civilisation de l'Ancien Testament[12]. Elles symbolisent la spiritualité qui doit guider le roi absolu s'il veut être un prince chrétien[13]. Cette spiritualité du prince diffère des conceptions politiques de Louis XIV, qui souligne "l'étroite concordance entre ces devoirs et l'intérêt personnel du prince"[14]. Néanmoins, Fénelon a voulu concilier la spiritualité et la politique et ramener l'absolutisme royal à une base raisonnable et naturelle, légitimée par l'Ecriture sainte[15].

---

12 Les théologiens du XVIIe siècle associent aisément les lois de la Crète antique aux lois de Moïse; cf. "Licet enim in Minoë Cretensium rege Mosem reperire" (P.-D. Huet, 'Demonstratio Evangelica', Paris 1679, 93).

13 R. Darricau, 'La spiritualité du prince', dans: 'XVIIe siècle' 62-63 (1964) a montré que la théologie catholique développe, à la suite du concile de Trente, une spiritualité qui implique "pour les princes la prise de conscience de plus en plus nette de leur rôle de Père et de chef, le retournement complet de leur vie intime, la volonté de poursuivre sans faiblesse leur ascension spirituelle, de tendre à être juste dans toute l'acceptation du terme" (93). Cf. sur la genèse de ce programme: L. Prosdolini, 'Il progetto di "Riforma dei Principi" al concilio di Trento', dans: 'Aevum' 13 (1939), 1-64.

14 Thireau, 'Les idées politiques de Louis XIV'...cit., 56.

15 Freiherr von der Heydte surestime la conception fénelonienne des lois. Selon lui, elle marque un tournant dans l'évolution des doctrines politiques ('Die Stellung Fénelons in der Geschichte der Staatstheorie', dans: J. Kraus - J. Calvet (éd.), 'Fénelon. Persönlichkeit und Werk. Festschrift zur 300. Wiederkehr seines Geburtstages', Baden-Baden 1953, 307-317). La politique de Fénelon renvoie à un contexte théologique. K. Malettke résume la discussion des "lois fondamentales" sous Louis XIV ('Opposition und Konspiration'...cit., 77-87). Il note que le roi absolu était responsable

La notion de loi sert à la conservation de l'Etat dans les 'Dialogues des Morts' et dans 'Télémaque'. Fénelon ne combat pas le gouvernement absolu du roi. La supériorité des lois interdit même toute révolte contre l'abus du pouvoir. Mais elle rappelle, en même temps, au prince son devoir.

Fénelon évoque le danger d'une révolution pour le bannir[16]. Il oppose à la fausse conception du pouvoir absolu l'idéal du prince chrétien. Il tend par là à justifier le gouvernement du Roi-Soleil en le rattachant à la théocratie de l'Ancien Testament. Sa notion de loi vise, à travers les lois positives, une réalité soustraite à la volonté humaine. Elle "ne peut renvoyer qu'à l'ordre de Dieu"[17] et c'est cet ordre qui justifie la critique de Fénelon.

J. Molino a insisté sur l'aspect spirituel que les critiques tendent à négliger dans les écrits politiques de Fénelon. Les fonctions de confesseur et de précepteur concordent chez Fénelon et marquent ses oeuvres politiques de leur empreinte spécifique (art. cit., 290). Fénelon s'insère dans la tradition catholique des confesseurs de souverains, qui doivent faire valoir le message spirituel dans le domaine de la politique sans prétendre influencer la politique du souverain[18].

On a toujours accusé les confesseurs du roi de s'ingérer dans les affaires politiques. L'institution de confesseur du roi a été créée afin de veiller sur la morale quant aux actions politiques du gouvernement royal. Le confesseur est consulté dans les décisions gouvernementales, mais il n'a pas le droit de s'ingérer dans les délibérations du roi. Il est une sorte de conseiller royal. La notion de loi témoigne que Fénelon se place sur le plan religieux, ce qui est le propre du confesseur. Selon Louis XIV lui-même, les éducateurs de son fils doivent travailler à confirmer leur élève dans sa foi en lui enseignant "la piété par les discours et par l'exemple" ('Mémoires' ...cit., 120). A une époque où le Roi-Soleil ne se comporte pas comme un dévot, il qualifie cet aspect religieux comme "la première qualité que j'ai cherchée et considérée en eux" (ibid., 120). Fénelon reste fidèle au principe de ses fonctions en jugeant l'absolutisme à la lumière de l'Ecriture sainte et des Pères de l'Eglise. Le désaccord entre son idée sur la spiritualité du prince et la pratique politique de Louis XIV résultait des tensions existant entre la perspective spirituelle et la perspective séculière[19]. Fénelon restait fidèle aux

---

devant Dieu seul et que ce lien moral était d'un grand poids dans la conscience de l'époque: "Niemand außer Gott hatte das Recht, die Einhaltung der dem König gesetzten Grenzen seiner Macht zu überwachen oder gar zu erzwingen. Religiöse Verantwortlichkeit aber besaß im Bewußtsein der Zeit noch eine verhältnismäßig stark bindende Kraft" (ibid., 87).

16 Cf. Goulemot, op. cit., 156.
17 J. Molino, 'L'"Essai philosophique sur le gouvernement civil" Ramsay ou Fénelon?', dans: 'La Régence', Paris 1970, 288.
18 Darricau, ibid., 86-87.
19 Fénelon dit du 'Télémaque': "J'ai mis dans ces aventures toutes les vérités nécessaires pour le gouvernement, et tous les défauts qu'on peut avoir dans la puissance souveraine: mais je n'en ai marqué

possibilités d'action que sa fonction de précepteur et ses devoirs d'ecclésiastique lui réservaient. Alors, pourquoi sa doctrine fait-elle scandale?

L'instruction morale est aussi audacieuse que la critique avancée par l'opposition politique. Citons deux exemples particulièrement probants: 'Le monarque ou les devoirs du Souverain' (1661) de l'Oratorien Senault et 'L'Art de regner' (1666) du Jésuite Le Moyne. Ces deux auteurs ont exercé une influence directe sur Louis XIV, qui s'inspire de leurs énoncés dans la rédaction de ses 'Mémoires'[20]. Ils avancent des idées sur l'autorité du prince, où Malettke reconnaît des traits antiabsolutistes (op. cit., 80-82). Dans le cas de Fénelon un élément supplémentaire intervient: l'affabulation littéraire du 'Télémaque' obscurcit la référence au monde biblique.

Le Père Le Moyne avait composé son ouvrage à une époque où il pouvait mélanger le merveilleux chrétien et le merveilleux païen. Fénelon n'a plus cette possibilité. Il métamorphose le monde biblique en civilisation gréco-romaine, dont l'histoire et la mythologie étaient les seules admises dans la fiction littéraire, abstraction faite des possibilités dues au théâtre scolaire des Jésuites. Cela pourrait sembler normal, car selon Fleury et Thomassin le monde biblique représente la vérité du monde païen. Mais ce symbolisme peut être méconnu. Le lien entre l'Antiquité sacrée et profane est moins évident dans 'Télémaque' que chez ces deux auteurs. Fénelon ne se rend pas compte qu'il modifie la pensée de ses prédécesseurs en adoptant la forme littéraire.

Dans 'Télémaque', l'écart entre la civilisation ancienne et moderne est exploité systématiquement pour critiquer les innovations socio-économiques du monde moderne. Cette critique se fonde sur une analyse historique de la civilisation ancienne, mais elle transforme l'Antiquité historique en Antiquité de convention. D'où la tension entre la convention et l'histoire. Fénelon exploite l'écart entre la civilisation ancienne et moderne, procédé qui déprécie le monde moderne. Le schéma littéraire du 'Télémaque' met à nu les défauts de la France de Louis XIV, il ne permet pas de compléter cette analyse par celle du monde ancien. Les inconvénients du monde moderne sont réduits à la situation socio-économique et politique de la France absolutiste quand ils ne sont pas imputés à la nature humaine. Les aspects socio-économiques et politiques attaqués ne proviennent pas de l'historicité du monde dans lequel l'action est projetée, mais d'une analyse des problèmes de l'Etat absolutiste d'où la projection allégorique prend sa naissance. Les contraintes du schéma littéraire adopté par

---

aucun avec une affectation qui tende à aucun portrait ni caractère" (VII, 665). A. Adam remarque: "Lorsqu'on s'attache à éclairer les parties politiques de l'ouvrage par les écrits de Cordemoy et de l'abbé Fleury comme par les enseignements de Bossuet, on s'explique que l'abbé de Fénelon ait eu, à l'heure où il l'écrivait, la candeur de penser que ce roman n'avait rien qui pût blesser Louis XIV" ('Histoire de la littérature française au XVIIe siècle', tome V, Paris 1957, 170-171).
20 Thireau, op. cit., 27.

Fénelon sont très fortes. Elles rehaussent la valeur du monde ancien[21]. Par là, 'Télémaque' diffère des études historiques de Fleury,
où la critique fonctionnait dans les deux sens et soulignait la relativité de toute civilisation.

L'Antiquité historique sert dans 'Télémaque' de support à un voyage
imaginaire à travers l'univers des valeurs[22]. La civilisation gréco-
romaine est pourtant loin de l'idéal qu'elle incarne dans la fiction
littéraire[23]. Thomassin contrebalance sa critique du paganisme par
une explication allégorique des superstitions. Huet a suivi la même
voie dans les sciences religieuses, Le Bossu dans l'explication de
l''Enéide'. Fénelon refuse, en revanche, toute exégèse allégorique de
la fable païenne[24]. Les poèmes d'Homère ne renferment pas les grandes
vérités que d'autres y ont cru découvrir. Le merveilleux païen est
ridicule[25]. L'Antiquité païenne est trop défectueuse pour représenter
l'image de la théocratie. Elle doit être transformée en Antiquité de
convention par l'adoption de la perspective chrétienne. La civilisation gréco-romaine est christianisée dans 'Télémaque': Mentor incarne
Minerve[26] et renvoie à la Sagesse biblique de l'Ancien Testament,
interprétée par la théologie chrétienne comme une préfiguration du
Christ.

Toute l'affabulation littéraire du 'Télémaque' est imbue du christianisme. La religion et la morale des païens y figurent sur le plan
de ce que Fénelon nomme "il coustume" (LA, 181). Elles illustrent les

21 Fénelon est convaincu qu'il y a toujours eu des imperfections
humaines: "Je ne crains pas de dire que les Anciens les plus par-
faits ont des imperfections. L'humanité n'a permis en aucun temps
d'atteindre à une perfection absolue" (LA, 129).
22 Ce genre de voyage se trouve dans la tradition de l'Odyssée philosophique, cf. N. van Wijngaarden, 'Les Odyssées philosophiques en
France entre 1616 et 1789', Haarlem 1932.
23 Dans la 'Lettre à l'Académie', Fénelon critique les défauts de
cette civilisation: "J'avoue que les Anciens ont un grand désavan-
tage par le défaut de leur religion et par la grossièreté de leur
philosophie. Du temps d'Homère leur religion n'étoit qu'un tissu
monstrueux de fables aussi ridicules que les contes de fées. Leur
philosophie n'avoit rien que de vain et de superstitieux. Avant
Socrate la morale étoit très imparfaite, quoique les législateurs
eussent donné d'excellentes règles pour le gouvernement des peuples" (LA, 131-132).
24 "Je ne crois point (et c'est peut-être ma faute) ce que divers
sçavans ont cru. Ils disent qu'Homère a mis dans ses poèmes la
plus profonde politique, la plus pure morale et la plus sublime
théologie. Je n'y apperçois point ces merveilles; mais j'y remarque
un but d'instruction utile pour les Grecs... En vain les platoni-
ciens du Bas-Empire, qui imposoient à Julien, ont imaginé des
allégories et de profonds mystères dans les divinitez qu'Homère
dépeint. Ces mystères sont chimériques; l'Ecriture, les Pères, qui
ont refuté l'idolâtrie, l'évidence même du fait montrent une religion extravagante et monstrueuse" (LA, 142-143).
25 Une variante de la 'Lettre à l'Académie' indique même que Fénelon
préfère le monde moderne parce qu'il est marqué par le christianisme: "Les Dieux d'Homère ne valent pas ses héros et ses héros
n'ont rien de comparable à nos honnestes gens. La philosophie et
puis le christianisme ont fait cet heureux changement dans le genre
humain" (LA, 190).
26 P. Valens avait déjà attribué, dans son 'Telemachus', à Mentor la
fonction de défendre le point de vue de la morale religieuse (cf.
"Mentoris Oratio vehemens & morata pro Telemacho in procos", ibid.,
35).

moeurs du monde historique que le voyage imaginaire prétend explorer. En vérité, Télémaque ne parcourt l'Antiquité historique que sur le plan du savoir encyclopédique. Sur le plan des valeurs, il découvre l'Antiquité sacrée et les idéaux spirituels du prince chrétien.

Fénelon n'avait pas hésité à accepter les contraintes de la doctrine classique. Elle favorisait son intention pédagogique dès qu'on soulignait le caractère exotique du passé lointain. L'exotisme fait entrer en vigueur l'historicité de l'Antiquité sacrée et profane. La caution de l'histoire rehausse le prestige de l'instruction tandis que la réalité historique lui est nuisible. C'est pourquoi Fénelon projette les idéaux du prince chrétien dans une Antiquité de convention qui est le point de convergence entre le monde moderne et le monde biblique.

Le schéma littéraire adopté par Fénelon actualise les idées de Fleury. L'historien insiste sur la différence des civilisations parce que le message dégagé des faits historiques concerne le monde moderne. Il part des temps passés pour aboutir au présent. 'Télémaque' est né d'un cheminement inverse: il part d'une analyse du présent et imagine un passé qui répond aux nécessités du présent. Il présuppose les résultats des recherches historiques, mais il confronte dans le passé différentes valeurs du monde moderne. Dans l'Antiquité de convention, la différence des moeurs se réduit à un élément secondaire, "il coustume". L'argument central du 'Télémaque' est le débat à propos des valeurs politiques.

L'affabulation littéraire a servi l'intention pédagogique du 'Télémaque'. Elle montre que la théocratie ne correspond pas à un désir pieux de dévot, mais qu'elle implique un programme politique. Bossuet range, en revanche, le livre de Fleury parmi la littérature d'édification. Il écrit dans l'approbation des 'Moeurs des Israélites':

> Tout tend ici à l'édification & tout sert à illustrer la foi Catholique, Apostolique & Romaine, & la doctrine des bonnes moeurs. ('Opuscules'...cit., tome I, LXX)

L'éloge de la vie simple ne choque pas de la même façon quand il sert à l'édification des dévots. Le mépris du monde, l'exhortation à l'observation de la morale, l'avertissement envers les dangers du monde, la condamnation du style de vie des mondains etc., tout cela fait partie de ce genre littéraire. Ces attaques répondent à ce que le lecteur attend d'un livre de dévotion. Fénelon rompt avec cette tradition en revêtant son enseignement d'une affabulation littéraire.

'Télémaque' évoque la spiritualité du prince sans recours au vocabulaire religieux: il s'exprime avec la franchise de l'instruction religieuse sans en avoir le langage. Il renvoie à travers l'Antiquité païenne au monde biblique, mais il s'abstient de toute allusion directe à la civilisation des Hébreux. Télémaque explore l'univers des valeurs chrétiennes, et les valeurs religieuses déterminent la politique de l'ouvrage. Ainsi le lecteur doit reconnaître cette nature de l'énoncé sans qu'un langage spécifique ne lui vienne en aide. Cette structure a provoqué des doutes sur l'intention du livre. Le refus d'accepter les propos de Fénelon n'est pas sans analogies avec la querelle du quiétisme. C'est pourquoi il faut rattacher la doctrine de 'Télémaque' à la conception de l'amour pur.

II. 4. LA SIMPLICITE DANS LA DOCTRINE DE L'AMOUR PUR
ET DANS LA THEORIE POLITIQUE DE 'TELEMAQUE'

On a toujours été frappé de la coïncidence entre la condamnation
à Rome des 'Maximes des Saints' (12 mars 1699) et la publication de
'Télémaque'. La première édition diffusée par la veuve de Claude
Barbin porte le privilège du 6 avril 1699. On a établi immédiatement
un lien entre les deux événements. Le Dieu rapporte des propos de
Bossuet sur ce fait[1]. Fénelon a expliqué cette coïncidence par l'infidélité d'un copiste (VII, 665). La Palatine prétend même qu'il "a
acheté tous les exemplaires et fait défense d'imprimer la suite"[2].
Germain Vuillart attribue, en revanche, cette mesure au chancelier[3].
On peut se demander si la date de publication s'explique vraiment par
l'infidélité du copiste. Le livre a circulé en manuscrit avant d'être
imprimé. C'est pourquoi Bossuet soupçonne que la publication ait été
favorisée par les amis de l'archevêque pour remédier aux maux causés
par la condamnation des 'Maximes des Saints'[4].
    La morale du 'Télémaque' est belle selon les uns, trop belle pour
ce monde selon les autres. On loue les hautes vues de Fénelon pour
déprécier sa politique. Citons un témoignage où cette intention est
évidente.
    Vuillart rapporte une pièce en vers qui compare les 'Maximes des
Saints' avec 'Télémaque' pour discréditer la spiritualité de Fénelon:

        Qui voudra comparer les Maximes des Saints
        A Telemaque écrit dans le style d'Homere,
        Trouvera que l'Auteur a deux divers desseins,
        Qui, malgre lui, le font à lui mesme contraire,
        Dans l'un que de solidité!
        Tout y tend à la vérité:
        Et dans l'autre tout est chimere.
        Parlez un peu plus clairement.
        Puisqu'il faut donc que je m'explique,
        Le solide, c'est le Roman;
        Le frivole, c'est le mystique. (éd. cit., 238)

Le procédé de style de ces vers se résume en un paradoxe: le "roman",
qui est classé parmi les genres littéraires "frivoles", est solide,

---

1 'Mémoires & Journal', vol. II, Paris 1856, 12.
2 Lettre du 14 juin 1699, éd. Jaeglé, tome I, Paris 1890, 201.
3 Lettre du 6 mai 1699, éd. par R. Clark, Genève-Lille 1951, 221.
4 Le Dieu, 'Mémoires'..., vol. II, 12.

vrai, clair, et les 'Maximes des Saints' sont chimériques. La catégorie du chimérique sera appliqué à 'Télémaque' dès qu'on y soupçon-
nera une morale analogue à la spiritualité. Ce soupçon s'exprime
encore la même année.

Un pamphlet anonyme contre la spiritualité fénelonienne porte un
titre révélateur: 'Le Telemaque spirituel ou le roman mystique sur
l'amour divin et sur l'amour naturel' (1699). Il est attribué à
Faydit. Contrairement à ce que le titre suggère, 'Télémaque' n'y est
pas analysé. Le titre dissimule le vrai contenu et suscite la curiosité des lecteurs désireux d'en savoir plus sur un livre que tout le
monde recherche. En vérité, l'auteur se moque de la spiritualité de
Fénelon; il attaque toutefois, à l'occasion, la politique du 'Télémaque':

> Ce Prélat [=Fénelon] ressemble à Caton, dont Ciceron se raille,
> en disant qu'il opinoit dans le Senat corrompu de Rome, comme
> s'il avoit été dans la Republique de Platon où il n'y avoit que
> des gens d'une perfection en idée qui ne fut jamais. (32)

Cette comparaison est révélatrice: 'Télémaque' prêche une morale si
sublime que les contemporains n'arrivent plus à confirmer cette doctrine par la vie. Faydit ne sait pas rattacher la morale de 'Télémaque' à la politique de l'absolutisme français. L'analogie entre la
spiritualité et la politique de Fénelon dénonce l'impossibilité de
pratiquer cette morale. La politique fénelonienne n'est qu'une occasion de plus pour débattre du statut de la morale religieuse.

Fénelon refuse de reléguer le spirituel dans une zone circonscrite
du réel et de séparer la vie laïque des mondains de la vie religieuse
des dévots. Il n'est pas le seul à s'opposer à cette séparation.

Fleury soulignait à plusieurs reprises que la discipline de l'Eglise primitive concerne le présent autant que le passé[5]. Il revient sur
ce point dans les 'Discours' qui précèdent son 'Histoire ecclésiastique':

> En lisant les livres de piété anciens & modernes, en lisant
> l'Evangile même, cette pensée vient quelquefois à l'esprit:
> voilà de belles maximes, mais sont-elles pratiquables? des hommes
> peuvent pratiquer avec la grace de Dieu ce qu'elle a fait prati-
> quer à tant de saints, qui n'étoient que des hommes. ('Discours
> sur l'Histoire ecclesiastique', Paris 1720, 34)

Ce passage provient du premier 'Discours', publié en 1691. Fleury y
envisage la réaction du lecteur présumé de son 'Histoire ecclésiastique'. Son raisonnement reflète un état d'esprit typique de l'époque.
Il rappelle le reproche avancé contre Fénelon dans 'Le Telemaque
spirituel', qui tend à dissocier la morale chrétienne de la morale
laïque. Vers la fin du XVIIe siècle, la politique et la vie quotidienne commencent à se dérouler, et ce de plus en plus consciemment,
à côté de l'enseignement religieux. 'Télémaque' réagit contre l'attitude même que combat le 'Discours' de Fleury. Il révèle une rupture

---

5 'Opuscules'...cit., tome I, surtout p. 284.

dont les racines vont plus loin dans le passé et dont la signification dépasse l'ouvrage. Il faut, par conséquent, par delà l'interprétation anecdotique du débat sur 'Télémaque' aller à sa signification dans la pensée européenne. La portée universelle des polémiques contre le livre est évidente: 'Télémaque' a eu une telle importance dans la littérature française qu'il a montré la sécularisation de la civilisation européenne. Il a pu servir à cette prise de conscience puisque Fénelon réagit contre l'avènement de l'esprit laïcisé.

Expliquer le succès de 'Télémaque' par le processus de sécularisation, ce n'est pas quitter l'histoire littéraire pour s'occuper de l'histoire des idées; tout au contraire, c'est révéler la signification historique de la forme littéraire de l'oeuvre. L'affabulation littéraire du discours instructif a eu une autre fonction avant de marquer l'esthétique littéraire. Elle a dissimulé l'intention spirituelle de l'ouvrage, ce qui était sans doute nécessaire pour provoquer les différentes explications du livre. Ces interprétations prouvent que la France de Louis XIV a rompu avec la prétention universelle de la morale catholique et que cette rupture est inconsciente.

La sécularisation est le résultat d'un processus de désacralisation inconsciente. Fleury a bien compris que le vrai problème n'était pas dans la pratique passée de la morale chrétienne ou dans celle d'un groupe déterminé par sa profession de foi. Peu importe que les premiers chrétiens aient pratiqué la morale intégrale de l'évangile, puisqu'on conteste le fait que ce temps importe toujours pour les chrétiens.

On aurait pu éviter les attaques de Fleury en distinguant les époques[6], néanmoins le schéma littéraire du 'Télémaque' ne s'y prêta pas. L'Antiquité de convention y représente le point où le passé et le présent coïncident. Elle porte les marques du monde laïcisé parce qu'elle représente un schéma littéraire, lequel se définit par son opposition à la vérité religieuse. Fénelon fait valoir, dans le monde laïc et avec les moyens de la littérature laïque, le point de vue religieux. C'est cette métamorphose du religieux en séculier qui fait l'originalité de 'Télémaque', c'est elle qui a scandalisé les contemporains.

Le schéma littéraire de 'Télémaque' oblige le lecteur à prendre position sur la possibilité de rattacher la morale chrétienne à la pratique de la vie moderne. Il permet en même temps d'exprimer librement le doute sur la praticabilité de cette morale parce qu'on peut douter de son énoncé sans attaquer la morale catholique. Les théologiens qui polémiquent contre le 'Télémaque' n'y aperçoivent ni les

---

6 Cf. "Nous craignons l'antiquité, parce qu'elle nous propose une perfection, que nous ne voulons pas imiter Nous disons qu'elle n'est pas pratiquable, parce que si elle l'étoit, nous aurions tort d'en être si éloignez: nous détournons les yeux des maximes & des exemples des saints, parce que c'est un reproche continuel à nôtre lâcheté. Mais qu'y gagnerons-nous? Ces veritez & ces exemples ne seront pas moins soit que nous y pensions ou non: & il ne vous servira rien de les ignorer" (Deuxième 'Discours sur l'Histoire ecclesiastique', Paris 1720, 76).

emprunts qu'il fait à la Bible, ni l'idéal du prince chrétien issu
d'une longue tradition théologique. On était habitué à classer la
politique chrétienne dans la catégorie bien circonscrite du religieux
et on ne la reconnaît plus lorsqu'elle revendique l'universalité de
la doctrine évangélique hors du champ spécifique de la religion.

La 'Critique' de Gueudeville exprime l'effet de choc que l'instruction religieuse provoque dès qu'elle se présente comme une exigence
vis-à-vis du monde laïc et dans ce monde laïc:

> Ne trouvez-vous pas avec moi, que le Roi de Mentor est un Roi
> fantastique, & que si les Princes vouloient régner sur les
> Memoires de ce vieillard, Minerve ne seroit descenduë sur la
> terre, que pour bouleverser le Monde. Si un Roi observoit tous
> ces divins preceptes, il deviendroit la victime de son Peuple, &
> sa condition seroit pire que celle d'un particulier. ('Critique
> generale des Avantures de Telemaque', Cologne 1700, 85-86)

La doctrine politique de 'Télémaque' est si exigeante envers le roi
qu'elle paraît fantastique, et par là dangereuse pour l'ordre public.
Gueudeville ne reconnaît pas la tradition religieuse dans le discours
instructif de Fénelon. La morale du livre empêche l'exercice du pouvoir, elle menace donc l'avenir de la France[7]. Une conclusion s'impose
de ce fait: le monde politique a déjà rompu, en tant que monde laïc
et malgré les déclarations sur la France catholique, avec la prétention universelle de la morale catholique. On n'accepte plus qu'une
fiction littéraire juge la France du Roi-Soleil selon les normes du
monde biblique.

La forme littéraire de 'Télémaque' fait partie du programme politique de Fénelon: la France absolutiste peut et doit actualiser les
enseignements bibliques, malgré la divergence des temps. L'instruction
politique du livre aspire à cette synthèse. Dès qu'on la refuse, la
signification de 'Télémaque' se modifie complètement. C'est ce qu'on
voit dans la 'Critique' de Gueudeville.

Gueudeville sépare la morale de la forme du 'Télémaque'. La critique littéraire aime citer le passage suivant:

> J'estime infiniment sa Politique & sa Morale; j'ose dire sans
> pretendre me mesurer avec ce grand homme que ses maximes sur ces
> deux genres sont tout à fait les miennes...Je distingue deux
> choses dans le Telemaque: son corps & son ame: son corps ne me
> plaît point. ('Critique de la première et seconde suite du tome
> second des Avantures de Telemaque', Cologne 1700, 4-5)

On a pensé que Gueudeville avait compris les idées politiques mais
dénoncé les faiblesses littéraires du 'Télémaque'. En vérité, il les
a méconnues toutes les deux malgré ses observations sur certaines
inadvertances de Fénelon qui étaient pertinentes. On ne peut pas
séparer la morale de la forme littéraire de l'ouvrage. Il y a une
telle interdépendance entre les deux éléments qu'une méconnaissance
de l'un entraîne une incompréhension de l'autre. C'est ce qu'on voit

---

7   Ce jugement du 'Télémaque' s'est perpétué jusqu'à une époque toute
    récente, cf. Ph. Erlanger, 'Fénelon et la Révolution française',
    dans: 'Revue de Paris' 69 (novembre 1962), 78-87.

dans les remarques de Gueudeville sur la Crète de 'Télémaque'.

La description de l'Ile de Crète évoque l'"âge d'or" (LA, 79).
Gueudeville reconnaît le motif, mais il se trompe sur sa signification:

> Dépeindre l'Isle de Crète comme l'on dépeignoit le siecle d'Or:
> dire mille biens de ses Rois & des ses habitans; & puis tout
> d'un coup nous faire voir ce sage & heureux peuple soumis à un
> Prince qui execute en enragé une promesse folle & impie que la
> peur de mourir lui avoit extorquée; c'est se soutenir bien mal
> dans un Panegyrique; & il me semble que c'est pêcher grossière-
> ment contre les regles de la vraisemblance. ('Critique du second
> tome des Avantures de Telemaque', Cologne 1700, 20)

La prétendue invraisemblance est voulue par Fénelon. Elle correspond
d'une part à son mépris de la religion gréco-romaine[8], elle établit
d'autre part un lien entre les Etats de la Crète et de Salente. Le
personnage d'Idoménée déconcerte dans la peinture de l'âge d'or, et
il sert de leçon: il illustre la décadence d'un prince qui est séduit
par "l'ardeur de la jeunesse et le goût des vains plaisirs" (1, 364-
365), et qui acquiert "la sagesse" (1, 365) dès qu'il retourne, sous
l'impulsion de la souffrance, à la modération. Fénelon en conclut que
la faiblesse humaine menace les rois comme elle menace tout homme[9]. A
force d'avouer leurs fautes et de se corriger ils accèdent à la grandeur véritable[10]. La chute et la correction d'Idoménée établit un
lien entre la Crète de Minos et l'Etat de Salente. La réforme de
Salente par Mentor adapte la vieille tradition crétoise aux nécessités de la civilisation moderne. La prétendue invraisemblance de
l'épisode d'Idoménée introduit un dynamisme historique dans la peinture du monde idéal. Elle rapproche le monde biblique, illustré par
la Crète, de l'Etat de Salente, qui porte les traits de la France
absolutiste.

Le monde imaginaire de 'Télémaque' passionne les esprits, dès la
publication du livre. On se demande à quel monde cette morale politique renvoie, et on répond avec Gueudeville:

> Qu'il place son divin système de royauté dans les espaces imagi-
> naires: c'est son véritable endroit. Je ne le crois pas plus
> recevable que son amour pur est possible et, si le dernier est
> une mystique outrée, l'autre est une chimérique spéculation.
> ('Critique du premier tome des Avantures de Telemaque', Cologne
> 1700, 151)

Les besoins de l'Etat moderne ne peuvent être subordonnés à la morale
chrétienne. La vie dans le monde exclut une pratique intégrale des
exigences du christianisme. On reconnaît l'idée du Machiavélisme.
L'attaque de Gueudeville frappe la spiritualité du prince, mais elle

---

8 Cf. LA, 136-137.
9 Cf. "Un roi, quelque bon et sage qu'il soit, est encore homme" (2,
  77).
10 Cf. "Sa simplicité à avouer son tort, sa douceur, sa patience pour
   se laisser dire par moi les choses les plus dures, son courage
   contre lui-même pour réparer publiquement ses fautes et pour se
   mettre par là au-dessus de toute critique des hommes montrent une
   âme véritablement grande" (2, 81).

combat une vision religieuse du pouvoir royal avec des arguments théologiques. Dès lors, l'idéal du prince chrétien est contesté par l'orthodoxie catholique. Les théologiens alimentent la polémique contre
l'idéal du prince chrétien avec des idées empruntées à la science
politique laïcisée.

Dans la 'Critique de la suite du second tome des Avantures de Telemaque', Gueudeville projette la politique chrétienne dans le nulle
part de l'utopie. Il dit à propos de la Bétique:

> Si la Bétique étoit aussi réelle que la description est char-
> mante, ce païs seroit le Paradis de la terre; & il n'y a point
> d'homme de bon sens qui ne dût traverser toutes les mers pour
> vivre dans un endroit du monde, où la passion & l'intérêt, les
> deux sources du malheur, n'ont aucune force, bien loin d'y domi-
> ner, comme elles font par tout. Mais la Bétique ressemble au
> sage de Zenon: l'un & l'autre fournissent de grandes idées qui
> s'évaporent par l'usage, & que l'application met au rang des
> grandes chymères. Que l'Auteur de la nature refonde l'homme & le
> jette dans un nouveau moule; alors toute la terre deviendra Béti-
> que. (266-267)

"La passion et l'intérêt" empêchent la réalisation d'une politique
chrétienne dans ce monde. Gueudeville reconnaît l'origine biblique du
motif littéraire, il identifie pourtant la Bétique au Paradis perdu
de la Genèse. La chute de l'homme a rendu à jamais impossible cet
idéal de vie simple. Le monde actuel a besoin d'autres leçons qui
restent plus terre à terre. Pour Fénelon en revanche, la Bétique renvoie aux temps héroïques des patriarches bibliques tels que Fleury
les a décrits dans ses 'Moeurs des Israélites'. La civilisation
agraire des origines que la Bétique représente, n'existe que dans le
mythe. Mais le récit d'une civilisation inaccessible à Télémaque et
Mentor décrit l'idéal qu'il faudra adapter aux conditions géographi-
ques et historiques des différentes nations dont les deux voyageurs
font eux-mêmes la connaissance.

La Bétique est située hors d'atteinte pour les voyageurs afin de
représenter les "délices de l'âge d'or" (1, 323) à l'état pur du mythe
des origines. Le lieu paradisiaque, soustrait aux importunités du
monde déchu, donne un cadre harmonieux à un tableau de la simplicité
précieuse des temps anciens. Cette "aimable simplicité du monde naissant" (VI, 653) est une leçon pour le monde moderne[11]. L'âge d'or

---

11 Une version primitive de la 'Lettre à l'Académie' vante cette simplicité en citant les sources qui fournissent les informations
historiques sur ces moeurs: "Nous la voyons dans Hésiode et dans
Homère pour les Grecs, comme dans l'Ecriture pour les Israélites.
Cette simplicité ne retranche qu'un faste contagieux. Elle ne nous
ôte rien de la peinture des beautés naturelles. Elle sert même à
faire gouster et sentir les grâces d'une vie rustique et innocente.
Heureux les hommes si la vanité ne les empêchoit point d'en sentir
le prix" (LA, 191). Montaigne décrit la population d'une grande
île dans "la mer Athlantique" ('Des cannibales', dans: 'Essais' I,
31). Cette société naturelle "surpasse, non seulement toutes les
peintures de quoy la poësie a embelly l'age doré... mais encore la
conception et le desir mesme de la philosophie" ('Essais'. Texte
établi et annoté par A. Thibaudet, Paris 1950, 244). Il y a même
un Miroir des Princes qui offre une peinture de l'âge d'or: Antonio
de Guevara, 'L'Horloge des Princes' (Lyon 1608), dont l'original

n'est pas irrémédiablement perdu. Les Etats modèles de la Crète et de Salente l'adaptent aux besoins d'une civilisation plus développée. Les qualités de l'âge d'or ne sont donc pas liées aux conditions de vie d'une population de bergers.

Le motif de l'âge d'or revient à deux endroits dans 'Télémaque' où il complète le tableau de la Bétique. Dans le livre second, Télémaque séjourne parmi les bergers d'Egypte (1, 82). Cet épisode montre que l'âge d'or n'est atteint qu'à la fin du travail civilisateur. Télémaque transforme des rustres en hommes civilisés et adoucit leurs "coeurs farouches" en leur montrant le chemin de "l'aimable vertu" (1, 79).

Le motif revient à la fin de l'ouvrage. Au moment de leur séparation définitive, Minerve résume ses instructions au fils d'Ulysse et lui dit:

> Lorsque vous régnerez, mettez toute votre gloire à renouveler l'âge d'or. (2, 553)

L'âge d'or se métamorphose: du passé mythique on aperçoit alors la perspective d'un avenir meilleur. Le renouveau de l'âge d'or devient un programme de réforme politique.

Fénelon oppose au "luxe" un idéal de simplicité. Télémaque explique, à la fin du discours d'Adoam, la signification que l'âge d'or a dans la France de Louis XIV:

> O combien ces moeurs ... sont-elles éloignées des moeurs vaines et ambitieuses des peuples qu'on croit les plus sages! Nous sommes tellement gâtés, qu'à peine pouvons-nous croire que cette simplicité si naturelle puisse être véritable. Nous regardons les moeurs de ce peuple comme une belle fable, et il doit regarder les nôtres comme un songe monstreux. (1, 342)

La critique de la civilisation moderne est poussée dans ce passage jusqu'au paradoxe: la fable témoigne de la vérité morale à réaliser sur le plan historique, tandis que la vérité historique ne correspond qu'à "un songe monstrueux". La simplicité est "naturelle", le luxe est pervers[12]. La réforme politique n'a qu'à transformer la fable en vérité historique. Ce plaidoyer en faveur de la simplicité des temps héroïques n'est pas sans analogie avec la doctrine de Fénelon directeur de conscience.

Les 'Instructions sur la morale et la perfection chrétienne' contiennent un long développement sur la simplicité spirituelle. Fénelon y reconnaît que sa conception à ce propos transforme l'idée de la civilité mondaine:

---

espagnol a été publié en 1529. Les Garamantes de cette utopie vivent selon les lois de la nature.

12 Montaigne dit des cannibales: "Nous les pouvons doncq bien appeler barbares, eu esgard aux regles de la raison, mais non pas eu esgard à nous, qui les surpassons en toute sorte de barbarie... Ils sont encore en cet heureux point, de ne desirer qu'autant que leurs necessitez naturelles leur ordonnent: tout ce qui est au delà, est superflu" ('Essais'...cit., 248).

> J'ai déjà remarqué que le monde est du même goût que Dieu pour
> s'accommoder d'une noble simplicité qui s'oublie elle-même. Le
> monde goûte dans ses enfans, corrompus comme lui, les manières
> libres et aisées d'un homme qui ne paroît point occupé de soi;
> c'est qu'en effet rien n'est plus grand que de se perdre de vue
> soi-même. (VI, 156)

La civilité mondaine exige un retour au "naturel" par l'oubli de soi-
même. La spontanéité est éducation, et ne peut être supplantée par
les bonnes manières. La simplicité sprirituelle ramène l'idéal mondain
à la base solide de la vérité religieuse. La simplicité mondaine est
"une fausse image de la véritable" (ibid., 156) parce que les hommes
y sont distraits d'eux-mêmes "à force d'être entraînés par des objets
encore plus vains" (ibid., 156). L'analyse du directeur de conscience
rejoint donc le constat de l'éducateur du duc de Bourgogne. La civilisation moderne est contraire aux besoins véritables des hommes. C'est
pourquoi la politique chrétienne retranche les besoins artificiels
créés par le "luxe" et entretenus par l'"amour-propre". La simplicité
chrétienne permet de retrouver, au sein du monde moderne, les besoins
véritables. C'est cet idéal que Fénelon recommande à la France de
Louis XIV.

Loin de nier la valeur de la civilité moderne, Fénelon se propose
de l'utiliser. C'est particulièrement sensible dans la description de
l'idéal de la simplicité spirituelle:

> La simplicité consiste en un juste milieu où l'on n'est ni étour-
> di, ni trop composé: l'ame n'est point entraînée par l'extérieur,
> en sorte qu'elle ne puisse faire les réflexions nécessaires:
> mais aussi elle retranche les retours sur soi qu'un amour-propre
> inquiet et jaloux de sa propre excellence multiplie à l'infini.
> Cette liberté d'une ame qui voit immédiatement devant elle pen-
> dant qu'elle marche, mais qui ne perd point son temps à trop
> raisonner sur ses pas, à les étudier, à regarder sans cesse ceux
> qu'elle a déjà faits, est la véritable simplicité. (VI, 153-154)

Fénelon emploie la notion du "juste milieu", qui caractérise toute la
civilisation classique en France. Que signifie cette interprétation
religieuse de la civilisation de l'époque? Fénelon analyse la France
absolutiste et constate que le monde laïc s'obstine à se couper de
toute finalité avec l'au-delà et à se déterminer par une causalité
purement intra-mondaine. Tous les disciples de saint Augustin dénoncent cette évolution. Fénelon philosophe est, selon H. Gouhier, "l'auteur peut-être le plus original dans l'histoire de cette convergence
du cartésianisme et de l'augustinisme, une fois mis à part Malebranche, qui, lui, donne son nom à un système vraiment nouveau, le 'male-
branchisme', ayant sa vie propre au-delà de ses deux sources"[13].
Fénelon se distingue de toute tendance janséniste[14] par son refus de
rompre avec le monde. Il cherche une manière de vivre chrétiennement
dans le monde moderne. La doctrine de l'amour pur n'est rien d'autre
que la réponse théologique à la sécularisation du monde moderne.

---

13 'Fénelon philosophe', Paris 1977, 20.
14 Sur le "jansénisme" de Fénelon, cf. Orcibal, Corr I, 163-169.

J.-L. Goré a constaté que 'Télémaque' "n'est pas sans rappeler
étrangement certains recueils hermétiques contemporains, qui eux aussi
utilisent des images mythologiques en les rattachant à une tradition
ésotérique tout à fait différente"[15]. Elle souligne le goût "de la
représentation quasi géographique de l'aventure amoureuse ou du voyage
spirituel" (ibid., 73) et rappelle que "cette vision spatiale d'une
évolution spirituelle est implicitement contenue dans un grand nombre
de textes mystiques" (ibid., 73-74). Il serait, pourtant, erroné de
chercher dans 'Télémaque' les traces d'une expérience mystique proprement dite. 'Télémaque' ne vise aucun ésotérisme mystique. L'extraordinaire serait même contraire à la théologie propre de l'auteur. La
doctrine du pur amour dégage le mysticisme de toute teinte d'ésotérisme réservé à quelques âmes de choix. Dans 'Télémaque', la spiritualité du prince n'en appelle jamais à la conscience mystique.

Saint Augustin a jeté les bases théologiques de la conception
chrétienne du mysticisme sans avoir éprouvé lui-même les états d'âmes
des mystiques. Le cas de Fénelon est analogue. R. Spaemann a montré
que l'archevêque de Cambrai n'est pas un mystique au sens propre du
terme. Il élabore la théologie d'un état d'âme qu'il ne connaît pas
de sa propre expérience[16]. Ce qui le passionne dans la mystique, c'est
l'épreuve de la sécheresse spirituelle où le mystique souffre de l'absence de Dieu. Cette expérience rappelle à Fénelon la conscience de
l'homme moderne qui explique le monde par des causalités purement
intra-mondaines.

Fénelon ne mélange pas la mystique et la politique. L'amour pur
n'est pas une fin pédagogique poursuivie par le 'Télémaque'[17]. La
spiritualité n'y est pas un simple appendice de la doctrine mystique.
Tout au contraire, elle perpétue les leçons des Miroirs des Princes
(cf. I. 3). Néanmoins, la politique et la morale féneloniennes ont un
adversaire commun: l'amour-propre. Leur but est de démontrer que
l'amour désintéressé délivre l'homme moderne de ses préoccupations.

La civilité mondaine affecte le désintéressement au lieu de le
pratiquer. La politique de Machiavelli ou de Hobbes compte sur
l'égoïsme que l'Etat chrétien devrait réprimer. Le prince chrétien,
en revanche, ne se fie pas à l'amour-propre[18]. Il s'abandonne à la

---

15 'Le Télémaque, périple odysséen ou voyage initiatique', dans: 'Cai-
    hiers de l'Association internationale des Etudes Françaises' 15
    (1963), 72.
16 "Das zweite aber ist, daß Fénelon selbst kein Mystiker im traditio-
    nellen engeren Sinne des Wortes war. Er weiß sich als Theoretiker
    der Mystik, der nicht selbst aus mystischer Erfahrung spricht,
    sondern die oft ungenau artikulierten Erfahrungsaussagen der Mysti-
    ker diesen selbst und der Mitwelt in einem am Ideal der Orthodoxie
    und der "idée claire" orientierten Sinne interpretiert" ('Reflexion
    und Spontaneität'...cit., 22).
17 "Zweifellos ist "reine Liebe" in dem spezifischen Sinn der geistli-
    chen Schriften Fénelons nicht das Ziel, das Mentor bei der Führung
    des jungen Telemach im Auge hat" (Spaemann, ibid., 206).
18 Yves de Paris écrit: "Le propre office du Prince & la fin legitime
    de son gouvernement consiste à former les hommes à la vertu, par
    conséquent à la Religion qui est la première des vertus morales...
    le devoir du Prince est de conduire ses peuples à Dieu, & de les
    mettre en disposition d'en recevoir les faveurs qui sont les fonde-

main de Dieu, qui gouverne le monde:

> Il faut avoir des principes certains de justice, de raison, de
> vertu, pour connoître ceux qui sont raisonnables et vertueux. Il
> faut savoir les maximes d'un bon et sage gouvernement, pour con-
> noître les hommes qui ont ces maximes et ceux qui s'en éloignent
> par une fausse subtilité. En un mot, pour mesurer plusieurs
> corps, il faut avoir une mesure fixe: pour juger, il faut tout
> de même avoir des principes constants auxquels tous nos jugements
> se réduisent. Il faut savoir précisément quel est le but de la
> vie humaine et quelle fin on doit se proposer en gouvernant les
> hommes. (2, 522-523)

Les instructions de la religion sont au-dessus de l'intérêt propre[19]
des sujets et du prince. La religion réunit ce que l'amour-propre
tend à diviser. Cette harmonie entre les intérêts divergents des
particuliers et du souverain s'effectue lorsque le roi se soumet aux
exigences de la dignité royale. Le désintéressement de l'amour pur se
retrouve donc, dans la spiritualité du prince, comme le devoir d'oublier la personne propre du roi dans la dignité royale.

Pour la conscience sécularisée il est impossible de passer immédiatement de la perception des choses visibles à leur Créateur divin.
C'est pourquoi Fénelon met la dignité royale au-dessus du dignitaire.
Cette distinction n'était pas niée à l'époque. La personne humaine du
roi était pourtant toujours identifiée à sa dignité. Cela valait surtout pour la doctrine de la personne sacrée du roi. Fénelon descend
du plan dogmatique au plan de la morale et déduit des droits de la
dignité royale les devoirs du dignitaire. Télémaque accepte à la fin
de son instruction cet idéal du prince chrétien[20]:

> L'état d'un roi est bien malheureux. Il est l'esclave de tous
> ceux auxquels il paroît commander: il est fait pour eux; il se
> doit tout entier à eux; il est chargé de tous leurs besoins; il
> est l'homme de tout le peuple et de chacun en particulier...
> L'autorité qu'il paroît avoir n'est point la sienne; il ne peut
> rien faire ni pour sa gloire, ni pour son plaisir: son autorité
> est celle des lois; il faut qu'il leur obéisse. (2, 533-534)

Le roi représente Dieu en se faisant l'instrument de sa Loi[21]. Le roi

---

mens de la paix" ('L'Agent de Dieu dans le monde', Paris 1656,
208). L'auteur cite à plusieurs reprises 'De regimine principum ad
regem Cypri' de Thomas d'Aquin. A l'époque, cet ouvrage a été
édité en 1660 dans le volume 20 des 'Opuscula omnia' (764-842) de
Thomas d'Aquin.

19 Sur cette notion cf. II, 323-325, et J. Deprun, 'La philosophie de
l'inquiétude'...cit., 151-153.

20 R. Mousnier a montré que cet idéal correspond à une des lois fondamentales de l'Etat absolutiste: "Le roi de France n'a donc plus
rien d'une personne privée. Tout en lui est absorbé par la fonction
de roi... Le roi ne possède rien en propre. Le roi ne possède pas
de vie privée. Il vit en public. Il mange en public. La reine de
France accouche en public. Le préambule de l'édit de 1607, par
lequel Henri IV réunit à la Couronne le patrimoine des Bourbons,
ses ancêtres, proclame ce droit: "Nos prédéscesseurs se sont
dediés et consacrés au public, duquel ils n'ont rien voulu avoir
de distinct et de séparé". Le roi n'est plus qu'une personne publique, le premier serviteur de l'Etat" ('Les Institutions'...cit.,
vol. I, 505).

21 La confession de Télémaque est complétée par une exhortation de
Mentor: "Fuyez la mollesse, le faste, la profusion; mettez votre

maintient dans 'Télémaque' sa prétention au pouvoir absolu. Son pouvoir vient de Dieu, il en doit rendre compte à Dieu. Son intérêt propre est identique à celui de son Etat pourvu qu'il anéantisse totalement sa personne dans sa fonction[22]. La doctrine politique de 'Télémaque' dissocie le séculier du spirituel dans la théologie du pouvoir absolu et réunit ensuite les deux domaines dans la morale. La leçon qui s'en dégage, est que le prince doit renoncer à toute prétention personnelle pour participer au pouvoir absolu de la Loi divine, dont il est le serviteur.

La politique du 'Télémaque' soumet à une même finalité religieuse les intérêts divergents du gouvernement et des gouvernés. Le roi absolu veille sur la convergence de ce que l'amour-propre tend à diviser. Il fait régner la Loi divine par son désintéressement total. Puisque la civilisation moderne repose sur une morale de l'amour-propre, qui mène au culte du superflu, la morale politique du roi chrétien plaide pour les nécessités authentiques. C'est pourquoi Fénelon fait des instructions sur le bon gouvernement un programme de réforme de l'Etat.

----

gloire dans la simplicité; que vos vertus et vos bonnes actions soient les ornements de votre personne et de votre palais; qu'elles soient la garde qui vous environne, et que tout le monde apprenne de vous en quoi consiste le vrai honneur. N'oubliez jamais que les rois ne règnent point pour leur propre gloire, mais pour le bien des peuples" (2, 554).

22 Cette identité d'intérêts est exigée par beaucoup de Miroirs des Princes. A. Theveneau écrit par exemple: "Venons maintenant à ce qui est de l'interest du Prince uny & incorporé auec celuy du publicq. Or en cela il faut que le Prince considere principalement l'utilité publicque, & qu'il l'embrasse plustost que son propre contentement: car encores qu'il soit par dessus le publicq, il doit considérer neantmoins qu'il est pour le publicq: Il est au dessus non pour le fouler & oppresser, ains pour prendre garde qu'il ne reçoiue aucun dommage" ('Les Morales'...cit., 305-306).

II. 5. LA PLACE DE 'TELEMAQUE' DANS LE DEBAT SUR
L'EVOLUTION DE LA CIVILISATION FRANÇAISE SOUS LOUIS
XIV ET LE RAPPORT DE L'EDUCATION DU DUC DE BOURGOGNE
A LA TRADITION DE LA PEDAGOGIE PRINCIERE

Dès le XIXe siècle, la critique littéraire soutient que Fénelon a inventé une morale politique révolutionnaire et qu'il rompt avec la tradition. Le mythe du Fénelon révolutionnaire s'est perpétué dans les manuels. De nos jours, on a démythifié l'auteur en tombant dans l'autre extrême. Ainsi R. Mousnier considère la politique de 'Télémaque' comme "une réaction aristocratique contre l'absolutisme bourgeois de Louis XIV"[1]. Il lui reproche "une incohérence interne et une inadaptation au réel" (ibid., 203), et il va jusqu'à parler d'"enfantillage" (ibid., 203).

Voltaire avait critiqué, déjà, cette inadaptation au réel. Dans la 'Nouvelle Bibliothèque' de novembre 1740, il fait un parallèle entre le 'Télémaque' et l''Anti-Machiavel' de Frédéric II:

> Qu'il nous soit permis de dire qu'à cet égard l''Anti-Machiavel'
> emporte peut-être beaucoup sur le 'Télémaque' même: l'un est
> principalement fait pour les jeunes gens; l'autre, pour les
> hommes. Le roman aimable et moral de 'Télémaque' est un tissu
> d'aventures incroyables; et l''Anti-Machiavel' est plein d'exem-
> ples réels, tirés de l'histoire. Le roman inspire une vertu
> presque idéale, des principes de gouvernement faits pour les
> temps fabuleux qu'on nomme héroïques. ('Oeuvres complètes', éd.
> par L. Moland, Paris 1883-1885, vol. 23, 162)

La politique de 'Télémaque' est utopique parce que l'univers pédagogique est irréel. L'idéal du prince chrétien est admirable, mais impraticable. La peinture de l'Etat idéal appartient au monde fabuleux. L''Antimachiavel', en revanche, est solide et réaliste, il communique une expérience politique. A en croire Voltaire et les universitaires contemporains, 'Télémaque' est loin de la réalité politique[2]. Nous allons prouver le contraire. Il n'est qu'à confronter

---

1 'Les idées politiques de Fénelon', dans: 'XVIIe siècle' 12-14 (1951/52), 198.
2 Une 'Conversation sur le livre de Telemaque' qu'on attribue à Sophie-Charlotte de Brunswick, électrice de Brandebourg et à son fils Frédéric-Guillaume pourrait être alléguée contre Voltaire. L'ouvrage est daté de 1700 (cf. Gosselin, dans: I, 140). La femme de Frédéric Ier de Prusse est convaincue que la politique fénelonienne est praticable: "Songez... à la prudence des conseils de

'Télémaque' et l'évolution de la pédagogie princière pour voir qu'il
reflète la conscience politique de son temps.

Les Miroirs des Princes ne se contentent pas de spéculations purement théoriques. On y trouve partout des développements qui ressemblent au suivant:

> Toutes les speculations dont on vient de parler doivent aboutir
> à la pratique; Chievres n'eut pas plutôt achevé de former par
> elles l'esprit de l'Archeduc, qu'il exigea de ce jeune Prince
> qu'il mit en usage ce qu'il venoit d'aprendre. (Varillas, 'La
> pratique de l'éducation'...cit., 48)

Varillas montre dans l'éducation de Charles-Quint le lien entre la
théorie et la pratique. Fénelon a-t-il récusé cette idée? Certainement
pas, car comment pourrait-on expliquer la volonté du duc de Bourgogne
de se documenter sur l'état du royaume? Tous les biographes confirment
cette ambition du dauphin, laquelle vient, sans aucun doute, de son
éducation. Son gouverneur, le duc de Beauvillier, a commandé les
'Mémoires des intendants sur l'état des généralités dressés pour
l'instruction du duc de Bourgogne' (1697-1700)[3]. L'inventaire des
ressources du pays a été fait après le préceptorat de Fénelon, mais
celui-ci a pu être consulté sur le projet car ses relations avec Beauvillier restaient étroites. Bien que la valeur documentaire de ces
'Mémoires' soit faible, ils donnent une idée de ce qu'est la France
d'alors et combinent l'esprit scientifique avec la tradition la plus
incontestée de la pédagogie princière. L'enseignement de 'Télémaque'
procède de la même mentalité rationaliste et utilitariste.

L'idéal de l'éducation princière évolue au cours du XVIIe siècle:
la culture intellectuelle du roi s'améliore, et de roi guerrier
l'image du prince évolue vers celle d'un roi administrateur. Nous
avons déjà noté que 'Télémaque' présente des rois qui résident à la
cour et qui y gouvernent leur royaume (cf. I. 5). Le roi administrateur se retrouve dans les programmes d'éducation princière.

La pédagogie princière se développe, au cours du XVIIe siècle,

---

ce sage vieillard, & combien de grandes & d'utiles veritez il sort
de sa bouche, quand il dit à ce jeune Prince qu'il faut tâcher de
n'ignorer rien; tendre autant qu'on peut à la perfection; profiter
de ses fautes & de ses malheurs en se corrigeant; aimer la vérité
& la justice; écouter tout le monde & croire peu de gens: quand il
ajoute, que les anciens sont ceux que l'on doit consulter à cause
de leur expérience, que la raison & la bienseance veulent qu'on
les écoute avec deference, qu'on leur demande des conseils, & qu'on
n'ait point de honte d'atribuer aux lumiéres qu'on en a reçues, ce
qu'on fait de plus beau & de plus digne d'aprobation, quand il dit
encore que les bonnes actions d'un Prince doivent être les principaux ornemens de sa personne, qu'on lui sçait moins de gré de sa
naissance que de ses vertus, & que pour répondre à l'atente publique, il a besoin d'un merite extraordinnaire" (Je n'ai pas trouvé
l'éd. citée par Gosselin mais celle portant le titre 'Conversation
sur le livre de Telemaque entre la R. et le p. R.', Cologne, Pierre
Marteau, 1703; la citation s'y trouve aux pages 9-10).

3 Cf. L'édition du 'Mémoire de la généralité de Paris' publiée par
A. M. de Boislisle, Paris 1881, et les études d'E. Esmonin, 'Etudes
sur la France des XVIIe et XVIIIe siècles', Paris 1964, 113-130,
et surtout L. Trenard, 'Les Mémoires des intendants pour l'instruction du duc de Bourgogne. Introduction générale', Paris 1975.

dans deux sens: elle cherche d'une part à faciliter l'acquisition des
connaissances, elle en   retranche d'autre   part toute érudition. Même
le savoir encyclopédique débouche sur la pratique. Fénelon bannit de
l'éducation du prince toute curiosité intellectuelle et toute érudition pédante[4].

C'est la pratique qui donne, aux yeux des éducateurs, la mesure du
savoir. Longtemps avant Fénelon, les éducateurs du prince soutiennent
que c'est elle qui détermine la valeur des connaissances. Bien que
Claude Boitet de Frauville propage encore l'idéal féodal du roi
guerrier, il constate dans son ouvrage 'Le Prince des Princes' (1632)
que les sciences ont leur propre usage dans le gouvernement des Etats
et non à l'école:

> La Geometrie qui enseigne les fortifications, a bien un autre
> lustre dans un corps d'armée que dans une classe, l'Arithmetique
> paroist bien mieux à loger des regimens qu'à faire une suputation
> imaginaire; La Rhetorique est au periode de sa gloire, lors
> qu'elle s'employe à répondre à des Ambassadeurs, ou à persuader
> la guerre dans le conseil. (64)

Les sciences théoriques sont des spéculations vaines dès qu'elles ne
sont pas utiles à l'administration de l'Etat. Ce qui ne contribue pas
à la pratique du gouvernement royal, doit être retranché des études
du prince. Cette exigence implique une instruction qui dispense "une
science bien digerée, la cresme & la quintessence, de ce qui est bon
dans les livres" (ibid., 65). La vie elle-même est le meilleur livre
scolaire pour l'écolier royal. L'instruction du prince part de la
réalité vivante, et elle en déduit des leçons qui s'appliquent immédiatement à la vie pratique[5]. Boitet de Frauville ne vérifie d'aucune
manière ses ambitions éducatives par la pratique. Il invoque "le por-

---

4 Il écrit le 19 mars 1696 à Fleury sur les études du duc de Bourgogne: "Nous avons un extrême besoin d'être sobres et en garde sur
   tout ce qui s'appelle curiosité. Pour la rhétorique, je n'en don-
   nerais point de préceptes; il suffit de donner de bons modèles, et
   d'introduire par là dans la pratique. A mesure qu'on fera des
   discours pour s'exercer, on pourra remarquer l'usage des principales figures, et le pouvoir qu'elles ont quand elles sont dans
   leur place" (Corr IV, 77). Cf. aussi les informations que fournit
   le 'Mémoire sur l'éducation des ducs de Bourgogne, d'Anjou et de
   Berri' redigé en 1696 par le marquis de Louville (VII, 521). La
   curiosité intellectuelle est vivement débattue dans l'Antiquité et
   par les Pères de l'Eglise, cf. A. Labhardt, 'Curiositas. Notes sur
   l'histoire d'un mot et d'une notion', dans: 'Museum Helveticum' 17
   (1960), 206-224. La théorie politique allemande du XVIIe siècle
   s'en occupe, cf. Frühsorge, 'Der politische Körper' cit., 193-205.
   En France, A. Theveneau avait déjà écrit au début du XVIIe siècle:
   "Je ne suis pas d'auis qu'on embrouille l'esprit du Prince d'une
   science pedantesque, qui est de sçavoir, si un mot, ou une façon
   de parler Grecque ou Latine, est plus douce l'une que l'autre, si
   le langage de Platon est plus coulant que celui de Xenophon, & les
   oraisons de Demosthenes plus nerueuses que celles d'Isocrate. Il
   faut qu'il entende seulement les langues, si faire se peut, pour
   penetrer iusques à la cognoissance du bien & du mal" ('Les Morales'...cit., 16).
5 "Que les actions des hommes luy enseignent la Morale & l'histoire;
   que la Iustice exercée en la nature, luy enseigne la Iurisprudence; que la chasse luy fasse entendre l'art militaire; que les
   voyages qu'il fera en son Royaume, l'instruisent en la Geographie"
   (ibid., 66).

trait de la nature divine" (ibid., 296) pour caractériser les dons
intellectuels du prince, mais il ne réfléchit pas sur les procédés
didactiques. De plus son mépris du savoir abstrait rappelle la répu-
gnance de la noblesse d'épée pour les études. Selon Espagnet, les
nobles y voient un domaine qu'on abandonne aux robins d'extraction
bourgeoise[6].

La méthode d'enseignement progresse dès le moment où l'on réfléchit sur la pédagogie enfantine dans l'instruction du prince. La
doctrine hardie de Heroard s'est limitée à l'enfance royale. Elle n'a
pas eu beaucoup d'influence sur la formation intellectuelle de l'ado-
lescent. C'est dans la deuxième moitié du siècle que se développe la
méthode d'enseignement. Les éducateurs disent alors que le jeune
prince est semblable aux autres jeunes gens, et que l'éducation princière n'a rien d'exceptionnel par rapport à l'éducation ordinaire.
André Rivet insiste sur le fait que le roi est "semblable aux autres
hommes non seulement quant aux infirmitez du corps, mais aussi quant
aux défauts de l'esprit"[7]. Claude Joly s'oppose à l'idée que les rois
possèdent leurs lumières et leurs vertus "par une science infuse"[8].
Le Père Jésuite Marc-Antoine Foix considère, dans l'éducation princière, la dignité royale comme un "obstacle" parce qu'il faut vaincre
"cet Esprit de Souveraineté et d'indépendance qui paroît dans les
Princes"[9]. Ce n'est donc qu'à force d'oubli de la grandeur mythique
du souverain que la pédagogie princière arrive à améliorer ses métho-
des didactiques. Elle y parvint en découvrant la spécificité de la
jeunesse.

Le caractère précieux de la personne royale a très tôt inspiré des

---

6   Cf. "C'est une erreur, j'oseray dire folie hereditaire parmy nos
    Gentils-hommes, que de mespriser les lettres & les sciences en
    haine de la robe, comme si c'estoit leur habit propre & particu-
    lier, & qu'elles fussent de pointe auec les armes, tous habits
    leur sont bons & bien seants, elles sont utiles à toutes profes-
    sions, elles manient d'une main l'espée, & de l'autre la plume,
    aussi a t'on fait Minerue Déesse tutelaire de l'une & de l'autre:
    que nos courtisans recoignoissent de bonne foy, quel aduantage ont
    sur eulx ceulx d'entre eulx, qui ont quelque teinture des lettres
    & suffisance acquise, quel honneur & respect ils sont contraints
    tous saisis d'admiration de leur deferer" (Espagnet, 'Le Rozier
    des guerres'...cit., tome II, 6).
7   'Instruction du Prince Chrestien. Par Dialogues entre un jeune
    Prince et son directeur', Leyde 1642, 9. Sur Rivet, cf. J. A. Bots,
    'André Rivet en zijn positie in de Republiek der Letteren', dans:
    'Tijdschrift voor Geschiedenis' 84 (1971), 24-35, et R. Zuber, 'De
    Scaliger à Saumaise: Leyde et les grands "Critiques" français',
    dans: 'Bulletin de la Société de l'Histoire du Protestantisme
    Français' 126 (1980), 471-478.
8   'Codicille d'or ou Petit Recueil tiré de l'Institution du Prince
    Chrétien composé par Erasme', Paris 1665, 10. Sur cet ouvrage cf.
    D. Fricke, 'Die französischen Fassungen der Institutio Principis
    Christiani des Erasmus von Rotterdam', Genève - Paris 1967, 77-91.
9   'L'Art d'élever un Prince, dédié à Monseigneur le duc de Bour-
    gogne', Paris 1688, 11-12. Son ouvrage est suivi de deux livres
    attribués au Père Jean Gallimard mais annoncés et inspirés par
    lui: 'Philosophie du Prince, ou la veritable Idée de la nouvelle
    et de l'ancienne philosophie', dédiée à Monseigneur le duc de Bour-
    gogne (1689) et 'L'Histoire reduite à ses Principes', dédiée à
    Monseigneur le duc de Bourgogne (1690); Cf. Sommervogel, 'Biblio-
    thèque de la Compagnie de Jésus', Supplément, tome 12, réimpr.
    Louvain 1960, 461-462.

efforts qui visaient à rendre les études plus agréables. Heroard
devance à bien des égards les théories pédagogiques de la fin du
XVIIe siècle. Son ouvrage 'De l'Institution du Prince' (1609) recommande de "bégayer avec les petits enfans"[10]. L'attention spéciale que
le fils du roi mérite a rejoint l'évolution de la pédagogie princière lorsque la préciosité de la personne incomparable du prince[11]
légitime la réflexion sur l'effort pédagogique[12]. On peut alors reconn-
naître les difficultés pédagogiques causées par le statut spécial de
l'élève royal sans manquer au respect nécessaire envers la dignité
royale.

Foix fait la synthèse entre les exigences de Heroard et les idées
de Boitet de Frauville. Selon lui, il y a un savoir royal propre,
auquel correspond une pédagogie princière spécifique. Le précepteur
royal doit faire abstraction du statut exceptionnel de son royal élève
et s'adapter à ses capacités intellectuelles:

> Accomodez-vous à sa portée. Trouvez le secret de l'appliquer,
> sans qu'il s'en apperçoive; & faites en sorte qu'il étudie, lors
> même qu'il croit faire tout autre chose. Ainsi l'étude luy
> paroistra un divertissement, & il se fera un jeu de son applica-
> tion. (ibid., 25-26)

Ce passage rappelle l'un des aspects les plus appréciés dans l'éducation du duc de Bourgogne: l'insertion du discours instructif dans la
réalité vivante de l'enfance. L'intention éducative se cache derrière
l'agrément du jeu enfantin. Les théories pédagogiques exposées par
Fleury et Fénelon se transforment chez Foix en une pédagogie princière[13].

La même difficulté que rencontre la pédagogie princière dans la
transmission du savoir se retrouve dans l'instruction morale: la
dignité sert de présage à la moralité du prince sans qu'on arrive à
fonder cette moralité sur une anthropologie[14]. On postule une dispo-

---

10 'Journal de Jean Heroard sur l'enfance et la jeunesse de Louis
   XIII, vol. II, Paris 1868, 325.
11 "En un Prince tout est présage" (Foix, op. cit., 30-31).
12 "Un Prince est toûjours un beau livre, & la plus belle de toutes
   les études est de s'appliquer à le connoître" (Foix, ibid., 29).
13 Un précurseur de Foix, Edme Boursault, est l'auteur de 'La véritable étude des souverains' (Paris 1671). Morvan de Bellegarde
   sépare l'instruction du jeune prince et celle de l'adulte: 'Les
   règles de la vie civile avec des traits d'histoire pour former
   l'esprit d'un jeune prince' (1693), et les 'Maximes avec des exemples tirez de l'Histoire-sainte et profane, ancienne et moderne
   pour l'instruction du Roi' (1717).
14 Cf. "La dignité de l'Homme est une marque infaillible de son
   merite, lorsqu'il la tient immediatement de la propre main de celuy
   qui peut tout, & qui ne fait rien qu'auec une tres-parfaite Iustice. Plus elle l'esleve dans les grandeurs, plus elle le rend vene-
   rable à tout ce qui luy est inferieur, & plus elle l'approche aussi
   de la Majesté de celuy qui luy confere ses graces" ('L'image du
   Souverain ou l'illustre portraict des divinitez mortelles: où il
   est traité de la dignité Royale, de l'ancienne institution des
   Roys, par qui est-ce qu'ils ont esté eleus, à quelle fin Dieu les
   a créez, iusques où se peut estendre le legitime pouuoir qu'ils
   ont sur nous, s'il est permis aux Sujets de iuger des actions de
   leur Prince, & quelle reuerance il nous faut user en parlant de
   leur personne. Contre l'opinion des libertins du siecle, dedié à

sition naturelle du prince pour le bien en justifiant ce postulat par
la dignité royale. Louis XIV soutient, dans ses 'Mémoires', qu'une
monarchie observe plus facilement les traités que tout autre gouvernement. Il appelle à la conviction, commune aux panégyristes et aux
Miroirs des Princes, que chez les princes "l'éclat de leur naissance
et l'honnêteté de leur éducation ne produit d'ordinaire que des sentiments nobles et généreux" (éd. cit., 210). Un tel jugement exige que
la personne du dignitaire possède ces qualités pour remplir dignement
ses fonctions. L'extraction la plus haute mène au rang moral le plus
éminent. La gloire et la vertu vont de pair. Sa situation qui le place
au-dessus des autres hommes doit inspirer au prince le "désir de
suivre la Vertu, principalement à cause de son Excellence & de sa
Beauté"[15]..

Les Miroirs des Princes font du roi un exemple moral pour tout son
peuple. Faret exhorte le souverain à "exciter au bien par son exemple"[16]. Quand Télémaque s'adresse aux Crétois, il vante le même idéal
de la royauté: le meilleur roi est celui qui possède les "lois écrites
dans le fond de son coeur et dont la vie soit la pratique de ces lois"
(1, 227, cf. III, 2). Cette exaltation morale de la royauté persiste
dans l'éducation du prince malgré le cynisme du machiavélisme. Mais

---

15 sa Majesté par P.B.E.', Paris 1649, 5).
    Faret, 'Des vertus nécessaires à un Prince'...cit., 1. Cf. [Dieu]
    "veut neantmoins auoir des enfants, qui portent l'image de ses
    beautés, afin de leur faire part de sa grace, de sa gloire, & de
    sa felicité. Ces enfants ne sont autres que les hommes, & entre
    les hommes les plus hautes, & les plus considerables testes, les
    Princes, & les Roys" (H. Mugnier, 'La veritable politique du Prince
    chrestien'...cit., 23). Louis Guyon met cette morale du prince en
    rapport avec la philosophie de Platon ('Les diverses leçons de
    Loys Guyon', Lyon 1604, 160-173). Les 'Monita paterna' (1662) de
    l'électeur Maximilien Ier de Bavière disent à ce propos: "Regium
    nihilominus est facere bene, tametsi audies male. Vis magni fieri;
    vide talis sis qualis haberi cupis" ('Geschichte der Erziehung der
    Bayrischen Wittelsbacher'...cit., 113). L'auteur de cet ouvrage
    est probablement J. Vervaux (cf. H. Dollinger, 'Kurfürst Maximilian
    I. von Bayern und Justus Lipsius', dans: 'Archiv für Kulturge-
    schichte' 46 (1964), 236). Dollinger relève les emprunts que Ver-
    vaux fait à Lipse. É.-A. Seils montre la parenté des 'Monita' avec
    les 'Politicorum libri X' d'A. Contzen ('Die Staatslehre des Jesui-
    ten Adam Contzen, Beichtvater Kurfürst Maximilian I. von Bayern',
    Lübeck-Hamburg 1968, 210-211).
16 Op. cit., 7; de même A. Theveneau dans son commentaire des 'Pré-
    ceptes du roy S. Louys', Paris 1627, 29, et Arnauld dans ses 'Mé-
    moires'...cit., 352. Jacques Ier commence la seconde partie de son
    'Basilikon doron' où il traite "du deuoir d'un Roy enuers sa
    charge" (53) en exhortant son fils afin "que vous soyez & bon
    Chrestien & bon Roy tout ensemble, gardant justice & équité en
    vostre administration: ce qui se fera par deux moyens: l'un, à
    establir de bonnes Loix, & les faire bien obseruer: car l'un sans
    l'autre ne sert de rien, puis que l'obseruation de la Loy est la
    vie de la loy. L'autre, que par vos moeurs & vostre vie vous soyez
    en bon exemple a vos sujets: car naturellement le peuple forme ses
    moeurs au moule de son Prince: mesme les loix n'ont tant de pouuoir
    & d'effet sur les hommes, que la vie & l'exemple de ceux qui leur
    commandent" (ibid., 53). Les 'Monita paterna' répètent la même
    exhortation: "Ad tuum enim exemplum cives suos mores formabunt,
    praesertim in partem deteriorem. Age ergo, ut bonis praesis, tu
    ipse sis optimus. Istud enim est, quod suave reddit imperium et
    jucundam probitatis imitationem" ('Geschichte der Erziehung der
    Bayrischen Wittelsbacher'...cit., 121).

la tendance à séparer le religieux du séculier ne reste pas sans
répercussions sur l'éducation princière.

La correspondance entre la grandeur et la vertu est loin d'être
évidente pour le XVIIe siècle. Fortin de la Hougette polémique contre
ceux qui doutent de cette conviction de base. Ce doute signale la
décadence de la morale nobiliaire:

> Ce fondement posé, que la Noblesse ait tiré sa première origine
> de la Vertu, ie ne sçay d'où nous est venu cette fausse illusion,
> que ce ne soit pas y déroger que d'être vicieux. ('Catéchisme
> royal', Paris 1645, 48)

La correspondance entre le rang et la vertu rappelle aux grands les
devoirs de· leur statut social. Fortin de la Hougette néglige les
défauts de la nature humaine en faveur de la valeur du rang afin
d'inspirer l'héroïsme à une noblesse éprise de gloire[17]. Selon cette
conception du rang social, les devoirs du souverain sont comparables
à ceux de la noblesse. Le théâtre de Corneille contraint le roi à
cette moralité qui rassure les sujets. Le souverain se soumet aux
mêmes exigences morales que les sujets[18]. L'esprit du corps social
engage les grands. Il leur dicte le dévouement à la couronne de la
même façon qu'il oblige le souverain à procurer le bonheur aux sujets.

Selon Le Moyne, la félicité du peuple est "la fin de l'Art de
regner" ('L'Art de regner'...cit., 28). Senault définit la finalité
de l'instruction du prince par "l'utilité publique", et il ajoute que
le roi "travaille plus pour le bien des autres que pour sa propre
reputation... [car]... le Prince n'est plus à luy depuis qu'il s'est
donné à son Royaume"[19]. Aussi longtemps qu'on refuse la séparation
entre le spirituel et le séculier, les devoirs du prince et des grands
peuvent être déduits de leur rang en tant que tel. Dans la mesure où
la pratique de la vie politique commence à se séparer de la morale
religieuse, tout ce système s'ébranle: les notions changent de signification, les institutions d'esprit, la morale de statut. Ce changement s'accomplit au cours du règne de Louis XIV.

La réunion de la bonne société à la Cour royale a transformé la
haute noblesse en aristocratie de Cour ce qui, d'après Saint-Simon, a

---

17 Theveneau justifie la prétention de la noblesse aux hautes fonctions de l'Etat en exigeant de choisir les dignitaires selon leur
mérite: "Anciennement les hommes vertueux, qui estoient les vrays
nobles: (Car la noblesse a commencé par la vertu...) n'estoient
pas seulement recognus d'une recoignoissance magnifique & honorable, mais encores soit qu'ils fussent inuitez par les Princes, ou
par les republiques à les servir, on leur donnoit à choisir entre
tout le peuple, les meilleurs heritages & les plus belles terres &
fertiles professions, auec immunitez, & priuileges, à fin non seulement de leur faire honneur, ains encores pour leur donner le
moyen de bien seruir par leur vertu" ('Les Morales'...cit., 418-
419).
18 Cf. mon article 'Die Idealisierung der höfischen Welt'...cit., 148-
157.
19 'Le monarque'...cit., 16. Les 'Monita paterna' notent: "Pro fine
tuarum curarum, quas pro publico suscipies, proposita tibi imprimis
sit subditorum salus, commoda, securitas. Prae his privatae utilitati tribueris" ('Geschichte der Erziehung der Bayrischen Wittelsbacher'...cit., 121).

miné les bases de la morale nobiliaire[20]. La civilité des moeurs et
la vie somptueuse ont favorisé la distinction entre la magnificence
extérieure et les valeurs intérieures. La "qualité" devient un signe
de distinction purement extérieure, qui se définit plutôt par son
opposition à la vertu dans le sens religieux. Les dévots contestent
cette distinction.

Nicole s'élève contre les gens de qualité. La "qualité" dans le
sens séculier du mot étouffe toutes les autres qualités "même les
plus spirituelles & les plus divines" ('Essais de morale'...cit.,
vol. II, 84). Il faudra "se desabuser" en examinant "ce qu'il y a de
réel dans cet objet si commun de la vanité des hommes" (ibid., 84).
Il est évident que la "naissance ne donne par elle-même aucun avantage
ni d'esprit, ni de corps; elle n'ôte aucun défaut, & l'on en voit
d'aussi grands dans les personnes de qualité, que dans les autres"
(ibid., 85)[21]. Son traité 'De la Grandeur' discerne "deux sortes de
grandeur, l'une naturelle, & l'autre d'établissement" (ibid., 162).
La grandeur des gens de qualité et celle due à des charges politiques
appartiennent à la seconde nature; elle peut prétendre à des cérémonies extérieures, mais "ce respect qui est dû aux Grands ne doit pas
corrompre notre jugement à leur égard" (ibid., 163). Les grandeurs
d'établissement sont moralement inférieures aux grandeurs naturelles.
Cette analyse du rapport entre la grandeur et la vertu déplace l'attention du rang social à l'individu, chez qui la grandeur est fonction
du "mérite".

La catégorie morale du "mérite" sert les fins politiques de Louis
XIV. Elle fait de la vertu un devoir pour l'individu. Cette insistance
sur l'individu transformera l'univers des valeurs aristocratiques, et
cela à une époque où la bourgeoisie adopte tout ce qui distingue les
gens de qualité.

Dès que le rang est déterminé par l'état, la dignité royale n'implique plus d'exigences morales. Nicole bannit l'immoralisme du pouvoir par un raisonnement ingénieux destiné à justifier la monarchie.

---

20 Louis XIV "réduisit tout le monde à servir, et à grossir sa cour"
('Mémoires'...cit., vol. 28, 106). Le roi "substitua donc aux véritables idéales, par la jalousie, les petites préférences qui se
trouvoient tous les jours, et pour ainsi dire à tous moments, par
son art" (ibid., 132). "C'étoit lui plaire que de s'y jeter en
tables, en habits, en équipages, en bâtiments, en jeu... Le fond
étoit qu'il tendoit et parvint par là à épuiser tout le monde en
mettant le luxe en honneur, et pour certaines parties en nécessité, et réduisit ainsi peu à peu tout le monde à dépendre entièrement de ses bienfaits pour subsister" (ibid., 153).
21 Du Bois-Hus constate à ce propos: "Il y a de bons esprits qui ont
auancé qu'estre Prince, c'estoit estre Illustre; Que la Nature
donnoit cette qualité auec le sang; Que c'estoit un rejaillissement
necessaire d'un corps lumineux; Que cette suitte estoit la pro-
prieté d'une naissance releuê; Que cet Epithete est un bien d'heri-
tage & non pas un acquest; & que Prince illustre estòit ou une
mesmeté ou une redite. Ie voudrois que l'Univers fust aussi heureux
que ces Messieurs se l'imaginent... Illustre est un nom de la Vertu, & non pas de la Naissance; C'est une recompense de merite, &
non pas une suite du Berceau; C'est une qualité que l'on reçoit de
la Gloire, & non pas de la Nature" ('Le Prince illustre', Paris
1645, page non numérotée).

Il se pose la question de savoir si le roi possède sa dignité de naissance ou par le "mérite", et il répond qu'il doit la posséder de naissance, puisque le vrai mérite est difficile à connaître. C'est pourquoi le fils aîné succède au roi, son père. La monarchie héréditaire
est un "chef-d'oeuvre de la raison" (ibid., 165) parce qu'elle lie la
dignité royale "à quelque chose d'extérieur et d'incontestable"[22]. Le
"mérite" est une base incertaine quand "l'amour-propre" rend ambiguë
toute manifestation des valeurs morales.

Les avatars de l'amour-propre sont un des arguments favoris de la
littérature morale du XVIIe siècle. Nicole participe à ce débat par
son 'Traité de la charité et de l'amour-propre' (1675). Il y explique
l'amour-propre par le "désir d'être aimé"[23], lequel argument fournit
même la base de sa théorie politique[24].

Selon Nicole, l'amour-propre a une double signification: il adoucit
les moeurs en incitant les hommes à fonder des Etats et à déguiser
leur désir d'être aimé sous la civilité. Mais il pervertit, en même
temps, l'ordre de la grâce car il imite la charité chrétienne en se
dissimulant à un point tel qu'il devient quasiment impossible de connaître les vrais motifs des actions humaines[25]. Cette analyse met à
nu le comportement des courtisans[26]. Nicole constate une ambiguïté de
nature dans la pratique de l'honnêteté et dans les théories de cet

---

22 Ibid., 166. Bossuet reste plus fidèle aux formules traditionnelles:
    la monarchie héréditaire est le gouvernement "le plus naturel...
    Point de brigues, point de cabales dans un Etat, pour se faire un
    roi, la nature en a fait un: la mort, disons nous, saisit le vif
    et le roi ne meurt jamais" ('Politique'...cit., 56-57). "La dis-
    parition du roi, dans les pays régis par la loi d'hérédité, faisait
    roi, instantanément, l'héritier légitime" (M. Bloch, 'Les rois
    thaumaturges. Etude sur le caractère surnaturel attribué à la puis-
    sance royale particulièrement en France et en Angleterre', Paris
    1961, 219).
23 H.-J. Fuchs soutient: "Alle psychischen Mechanismen des amour-
    propre auf der doppelten Ebene von Glücks- und Selbsterhaltungs-
    trieb und Selbstwertstreben (Liebesbedürfnis), denen das Wort seine
    modernen Verwendungsweisen verdankt, werden erstmals systematisch
    seziert und dargestellt. Nicole konzentriert all die Positi-
    vierungssignale, die das ganze 17. Jahrhundert durchziehen, und
    verarbeitet sie zum utopischen Entwurf einer glücklichen Gesell-
    schaft, deren Motor die menschliche Selbstbezogenheit ist, der es
    aber gelingt, gerade mit einer besonderen Spielart dieser Selbst-
    bezogenheit (le désir d'être aimé) den asozialen Egoismus zu bändi-
    gen" ('Entfremdung und Narzismus. Semantische Untersuchungen zur
    Geschichte der "Selbstbezogenheit" als Vorgeschichte von franzö-
    sisch "amour-propre"', Stuttgart 1977, 255-256).
24 Cf. 'Essais de morale'...cit., vol. III, 140-142.
25 "Ainsi l'on peut dire que comme l'honnêteté est bien-aisé de passer
    pour charité, & qu'elle fait tout ce qu'elle peut pour emprunter
    sa forme & ses caracteres; la charité au-contraire qu'on la prenne
    pour honnêteté: & qu'encore qu'elle ne contribue pas directement
    à établir cette impression, elle ne fait rien aussi pour la détrui-
    re, tant parce qu'elle ne sait pas absolument s'il n'en est point
    quelque chose, que parce qu'il lui est avantageux qu'on le croie"
    (ibid., 187).
26 "Les Princes font la guerre à leurs voisins pour étendre les limi-
    tes de leurs Etats. Les Officiers des divers corps d'un même Etat
    entreprennent les uns sur les autres. On tâche de se supplanter &
    de se rabaisser l'un l'autre dans tous les emplois & dans tous les
    ministeres; & si les guerres que l'on s'y fait ne sont pas si
    sanglantes que celles que se font les Princes, ce n'est pas que
    les passions n'y soient aussi vives & aussi aigres" (ibid., 138).

idéal[27]. La civilité mondaine et l'esprit de charité sont incompatibles parce que, selon Nicole, la civilité des courtisans a évolué vers une conception purement mondaine de l'honnêteté.

L'analyse désabusé de Nicole rejoint les conclusions du machiavélisme qui marque la dépravation du monde politique et des relations entre les hommes[28]. L'essor de la pédagogie princière coïncide avec la contestation de l'ancienne morale politique. La formation intellectuelle du prince contrebalance, dans une certaine mesure, le déclin de l'ancienne morale politique parce que l'effort pédagogique s'accorde avec la nouvelle conception de la politique. La politique se constitue, à l'époque, comme une science autonome. Elle cherche son objet spécifique en dehors des catégories de la morale religieuse. L'éducation princière se ressent de cette évolution du concept de politique.

Nicole introduit dans son traité 'De l'Education d'un Prince' (1670) un certain nombre de distinctions, que l'éducation princière tendait à négliger. Selon le schéma familier des Miroirs des Princes, il instruit le prince sur "la grandeur, son origine, sa fin, ce qu'elle a de réel, ce qu'elle a de vain, ce que les inférieurs doivent aux Grands, ce que les Grands doivent aux inférieurs, ce qui les rabaisse ou les éleve devant Dieu, & devant les hommes" ('Essais de morale'...cit., vol. II, 278). Mais la structure de l'Etat et de la société se place pour Nicole sur un autre plan que l'amour du peuple pour son souverain: "l'affection des hommes" (ibid., 278) appartient au monde de l'apparence "quand on ne s'y propose point d'autre fin que celle de faire réussir quelques desseins de fortune, ou de jouir de la satisfaction d'être aimé" (ibid., 278-279). Les institutions politiques doivent être soustraites aux affections du coeur humain. Bossuet lui donna raison.

Bossuet sacralise la monarchie absolue. La France de Louis XIV représente la Cité de Dieu car elle est l'oeuvre de la Providence. Sa structure politique est à accepter bien que toute forme de gouvernement ait ses "inconvénts" ('Politique'...cit., 59). L'Etat est nécessaire pour les hommes qui, après la chute, sont "insociables. L'homme dominé par ses passions ne songe qu'à les contenter sans songer aux autres" (ibid., 12). Il a besoin d'un souverain pour se réunir dans

---

27 Molière avait déjà dénoncé, dans le 'Misanthrope' cette ambiguïté, cf. l'analyse de la pièce dans mon article 'Die Idealisierung der höfischen Welt'...cit., 164-167.
28 Amelot de La Houssaye cite, dans la 'Preface' de sa traduction du 'Prince', de Machiavelli Tacite, qui rapporte: "Nous voions bien ce qui est devant nos yeux, disoit un Chevalier Romain à Tibère, mais nous aurions beau faire, nous ne verrions jamais ce que le Prince a dans le replis de son coeur. D'ailleurs, il faut considérer, que Machiavel raisonne en tout comme Politique, c'est-à-dire selon l'Interest-d'Etat, qui commande aussi absolument aux Princes, que les Princes à leurs sujets" (Amsterdam 1686, page non numérotée). Il défend le Florentin en continuant: "Il faut interpreter plus equitablement, qu'on ne fait, de certaines maximes-d'Etat, dont la pratique est devenie presque absolument nécessaire, à cause de la mechanceté, & de la perfidie des hommes. Joint que les Princes se sont tellement rafinez, que celui, qui voudroit aujourd'hui procéder rondement envers ses Voisins, en seroit bien-tôt la dupe" (ibid.).

un corps social, car "c'est par la seule autorité du gouvernement que
l'union est établie parmi les hommes" (ibid., 18). La monarchie héréditaire défend l'homme contre l'homme. Elle émane de la cellule familiale qui est à l'origine de toute communauté humaine[29]. Le roi garantit l'ordre, "à lui seul appartient de faire tout conspirer au bien
public" (ibid., 185). Il est "exécuteur de la loi de Dieu" (ibid.,
232). Cette apothéose théologique se ressent dans la fascination que
Louis XIV exerce sur Bossuet. Mais il est plus facile d'exalter un
Etat prospère qu'une France appauvrie par la guerre et ravagée par
une grave crise économique (cf. III. 2). Pourtant, ce n'est pas seulement l'histoire qui inspire cette théologie politique. Bossuet se
méfie de l'homme. La glorification soustrait les institutions politiques aux caprices des passions, et elle oblige à les accepter en
bloc. L'ambiguïté des actions humaines ne les affecte pas quand on
s'interdit toute réflexion théorique et fait ce qui est exigé par le
gouvernement.

        J. Le Brun a noté que Bossuet ramène "les qualités du souverain
aux qualités privées" ('Politique'...cit., XXX). En effet, l'éducation
du prince a une double tâche: elle l'instruit sur la politique, sur
l'histoire, sur les institutions et sur la royauté de la France, et
elle forme l'esprit et le coeur du prince pour lui faire reconnaître
et pratiquer ce qui est nécessaire.

        La sacralisation de l'Etat est un extrême, la politisation du réel
en est un autre. Leibniz a choisi cette voie. Il est à l'opposé du
pessimisme des théologiens gallicans français lorsqu'il postule l'harmonie "entre le regne physique de la Nature et le Regne Moral de la
Grace"[30]. La Cité de Dieu est "la republique des Esprits" (ibid.,
12). L'Etat est une école de vertu. La vertu est raisonnable, c'est
pourquoi il faut "faire fleurir l'Empire de la raison"[31]. Chez Bossuet, ce ne sont que les institutions qui se justifient par la raison.
Chez Leibniz, le gouvernement humain personnifie le règne de la
sagesse universelle. Il faut réformer l'Etat en vue de la réalisation
de cet idéal. Le gouvernement des prêtres ou des philosophes serait
souhaitable. Mais les ecclésiastiques qui sont aussi des princes sont
une exception, et ils sont rarement animés d'une véritable dévotion.
Donc, il faut éduquer les princes laïques afin de les rendre plus
raisonnables. Leibniz en déduit qu'il ne faut pas seulement former
les souverains mais également leurs sujets si l'on veut améliorer
l'Etat. La réforme politique passe par l'éducation de ceux qui constituent l'Etat.

        Selon Leibniz, la politique est une science, et le gouvernement
des Etats est une science appliquée. La théocratie est le but, la

---

29 "En effet, il est naturel que quand les familles auront à s'unir
    pour former un corps d'Etat, elles se rangent comme d'elles-mêmes
    au gouvernement qui leur est propre" (ibid., 54).
30 Leibniz cité par W. Schneiders, 'Respublica optima. Zur metaphysi-
    schen und moralischen Fundierung der Politik bei Leibniz', dans:
    'Studia Leibnitiana' IX, 1 (1977), 13.
31 Leibniz cité par W. Schneiders, 'Sozietätspläne und Sozialutopie
    bei Leibniz', dans: 'Studia Leibnitiana' VII, 1 (1975), 77.

technocratie le moyen de donner le bonheur public[32]. Le prince, qui
"doit être plus que les autres l'image de Dieu sur terre"[33], doit
cultiver son "beau naturel". L'éducation princière y contribue. Elle
forme les capacités intellectuelles et morales du prince, qui doit
"pouvoir, savoir et vouloir" contribuer "au bien du genre humain"
(ibid., 81).

Dans le 'Projet de l'éducation du Prince' (1693), Leibniz précise
les buts de l'éducation princière:

> Il est nécessaire, qu'un Prince soit homme de bien, homme de
> coeur, homme de jugement, et honnête homme. L'homme de bien a de
> grands sentiments de piété, de justice et de charité, et il s'ap-
> plique fortement à faire son devoir. L'homme de coeur n'est pas
> aisé à ébranler et garde la liberté d'esprit en toutes sortes
> d'occurences. L'homme de jugement raisonne juste sur toute sorte
> de matieres, sans se laisser éblouir par les apparences. Et
> l'honnête homme sçait garder la bien-seance, et eviter tout ce
> qui est choquant: et sans cette qualité le Prince ne sera gueres
> propre à paroistre en compagnie de ses pareils. (éd. dans: L.
> Fertig, 'Die Hofmeister'...cit., 131).

Le "bon naturel" du prince est la base de toute l'éducation princière.
Il faut former l'homme pour éduquer le souverain. La politique et
l'art militaire sont très "utiles", mais le prince "s'en peut passer,
absolument parlant; et pourvue qu'il soit homme de jugement" (ibid.,
132). Le prince de Leibniz est à la tête de l'appareil gouvernemental
et militaire. Il juge les propositions des spécialistes sans entrer
forcément dans le détail technique des raisonnements de ceux-ci. La
pédagogie princière et la science politique se rencontrent sans pouvoir être réduites l'une à l'autre. Elles sont deux disciplines
différentes. Le pédagogue enseigne "l'art de raisonner dans la Morale,
dans la Politique, et dans le Droit" (ibid., 137). La politique décrit
le meilleur Etat et les moyens les plus efficaces de l'administrer.

Fénelon a cherché une voie moyenne entre les positions de Bossuet
et de Leibniz. La monarchie absolue, et non la monarchie universelle,
est au centre des ses instructions politiques. Elle est l'oeuvre de
la Providence, mais c'est un devoir du prince de réformer l'Etat.
Bossuet a raison de critiquer l'ambiguïté de l'action humaine. Mais
Fénelon exige que le roi s'élève au-dessus de cette ambiguïté par la
droiture de son coeur. Il est convaincu que l'éducation princière
peut atteindre cet but[34], et il fait du souverain un homme moralement
supérieur. La morale est insérable de la politique, elle est au centre
de la science politique car elle en montre l'application pratique.

---

32 "Die patriarchalische Staatskunst wird zur wissenschaftlichen
   Rechenkunst, die Theokratie wird zugleich Technokratie" (Schneiders, 'Sozietätspläne'...cit., 79).
33 G. G. Leibnitii Cogitata'...dans: J. Kvacala, 'Neue Leibnizsche
   Fragmente über die Erziehung eines Prinzen', dans: 'Zeitschrift
   für Geschichte der Erziehung und des Unterrichts' 4 (1914), 81.
34 Carolus Scribanus soutient de même: "Vincit tamen naturae corporis-
   que propensionem educatio & virtus. non quod naturam in aliam ver-
   tat, tanquam cervum in leonem: sed quod frequenti contrariorum
   exercitatione, quasi in aliam naturam felici morum metamorphosi
   natura transeat... ita educatio, altera & potentior natura est"
   ('Politico-Christianus', Antverpae 1624, 168).

'Télémaque' concrétise les leçons de morale politique autant que
le genre littéraire le permet. La spéculation théorique y est admise
dans la mesure où elle explique les fondements de l'action politique.
C'est pourquoi la description utopique de l'Etat modèle y est contrebalancée par le respect des lois et coutumes dans les réformes proposées par Mentor[35]. 'Télémaque' accepte la situation politique de
l'Europe absolutiste. Sa conception de la théocratie ne prévoit pas
l'influence du Pape dans les affaires séculières[36]. Il ne met pas en
doute la séparation entre le pouvoir séculier et le pouvoir ecclésiastique[37]. Les rois du 'Télémaque' sont les maîtres des affaires
temporelles parce que le pupille de Fénelon aura, un jour, à régner
sous ces auspices. Les exigences de l'éducation princière fixent ainsi
les limites de l'imagination littéraire dans 'Télémaque'.

R. Trousson a noté que "l'utopie de Fénelon reste ... très proche
de la réalité politique et économique"[38]. Il a souligné que "Salente
échappe à la monotonie de l'utopie-programme par ses qualités littéraires et romanesques" (ibid., 100). G. Atkinson a même soutenu que
'Télémaque' a renouvelé l'utopie littéraire[39]. Nous pouvons compléter
ces propos par un renvoi à la spiritualité fé/nelonienne. C'est elle
qui a causé la spécificité de l'utopie fénelonienne. Nous avons vu
(II. 4) que la peinture de l'Etat modèle implique dans 'Télémaque'
l'idée de développement historique. La France du Roi-Soleil se transformera en Cité de Dieu lorsque les Français et surtout leur Roi
seront transformés par la charité chrétienne. Fénelon partage le pessimisme de Nicole et de Bossuet quant à la corruption de tout ce qui
est purement humain. Mais il partage également l'optimisme de Leibniz
quant aux possibilités de l'éducation princière. Selon lui, un avenir
meilleur ne viendra pas de la nature de l'homme mais de la conversion
du pécheur. L'éducation princière doit et peut former un souverain
désintéressé en premier serviteur de son peuple. La politique chrétienne rend l'Etat prospère. 'Télémaque' sert, pour ainsi dire, à
prouver l'efficacité politique du christianisme.

Toute éducation repose, au XVIIe siècle, sur l'enseignement religieux. L'éducation princière ne fait pas exception à cette règle.

---

35 Par là, la description de Salente diffère de la 'Christianopolis'
(1619) de Johann Valentin Andreae. Sur cet ouvrage cf. R. van Dülmen, 'Die Utopie einer christlichen Gesellschaft Johann Valentin
Andreae (1586-1654) T. 1', Stuttgart 1978. De même, la 'Repubbli-
ca immaginaria' de Ludovico Agostini faisait partie des 'Dialoghi
dell'Infinito' (1582), donc de spéculations théoriques. Sur la
pensée politique italienne de l'époque cf. L. Firpo, 'Lo stato
ideale della Controriforma', Bari 1957.
36 C'était l'idée de Campanella dans sa 'Monarchia Messiae', écrite
en 1605 et publiée en 1633; cf. A. Falchi, 'Le moderne teorie teocratiche', Milano 1908.
37 Campanella rêve d'un roi prêtre: "E un Principe Sacerdote tra loro,
che s'appella Sole, e in lingua nostra si dice Metafisico: questo
è capo di tutti in spirituale e temporale, e tutti i negozi in lui
si terminano" ('La Città del Sole'. Testo italiano e testo latino
a cura di N. Bobbio, Torino 1941, 59).
38 'Voyages aux pays de nulle part. Histoire littéraire de la pensée
utopique', Bruxelles 1975, 100.
39 'The extraordinary voyage' in French literature before 1700', New
York 1922, 150.

Espagnet souligne dans son traité 'De l'institution du ieune Prince' (1616) "que l'institution du Prince doit commencer par la cognoissoissance de Dieu & de la Religion" (97). L'auteur veut former un roi chrétien, mais il garde ses distances vis-à-vis du Roi-Prêtre des civilisations anciennes:

> Ce n'est pas qu'il faille faire d'un Roy un Capucin, le sceptre & le froc sont incompatibles, l'un est tout dans le monde, l'autre hors du monde. Nous ne sommes plus au temps de Melchisedech ou des anciens Rois d'Egypte, en la personne desquels la prestrise & la Royauté estoient associées. Les derniers siècles pour s'autoriser ont changé les loix, les formes de viure & de regner, en ont mis en credit de nouuelles: i'entends former un Monarque selon le temps present, & suiuant l'usage des Estats viuans Chrestiennement: qu'il soit deuotieux, mais non pas un bigot ou hypocrite. (100-101)

Le sceptre et le froc sont incomptabiles parce que le pouvoir spirituel diffère du pouvoir temporel. Le roi "deuotieux" s'oppose à la bigoterie, car c'est un monarque "craignant Dieu, bon homme & bon Capitaine" (30)[40]. La dévotion du souverain ne nuit pas à son gouvernement. C'est cette conviction que les Miroirs des Princes opposent au machiavélisme. La première protestation contre le Machiavélisme dans l'éducation du Roi se trouve dans la mazarinade de Claude Joly 'Recueil de maximes veritables et importantes pour l'Institution du Roy' (1652). Le fils du Grand Roi est toujours élevé selon les traditions religieuses. Bossuet écrit dans sa lettre 'De l'instruction de Monseigneur le Dauphin au Pape Innocent XI' que "l'étude de chaque jour commençoit soir et matin par les choses saintes" ('Oeuvres complètes'...cit., vol. 23, 17). Il y présente "saint Louis comme le modèle d'un roi parfait" (23). Fénelon lui fait écho dans une lettre au duc de Bourgogne (VI, 234). Il suit donc une tradition incontestée dans la théorie et dans la pratique de l'éducation princière lorsqu'il s'efforce d'inspirer la piété au duc de Bourgogne.

On a reproché à Fénelon la dévotion du duc de Bourgogne. Sa bigoterie choquait la cour et inquiétait même ceux qui espéraient de lui le rétablissement de la France ancienne[41]. L'archevêque de Cambrai

---

40 On lit dans l'institution du prince attribuée à Jean Bodin: "Prima cura eius quae haberi debet est, ut in timore Dei educetur, a quo sapientia, scientia, iudicium, memoria, felicitas ingenii, sanitas corporis, & omnia bona quae in hac & altera vita possunt exoptari, dependent" ('Consilia Iohannis Bodini Galli & Fausti Longiani Itali, De principe recte instituendo cum praeceptis cujusdam principis politicis, quae bene instituendo in imperio observanda. Ex Gallica, Italica & Castellan lingua latine reddita a Iohanne Bornitio, Vinaviae 1602, page non numérotée). Jacques Ier remarque: "Je n'estime point digne de commander aux autres, qui ne scait commander à soy mesme, & regler ses appetits. Beaucoup moins merite de gouuerner un peuple Chrestien celuy qui en son coeur n'ayme ni ne craint Dieu" ('Basilikon doron'...cit., 36).

41 Malgré l'étude de M. Cagnac sur 'Le duc de Bourgogne'...cit., un ouvrage qui penche vers l'hagiographie, on continue à répéter les accusations des contemporains contre Fénelon. G. Poisson écrit: "Confit en dévotion, timide, jamais complètement remis de l'éducation draconienne de Fénelon, ce prince que Saint-Simon compare à un séminariste, nous semble, à distance, consciencieux, scrupuleux, appliqué, pétri de bonnes intentions, mais manquant de l'autorité,

rappelle lui-même à son ancien élève la différence entre l'état laïque et l'état religieux. Un roi ne doit pas mener la vie d'un religieux:

> Le royaume de Dieu ne consiste point dans une scrupuleuse obser-
> vation de petites formalités; il consiste pour chacun dans les
> vertus propres à son état. Un grand prince ne doit point servir
> Dieu de la même façon qu'un solitaire ou qu'un simple particu-
> lier. Saint Louis s'est sanctifié en grand roi. (VII, 235)

Cette lettre prouve le contraire de ce qu'on a soupçonné. Fénelon n'a
jamais rêvé de transformer la France en un vaste monastère. Sa volonté de rester terre à terre est évidente. Néanmoins, le problème soulevé par la dévotion du duc de Bourgogne reste entier.

On a imputé également au duc de Beauvillier l'immobilisme scrupuleux du duc de Bourgogne. G. Lizerand admire le duc de Beauvillier,
mais déplore son influence sur son pupille:

> L'instruction du duc de Bourgogne, si elle n'a pas été une fail-
> lite éclatante comme celle de Monseigneur, n'a pourtant abouti
> qu'à des résultats moyens. Quant à son éducation, elle a fait de
> lui un homme moralement très supérieur à ce qu'il y avait à la
> cour, mais à peu près dépourvu de ces qualités solides, mais un
> peu terre à terre qui convenaient à son futur métier. Il y a
> assurément en ces résultats quelque chose qui tient à l'influence
> de Beauvillier. ('Le duc de Beauvillier (1648-1714)', Paris 1933,
> 165)

Le duc de Beauvillier n'a certainement pas bien compris l'intention
de Fénelon. Par malchance, le caractère du pupille allait à l'encontre de la dévotion scrupuleuse du gouverneur. Néanmoins cette explication du phénomène est insuffisante. Lizerand lui-même constate que
les défauts du duc de Bourgogne ne s'expliquent pas uniquement par la
nature du prince. Il cherche un coupable et fait du duc de Beauvillier
un bouc émissaire. En vérité il s'agit d'une crise de conscience qui
ne peut se réduire aux personnages grâce auxquels se manifeste le
changement historique. Le débat soulevé par l'éducation du duc de
Bourgogne n'est pas causé uniquement par le naturel ou les idées chimériques des éducateurs ou de leur élève. La réussite, au moins partielle, de l'éducation du duc de Bourgogne met en évidence ce que
l'éducation partiellement manquée de son père avait caché: l'inadaptation du système des valeurs transmises dans l'éducation princière. La
France moderne récuse la mentalité qui s'est manifestée dans les
Miroirs des Princes. L'ancienne éducation princière passe à côté des
acquisitions de la civilisation moderne. Les qualités morales du duc
de Bourgogne et sa volonté de réformer la France absolutiste jurent
avec son incompréhension de la société créée par le gouvernement du
Roi-Soleil. Ce qu'on avait discuté jusqu'alors d'un point de vue
purement théorique se voyait confirmé aux yeux du grand monde: la
politique et la piété chrétienne se révèlent incompatibles avec la
personne du duc de Bourgogne. L'élève de Fénelon n'adhère pas à des

---

de la prestance, de l'esprit de décision qui font un grand roi"
('Monsieur de Saint-Simon'...cit., 168).

idées chimériques, il prend à la lettre un enseignement qu'on avait
dispensé selon la tradition de l'éducation princière en France.

La réussite de l'éducation du duc de Bourgogne divise les esprits
de l'époque, puisque la France est elle-même divisée; il n'est qu'à
feuilleter les 'Pensées intimes' de Beauvillier pour découvrir une
conscience déchirée. Il se tourmente à propos de sa participation à
la vie de Cour[42], il se reproche sa crainte "de passer pour un dévot"
(ibid., 118). Les notes attribuées au duc de Bourgogne par Proyart
dans sa 'Vie du Dauphin' (1782) complètent ce témoignage. Le prince y
revendique le droit de surveiller les moeurs des sujets. Cette surveillance allait de soi pour l'absolutisme. Mais le texte suivant
révèle que la relation entre le gouvernement politique et les bonnes
moeurs commence à devenir sujette à caution:

> On voudroit, c'est-à-dire, les hommes vicieux et impies, que le
> souverain bornât ses soins à régler le physique, comme si le
> physique pouvoit être réglé dans la société, sans le moral; comme
> si la constitution de l'état ne tenoit pas à la religion et aux
> moeurs aussi essentiellement qu'à la police de l'homme animal.
> (vol. I de l'éd. Paris 1819, 333-334)

Le duc de Bourgogne s'approprie ici une idée qu'il a héritée de ses
ancêtres. Louis XIV lui-même conjure son fils de se garder "de n'avoir
dans la religion que cette vue d'intérêt" ('Mémoires'... cit., 119).
Les rois de France prétendent que la religion catholique est la base
de leur gouvernement, mais ils réussissent de moins en moins à se
conformer à l'esprit du christianisme. Madame de Maintenon se plaint,
à l'époque de sa rupture avec Fénelon, que la religion du Roi n'est
qu'une pratique extérieure[43]. C'est donc la tension plus ou moins
inavouée et latente entre la morale religieuse et la morale publique
qui atteint son paroxysme à propos de l'éducation du duc de Bourgogne
et dans le débat sur le 'Télémaque'.

---

42 Ed. par M. Langlois, Paris 1925, 117-118.
43 "La religion est peu cognue à la Cour: on veut l'accomoder à soy,
et non pas s'accomoder à elle; on en veut toutes les pratiques
extérieures, mais non pas l'esprit. Le Roy ne manquera pas à une
station, ny à une abstinence; mais il ne comprendra pas qu'il
faille s'humilier, et prendre l'esprit d'une vraie pénitence, et
que nous devrions nous couvrir du sac et de la cendre pour demander
la paix" (Lettre du 31 janvier 1696 à l'archevêque de Paris, dans:
'Lettres', éd. par M. Langlois, tome 5, Paris 1939, 17).

III. LE SCANDALE POLITIQUE D'UNE OEUVRE LITTERAIRE
DESTINEE A L'EDUCATION D'UN PRINCE

III. 1. DU ROMAN A CLEF A LA SATIRE POLITIQUE

Dans la première et la deuxième partie de notre étude, nous avons rassemblé les différentes doctrines que Fénelon pouvait avoir à l'esprit lors de la composition du 'Télémaque'. La pédagogie princière et la pensée religieuse y ont éclairé la structure allégorique de l'ouvrage et sa conception de l'Antiquité. Nous avons montré que la présentation littéraire du discours instructif fait l'originalité du livre. Il nous faut maintenant discerner les éléments qui ont déterminé la manière dont le livre a été reçu. Tout d'abord, nous allons nous efforcer de comprendre comment l'ouvrage adressé au duc de Bourgogne a pu être considéré comme une mise en accusation du règne de Louis XIV.

Quelques-uns des premiers lecteurs ont accusé Fénelon d'avoir ouvert les yeux de son élève à propos de la magnificence du Roi-Soleil. L'archevêque protesta qu'il serait non seulement "l'homme le plus ingrat, mais encore le plus insensé, pour y vouloir faire des portraits satiriques et insolens" (VII, 665). Il se défend par son "horreur de la seule pensée d'un tel dessein" (VII, 665). Cette insinuation s'appuie sur les "clefs" du 'Télémaque'. Ces "clefs" ont commencé à paraître, comme nous l'avons vu (II. 4), dès 1699. En vérité, ces clefs ne sont qu'un prétexte. C'est pourquoi 'Télémaque' ne figure dans la bibliographie de F. Drujon "que pour mémoire: ce n'est pas un livre à clef, du moins dans la pensée de l'auteur"[1].

En principe, la transformation de 'Télémaque' en roman à clef n'a rien de surprenant à une époque éprise de la mode des portraits[2]. La société était friande d'allusions véritables ou imaginaires dans les oeuvres littéraires. Molière critique, dans 'L'Impromptu de Versailles', la manie de chercher des modèles réels aux personnages fictifs du théâtre[3]. Cette tendance s'explique au sommet du classicisme par

---

1 'Les livres à clef. Etude de bibliographie critique et analytique pour servir à l'histoire littéraire', Paris 1888, vol. 2, 925. Sur les romans à clef, cf. V. Cousin, 'La société française au XVIIe siècle, d'après le Grand Cyrus de Mlle de Scudéry', Paris 1858, 2 vol.
2 Cf. F. Nies, 'Genres mineurs', München 1978, 41-43.

le besoin de rendre plus concrète une littérature dont l'appréhension
du réel reste à un niveau d'abstraction assez élevé. On a créé une
espèce de paralittérature tendant à faire passer l'énoncé général
dans l'actualité de la vie de société.

L'essor des genres littéraires plus largement ouverts aux particu-
larités des moeurs est surtout sensible vers la fin du XVIIe siècle.
'Les Caractères' de La Bruyère sont le modèle de cette littérature.
L'ouvrage est publié à partir de 1697 dans un grand nombre d'éditions
avec des clefs exprimées en marge. Ces clefs ne correspondent pas
plus à l'intention de La Bruyère que les 'Remarques' reflètent les
idées de Fénelon. La transformation de 'Télémaque' en roman à clef
vient donc d'une habitude de lecture répandue à l'époque.

Quoique 'Télémaque' ne soit pas un roman à clef, il a une certaine
parenté avec ce genre d'écrits, comme nous l'avons vu (I. 5), il se
prête à une lecture similaire parce qu'il renvoie à la France du Roi-
Soleil. Fénelon concède cette dimension de l'oeuvre:

> Il est vrai que j'ai mis dans ces aventures toutes les vérités
> nécessaires pour le gouvernement, et tous les défauts qu'on peut
> avoir dans la puissance souveraine: mais je n'en ai marqué aucun
> avec une affectation qui tende à aucun portrait ni caractère.
> Plus on lira cet ouvrage, plus on verra que j'ai voulu dire tout,
> sans peindre personne de suite. (VII, 665)

Cependant la terminologie de Fénelon prête à équivoque: il récuse
l'idée d'avoir fait des portraits et des caractères, et il a raison
s'il pense au roman à clef. Dans cette optique, il peut et il doit se
défendre d'avoir voulu "peindre personne de suite". Mais il y a une
perspective différente, celle de la description générale des moeurs
du siècle. Il est évident que Fénelon se meut dans la tradition de La
Bruyère et qu'il illustre les problèmes de l'époque par la problémat-
ique d'un personnage type. Les personnages pris à l'Antiquité renvoient à la France de Louis XIV, ils vivent et discutent dans le monde
ancien les problèmes du monde moderne. C'est pourquoi 'Télémaque'
évoque le roman à clef dont il se distingue cependant parce qu'il ne
"peint personne de suite".

La transformation de 'Télémaque' en roman à clef a été favorisée
par un genre littéraire pratiqué à la fin du XVIIe siècle: l'histoire
poétique. Fontenelle s'est servi de ce genre dans sa 'Description de
l'empire de la poësie' publiée dans le 'Mercure' de janvier 1678. Il
applique à la présentation d'une théorie poétique le procédé que D'Aubignac avait largement exploité dans sa 'Macarise' (1664) où se trouve
également une vaste introduction aux bases théoriques de ce procédé
littéraire. François de Callières traite d'un sujet d'actualité en
écrivant une 'Histoire poëtique de la guerre nouvellement declarée
entre les Anciens et les Modernes' (1688). On ne prétend nulle part
que 'Télémaque' représente une histoire poétique du règne de Louis
XIV, mais l'influence de ce genre d'écrits sur la réaction des lec-

---

3 Cf. mon article 'Die Idealisierung der höfischen Welt'...cit., 162-
   163.

teurs ne peut être exclue.

Le Roi-Soleil lui-même semble avoir considéré 'Télémaque' comme une histoire allégorique de son règne. La Beaumelle cite les 'Mémoires' de l'évêque d'Agen d'après lesquels Louis XIV aurait dit au petit coucher en présence de ses premiers médecins Fagon et Félix:

> Je savais bien par le livre des 'Maximes' que M. l'archevêque de Cambrai était un mauvais esprit, mais je ne savais pas qu'il fût un mauvais coeur: je viens de l'apprendre en lisant 'Télémaque'. On ne peut pousser l'ingratitude plus loin. Il a entrepris de décrier éternellement mon règne. ('Mémoires du Curé de Versailles François Hébert 1686-1704', publiés avec une introduction par G. Girard, Paris 1927, 321)

Ou l'histoire d'un règne est un panégyrique ou elle est une satire. L'histoire et la poésie doivent magnifier la renommée du souverain et 'Télémaque' en dénonce les vices. Elles doivent immortaliser la gloire de son règne en magnifiant ses succès et en supprimant ses faiblesses. Louis XIV reproche à Fénelon d'avoir violé les règles du genre démonstratif qui sert à l'éloge et n'admet le blâme que dans les histoires feintes ou dans celles représentant un monde éloigné dans le temps et dans l'espace. De là à dire que "Fénelon s'était vengé de sa disgrâce en employant les fautes du grand'père à l'instruction du petit-fils" (ibid., 321), il n'y a qu'un pas. En vérité, cette imputation est inventée de toutes pièces. Cahen a démontré que la composition de l'ensemble du livre s'est effectuée entre 1694 et 1696[4], et la recherche n'a rien ajouté à ses conclusions.

L'analogie entre 'Télémaque' et une histoire poétique du règne de Louis XIV explique les raisons pour lesquelles cette "satire" a pu connaître une telle diffusion. Qu'est-ce que l''Histoire poétique' de Callière sinon une transposition d'un argument rébarbatif du langage abstrait des spécialistes dans un jeu divertissant pour le grand monde? 'Télémaque' se situe sur le même plan. Il traite de la théorie politique au niveau des divertissements et il développe un programme pour la réforme de l'Etat absolutiste en se conformant non seulement au niveau d'instruction d'un jeune homme, mais en même temps au goût du grand monde. On aboutit ainsi à la situation paradoxale que la critique des abus de l'absolutisme et le programme de réformes dirigé contre le style de vie du grand monde réussit à attirer l'attention du public par sa référence au goût combattu par l'ouvrage.

'Télémaque' est une des grandes oeuvres de vulgarisation. Comme les 'Lettres Provinciales' de Pascal et les 'Entretiens sur la pluralité des mondes' de Fontenelle, il doit son succès à la forme littéraire, par laquelle il suscite l'intérêt du grand monde pour des questions réservées aux érudits. L'affabulation littéraire dévoile ses développements à la bonne société et leur assure un retentissement qu'un exposé abstrait et théorique n'aurait jamais atteint.

On a averti très tôt le public qu'il ne faut pas confondre le blâme des vices avec une satire du gouvernement. Une des premières

---

4 'Introduction' de l'éd. crit. cit., XLIV.

éditions clandestines de 'Télémaque' contient une pièce en vers intitulée 'La Clef de Télémaque' qui se termine par l'avis suivant:

> Lis sans aucun goût satirique
> D'esprit et de raison ce Chef-d'oeuvre nouveau;
> La morale et la politique
> N'ont rien qui n'y soit mis dans le jour le plus beau.
> (Cité par Cahen dans: 1, CXII)

Selon l'auteur de ces vers, 'Télémaque' n'a rien de satirique si le
lecteur épouse l'optique de Fénelon. La Palatine a reconnu la perspective de l'archevêque car elle écrit le 14 juin 1699 à la duchesse de
Hanovre:

> Dieu veuille que les instructions que contient ce livre fassent
> impression sur le duc de Bourgogne! S'il s'y conforme, il devien-
> dra un grand roi avec le temps. ('Correspondance de Madame
> Duchesse d'Orléans'... éd. Jaeglé, vol. I, Paris 1890, 201)

Ce témoignage est particulièrement important parce qu'il fait état
des discussions suscitées par la diffusion de 'Télémaque'. La Palatine
a lu une copie manuscrite de l'ouvrage qu'on lui avait prêtée, et
elle a admiré la morale de l'ouvrage. Elle n'avait prévu ni le conflit
entre la spiritualité et la politique ni l'hostilité contre le Roi-
Soleil qu'on attribuera au livre en le transformant en littérature
d'opposition. Elle n'était pas la seule à être de cet avis. La 'Ga-
zette d'Amsterdam' annonce le livre, dans son numéro 37 du premier
mai 1699, et le dit "parfaitement bien écrit et rempli de quantité de
beaux précepts pour un jeune prince qui doit parvenir à la couronne"[5]. On peut conclure de ces témoignages que l'intention de Fénelon était reconnaissable même hors du contexte lié à l'éducation du
duc de Bourgogne.

Une lettre de Madame Dunoyer soutient que les lecteurs ont transformé les idéaux du livre en une critique de Louis XIV:

> Il [Fénelon] veut donner à ce Prince [le duc de Bourgogne]
> né pour régner, l'idée d'une douce domination: & comme on
> n'y reconnoît pas celle d'à présent, on croit que ce Prélat a
> voulu finement en faire la critique. On feroit beaucoup mieux de
> profiter des conseils qu'il fait donner au fils d'Ulysse par
> Mentor... Le Livre est fort ingénieux, & l'on y peut trouver
> l'agréable & l'utile. ('Lettres historiques et galantes', tome
> I, Londres 1742, 80)

Cette lettre pourrait avoir été écrite sous cette forme en 1699. Elle
prétend que la bonne intention de Fénelon s'est retournée contre lui.
Les lecteurs ont changé l'idéal politique en une mise en accusation
du Gouvernement. La réponse de Fagon et Félix au jugement de Louis
XIV sur 'Télémaque' va dans le même sens. Car ils objectèrent, selon
les 'Mémoires' de l'évêque d'Agen, au roi "que la malignité n'était
pas dans le livre mais dans les lecteurs, qu'il était facile de prêter
des vues satiriques aux historiens et aux moralistes les mieux inten-

---

5 Cité par A. de Boislisle dans son éd. des 'Mémoires' de Saint-
  Simon, tome VI, Paris 1888, 156.

tionnés, qu'on ne pouvait accuser l'auteur de 'Télémaque' d'avoir peint Sa Majesté, puisqu'il n'avait peint que de mauvais princes" ('Mémoires du Curé de Versailles'...cit., 321-322). C'est une hypothèse séduisante que celle de réduire le succès et le scandale de 'Télémaque' à la malignité des lecteurs du livre. Cette malignité est même évidente dans l'ironie d'un Gueudeville[6], mais cette hypothèse est trop simple pour saisir la complexité du phénomène historique qu'est le succès de 'Télémaque'. La malignité a, certes, sa place dans un ouvrage de littérature d'opposition, mais elle est alors nourrie par le mécontentement général.

Les difficultés politiques que le gouvernement du Roi-Soleil affronte lors de la publication de 'Télémaque' ont contribué autant à la transformation du livre en satire politique que la malveillance personnelle des lecteurs. Bayle fait état de cet aspect de la fortune du livre. Il écrit le 23 novembre 1699 à Mylord Ashley:

> On a fait grand cas de cet Ecrit [de 'Télémaque']. On trouve que le Stile en est vif, heureux, beau; le tour des Fictions bien imaginé, &c: mais, sans doute, ce qui a le plus contribué au grand succès de la Piece, est que l'Auteur y parle selon le goût des Peuples, & principalement des Peuples qui, comme la France, ont le plus senti les mauvaises suites de la puissance arbitraire qu'il a touchées & bien exposées. ('Oeuvres diverses', vol. IV, réimpr. Hildesheim 1968, 785)

Bayle a compris que la situation politique a favorisé la diffusion de 'Télémaque'. La réaction anti-absolutiste s'est approprié le livre, la malveillance subjective des lecteurs est nourrie par les difficultés manifestes que la France traverse à l'époque. Hors de France, la propagande contre le Roi-Soleil se combine souvent avec l'aversion contre l'absolutisme incarné par ce roi. Ainsi naît la légende d'un Fénelon avocat des opprimés. Elle entrera dans les théories révolutionnaires, où Fénelon occupe une place de choix[7]. Les idées réformatrices du livre commencent alors à se détacher de l'ensemble de la pensée politique de l'auteur. Elles contribuent à désagréger la cohérence interne de la théorie politique fénelonienne par l'isolement d'un certain nombre d'idées qui se prêtent à la critique du gouvernement du Roi-Soleil. La volonté de réformer l'Etat absolutiste est, dès lors, dirigée contre le Gouvernement.

La date de la publication de 'Télémaque' accentue la dimension antagoniste que les adversaires du gouvernement absolu de Louis XIV

---

6 "L'Auteur du Roman, tout pénétré de vénération pour nôtre incomparable Monarque, a pris un détour pour faire son portrait, &...ne voulant pas ressembler à ces Historiens flatteurs qui aveuglent les Princes à force d'encens & de fumée, il fait parler Minerve en general. En effet dans tout ce que Mentor nous explique de la vertu, de la gloire, & du merite des bons Princes, y a-t-il rien qui ne nous fasse penser d'abord à Louis XIV? Dans ces peintures affreuses & outrées que Minerve nous donne des Tirans, pouvonsnous retenir nôtre joye en faisant reflexion que nous avons un Prince qui n'est pas si méchant qu'eux." ('Critique generale'... cit., 73-74).

7 Cf. K.-H. Bender, 'Revolutionen. Die Entstehung des politischen Revolutionsbegriffs in Frankreich zwischen Mittelalter und Aufklärung', München 1977, 174.

relèvent dans la théorie politique de l'auteur. La malveillance contre
le souverain va de pair avec la malveillance contre l'archevêque de
Cambrai. L'intention peut être différente, le résultat est le même si
l'on cherche dans 'Télémaque' des idées oppositionnelles pour nuire
au Roi ou pour ruiner l'auteur du livre. On pourrait étudier la fortune de 'Télémaque' dans la perspective politique du différend Bossuet-Fénelon et on aboutirait à des conclusions analogues à celles de
R. Schmittlein dans son étude de la querelle de l'amour pur[8]. Cet
aspect politique se manifeste à travers un mélange de médisance et de
vérité.

Le blâme des vices royaux prend une actualité conflictuelle face
aux difficultés traversées par la France à la fin du XVIIe siècle.
Dès 1691, la cherté du blé amène la disette et entraîne la famine;
les suites funestes des guerres du Roi se font sentir; les impôts
montent, la production baisse. La gloire du Grand Règne se ternit. P.
Goubert considère la période 1689-1714 du règne de Louis XIV comme
"le temps des épreuves". Il souligne que le petit peuple de France
"ne connut plus longues, plus rudes et plus universelles souffran-
ces"[9] depuis la Fronde. Dans ces circonstances, la peinture des
défauts d'un monarque absolu était d'autant plus choquante que le
gouvernement de Louis XIV n'admit jamais la discussion ouverte des
difficultés que le pays affrontait. La structure due à l'intention
pédagogique de 'Télémaque' passe alors au second plan par rapport à
la mise en évidence des défauts du système politique. La négativité
de la peinture du vice comme l'idéalité de l'univers pédagogique se
métamorphosent en autant de points d'accusation du gouvernement de
Louis XIV.

La peinture des défauts du prince se prête particulièrement à la
métamorphose en satire politique. Elle n'a pourtant rien d'exceptionnel dans l'éducation du prince. Fénelon en traite, par exemple, dans
les derniers livres de l'ouvrage. Bossuet prétendait, selon Le Dieu,
que ces livres "étoient une censure ouverte du gouvernement présent,
du roi même et des ministres" ('Mémoires'..., vol. II, 13). Au dix-
huitième livre, Mentor dit de quelle manière il faut gouverner un
Etat afin de susciter la prospérité et la félicité parmi les sujets:

> Souvenez-vous, ô Télémaque, qu'il y a deux choses pernicieuses
> dans le gouvernement des peuples, auxquelles on n'apporte pres-
> que jamais aucun remède: la première est une autorité injuste et
> trop violente dans les rois; la seconde est le luxe, qui corrompt
> les moeurs. (2, 464-465)

Ce passage aborde deux arguments qui sont traités par tous les Miroirs
des Princes: la tyrannie et le luxe. Le gouvernement arbitraire sup-
prime l'autonomie économique de l'individu et du groupe. Le luxe favorise le mépris de la propriété privée, mine les bases morales de la
Cité et corrompt les moeurs du prince et de son entourage. Les deux
vices vont de pair. Jean Pic les associe dans ses 'Maximes et refle-

---

8 'L'aspect politique du différend Bossuet-Fénelon', Bade 1954.
9 'Louis XIV et vingt millions de Français', Paris [2]1977, 261.

xions sur l'éducation de la jeunesse' (1690). Il considère l'élévation des rois comme un devoir de "conduire les hommes" (166). Les souverains ne doivent pas faire "une vaine ostentation de leur puissance". Ils ne sont pas élevés au-dessus des autres "pour estre plus heureux que le reste des hommes... mais pour contribuer au bonheur des peuples" (166). Tout le chapitre sur l'éducation princière se poursuit dans le même ordre d'idée que ce passage.

Comme le blâme des vices du prince peut être pris pour un portrait des faiblesses du souverain en place, les auteurs soulignent que le dauphin doit ressembler au roi actuel. Pic affirme que le plus grand exemple à suivre est celui du Roi:

> Le ciel ne donne d'ordinaire des Rois à la terre que pour y conduire les hommes. Il semble qu'il a fait naistre le Prince qui regne aujourd'huy presque sur le monde entier par le respect & l'admiration qu'il produit, sans estre Roy que d'une partie de l'Europe, pour y conduire les hommes, & pour y servir de modèle à tous les Rois. Heureux les peuples qui sont assujettis à son Empire! (ibid., 189)

Ce genre de panégyrique du prince doit prévenir tout malentendu[10]. La remontrance de l'éducateur se situe au niveau des généralités et n'affecte pas l'admiration envers le souverain.

Fénelon ne renie pas, comme nous l'avons vu (I. 5), l'exemple du roi dans l'éducation de son successeur, mais il n'identifie pas l'idée du roi idéal avec la personne du souverain au gouvernement. Le dixième livre de 'Télémaque' rappelle que le roi est soumis aux faiblesses de la condition humaine:

> Accoutumez-vous donc, ô Télémaque, à n'attendre des plus grands hommes que ce que l'humanité est capable de faire. La jeunesse, sans expérience, se livre à une critique présomptueuse, qui la dégoûte de tous les modèles qu'elle a besoin de suivre et qui la jette dans une indocilité incurable. Non seulement vous devez aimer, respecter, imiter votre père, quoiqu'il ne soit point parfait; mais encore vous devez avoir une haute estime pour Idoménée, malgré tout ce que j'ai repris en lui. (2, 80)

Fénelon prévient ici toute critique du Roi en la taxant de présomption. Le souverain a des faiblesses, mais ni son fils ni ses sujets n'ont le droit de les lui reprocher. On ne pouvait pas pousser le dévouement à la Couronne plus loin. Fénelon est plus proche de l'attitude d'un Bossuet que de celle des philosophes du XVIIIe siècle.

Fénelon développe les arguments traditionnels de la morale politique. Mais il les traite dans la perspective de la royauté absolue. Par là, il leur confère une actualité qui rappelle la littérature d'opposition. Il a tellement réussi dans son effort d'actualisation de l'enseignement traditionnel des Miroirs des Princes qu'on a pris son intention pour une description de la réalité historique.

Ce n'est pas tant par la hardiesse de sa critique que par sa réfé-

---

10 Le panégyrique du roi actuel ou d'un de ses ancêtres ou de sa famille est, comme nous avons vu (I. 3), un registre des Miroirs des Princes. La dédicace remplit souvent la même fonction (cf. W. Leiner, 'Der Widmungsbrief'...cit.).

rence aux problèmes de la France du Roi-Soleil que 'Télémaque' irrite
l'opinion publique de l'époque. On trouve des passages osés dans
d'autres Miroirs des Princes. L'attaque contre la cour et les courtisans inspire aux auteurs, tout au long du siècle, des diatribes qui
dépassent souvent par leur violence les critiques les plus sévères de
l'ouvrage fénelonien[11]. Boursault attaque "la Jeunesse de Cour" ('La
véritable étude des souverains'... cit., 51) et avertit le prince à
propos de la volupté, car "plus on est favorisé de la fortune, plus
on a de penchant vers la volupté" (ibid., 54). Chacun était libre
d'appliquer cette maxime à la personne du Roi-Soleil. Non moins osée
est son attaque contre le penchant du souverain d'avoir des favoris.
Il commence par constater que rien n'est "plus glorieux, que d'estre
estimé d'un Souverain" (ibid., 56), il remarque ensuite qu'on "condamne la presomption du Favory" (ibid., 60), il pose la question de
savoir "si l'on approuve la conduite du Prince" (ibid., 60) et il
attribue dans la suite l'existence des favoris à un "entestement"
(ibid., 76) du prince. Il montre également au souverain "les malheurs
qui peuvent naistre de la calomnie" (ibid., 136). Selon lui, l'audace
des calomniateurs n'est pas si grande, puisque "la pluspart ont des
amis ou des parens prés du Souverain, qui déguisent leurs méchan-
cetez, ou qui les appuyent" (ibid., 137). Toutes ces idées sont con-
densées par Fénelon en un personnage: "l'ambitieuse Astarbé" (1, 133).
Ce personnage est inventé par lui pour condamner la puissance des
maîtresses à la Cour. Cette femme profite de la "passion" que le roi
Pygmalion a pour elle et fait "semblant de ne vouloir vivre que
pour lui" (1, 133), ainsi Pygmalion devient "le jouet d'une femme
sans pudeur" (1, 137). Fénelon transforme le personnage historique de
Pygmalion afin de représenter un souverain "en proie à la défiance,
à l'amour et à l'avarice" (1, 298), trois vices condamnés par les
Miroirs des Princes. Son interprétation du roi de Tyr a été vivement
critiquée par Faydit, dont la critique n'est pas restée sans réponse[12]. Astarbé assassinera finalement son amant et sera elle-même
assassinée. Ces meurtres montrent où mène la corruption des moeurs à
la cour royale.

L'épisode d'Astarbé et de Pygmalion ne contient aucune attaque
directe contre Louis XIV, il n'est pas plus osé que les idées de Boursault. D'autant qu'à l'époque de la composition de 'Télémaque', le
Roi ne se divertissait plus avec ses maîtresses. Fénelon n'avait
aucune raison de considérer Madame de Maintenon comme une maîtresse
du Roi-Soleil ni de combattre son influence, puisque c'est par son

---

11 Dès le Moyen Age, il y a des florilèges qui rassemblent les lieux
   communs quant à la critique de la cour, cf. C. Uhlig, 'Hofkritik
   im England des Mittelalters und der Renaissance. Studien zu einem
   Gemeinplatz der europäischen Moralistik', Berlin 1973, 72-83, 161-
   174. Cf. aussi Cf. P. M. Smith, 'The Anticourtier in Sixteenth
   Century French Literature', Genève 1966; H. Kiesel, 'Bei Hof, bei
   Höll. Untersuchungen zur literarischen Hofkritik von Sebastian
   Brant bis Friedrich Schiller', Tübingen 1979; K. Borinski, 'Baltasar Gracian und die Hofliteratur in Deutschland', Halle 1894.
12 Cf. Bayle, 'Dictionnnaire historique et critique', art. Pygmalion
   où la dispute est résumée.

intermédiaire que les dévots pensaient travailler à la conversion du Roi. Cet épisode est néanmoins considéré par Saint-Simon comme un des passages qui ont ruiné la fortune de Fénelon à la cour[13]. Selon Saint-Simon, "on avoit persuadé au roi qu'Astarbé et Pygmalion étoient sa peinture et celle de Mme de Maintenon dans Versailles" (ibid., 458). Gueudeville s'adonne à la même exégèse[14]. Les 'Remarques' de l'édition de 'Télémaque' publiée à Amsterdam en 1719 voient dans Astarbé le portrait de la marquise de Montespan.

Astarbé a éveillé l'imagination des lecteurs contemporains mais leurs différentes explications du personnage ont négligé la structure de l'épisode. Bien que la maîtresse soit le personnage qui domine l'épisode du roi de Tyr, Pygmalion reste au centre de l'intérêt du narrateur. Car le succès des intrigues de cour, à Tyr comme ailleurs, dépend des vertus royales. Le roi est le personnage autour duquel s'organise le monde imaginaire du livre. C'est par cette structure de 'Télémaque' que les contemporains ont reconnu, à juste raison, la France de Louis XIV.

D'autres circonstances concernant la publication de l'ouvrage ont favorisé l'essor d'une lecture qui allait dans le sens de la littérature d'opposition. S'il est possible, comme nous l'avons vu (II. 4), que Fénelon lui-même ait voulu empêcher l'impression de son ouvrage, il est certain que l'autorité publique aurait mal pris la diffusion de 'Télémaque'. La police surveillait l'archevêque de Cambrai à cause de l'affaire du quiétisme, mais s'efforçait surtout d'empêcher la distribution de ses écrits. J. Saint-Germain a découvert un certain nombre de documents provenant des archives du lieutenant général de police d'Argenson sur les mesures de la police contre notre auteur. Quoique le roi n'estime plus, en juillet 1698, "qu'on doive empêcher l'archevêque de Cambrai d'écrire pendant que les autres prélats le font"[15], il fait saisir en août 1698 deux valises qui contiennent le courrier expédié à Paris par Fénelon. Il n'était donc pas nécessaire d'éveiller l'attention de la police à propos d'un ouvrage attribué à Fénelon, elle surveillait déjà l'auteur et sa production littéraire. Que la suppression du volume imprimé des 'Avantures de Telemaque' vienne de Fénelon lui-même ou des autorités publiques, l'effet est le même: l'ouvrage est imprimé clandestinement et distribué sur le marché des libelles, des gazettes clandestines, des livres défendus. Ce marché était florissant à l'époque, il disposait d'un vaste système de distribution, lequel arrivait jusque dans les couloirs de la cour de Versailles[16].

'Télémaque' ne se serait pas tellement prêté à une transformation en satire politique si Fénelon n'avait conçu son Miroir des Princes selon la théorie pédagogique de l'époque. Il s'adresse à la personne

13 Cf. 'Ecrits inédits', tome IV, Paris 1882, 458.
14 Cf. 'Critique du premier tome'...cit., 147.
15 Arch. nat. O¹ 42 8 juillet 1698, cité d'après J. Saint-Germain, 'La vie quotidienne en France à la fin du grand siècle', Paris 1965, 132.
16 Cf. Saint-Germain, ibid., 136-144.

humaine en concevant sa formation comme un combat contre l'inclination de tout homme vers le mal. D'où l'idée de représenter la spiritualité du prince comme un voyage initiatique et de faire du coeur royal le lieu d'un combat où l'âme se cherche et dont l'ampleur est rendue visible par l'expérience des différents types de princes rencontrés au cours du voyage. Et puisque Fénelon considère le prince absolu comme une personne publique, de laquelle le bien public dépend autant que le bonheur du peuple, il présente l'introduction à la morale politique comme un programme de la réforme de l'Etat absolutiste. L'avatar de 'Télémaque' en satire politique révèle donc la signification contestataire d'une éducation princière qui repose sur un programme de réforme l'Etat.

III. 2. LA SIGNIFICATION CONTESTATAIRE D'UNE
EDUCATION PRINCIERE QUI REPOSE SUR UN PROGRAMME DE
REFORME DE L'ETAT

La transformation de 'Télémaque' en satire politique du gouvernement de Louis XIV met en lumière les divergences entre la théorie
politique de Fénelon et les maximes de gouvernement du Roi-Soleil. Si
le précepteur du duc de Bourgogne ne s'était pas éloigné des idées de
son maître, son ouvrage n'aurait pu être tranformé en une satire politique. Pourtant, le scandale n'a pris une telle envergure que parce
que 'Télemaque' a été détaché des buts éducatifs pour lesquels il a
été créé. Nous allons montrer comment l'intention conservatrice de
Fénelon s'est transformée en contestation politique.

Fénelon s'est éloigné des idées politiques de son Roi à force de
justifier le caractère sacré de la monarchie absolue. Sa spiritualité
du prince repose sur un souverain au service de son peuple. C'est une
des idées principales de la royauté absolue[1]. Elle est exprimée par
une phrase célèbre de Louis XIV, qui écrit dans ses 'Réflexions sur
le métier de roi' (1679):

> Quand on a l'Etat en vue, on travaille pour soi. Le but de l'un
> fait la gloire de l'autre. Quand le premier est heureux, élevé
> et puissant, celui qui en est cause en est glorieux, et par con-
> séquant doit plus goûter que ses sujets, par rapport à lui et à
> eux, tout ce qu'il y a de plus agréable dans la vie. ('Mémoires'
> ...cit., 226)

Le roi et son Etat sont si intimement liés que l'intérêt de l'un ne
peut contredire l'intérêt de l'autre. R. Mousnier note à ce propos
que "la notion d'Etat était obscurcie chez beaucoup de Français de
son époque par celle de fidélité"[2]. Le Roi-Soleil voulut remédier aux
effets de la Fronde en s'attachant ses sujets "comme les 'fidèles' à
leur 'maître'. Le roi devenait le 'protecteur' universel" (ibid.,
51). Cette identité d'intérêts entre le monarque et ses sujets ne
signifie pas que l'Etat soit la propriété du souverain. La formule
"L'Etat c'est moi" qu'on impute à Louis XIV, a été souvent interprétée dans ce sens. F. Hartung a examiné les 'Mémoires' et les écrits

---

1 Cf. Thireau, 'Les idées politiques de Louis XIV'...cit., 35-38 et
  76-84.
2 'Qui a été Louis XIV', dans: 'Mélanges Mongrédien', Paris 1974, 51.

politiques du Roi-Soleil pour voir si cette formule correspondait aux
intentions ou aux pensées exprimées dans les écrits du Roi et il aboutit à une conclusion négative. Il soutient, dans la suite de son
article, que la pratique politique du Roi-Soleil s'oppose souvent à
sa théorie politique et que Fénelon a accusé le roi de s'approprier
l'Etat[3]. L'archevêque de Cambrai a avancé ce reproche dans ses 'Mémoires' sur la guerre de succession d'Espagne[4], mais il procède d'une
manière différente dans 'Télémaque'. Il y détermine les conditions
selon lesquelles l'identité d'intérêts entre le roi et ses sujets
réalise l'idéal du prince chrétien.

Fénelon souligne que le roi entretient un autre rapport avec l'Etat
que le tyran. Dans le quatorzième livre, Télémaque rencontre son
bisaïeul Arcésius, qui lui dit à propos de la royauté:

> Quand elle est prise...pour se contenter soi-même, c'est une
> monstrueuse tyrannie; quand elle est prise pour remplir ses
> devoirs et pour conduire un peuple innombrable comme un père
> conduit ses enfants, c'est une servitude accablante, qui demande
> un courage et une patience héroïque. (2, 356)

Le lieu où cet énoncé est fait et la personne qui parle confèrent à
cette maxime de gouvernement une importance primordiale: c'est aux
Champs-Elysées que le fils d'Ulysse apprend la différence entre la
monarchie et la tyrannie. Elle lui est enseignée par l'ancêtre qu'il
rencontre dans la région réservée aux rois défunts qui ont bien accompli leur métier de roi. Dans le Tartare, Télémaque voit, en revanche,
la punition des rois qui ont cru "que le reste des hommes étoit, à
l'égard des rois, ce que les chevaux et les autres bêtes de charge
sont à l'égard des hommes, c'est-à-dire des animaux, dont on ne fait
cas qu'autant qu'ils rendent des services et qu'ils donnent des commodités" (2, 341). Dès qu'on confronte l'énoncé d'Arcésius avec le
témoignage qui vient d'être cité, on comprend que Fénelon craint moins
la tyrannie que l'abus provoqué par l'amour-propre du souverain absolu. C'est le risque d'un tel abus que 'Télémaque' montre au prince.
L'insistance donnée à cet aspect s'explique dès qu'on consulte la
'Lettre (anonyme) à Louis XIV'.

Lorsqu'on veut expliquer la signification de 'Télémaque' par la
'Lettre à Louis XIV', il est nécessaire d'aborder un problème trop
négligé par la recherche: l'évolution de la pensée politique de Fénelon et l'influence de la forme littéraire adoptée sur la présentation
de la pensée. On ne peut pas séparer les deux aspects, car la théorie
politique de Fénelon s'exprime dans le temps sur une vingtaine
d'années et par des formes littéraires très différentes: elle commence
par une lettre anonyme attaquant les options politiques de Louis XIV,
elle prend ensuite la forme d'un discours didactique dans les 'Dialogues des Morts' et dans 'Télémaque' destiné à l'éducation du duc de

---

3 'L'Etat c'est moi', dans: 'Historische Zeitschrift' 169 (1949), 23-
   24, et H. R. Rowen, '"L'Etat c'est moi": Louis XIV and the State',
   dans: 'French Historical Studies' 2 (1961-1962), 83-98.
4 Cf. VII, 149-181.

Bourgogne, elle aboutit finalement aux écrits de circonstance de
l'exilé visant, sous forme de 'Mémoires', à proposer des mesures concrètes à prendre dans une situation politique déterminée. On doit
exclure de cette énumération l''Essai philosophique sur le gouvernement civil', qui n'est que "la première de ces utilisations abusives
de l'héritage fénelonien que le XVIIIe siècle va voir se multiplier"[5]. Les études sur la 'Lettre à Louis XIV' ne fournissent pas de
renseignements sur la question qui consiste à se demander si la lettre
anonyme était un procédé répandu au XVIIe siècle. On aimerait saisir
la signification exacte d'un écrit anonyme destiné au seul souverain
ou à son entourage le plus restreint[6]. Toutefois, on peut rapprocher,
ainsi que Molino l'a fait (ibid., 291), cette invective des instructions des confesseurs qui soutiennent le point de vue de Dieu et des
lettres d'ecclésiastiques qui adressent leur enseignement de morale
politique au souverain. La 'Lettre' se distingue des écrits composés
pour l'instruction du duc de Bourgogne par son ton polémique. Elle
adopte pourtant la même perspective que 'Télémaque' et que l''Examen
de conscience sur les devoirs de la royauté': elle fait valoir le
point de vue spirituel et exhorte le roi à se conformer aux idéaux
d'un prince chrétien. Dans tous ces écrits, le plan doctrinaire l'em-
porte sur le plan pratique. L'exposé de la spiritualité du prince
s'organise à partir des exigences de la morale chrétienne en reléguant
les exigences de la pratique politique au second plan et en accentuant
l'idéal par rapport aux compromis imposés par la vie. Le souci d'adapter cet idéal aux besoins de la vie politique n'interviendra qu'assez
tard dans la pensée politique de Fénelon[7]. Nous n'étudions que le
point de vue spirituel et nous négligeons les propositions politiques
concrètes dans les 'Mémoires' et les 'Plans de gouvernement' (1711).
Nous faisons également abstraction des écrits féneloniens traitant
des problèmes actuels de la France absolutiste afin d'approfondir la
question de sa morale politique destinée à l'éducation du duc de Bourgogne.

Nous verrons ainsi que la pensée politique de Fénelon est moins
monolithique qu'on tend à le croire et qu'elle se précise en affron-
tant les problèmes de la France de Louis XIV.

La 'Lettre à Louis XIV' annonce, à beaucoup d'égards, les écrits
composés pour le duc de Bourgogne. Elle permet de comprendre dans
quelle mesure 'Télémaque' présuppose une analyse du gouvernement de
Louis XIV et de la situation politique. Elle se distingue pourtant
des écrits ultérieurs sur la spiritualité du prince parce qu'elle est
moins réfléchie quant à la théorie politique. Son affrontement direct
des problèmes est plaisant par rapport à la démarche alambiquée des

---

5 J. Molino, 'L''Essai philosophique sur le gouvernement civil"'...
   cit., 292.
6 Sur cet argument cf. Y. Coirault, 'Louis XIV destinataire de Fénelon et de Saint-Simon', dans: 'Spicilegio moderno' 10 (1978), 54-
   58.
7 Cf. J.-L. Goré, 'Fénelon ou du pur amour à la charité', dans:
   'XVIIe siècle' 90/92 (1971), 57-73.

écrits politiques de l'époque, mais elle manque également de nuances.
On a l'impression que l'auteur ne se rend pas toujours compte des
implications de son énoncé. C'est pourquoi il faut être prudent en
expliquant 'Télémaque' par la 'Lettre'. Il y a un progrès dans l'analyse de la situation politique de l'une à l'autre. La 'Lettre' révèle
souvent l'origine d'une idée, elle ne contient pas toujours la réflexion théorique qui sera l'apanage du précepteur du duc de Bourgogne.

La 'Lettre à Louis XIV' combat la prépondérance de la personne du
Roi dans la politique du gouvernement. Lorsque toute action politique
se justifie par un renvoi aux intérêts du souverain, "les anciennes
maximes de l'Etat" (Corr II, 274) sont renversées. Faut-il en déduire
que Fénelon nie la légitimité de la royauté absolue? Rien de moins
certain car il critique l'augmentation du pouvoir royal en s'élevant
contre le pouvoir des ministres. Sa réaction anti-absolutiste est
donc moins une opposition de fond à une doctrine politique qu'une
mise en accusation des effets moraux de la pratique gouvernementale.
C'est pourquoi il poursuit ainsi:

> On n'a plus parlé de l'Etat ni des règles; on n'a parlé que du
> Roi et de son bon plaisir. On a poussé vos revenus et vos dépen-
> ses à l'infini. On vous a élevé jusqu'au ciel, pour avoir
> effacé, disait-on, la grandeur de tous vos prédécesseurs ensem-
> ble, c'est à dire, pour avoir appauvri la France entière, afin
> d'introduire à la cour un luxe monstrueux et incurable. (Corr
> II, 274)

Cette invective refuse de couvrir la magnificence royale du voile de
la représentation d'un Dieu tout-puissant. Ce refus favorisera la
métamorphose de la morale politique fénelonienne en satire politique
du gouvernement royal. Cependant, ce passage dénonce une doctrine qui
tend à justifier un état de fait ne correspondant pas à la conscience
politique exprimée par le roi dans ses 'Mémoires'. Que le ton polémique ne nous détrompe pas, le fond doctrinal de cette diatribe correspond à l'enseignement religieux qu'un Bossuet adresse lui aussi au
Roi-Soleil[8]. Fénelon s'oppose dans le passage cité au gouvernement
absolu, mais sa critique se fait au nom de principes moraux, non de
principes politiques. Cette observation nous permettra de spécifier
les idées réformatrices de 'Télémaque'.

Fénelon s'oppose au pouvoir absolu du Roi-Soleil parce qu'il lui

---

8 [Le roi] "aime tendrement ses peuples, à cause de celui qui les a
   mis en sa main pour les garder, et prend pour ses sujets un coeur
   de père, se souvenant que Dieu, dont il tient la ·place, est le Père
   commun de tous les hommes. Par là il reconnaît qu'il est roi pour
   faire du bien, autant qu'il peut, à tout l'univers, et principalement à tous ses sujets, et que c'est là le plus bel effet de sa
   puissance" ('Instruction donnée à Louis XIV', mai 1675, dans: 'Correspondance'...cit., tome I, 356). Sorel constate dans 'Francion':
   "Le Roy n'est rien qu'un serf honorable. Le peuple se réjouit
   pendant qu'il veille et combat pour luy" ('Romanciers du XVIIe
   siècle'. Textes présentés et annotés par A. Adam, Paris 1958, 456).
   G. Cazenave souligne que "la sagesse antique, reprise et enrichie
   par les humanistes, marque les idées politiques de Sorel" ('L'Image
   du Prince dans les premiers romans de Charles Sorel', dans: 'XVIIe
   siècle' 105 (1974), 27). C'est "le thème traditionnel de la misère
   du roi accablé de repsonsabilités" (ibid., 26).

impute la décadence morale de la bonne société. Il s'élève contre une
causalité politique qui mène à la ruine des moeurs[9]. Cet argument est
d'une telle importance qu'il doit forcément se trouver dans 'Télémaque'. Seulement, le précepteur du duc de Bourgogne ne peut pas le
reprendre sous la même forme que dans la 'Lettre à Louis XIV' sans
risquer une critique ouverte du gouvernement. C'est pourquoi il aborde
le problème au niveau des généralités: il invente un Etat menacé par
les suites funestes du luxe et il fait gouverner cet Etat par un souverain qui connaît de par sa propre expérience les risques du gouvernement arbitraire; ainsi naît l'Etat de Salente gouverné par Idoménée, ancien roi de Crète, d'où il a été chassé à cause de sa témérité et de son arbitraire.

Les points d'accusation de la 'Lettre à Louis XIV' reviennent dans
'Télémaque': Mentor les combat, au dix-septième livre, lorsqu'il
résume les maximes de gouvernement qui mènent à la ruine d'un Etat:

> Souvenez-vous, ô Télémaque, qu'il y a deux choses pernicieuses,
> dans le gouvernement des peuples, auxquelles on n'apporte presque
> jamais aucun remède: la première est une autorité injuste et
> trop violente dans les rois; la seconde est le luxe, qui corrompt
> les moeurs. (2, 464-465)

Ce que la 'Lettre' combat dans le gouvernement de Louis XIV devient
dans 'Télémaque' un argument de la doctrine politique. Ce changement
du plan de l'énoncé entraîne une modification dans sa nature: Fénelon
rejoint d'une part l'enseignement des Miroirs des Princes, dans lesquels la réprobation du pouvoir arbitraire est de tradition, d'autre
part la critique des moeurs dans la littérature morale, où le luxe de
la société contemporaine est dénoncé. La 'Lettre' permet de reconnaître de quelle manière ce développement de 'Télémaque' part d'une
analyse de la situation politique, elle permet également de mesurer
la distance qui sépare l'instruction du duc de Bourgogne de la remontrance à Louis XIV.

Dès qu'on lit le développement sur l'autorité injuste des rois
dans la perspective de la 'Lettre', on y reconnaît les invectives
contre les abus du pouvoir du gouvernement royal:

> Quand les rois s'accoutument à ne connoître plus d'autres lois
> que leurs volontés absolues et qu'ils ne mettent plus de frein
> à leurs passions, ils peuvent tout: mais à force de tout pouvoir,
> ils sapent les fondements de leur puissance; ils n'ont plus de
> règle certaine ni de maximes de gouvernement. Chacun à l'envi
> les flatte: ils n'ont plus de peuple; il ne leur reste que des
> esclaves, dont le nombre diminue chaque jour. (2, 465)

Les principaux éléments de la remontrance à Louis XIV reviennnent
dans ce passage, mais il faut noter que Fénelon adresse son instruction à un lecteur qui ne connaît pas la 'Lettre' anonyme, restée
inédite à l'époque. L'allusion au pouvoir est un peu osée, mais elle
n'attaque pas directement la personne du Roi. Car elle se rencontre

---

9 Sa critique morale de l'absolutisme de Louis XIV est confirmée par
   les analyses sociologiques de W. Sombart, 'Liebe, Luxus und Kapitalismus', München 1967.

même chez un auteur comme Bossuet, qui se défend de toute critique
envers son roi. L'évêque de Meaux écrit au quatrième livre de sa
'Politique tirée des propres paroles de l'Ecriture sainte' que le
prince est soumis aux lois de la religion et du royaume "autant que
les autres ou plus que les autres, par la droiture de sa volonté" (éd.
cit., 97). Par ailleurs, ni Gueudeville ni les 'Remarques' ne relèvent
dans ce passage une allusion à Louis XIV. D'autres passages où Fénelon
revient à ce même argument ont, en revanche, attiré l'attention des
premiers lecteurs.

Les 'Remarques' considèrent le texte suivant comme "un recueil des
maximes que Louis XIV a prises pour règles de son gouvernement" (cité
par Cahen dans: 2, 126). Mentor y reproche à Idoménée "de ne croire
trouver· sa sûreté que dans l'oppression de ses peuples" (2, 126). Il
l'avertit que "les pays où la domination du souverain est plus absolue
sont ceux où les souverains sont moins puissants. Ils prennent, ils
ruinent tout, ils possèdent seuls tout l'Etat" (2, 127). Bien que le
commentateur anonyme applique ce discours de Mentor à Louis XIV, ce
texte est plus éloigné d'une allusion directe que le premier passage
cité. Il ne répète qu'un lieu commun des Miroirs des Princes[10].

L'article "révolte" dans l''Encyclopédie' cite un autre passage de
'Télémaque'. Idoménée y critique Protésilas, qui incarne le type du
ministre machiavélique:

> Ce qui cause les révoltes, c'est l'ambition et l'inquiétude des
> grands d'un Etat, quand on leur a donné trop de licence et qu'on
> a laissé leurs passions s'étendre sans bornes; c'est la multitude
> des grands et des petits qui vivent dans la mollesse, dans le
> luxe et dans l'oisiveté; c'est la trop grande abondance d'hommes
> adonnés à la guerre, qui ont négligé toutes les occupations
> utiles qu'il faut prendre dans les temps de la paix; enfin c'est
> le désespoir des peuples maltraités; c'est la dureté, la hauteur
> des rois et leur mollesse, qui les rend incapables de veiller
> sur tous les membres de l'Etat pour prévenir les troubles. Voilà
> ce qui cause les révoltes, et non pas le pain qu'on laisse manger
> en paix au laboureur, après qu'il l'a gagné à la sueur de son
> visage. (2, 162-163)

Cette citation est reproduite entièrement par l''Encyclopédie'[11]. Le
développement sur la révolte y est isolé de son contexte original. En
tant que partie d'un article de l''Encyclopédie', il est dirigé contre
le pouvoir royal et soutient les Philosophes qui plaident en faveur
de la liberté du peuple opprimé. Dans 'Télémaque', il est destiné à
la conservation du pouvoir royal. J.-M. Goulemot a raison lorsqu'il
souligne la finalité conservatrice de ce discours sur la révolte; "sa

---

10 Citons quelques exemples: "Use de la loy, & non de la puissance
absolue, afin que la justice, & non la tyrannie soit le vrai &
solide fondement de ta puissance" ('Les Préceptes de saint Louis'
... cit., 231). "Le Prince grand en vertu possede le zele de ses
subiects... Or qui possede l'amour & l'affection de ses subiects,
n'est-il pas plus grand, que celuy qui a toute l'opulence du monde
entassée dans coffres?" (Theveneau, 'Les Morales'...cit., 210).
L'empereur Ferdinand III veut que le prince "amorem et benevolen-
tiam subditorem sibi conciliat, ut eum tamquam patrem diligant"
('Princeps in compendio', Wiennae 1668, 35). Cf. Redondo, 'Antonio
de Guevara ... et l'Espagne de son temps', Genève 1976, 594-600.
11 Cf. Bender, 'Revolutionen'..., 178.

fin, ici clairement avouée, est de prévenir les révoltes, porte
ouverte à l'anarchie et à la destruction de l'organisation sociale"[12]. Le bouleversement de l'ordre est condamné par Fénelon aussi
bien que par Louis XIV. C'est pourquoi il serait "abusif de poser une
opposition fondamentale et irréductible de Fénelon à la systématique
du discours absolutiste sur le devenir historique. Le projet de Mentor
est de donner aux monarchies les moyens d'une politique qui éviterait
la venue des révolutions et écarterait les menaces dont elles sont
porteuses"[13].

Fénelon fait entrer des considérations économiques dans la définition du despotisme. Sa critique du luxe établit un lien entre la politique et la doctrine économique de l'absolutisme[14]. On juge utopique
cette critique du luxe, et il est légitime d'appliquer cette catégorie
à condition de faire entrer dans l'utopie les programmes de réforme
ne visant pas seulement les pays de nulle part, mais aussi un Etat
historique concret. On risque de perdre de vue cette prétention à la
spiritualité princière dans 'Télémaque' lorsqu'on distingue "entre le
conseil concret donné au prince de chair et la visée du devoir-être
de l'homme simplifié"[15] et qu'on range l'un sous la catégorie des
réformes praticables et l'autre sous celle des visions utopiques. Il
faut se résigner à accepter l'identité, déconcertante à vrai dire
pour notre conscience d'hommes modernes, entre les deux catégories.
C'est bien cette identité qui caractérise la démarche fénelonienne
dans la critique du luxe, c'est elle qui a rendu méconnaissable ses
idées réformatrices, c'est elle finalement qui a contribué à la transformation de 'Télémaque' en ouvrage anti-absolutiste et révolutionnaire.

La politique de 'Télémaque' rejette l'écart entre le devoir-être
et l'être. Son programme de réforme vient d'un moralisme qui est
utopique parce qu'il anticipe l'harmonie entre la prétention morale
et la réalité vécue. Mais il se distingue de l'utopie classique par
l'importance qu'il attribue à la tradition. "La moralisation à laquelle se livrent les législateurs n'a rien d'une création absolue:
il s'agit seulement d'infléchir le cours des choses, en tenant compte

---

12 'Discours, histoire et révolutions', Paris 1975, 154.
13 Goulemot, ibid., 155.
14 Fénelon est inspiré du même souci qu'un Arnauld, qui demande dans
   ses 'Mémoires pour un souverain': "Bannir le luxe, qui d'un costé
   est la ruyne de la noblesse, laquelle se trouvant appauvrie par
   là, retombe ensuite sur le bras du prince; et d'autre costé, se
   répand comme un venin dans tous les ordres inférieurs" (P. Varin,
   'La vérité sur les Arnauld'...cit., 353). J. Truchet constate que
   Bossuet veut assurer le bonheur matériel du peuple et abolir le
   luxe des grands car: "richesse et pauvreté lui semblent deux conditions surprenantes, anormales, inquiétantes. Dans l'une comme dans
   l'autre, il discerne le germe d'un grave danger pour les âmes"
   ('La prédication de Bossuet. Etude de thèmes', Paris 1960, vol. 2,
   166). Il faudra, un jour, consacrer une étude à la fortune de cette
   critique, qui est jugée au cours des siècles selon l'évolution des
   doctrines économiques et selon la sympathie ou l'antipathie pour
   la civilisation de Louis XIV.
15 A. Robinet: 'Gloire et simplicité dans l'utopie fénelonienne',
   dans: 'Revue des sciences philosophiques et théologiques' 61
   (1977), 79.

des acquis du passé et de la spécificité de la nation"[16]. Fénelon condamne le luxe qui est une innovation économique et qui bouleverse l'ordre social. Sa proscription "ne sert nullement à diminuer l'inégalité, mais à la faire paraître plus éclatante et à contenir chacun dans son rang" (Moreau, ibid., 86). Est-ce à dire que la lutte contre le luxe est un combat contre l'absolutisme en vue d'un retour à la société préabsolutiste? Rien de moins certain, car le rôle du souverain dans la proscription du luxe s'oppose à une telle intention.

'Télémaque' cherche l'origine du luxe dans la morale politique du souverain. Son abolition dépend, par conséquent, de la conversion du prince. Puisque le luxe "répand sa contagion depuis le roi jusqu'aux derniers de la lie du peuple" (2, 467), il faut que le prince prenne lui-même l'initiative:

> Il faut changer le goût et les habitudes de toute une nation; il faut lui donner de nouvelles lois. Qui le pourra entreprendre, si ce n'est un roi philosophe, qui sache, par l'exemple de sa propre modération, faire honte à tous ceux qui aiment une dépense fastueuse et encourager les sages, qui seront bien aises d'être autorisés dans une honnête frugalité? (2, 469)

Fénelon attend de la "modération" du prince l'abolition du luxe[17]. Les lois somptuaires ne produisent aucun changement de fond s'il manque l'exemple du prince. Celui-ci est le modèle moral des sujets. Les Miroirs des Princes soutiennent que l'exemple du prince suffit à changer les moeurs du peuple entier[18]. Le renvoi au "roi philosophe" dans la 'République' de Platon (livre V, 18) montre que Fénelon traite du roi idéal. La notion à la fois morale et politique de "modération" complète la notion à la fois spirituelle et économique de "simplicité". Fénelon propose au duc de Bourgogne de maintenir un "juste milieu" (VI, 154), qui se perd dès qu'on insiste sur la volonté absolue du roi et qu'on établit la gloire du souverain sur la ruine de ses sujets.

La notion de "modération" que Fénelon emploie dans le passage cité

---

16 P.-F. Moreau, 'Les racines de la loi: Fénelon et l'utopie', dans: 'Revue des sciences philosophiques et théologiques' 61 (1977), 85. Cette attitude est l'expression de tout un groupe. Fr.-X. Cuche souligne à juste raison que Fénelon et Bossuet "appartiennent à un même courant de pensée qui s'est développé, à travers divers avatars, dans la Compagnie du Saint-Sacrement, l'Académie de Lamoignon puis le Petit Concile... La 'Politique', non seulement n'est pas un anti-'Télémaque', comme cela fut soutenu, mais au contraire elle se lit quasiment comme une autre version d'une même réflexion politique et économique" ('Les questions économiques dans la Politique tirée des propres paroles de l'Ecriture sainte de Bossuet', dans: 'Journées Bossuet. La prédication au XVIIe siècle', Paris 1980, 282-283).

17 I. Filesac combat les abus du pouvoir en insistant sur la "modération" dans: 'De idolatria politica, et legitimo principis cultu commentarius', Paris 1615, chap. 4-8.

18 Jacques Ier écrit à ce propos: "Mon fils, puis que naturellement tous les peuples se conforment aux moeurs de leurs Princes & superieurs, comme ie vous ay tantost dit: faites en sorte qu'il ne soit dit de vous, que vostre vie dement vos loix & contrarie à vos commandemens propres; & que vous desirez en vostre peuple ce que vous mesme ne pratiquez pas. Que vos faits donc & vos paroles ne se contredisent" ('Basilikon doron'...cit., 79).

vient de la pensée politique française. Elle est employée par les
robins qui combattent la théorie de la monarchie absolue. Joly, lui-
aussi, s'en sert dans son 'Recueil de maximes veritables et importantes pour l'Institution du Roy' (1652, 144) en se référant à l'ouvrage
'La Grant Monarchie' publié en 1519 par Claude de Seyssel[19]. Fénelon
intègre cette idée anti-absolutiste dans l'instruction du prince afin
de contrebalancer l'importance donnée à la seule volonté du roi et
aux seuls besoins de sa magnificence.

L'idée de la modération du souverain se trouve également dans le
cinquième livre de 'Télémaque', où les Crétois demandent au fils
d'Ulysse un roi qui fasse respecter leurs lois et qui puisse "commander avec cette modération" (1, 227). Le jeune prince y fait l'éloge
de son précepteur Mentor, qui refuse d'accepter la couronne. Ce refus
est une allusion à l'espoir, exprimé au dix-septième livre, que le
règne d'un "roi philosophe" (2, 469) apporte la réforme de l'Etat.
Fénelon n'attend pas de la convergence idéale et utopique entre la
sagesse humaine et le pouvoir royal la solution des problèmes de
l'Etat absolutiste, mais du respect de la bonne tradition et du
dévouement personnel du souverain. C'est pourquoi Mentor justifie son
renoncement à la couronne en recourant à l'argument patriotique:

> Quand on est roi ... on dépend de tous ceux dont on a besoin
> pour se faire obéir. Heureux celui qui n'est point obligé de
> commander! Nous ne devons qu'à notre seule patrie, quand elle
> nous confie l'autorité, le sacrifice de notre liberté pour tra-
> vailler au bien public. (1, 229)

Ce propos souligne l'importance des traditions nationales. Un étranger
qui ne connaît pas la tradition du pays, méconnaît les devoirs du
prince. Il cherche la royauté pour lui-même au lieu d'avoir en vue le
bien public, donc il est indigne d'accéder au pouvoir royal. On voit
que Fénelon accepte l'identité d'intérêts entre le roi absolu et ses
sujets telle qu'elle est exprimée par Louis XIV dans ses 'Mémoires'.
Mais il pose les conditions grâce auxquelles cette identité d'intérêts obtient une légitimité morale: elle n'est justifiée que dans la
mesure où le roi se transforme en serviteur de son royaume.

'Télémaque' répond à l'insistance sur l'absolu pouvoir royal par
l'insistance sur le service que celui-ci doit rendre au bien public.
Le prince dépend des lois de la Religion et de l'Etat, qui doivent
guider sa volonté sinon la monarchie absolue se transforme en tyrannie. L'élévation du souverain au-dessus de ses sujets nécessite une
supériorité morale. D'où la remarque critique du fils d'Ulysse:

> Vous devez choisir, non pas l'homme qui raisonne le mieux sur
> les lois, mais celui qui les pratique avec la plus constante
> vertu ... Ne cherchez donc pas un homme qui ait vaincu les autres
> dans ces jeux d'esprit et de corps, mais qui se soit vaincu lui-
> même: cherchez un homme qui ait vos lois écrites dans le fond de
> son coeur et dont toute la vie soit la pratique de ces lois; que

---

19 Sur cette notion, cf. W. Kuhfuss, 'modération: Die Ideologisierung
   eines politischen Begriffs im Französischen', dans: 'Romanische
   Forschungen' 87 (1977), 442-481.

ses actions, plutôt que ses paroles, vous le fassent choisir.
(1, 226-227)

L'identité des intérêts du roi et de ses sujets ne mène pas au despotisme si le roi absolu maîtrise son amour-propre et épouse la cause de l'Etat par la pratique des lois. La prétention du roi au pouvoir absolu est légitime, mais l'éducation du prince doit combattre l'amour-propre qui considère l'Etat comme la propriété du souverain absolu. Cette intention pédagogique prouve que Fénelon veut ramener le pouvoir absolu à la seule dimension qui le préserve du despotisme: les lois. La volonté royale ne sera identique aux exigences du bien public qu'à condition de se conformer aux lois qui pourvoient aux besoins véritables du pays. La signification de 'Télémaque' dépend donc du sens qu'on attribue à la notion de loi.

La notion fénelonienne de loi renvoie, comme nous l'avons vu (II. 3), aux études bibliques de Fleury et aux spéculations sur la théocratie. Aussi est-elle expliquée par Mentor lors de sa définition du pouvoir royal: l'autorité royale est absolue tant qu'elle est soutenue par les lois. Le prince "a une puissance absolue pour faire le bien" (1, 191), mais il a au-dessus de lui les lois, qui "peuvent tout sur lui" (1, 191). Ce passage insiste sur la nécessité de se subordonner à la fonction, car "ce n'est point pour lui-même que les dieux l'ont fait roi; il ne l'est que pour être l'homme des peuples" (1, 192). Comment réussir à réaliser cette exigence du pouvoir absolu sinon en se sacrifiant pour son peuple? Dès lors, affleure le problème de l'amour désintéressé, qui est au centre de la querelle de l'amour pur.

Le problème de l'amour pur n'entre directement dans l'énoncé de 'Télémaque' que quand Minos condamne le "philosophe" (2, 333) d'avoir rapporté toute sa vertu à lui-même (cf. 2, 332). Mais nous avons vu, dans la deuxième partie de notre exposé, que l'amour pur y entre indirectement par la voie de l'anthropologie. La vertu du roi idéal touche le désintéressement. H. Gouhier explique ce problème en distinguant "égocentrisme et égoïsme"[20]. L'égocentrisme s'inscrit dans "la nature de l'ego" (ibid., 123), l'égoïsme se préfère "à Dieu et aux autres" (ibid., 123) et c'est cet égoïsme que 'Télémaque' combat comme le vice principal qui menace le roi absolu. Fénelon pense qu'un roi "n'est digne de la royauté qu'autant qu'il s'oublie lui-même pour se sacrifier au bien public" (1, 193). Mais cette conclusion ne mène à la pratique que pour ceux qui croient l'homme capable d'un tel désintéressement. Si l'amour-propre peut être surmonté par le souverain, il y a moyen de rapprocher la royauté absolue de la théocratie biblique. C'est ce but que Fénelon a en vue. Lorsque les lois gouvernent l'Etat à travers la personne du souverain, qui s'oublie lui-même, la Loi divine de la Cité de Dieu établit son règne dans la Cité terrestre. Nous avons déjà noté que Gueudeville tient cet espoir pour une spéculation chimérique[21]. C'est alors que cette spiritualité du prince

---

20 'Fénelon philosophe', Paris 1977, 123.
21 'Critique du premier tome'...cit., 151.

se transforme en satire politique.

Fénelon s'efforça de former le duc de Bourgogne selon un idéal compatible avec bien des côtés de la théorie politique de son Roi. Mais il s'opposa à la pratique gouvernementale dérivée de cette théorie. Or, le Gouvernement n'apprécia pas les idées réformatrices quelle qu'en ait été l'origine. La persécution de Vauban prouve que le gouvernement a surtout eu peur des idées réformatrices provenant de personnalités haut placées dans la hiérarchie politique[22]. Cette persécution a rehaussé le prestige de la politique fénelonienne. Un produit typique de cette fortune de 'Télémaque' est la préface que l'abbé de Saint-Rémi a écrite pour l'édition publiée à La Haye chez Moetjens en 1701. L'auteur y explique le refus fénelonien de s'occuper de la publication de 'Télémaque' par "sa modestie & peut-être (par) la crainte de déplaire à des Puissances, à qui il a eu le malheur de devenir suspect" (VI). Il vante ensuite les qualités littéraires de l'ouvrage "qui servent à rehausser le prix de la Morale la plus pure qu'on puisse imaginer" (VI) et il ajoute que "plusieurs personnes même ont été ravies de trouver cette occasion de venger Mr. de Cambray de la persécution qu'on lui a suscitée" (VI). Le prestige du "Martyr de la Théologie Mystique" (VI), dont "l'amour pur & desintéressé ... ne subsite que dans l'imagination échauffée de quelques dévots de profession" (VII), obscurcit ainsi la doctrine de 'Télémaque'.

Fénelon envisage l'instruction politique du prince selon les principes de la pédagogie d'alors. Il est convaincu que le rang unique de l'élève ne permet d'épargner aucune susceptibilité dans le combat contre les vices qui menacent un roi absolu. C'est cette conception pédagogique qui encourage Fénelon à risquer des énoncés osés, c'est elle qui l'incite à se servir de l'invention littéraire pour mieux soutenir sa prétention pédagogique.

---

22 Les archives du lieutenant général de police d'Argenson ont conservé un document curieux qui révèle qu'aux yeux de Pontchartrain, la 'Critique' de Gueudeville "ne mérite aucune attention (Saint-Germain, 'La vie quotidienne'... cit., 132) bien qu'elle contienne une satire politique.

III. 3. L'INTRODUCTION A LA VERITE AU MOYEN DE LA
FICTION

Il y a un nombre impressionant d'études sur la poétique de Fénelon, sur sa théorie esthétique en général et sur l'esthétique littéraire de 'Télémaque' en particulier. Ces études ont révélé de quelle manière les idées littéraires de Fénelon sont enracinées dans le débat sur la doctrine classique. Nous allons étudier, quant à nous, l'intention pédagogique qui a certainement prédominé, dans l'esprit de Fénelon, sur l'ambition littéraire.

'Télémaque' couronne les efforts pédagogiques de Fénelon: quelques parties de l'ouvrage ont pu servir d'argument dans les leçons du précepteur, en outre le livre entier a peut-être été composé comme une espèce de résumé de cet enseignement. Sa genèse est précédée de la composition des 'Fables' et des 'Dialogues des Morts'. Ces deux genres d'écrits ne renient pas une origine située concrètement dans l'éducation des princes. Aussi est-il plus facile d'insérer les 'Fables' et les 'Dialogues' "dans la tradition déjà longue du dialogue didactique, qui va des premiers colloques scolaires latins aux dialogues pédagogiques et moralisants du XVIIIe siècle français"[1]. 'Télémaque' se situe, en revanche, aux confins de la littérature scolaire et de la littérature destinée à l'instruction du grand monde.

Il y a deux traits caractéristiques dans les écrits scolaires de Fénelon qui annoncent 'Télémaque': la structure dialogique de sa pensée et l'importance de l'histoire. L. Boulvé a souligné les affinités de la pensée fénelonienne et de la forme littéraire du dialogue: "Le 'Télémaque', aussi bien que la 'Lettre à l'Académie', ses écrits politiques ou théologiques, aussi bien que sa correspondance, ne sont au fond qu'un long dialogue où l'auteur toujours préoccupé de l'effet de ses paroles sur l'esprit de ses lecteurs, se donne la réplique à lui-même pour résoudre ou plutôt pour prévenir les objections que lui fait un adversaire invisible"[2]. Le dialogue du précepteur et de son élève royal se retrouve dans les dialogues des personnages connus de l'héritage gréco-romain[3]. Mais les 'Dialogues des Morts' se distin-

---

1 M. Derwa, 'Les "Dialogues des Morts" de Fénelon dans la tradition du colloque scolaire humaniste', dans: 'Hommages à Marie Delcourt', Bruxelles 1970, 404.
2 'De l'héllenisme chez Fénelon', Paris 1897, 296.

guent du colloque scolaire humaniste par le rôle qu'ils attribuent à l'histoire. "Alors que ses prédécesseurs, purs humanistes, moralistes sévères, adaptateurs à l'enseignement des langues vivantes du colloque scolaire, se contentent de puiser dans l'histoire, pour le glisser à propos, souvent parmi d'autres, l'_exemplum_ convenable, Fénelon, comptant lui aussi, pour instruire et persuader, sur l'exemplarité de la matière historique, érige l'_exemplum_ lui-même au rang de dialogue"[4]. L'histoire figure donc d'une part comme _exemplum_ d'un discours instructif se développant à partir d'elle-même. Mais d'autre part, son historicité accède au niveau de l'exemplarité, car le discours instructif emprunte la forme du discours historique. L'histoire moderne figure sur le même plan que l'histoire ancienne. Par là, les 'Dialogues des Morts' préfigurent et annoncent 'Télémaque.

L'historicité des _exempla_ a le même statut dans les 'Dialogues des Morts' que dans les genres élevés de la littérature classique. L'apologue fénelonien tend à se transformer en fresque historique. La prosopopée y sert à la mise en scène dramatique de la leçon dégagée du contexte historique. 'Télémaque' y a ajouté l'hypotypose qui évoque par une description épique le lieu de la scène. Il a relié, par une action cohérente, les _exempla_ servant à la formation morale du prince et opéré une synthèse entre les deux pôles de l'éducation princière, la formation du caractère et l'introduction aux idées politiques du lignage. Il présente les grands exemples, qui sont les modèles de la morale politique, et crée un combat, qui rend visible la lutte des passions dans l'âme d'un roi[5]. L'historicité des 'Dialogues' se méta-

---

3 Cette structure dialogique du tempérament intellectuel de Fénelon explique pourquoi la plupart de ses écrits doivent leur naissance à une circonstance bien déterminée.
4 Derwa, ibid., 405. Cf. "Montaigne collectionnait les _exempla_ et, d'aventure les jugeait et les commentait. Un La Primaudaye s'appropriait des passages entiers des 'Moralia' de Plutarque. Fénelon, parce que, depuis deux siècles, les pédagogues, - les humanistes, d'abord, puis les Jésuites et les Oratoriens-, avaient trouvé, dans le dialogue un précieux instrument, et parce que lui-même s'était avisé que la matière historique, biographique, moralisante, présentée par Plutarque, notamment, se prêtait merveilleusement au dialogue, utilisa cette forme et cette matière... Il voulut animer, mettre en scène, affronter non plus seulement de grandes idées, mais aussi de grands personnages dont la vie et les actions avaient été, en bien ou en mal, exemplaires" (M. Derwa, 'Recherches sur le dialogue didactique des humanistes à Fénelon', Thèse dactylographiée, Liège 1963, 279-280). Cf. aussi Redondo, 'Antonio de Guevara' ...cit., 536-537.
5 M. Soriano a souligné que les 'Contes' féneloniens subordonnent l'affabulation littéraire à l'intention pédagogique: "Dans le conte traditionnel, tel que nous le conserve l'adaptation attribuée à Perrault, le récit se développe pour lui-même. Les notations morales existent, mais elles sont réduites à leur plus simple expression; l'artiste les explicite, mais en même temps, les rejette à la fin du récit, dans une partie distincte de l'oeuvre que le jeune lecteur reste libre de lire ou de ne pas lire. Dans l'apologue de Fénelon, au contraire, l'art de l'écrivain est mis au service d'une intention moralisatrice immédiate ou qui ne reste pas longtemps cachée. Sans doute, le narrateur s'efforce de rendre la situation intéressante, de créer une atmosphère de mystère qui pique et retient la curiosité; mais il caractérise avec précision son héros, de manière à rendre plus aisée l'identification qu'il s'efforce d'obtenir, et la visée morale devient évidente dès le milieu du

morphose ainsi dans 'Télémaque' en tableau mythique, le discours instructif rejoint la fiction littéraire.

La critique littéraire a jugé la forme du 'Télémaque' dans la perspective de l'esthétique littéraire que R. Bray a codifiée dans son ouvrage sur 'La formation de la doctrine classique en France' (1927). N. Hepp a ainsi expliqué et condamné l'oeuvre fénelonienne:

> Mais si le 'Télémaque' ne nous paraît être vraiment ni une épopée ni un roman, c'est beaucoup moins, en définitive, parce qu'il a fait craquer les cadres de l'épopée par une action abstraite, ou mélangé les procédés des deux genres, que parce que, dans son souci essentiellement pédagogique, Fénelon a laissé trop de différentes perspectives s'entrecroiser dans son esprit: s'il y a unité d'intention au plan éthique, elle ne se traduit pas en unité d'inspiration au plan esthétique, et c'est pourquoi nous ne pouvons classer l'oeuvre dans aucun genre littéraire. ('De l'épopée au roman' ... cit., 110)

Le prétendu défaut esthétique de 'Télémaque' vient d'une erreur dans la perspective adoptée par les interprètes. Puisque l'analyse formelle révèle l'unité d'intention en même temps que l'opposition aux formes littéraires de l'épopée et du roman, on peut conclure que le souci pédagogique a guidé les recherches formelles de l'auteur. Il aboutit, dans la perspective pédagogique, à des solutions formelles déconcertantes sur le plan littéraire. Son procédé pédagogique a été resenti, plus tard, comme une innovation sur le plan littéraire.

Il y a un témoignage qui rappelle le genre littéraire auquel il faut rattacher 'Télémaque': la 'Dissertation sur la Cyropédie de Xénophon' présentée par l'abbé Fraguier à l'Académie Royale des Inscriptions et Belles Lettres. La recherche a négligé, jusqu'à présent, ce document précieux. Fraguier se propose de démontrer pourquoi la 'Cyropédie' n'est pas une oeuvre historique. Il avance deux raisons: premièrement la "morale", qui "n'est autre chose que la doctrine de Socrate, dont Xénophon avoit esté le disciple" [6], deuxièmement le rôle de l'histoire: "ce qu'il y a d'historique n'y sert que d'occasion d'étaler la morale, comme dans nos meilleurs Romans les faits historiques ne sont conservez que pour donner lieu à des choses plus agréables" (ibid., 42). Le deuxième argument sert à mieux comprendre la

---

récit: le jeune lecteur s'aperçoit alors que tous les détails le concernaient personnellement et qu'on le mène par la main à une morale préfigurée dès la première ligne. Les éléments fondamentaux de l'oeuvre, signification éducative et élaboration artistique ne s'équilibrent pas. C'est une morale "obsédante" (le terme est de Fénelon lui-même): présence constante, conseils toujours variés pour la forme, mais identiques quant au fond, s'insinuant peu à peu et gagnant le coeur" ('Guide de littérature pour la jeunesse. Courants, problèmes, choix d'auteurs', Paris 1975, 248-249). Ce que Soriano remarque à propos de la structure littéraire des 'Contes' féneloniens, vaut également pour 'Télémaque'. F. Caradec tire de cette structure littéraire des 'Contes' une conclusion importante: "Ce ne sont pas exactement des "fables" dans le sens, où nous l'entendons, mais des récits imaginaires ou tirés de la mythologie grecque et latine, des contes sans "moralité" sinon sans leçon morale" ('Histoire de la littérature enfantine en France', Paris 1977, 63).

6 'Mémoires de Littérature... de l'Académie Royale des Inscriptions et Belles Lettres', tome II, Paris 1736, 42.

structure littéraire de 'Télémaque'.

Fraguier explique ensuite comment il faut s'imaginer la naissance de l'histoire composée par Xénophon:

> Dans cette espéce de Roman, pour m'exprimer ainsi, Xénophon, comme Scaliger l'a fort bien remarqué, a suivi l'exemple des plus celebres sophistes de son temps, qui pour donner plus de poids & d'authorité à leurs préceptes, les mettaient dans la bouche de ces anciens héros, dont la mémoire estoit en grande vénération: & supposoient, par exemple, que Nestor, Ulysse, ou Palaméde, estant en siége de Troye, avoient dit dans l'occasion telles ou telles choses qui n'estoient en effet que les pensées de ces écrivains. (ibid., 49)

Fraguier attaque l'historicité de la 'Cyropédie' parce qu'il sépare "l'histoire d'avec la rhétorique démonstrative et la philosophie morale"[7]. Xénophon a écrit une histoire "exemplariste"[8], car la prétendue historicité de la 'Cyropédie' se réduit pour Fraguier au procédé rhétorique de la prosopopée, qui prête à une persona prise au patrimoine culturel les propos que l'auteur lui-même veut exprimer. La persona ne garantit pas l'historicité de l'énoncé, elle ne sert qu'à rehausser son prestige.

Les conclusions de la 'Dissertation' seront contestées quelque temps plus tard par l'abbé Banier, pour lequel l'ouvrage "porte tous les caracteres d'une histoire veritable"[9]. Cette réplique de l'abbé Barnier prouve que l'historiographie n'est pas tout à fait affranchie de la philosophie morale. La pédagogie princière mélange toujours les deux domaines à cause de la fonction que l'histoire assume dans la formation du prince.

Le débat sur l'historicité du récit de la 'Cyropédie' concerne les hésitations des premiers lecteurs, qui ne savent pas à quel genre littéraire ils doivent rattacher 'Télémaque'. Les oeuvres comportant une structure similaire à celle de 'Télémaque' ou de la 'Cyropédie' sont susceptibles d'interprétations différentes. Personne ne prend 'Télémaque' pour une histoire véritable, mais le procédé qui explique la structure du livre passe facilement inaperçu. D'ailleurs, Fraguier renvoie à 'Télémaque' pour illustrer son explication de la 'Cyropédie'

> C'est en quelque façon de cette manière détournée que M. l'Archevêque de Cambrai a usé dans son Télémaque composé pour l'instruction des Princes, qui font aujourd'hui l'appui & l'espérance de tant de Royaumes. (ibid., 49)

Fraguier explique la structure littéraire de 'Télémaque' par la seule intention instructive en se référant à la rhétorique. Il tient la

---

7 M. Fumaroli, 'Mémoire et histoire: le dilemme de l'historiographie humaniste au XVIIe siècle', dans: 'Les valeurs chez les mémorialistes français du XVIIe siècle avant la Fronde'. Actes publiés par N. Hepp et J. Hennequin, Paris 1979, 26. Cette distinction vient de Bodin; cf. sur cet argument C.-G. Dubois, 'La conception de l'histoire en France au XVIe siècle (1560-1610)', Paris 1977, 94-113.
8 Fumaroli, ibid., 27.
9 'Reflexions sur la Cyro-pédie et sur l'Histoire de Cyrus', dans: 'Mémoires'... cit., éd. Amsterdam, tome 9, 1731, 5. Freret montrera dans ses 'Observations sur la Cyropédie de Xenophon, principalement par rapport à la Géographie', dans: 'Mémoires'...cit., éd. La Haye, tome 6, 1734, 340-376 l'exactitude géographique des indications de Xénophon pour souligner l'historicité de la 'Cyropédie'.

'Cyropédie' pour une espèce de roman parce qu'elle est une histoire panégyriste et exemplariste. Il pense que cette structure constitue une des possibilités du roman[10].

L'histoire "exemplariste" rappelle le roman politique dès qu'elle est écrite en langue vernaculaire. Elle est alors ce que la critique littéraire allemande appelle un "Staatsroman"[11]. Le Jésuite allemand Adam Contzen a composé un Miroir des Princes selon les préceptes de l'histoire exemplariste: 'Methodus Doctrinae Civilis, seu Abissini Regis Historia'[12]. Il invoque lui-même l'utilité de l'histoire pour justifier son entreprise[13], et il met l'histoire inventée sur le même plan que l'histoire des historiens modernes[14]. Contzen pense à Platon, Xénophon et Cicéron dont la doctrine politique est également présentée sous la forme d'une histoire[15].

---

10 La 'Cyropédie' est très appréciée dans l'éducation princière. Juste Lipse est un des rares auteurs à soutenir que ce livre "haud usque-quaque conuenienter ad hoc aeuum" ('Politicorum sive civilis doc-trinae libri sex', Lugduni Batavorum 1590, page non numérotée). Mais on n'a qu'à lire le traité 'De optima regis institutione secundum Platonis, & Aristotelis decreta' écrit par J. Gallego de la Serna et publié en 1634 dans le volume 'Opera physica, medica, ethica, quinque tractatibus comprehensa' (Lugduni 1634) pour se rendre compte de l'importance de Xénophon pour la pédagogie prin-cière au XVIIe siècle. En 1680, A. Le Grand a publié un ouvrage intitulé 'Scydromedia, seu sermo quem Alphonsus de la Vida habuit coram Comite de Falmouth de monarchia'. On peut classer cet écrit parmi les Miroirs des Princes parce qu'il décrit un Etat idéal selon le modèle d'un récit de voyage en se référant à la 'Cyropé-die'. L''Epitre' de l'ouvrage est datée: Londres, mai 1669 (sur cet ouvrage cf. J. M. Patrick, 'Scydromedia, a Forgotten Utopia of the Seventeenth Century', dans: 'Philological Quaterly' 23 (1944), 273-282). La parenté de 'Télémaque' avec l'ouvrage de Le Grand n'est pas plus grande que l'analogie avec 'Telemachus' de Valens.

11 Tomaso Garzoni connaît la profession de l'historien qui instruit les princes ('La Piazza universale di tutte le professioni del mondo. Nuovamente ristampata, & porta in luce da Tomaso Garzoni', Venetia 1610, 155).

12 Coloniae Agrippinae 1628. Sur cet ouvrage cf. Seils, 'Die Staats-lehre des Jesuiten Adam Contzen'...cit., 41-43, et D. Breuer, Adam Contzens Staatsroman. Zur Funktion der Poesie im absolutistischen Staat', dans: 'Germanisch-romanische Monatsschrift. Beiheft 1', Heidelberg 1979, 77-126.

13 "Inter scientias, quibus animus humanus a vitijs auertitur, ad morum ciuilitatem, virtutemque eruditur atque accenditur, historia praestat. Utilitati miscet voluptatem, legentem occupat, rapit, detinet varietate rerum, euentuum iucunditate potens, memoriam fortius pulsat, figiturque altius, laboris & fastidij victrix. Eam causam arbitror, cur Graeci commune scientiarum nomen historiae velut reginae proprium dicarint. Illa nobis ciuium virtutes, heroum laudata facinora, atque etiam improborum scelera ob oculos ponit" (1).

14 "Nec rei gestae duntaxat ad verum exacta narratio: sed fabulae etiam, apologi, parabolae a viris sapientissimis grauissimisque ad honesti amorem, criminum odia inserenda usurpantur, ut illo appara-tu comitatior veritas maiore pompa ac dignitate veniat, excipiatur-que" (1-2). Du Plaisir pense au roman lorsqu'il écrit: "Je connais peu de règles pour l'histoire véritable. C'est une peinture dont les traits sont toujours aimés, pourvu qu'ils soient sincères ... Les petits histoires ont entièrement détruit les grands romans" ('Sentiments sur les lettres et sur l'histoire avec des scrupules sur le style'. Edition critique ... par Ph. Hourcade, Genève 1975, 44).

15 "Igitur Plato, Xenophon, Cicero Rempublicam nobis principemque non ad veritatem historiae, sed imperij normam, qualem nulla vidit aetas, ediderunt, eos patrum aeuo multorum industria aemulata est.

L'ouvrage de Contzen n'a pas eu autant de succès que 'L'Argenis' de John Barclay dont la première édition est parue en 1621[16]. 'L'Argenis' est "une grande fable en forme d'histoire"[17]. Barclay ajoute qu'il n'écrit pas "selon la fidelité de l'Histoire" (ibid., 300). On voit que le traducteur a conservé la terminologie originale, qui rattacha 'L'Argenis' au genre littéraire de l'apologue et de l'histoire. 'Télémaque' est né de la même tradition littéraire que l'ouvrage de Barclay[18].

'L'Argenis' vise à l'instruction du prince sous la forme d'une satire de la cour. L'auteur note dans la dédicace à Louis XIII que le roi y lira "les defauts des Rois trop indulgents ou trop inconsiderez" (page non numérotée). L'ouvrage a pu servir de modèle lorsqu'on a transformé 'Télémaque' en satire politique ou en roman. Signalons que la 'Macarise' est intitulée par D'Aubignac "Histoire allégorique" mais qu'il la classe également parmi les "romans" (ibid., 121). Or, elle ne diffère de 'L'Argenis' qu'en ce qu'elle n'est pas une satire. Les contemporains ont pu croire que l'histoire allégorique ou "exemplariste" est nommée roman dès qu'elle est écrite en langue vernaculaire. Il était donc facile de ranger 'Télémaque' parmi les romans pour décrier l'ouvrage.

Les premiers lecteurs ont fait de 'Télémaque' un roman parce que l'histoire "exemplariste" rappelle cette forme de la littérature d'imagination. Les revues de l'époque signalent pourtant toujours que 'Télémaque' se distingue du roman traditionnel. 'L'Histoire des ouvrages des savans' l'annonce en mars 1699 comme "un petit Roman" (136) en ajoutant qu'on "le trouve bien écrit: mais dans le goût de la Poësie ancienne: force figures, & force comparaisons, & d'un tour un peu poëtique" (136). Ces précisions montrent que 'Télémaque' ne correspondait pas à l'idée qu'on se faisait alors d'un roman. C'est peut-être cette conscience d'une divergence qui incite les 'Nouvelles de

Oriens & Africa in more habent, docere seu veris, seu fictis exemplis" (2). Antoine Teissier confondra l'histoire véritable avec cette histoire "exemplariste" dans son 'Abrégé de la Vie de divers Princes illustres, avec des Reflexions historiques sur leur conduite, & sur leurs actions' (Amsterdam 1710). Il y publiera une biographie du légendaire Abissin (ibid., 187-228). Le 'Journal de Trévoux' rappellera alors que le roi "Abissin est un Heros fabuleux de l'invention du P. Adam Contzen Jesuite, qui ... n'a eû d'autre vûë que d'instruire plus agréablement les Princes Chrétiens de leurs devoirs. Mr. Teissier a pris bonnement ce Roman politique pour une veritable Histoire" (décembre 1711, 2120). Notons que l'auteur de cet article met "l'Histoire" et "le roman politique" sur le même plan.
16 Sur le grand nombre d'éditions, de traductions, d'imitations de l'ouvrage cf. K. F. Schmid, 'John Barclays Argenis. I. Ausgaben der Argenis, Fortsetzungen und Übersetzungen', Berlin-Leipzig 1904.
17 'L'Argenis. Traduction nouvelle', Paris 1624, 299.
18 Il faudrait étudier de plus près les rapports entre les deux ouvrages. A. Collignon a nié toute influence de l'un sur l'autre ('Notes historiques, littéraires et bibliographiques sur L'Argenis de Jean Barclay', Paris-Nancy 1902, 123). Schmid soutient le contraire et renvoie à la deuxième partie de son étude qui n'a pas été publiée ('John Barclays Argenis'...cit., 182). 'Télémaque' pourrait être une réponse à 'L'Argenis' dont le Machiavélisme a dû déplaire à Fénelon. La recherche de clefs du 'Télémaque' rappelle également les nombreuses clefs de 'L'Argenis'.

la Republique des Lettres' à s'abstenir de tout jugement sur le genre littéraire de 'Télémaque'. Le numéro d'août 1699 l'annonce comme un ouvrage "composé pour instruire & divertir ensemble, les Fils de France" (198) et continue: "Les devoirs d'un Prince & d'un Souverain y sont effectivement enseignez d'une manière agréable, quoi que fort poëtique" (198). A l'époque, les ouvrages didactiques de cette sorte sont surtout écrits en latin. Mais Fénelon emploie le français et ce changement de langue soulève le débat sur la légitimité d'un tel écrit pédagogique. Les diatribes de Gueudeville et de Faydit dénient à l'éducateur le droit de se servir de la poésie française en général et des romans en particulier. Elles condamnent l'instruction faite au moyen d'une fiction littéraire et sous forme de langage poétique lorsque l'ouvrage est écrit en langue vernaculaire.

Gueudeville soutient dans sa 'Critique generale des Avantures de Telemaque' que l'entreprise fénelonienne est contraire à l'esprit de la pédagogie:

> La jeunesse n'est pas assez aguerrie dans les combats interieurs, pour la mener ainsi au feu: on sçait qu'elle a beaucoup plus de penchant au vice que d'inclination à la vertu: ... la raison d'un jeune homme n'est pas mûre pour la vérité ... or proposer à un jeune Prince la volupté toute nuë, sous pretexte qu'elle développe les veritez du Salut & de la Morale; n'est-ce pas énerver son esprit en flattant ses passions?... n'est-ce pas corrompre en instruisant? mauvaise Pedagogie! C'est pourtant Telemaque tout pur. Mentor y dit les plus belles choses du monde, je le veux; mais l'Auteur avec son enchainure Romanesque détruit les exhortations. (20-22)

Gueudeville tourne la critique fénelonienne de la volupté contre 'Télémaque': Calypso et ses nymphes, l'épisode d'Eucharis au sixième livre, le tableau de l'île de Chypre au quatrième livre rendent présent au niveau du concret ce qu'on n'aborde dans l'éducation qu'au niveau du général et de l'abstrait[19]. 'Télémaque' rappelle la forme des romans définis par P.-D. Huet comme "des histoires feintes d'aventures amoureuses écrites avec art, pour le plaisir et l'instruction des lecteurs"[20], donc il est pernicieux. L'instruction divertissante apparente 'Télémaque' aux grands romans baroques quoique le thème de l'amour n'y soit que secondaire par rapport à la recherche du père, qui reste le fil conducteur dans tout le voyage du fils d'Ulysse[21].

---

19 Voltaire fait une allusion à cette discussion lorsqu'il écrit dans le 'Siècle de Louis XIV': "On a cru qu'il [Fénelon] avait composé ce livre pour servir de thèmes et d'instruction au duc de Bourgogne, et aux autres enfants de France, dont il fut le précepteur... Mais son neveu... m'a assuré le contraire. En effet il n'eût pas été convenable que les amours de Calypso et d'Eucharis eussent été les premières leçons qu'un prêtre eût données aux enfants de France" ('Oeuvres complètes'...cit., tome 14, 544).
20 'Lettre-traité sur l'origine des romans' (1670), éd. par F. Gégou, Paris 1971, 46-47.
21 Fénelon attribue une telle importance à l'argument de l'amour dans l'éducation princière parce qu'il partage la conviction des théologiens de l'époque qui dénoncent l'amour "en tant que motif de l'union charnelle des conjoints" aussi bien que comme "motif du mariage" (J.-L. Flandrin, 'Familles parenté, maison, sexualité dans l'ancienne société', Paris 1976, 161). L'auteur du traité 'De

Le différend entre Fénelon et ses critiques ne concerne pas la nature de l'amour ni le droit de traiter de ses risques dans un écrit pédagogique, mais les possibilités de l'imagination poétique et de la littérature vernaculaire dans le procès éducatif. Gueudeville et Faydit opposent la littérature moderne et la morale quand ils attaquent l'affabulation romanesque de 'Télémaque'. Leur intention est de mettre en doute un procédé pédagogique qui s'adresse à l'imagination du jeune homme.

Lorsque Gueudeville confesse que "cette Prose tout Poëtique [lui a] causé du dégoût" ('Critique generale'... cit., 39), il pense à la distinction nette entre l'imaginaire et le réel. Le mensonge des poètes n'est pas dangereux aussi longtemps que le peu de sérieux de leur invention se manifeste par la présence d'un langage particulier, indice de la poétique du message. D'où l'indignation de l'auteur face au mélange de poésie et de prose dans 'Télémaque':

> Il n'est pas juste que le mensonge prenne l'habit de la verité: autrement quel moyen de distinguer l'un d'avec l'autre? La prose est le moyen naturel dont les hommes se servent pour se communiquer leurs idées: pour s'entreouvrir leurs coeurs; pour mêler leurs ames: elle est le vehicule de la lumière & de la chaleur de l'Esprit ... par elle les sciences se transforment, les loix se publient & s'observent, l'equité subsiste, la bonne foi se maintient, c'est le langage de la société, & je ne sâche point de peuple sur la terre qui s'exprime, qui raisonne, qui s'instruise, qui se gouverne en vers. (ibid., 41-42)

Cette défense de la prose concerne un aspect de 'Télémaque' que les études consacrées à ce problème[22] ont omis. Gueudeville considère la prose poétique du 'Télémaque' dans la perspective du débat métaphysique sur la notion de poésie. En effet, nous avons montré dans la deuxième partie de notre exposé que le choix stylistique du pastiche d'Homère répond, chez Fénelon, à une hypothèse sur l'origine de la poésie.

L'attaque de Gueudeville contre le mélange de poésie et de prose dans 'Télémaque' nie que la poésie moderne soit un art utile[23]. La 'Préface' de la traduction de la 'Poétique' d'Aristote soutient également que la poésie n'a été inventée et cultivée que pour l'utilité des hommes. Selon Dacier, la poésie "fut d'abord la fille de la Reli-

---

l'éducation des filles' craint "d'ébranler trop les imaginations vives" et il veut dans la lecture des ouvrages d'éloquence et de poésie "une exacte sobriété: tout ce qui peut faire sentir l'amour, plus il est adouci et enveloppé, plus il [lui paraît] dangereux" (V, 595). Il partage donc la préoccupation de ceux qui attaquent la présence du thème de l'amour dans 'Télémaque' parce que ni lui ni ses critiques ne semblent "comprendre ce que nous appelons l'amour. Ils ont le coeur sec" (Flandrin, ibid., 155).

22 Cf. B. Petermann, 'Der Streit um Vers und Prosa in der französischen Literatur des XVIII. Jahrhunderts', Halle 1913, et A. François, 'Les origines lyriques de la phrase moderne. Etude sur la prose cadencée dans la littérature française au dix-huitième siècle', Paris 1929. R. Finch, 'The Sixth Sense. Individualism in French Poetry 1686-1760', Toronto 1966, 318-319 a rassemblé les auteurs qui parlent au XVIIIe siècle de l'ouvrage comme d'un poème en prose.

23 Cf. LA, 62.

gion"[24]. Cette hypothèse sur l'origine de la poésie s'oppose à la conception de la littérature divertissante, que les dévots condamnent. Les 'Moeurs des Israélites' disent à ce propos:

> C'étoit là l'usage de la poésie & de la musique. Dieu, qui a fait les beaux esprits & les belles voix, a voulu sans doute, que l'on s'en servît pour faire goûter les bonnes choses, & non pas pour fomenter les passions criminelles. Les Grecs eux-mêmes, ont reconnu que la plus ancienne & la meilleure espèce de poésie, étoit la lyrique, c'est-à-dire; les hymnes & les odes, pour louer la divinité & inspirer la vertu. La poésie dramatique, qui ne consiste qu'en imitation, & ne tend qu'à divertir, en remuant les passions, étoit une invention nouvelle. ('Opuscules'...cit., tome I, 55)

Face à une littérature qui échappe aux prises de la pensée religieuse, la poésie des Hébreux devient le mirage d'un état où un idéal différent de civilisation fait naître l'espoir, somme toute assez vain, d'un retour à l'harmonie perdue entre la poésie et la religion. Fontenelle s'est rendu compte de la critique que cette hypothèse comporte pour la civilisation moderne. Il défend l'autonomie de la poésie moderne contre la nostalgie du monde primitif[25].

Comme la poésie des Hébreux nourrit le rêve d'une poésie chrétienne, les récits bibliques justifient l'apologue. Fleury vante la conception pédagogique des Hébreux:

> Les Israélites étoient les seuls, chez qui on ne racontoit aux enfans que des vérités propres à leur inspirer la crainte & l'amour de Dieu, & à les exciter à la vertu: toutes leurs traditions étoient nobles & utiles. Ce n'est pas qu'outre les simples narrations, ils employassent aussi des paraboles & des énigmes pour enseigner les vérités importantes, particulièrement de morale. (ibid., 54)

Le récit d'histoires instructives est consacré par la civilisation des Hébreux et cela lui confère une valeur morale que le reste de la littérature n'atteint jamais. Fleury et Fénelon sont inspirés par le désir d'imiter un idéal préfiguré par la civilisation du Peuple de Dieu. L'affabulation romancée de 'Télémaque' adopte la perspective des écrits bibliques où "le principal usage des allégories & du discours figuré, étoit de renfermer les maximes de morale, sous des images agréables & en peu de paroles, afin que les enfans les retinssent plus aisément" (ibid., 54).

---

24 'La Poetique d'Aristote contenant les Regles les plus exactes pour juger du Poëme Heroïque, & des Pieces de Theatre, la Tragedie & la Comedie. Traduite en françois avec des Remarques critiques sur tout l'Ouvrage' par Mr. Dacier, Paris 1692, page non numérotée. Les premiers hommes s'en servirent pour "chanter les loüanges du Dieu qu'ils adoroient, & dont ils célébroient les actions les plus memorables" (ibid.). La suite du passage constate: "Si l'on se fût toûjours tenu dans cette premiere simplicité, nous n'aurions encore pour toute poësie, que des actions de grace, des hymnes & des cantiques, comme cela est arrivé au peuple de Dieu" (ibid.).
25 Sa théorie de la naissance du plaisir de la lecture comme sa poétique de la poésie pastorale s'opposent décidément à ce genre de réflexions. Cf. mon article 'Der Zusammenhang von Poetik der Ekloge und Beurteilung der Zivilisation bei Fontenelle und Houdar de La Motte', dans: 'Romanische Forschungen' 89 (1977), 417-441.

Fénelon s'abstient d'évoquer l'autorité des Israélites, mais ses lecteurs ont tout de même rattaché le débat sur la prose poétique de 'Télémaque' aux discussions sur la poésie des Hébreux. Fraguier évoque les risques que la référence au monde biblique comporte pour l'esthétique littéraire du classicisme.

Dans un 'Mémoire' intitulé 'Qu'il ne peut y avoir de Poëmes en Prose' (1719), l'abbé Fraguier dit à l'Académie Royale des Inscriptions et Belles Lettres:

> Je suis persuadé que l'illustre Auteur du Télémaque n'a jamais prétendu faire un Poëme: il connoissoit trop bien chaque partie des Lettres humaines pour ne pas respecter les bornes qui séparent leur patrimoine ... Il eût été bien fâché de donner un exemple pernicieux, dont l'effet pourroit enfin nous réduire à la pauvreté de quelques Nations de l'Orient, qui n'ont jamais eu de vrais Poëmes. Toute leur Poësie n'est que de la Prose cadencée au hasard, & sans nulle mesure certaine de Vers: c'est un assemblage énorme de métaphores outrées, d'hyperboles excessives, & d'épithetes énigmatiques. ('Mémoires'...cit., éd. Amsterdam, vol. 8, 1731, 435)

La poésie des Hébreux menace les bases de l'esthétique littéraire française parce que le système de l'hébreu ne peut pas être appliqué au système du vers français. Fraguier a certainement raison quand il soutient que Fénelon a voulu respecter le patrimoine de la civilisation française. La 'Lettre à l'Académie' ne laisse pas de doute sur ce point. Mais Fénelon est resté fidèle aux deux traditions lorsqu'il a imité la poésie des Hébreux par un pastiche du cliché de la poésie homérique.

L'attaque de Fraguier contre la poésie des Hébreux pourrait être une réponse au 'Discours sur la poésie, et en particulier sur celle des anciens Hébreux' de Fleury publié à la tête d'un 'Commentaire sur les Psaumes' (1713) par Dom Calmet. Fleury y constate que les Hébreux n'ont jamais eu "de Comédies, de Tragédies, de Poëmes épiques, ni aucune autre espèce de cette Poésie, que Platon appelle 'Poésie d'imitation'"[26]. Il existe une deuxième version du 'Discours' où Fleury approuve le jugement de Platon (cf. ibid., 660-662). Ce 'Discours' juge la "Poésie moderne ... fort misérable en comparaison [de la poésie de l'Antiquité], quoiqu'on écrive aujourd'hui d'une manière plus polie & plus naturelle, que ne faisoient nos anciens Poètes, & même que ceux du siècle passé, le fond n'en vaut guères mieux qu'il n'a jamais valu" (ibid., 658). Cette critique de la littérature profane va plus loin que la 'Lettre à l'Académie'. Elle annonce le débat sur les plaisirs qu'au XVIIIe siècle Baudot de Jully inaugurera avec ses 'Dialogues entre Messieurs Patru et D'Ablancourt sur les plaisirs' (1701)[27]. La poésie sert à faire goûter les vérités solides. Les

---

26 'Opuscules'... cit., tome II, 651.
27 Cf. à ce propos mon article 'Die Lebensform der guten Gesellschaft als Problem christlicher Ethik in der französischen Frühaufklärung. Zu Baudot de Jullys "Dialogen über die Vergnügungen" (1701)', dans: 'Trierer Theologische Zeitschrift' 90 (1981), 154-164. Fleury écrit: "[Dieu] a voulu que toutes ces grâces extérieures servissent à nous faire goûter les vérités solides & les bonnes maximes, &

facultés spécifiques du poète, "une belle imagination, des pensées vives & brillantes, de l'agrément & de la justesse dans l'expression" (ibid., 658), ont une finalité pédagogique: elles servent à faciliter l'instruction morale. Fleury remarque "que ce genre d'écrire seroit nouveau en notre langue" (ibid., 659) mais qu'il faudrait réconcilier la poésie "avec la véritable Philosophie, c'est-à-dire avec la bonne morale & la solide piété" (ibid., 659). C'est évidemment cette fin que l'auteur de 'Télémaque' s'est proposé lorsqu'il a composé son ouvrage pédagogique. Mais pourquoi Fleury s'abstient-il de tout renvoi à 'Télémaque' si cet ouvrage essaie de réaliser les désirs exprimés par son 'Discours'? Probablement parce qu'il ne tient pas 'Télémaque' pour une oeuvre poétique, mais pour un écrit pédagogique.

Fénelon rejoint dans la pédagogie les idées sur la poésie du 'Discours' de Fleury. Le traité 'De l'éducation des filles' avait déjà constaté que "la poésie et la musique, si on en retranchoit tout ce qui ne tend point au vrai but, pourroient être employées très-utilement à exciter dans l'ame des sentimens vifs et sublimes pour la vertu" (V, 595). Il renvoie aux "ouvrages poétiques de l'Ecriture que les Hébreux chantoient selon les apparences" (V, 595). Les cantiques ont conservé, "avant l'écriture, la tradition des choses divines parmi les hommes" (V, 595). Fénelon aboutit à la conclusion suivante:

> Une musique et une poésie chrétienne seroient le plus grand de tous les secours pour dégoûter des plaisirs profanes; mais dans les faux préjugés où est notre nation, le goût de ces arts n'est guère sans danger. (ibid., 595)

La "poésie Chrétienne" telle que Fleury la présumera dans son 'Discours sur la poésie des Hébreux'[28], est un puissant moyen éducatif bien qu'elle soit dangereuse dans la civilisation moderne. Cette conception pédagogique de la poésie inspira la création des écrits composés pour le duc de Bourgogne.

Les 'Dialogues sur l'éloquence en général, et sur celle de la chaire en particulier' expliquent la poésie par son analogie avec la peinture[29]. L'insistance sur la peinture se comprend aisément dans la perspective de la conception pédagogique que Fénelon a de la poésie. C'est l'effet dans l'esprit du lecteur qui justifie les procédés spécifiques de la poésie. Le plaisir fait pénétrer l'instruction dans le coeur. Dès lors, la finalité de la poésie se définit par l'émotion[30].

Le statut de la poésie chez Fénelon diffère de l'enseignement des Jésuites, malgré une ressemblance extérieure. La pédagogie fénelonienne se distingue autant de celle des Jésuites que "la tendance

---

qu'elles nous attirassent à ce qui peut nourrir nos esprits; comme les saveurs qu'il a données aux viandes, nous font prendre ce qui entretient nos corps" (ibid., 658).
28 'Opuscules'...cit., vol. II, 659.
29 "La poésie n'est autre chose qu'une fiction vive qui peint la nature. Si on n'a ce génie de peindre, jamais on n'imprime les choses dans l'ame de l'auditeur; tout est sec, languissant, ennuyeux" (VI, 582).
30 Cf. A. Pizzorusso, 'La poetica di Fénelon', Milano 1959, 91-93.

néantiste de sa spiritualité [s'oppose] à la tendance humaniste de la Compagnie de Jésus"[31]. La représentation littéraire du discours instructif est dans la pédagogie Jésuite la prolongation de la contemplation spirituelle selon la méthode des 'Exercices spirituels' de leur fondateur Ignace de Loyola: la prière contemplative y commence par la composition d'un lieu pour la représentation imaginaire d'une scène de la vie de Jésus, l'humanité du Christ rend donc légitime le recours à l'imagination fictive dans la contemplation comme dans l'éducation[32]. Chez Fénelon, en revanche, l'insistance sur l'imagination littéraire marque une rupture avec sa spiritualité théocentrique[33]. L'esprit de l'enfance que le dévot fénelonien acquiert au bout d'un procès de purification radicale ne constitue pas une base suffisante pour l'imagination littéraire.

Selon Fénelon, l'imagination entre dans le procès éducatif pour remédier aux défauts de la condition humaine:

> Depuis le péché originel, l'homme est tout enfoncé dans les choses sensibles; c'est là son grand mal; il ne peut être longtemps attentif à ce qui est abstrait. Il faut donner du corps à toutes les instructions qu'on veut insinuer dans son esprit; il faut des images qui l'arrêtent: de là vient que, sitôt après la chute du genre humain, la poésie et l'idolâtrie, toujours jointes ensemble, firent toute la religion des anciens.(VI, 582)

Cette apologie religieuse de l'imagination littéraire contribuera au déclin de la poésie dans la civilisation classique. La poésie y devient un moyen de persuasion. Cette conception pédagogique de la poésie prélude au moralisme des Philosophes.

Quelques-uns des premiers lecteurs ont admiré 'Télémaque' à cause de sa conception morale de la poésie. Madame de Grignan la loue dans la lettre déjà citée (I, 4):

> Si dans cet opéra qu'on fait on conserve cet esprit et ce caractère, il fera plus de fruit que les sermons du P. Massillon. Vous n'avez pas pris chez lui et chez ses confrères le ridicule que vous voulez donner à 'Télémaque': les Pères de l'Oratoire savent trop que l'usage est de faire lire les poëtes aux jeunes gens. Les poëtes sont pleins d'une peinture terrible des passions: il n'y en a aucune de cette nature dans 'Télémaque'; tout y est délicat, pur, modeste, et le remède est toujours prêt et toujours prompt. Les poëtes anciens n'ont pas eu ces précautions, et sont pourtant admis dans les collèges par les docteurs les plus sévères ... Vous voyez donc que ces Messieurs ne vous avoueroient pas, s'ils savoient que vous tournez en ridicule un précepteur qui apprend les poëtes à son disciple d'une manière pure, délicate, et capable de rectifier les autres poëtes qu'il ne peut éviter de lire dans le cours de ses humanités. ('Lettres de Madame de Sévigné'... cit., vol. X, Paris 1862, 508-509)

Dans 'Télémaque', la peinture des passions est toujours suivie d'une

---

31 H. Hillenaar, 'Fénelon et les Jésuites', La Haye 1967, 206.
32 Cf. M. Fumaroli, 'L'Age de l'éloquence'...cit., 258-260, 375-377.
33 M. Raymond remarque à ce propos: "Religion théocentrique, enfin, et non christocentrique, très différent à cet égard de celle de Pascal... Si Fénelon ne cesse de lire les Evangiles, si le grand mystère chrétien se révèle pour lui dans la douleur, dans un amour nu et souffrant, la scène de la vie du Christ à laquelle il s'arrête toujours est celle du Crucifié qui se croit abandonné, perdu, et qui se trompe" ('Fénelon', Paris 1967, 94).

indication des remèdes. Par là, il se distingue de la poésie ancienne
lue dans les collèges au cours des humanités[34]. Mme de Grignan admire
la réplique morale que 'Télémaque' donne à l'immoralité de la poésie
ancienne et moderne. Cet argument sera débattu dans la dernière étape
de la querelle des Anciens et des Modernes. La querelle d'Homère y a
son pendant dans ce qu'on pourrait appeler la querelle de 'Télémaque'.

---

34 Danchet semble se rappeler de Fénelon lorsqu'il fait chanter le
   choeur: "Heureux quand la gloire l'ordonne, / Qui peut abandonner
   l'Amour!" ('Télémaque, tragédie. Fragment des Modernes'. Représentée pour la première fois par l'Académie Royale de Musique le 11
   novembre 1704, Paris 1704, 28).

III. 4. UN DEBAT D'ESTHETIQUE LITTERAIRE A ARRIERE-
PLAN POLITIQUE: LA QUERELLE DE 'TELEMAQUE'

'Télémaque' a été salué par les uns comme l'épopée française tant
désirée, tandis que les autres l'ont condamné y voyant une censure
ouverte du gouvernement. Cette situation paradoxale nous renseigne
d'une part sur la nature composite de l'oeuvre et nous révèle d'autre
part une des préoccupations de la civilisation française: l'épopée
nationale s'inscrit toujours en manque. La fortune de 'Télémaque'
sera influencée par ce fait. Elle est due à deux éléments tout à fait
différents: elle résulte de la structure des idées littéraires qui
ont marqué la composition de 'Télémaque', mais cette structure répond
de surcroît à une préoccupation d'un autre ordre, qui s'exprime au
plan de l'esthétique littéraire.

La querelle à propos de 'Télémaque' considéré comme un poème épique est dans l'ensemble postérieure à la condamnation de l'oeuvre
prise pour un roman. La 'Telemacomanie' de Faydit s'est efforcée de
délimiter ce que l'ouvrage devait à l'épopée et au roman (472-476),
mais ses réflexions sont restées pendant un certain temps sans retentissement. On n'avait pas, alors, de raison de distinguer les deux
formes littéraires parce que la théorie littéraire tendait à souligner
leur parenté[1]. Toutefois, il faut noter que le 'Mémoire' pour le Père
Le Tellier parle d'une "narration fabuleuse en forme de poème héroïque, comme ceux d'Homère et de Virgile" (VII, 665). Ce 'Mémoire'
constitue une espèce de réponse aux attaques contre 'Télémaque'. Il
est à présumer que l'archevêque de Cambrai se sert à dessein de la
référence au poème héroïque pour défendre la morale de son livre et
pour en souligner la praticabilité. Car la morale des romans est
produite par l'"esprit visionnaire" et propose de "beaux sentimens en
l'air" (V, 565), tandis que celle des poèmes héroïques s'appuie sur
l'histoire et inspire "agréablement le mépris de la mort, des richesses et des plaisirs qui amollissent l'ame; l'amour de la gloire, de
la liberté et de la patrie" (VI, 571).

Fénelon imite les Grecs, "qui ne séparoient jamais l'utile de
l'agréable" (VI, 571). Il pense que l'harmonie sert à faire "entrer,
avec le plaisir, la sagesse dans le fond des coeurs des enfans" (VI,

---

1 Cf. N. Hepp, 'De l'épopée au roman'...cit., 99-100.

571). Il ne reniera jamais ce qu'il suppose être l'idéal ancien de l'art[2]. Il a imaginé au septième livre de 'Télémaque' une scène qui décrit l'effet de la musique sur le coeur des hommes[3]. Adoam a offert un magnifique repas pendant lequel le chanteur Achitoas captive les sens de Télémaque par l'harmonie de sa musique. Cette musique est tellement puissante que les divinités marines et même les "monstres" (1, 314) sortent de la mer pour assister au concert. Mais alors intervient Mentor avec son "chant divin" (1, 316), qui dépasse de loin la musique humaine du chanteur Achitoas. Ce récit allégorique montre la valeur de l'harmonie pour apaiser les forces de la nature[4].

La 'Lettre à l'Académie' s'oppose au "brillant" parce qu'il pervertit le naturel. Elle exige que le beau "exprime les passions pour les inspirer; il faut qu'il s'empare du coeur pour le tourner vers le but légitime d'un poème" (LA, 88). 'Télémaque' précise les conditions sous lesquelles le plaisir est légitime. Fénelon y décrit le plaisir que le fils d'Ulysse prend à la musique et la peur qui le saisit en supposant ses transports contraires à la modération. Alors Mentor dit à son pupille:

> Personne ne souhaitera jamais plus que moi que vous goûtiez des plaisirs, mais des plaisirs qui ne vous passionnent ni ne vous amollissent point...La sagesse n'a rien d'austère ni d'affecté: c'est elle qui donne les vrais plaisirs; elle seule les sait assaisonner pour les rendre purs et durables. Elle sait mêler les jeux et les ris avec les occupations graves et sérieuses; elle prépare le plaisir par le travail et elle délasse du travail par le plaisir. (1, 315-316)

Le plaisir est un effet de la sagesse, à condition de s'en servir dans les conditions convenables. Les 'Dialogues sur l'éloquence' soutiennent que la substitution du plaisir à la sagesse ruine les moeurs. Le plaisir n'est qu'un "moyen d'insinuer la sagesse" (VI, 572). Dès qu'il accède au centre de la vie, comme chez les Grecs et les Romains des époques tardives ou dans la France de Louis XIV, il provoque la mollesse[5].

---

2   "Tous ces arts qui consistent ou dans les sons mélodieux, ou dans les mouvemens du corps, ou dans les paroles, en un mot, la musique, la danse, l'éloquence, la poésie, ne furent inventés que pour exprimer les passions, et pour les inspirer en les exprimant. Par là on voulut imprimer de grands sentimens dans l'ame des hommes, et leur faire des peintures vives et touchantes de la beauté de la vertu et de la difformité du vice: ainsi tous ces arts, sous l'apparence du plaisir, entroient dans les desseins les plus sérieux des anciens pour la morale et pour la vertu" (VI, 571-572).
3   Sur cet épisode cf. L. Spitzer, 'Classical and Christian Ideas of World Harmony', Baltimore 1963, trad. it. Milano 1967, 282-283, note 9.
4   Les indications sur les arguments du chant de Mentor précisent sur le plan mythologique que la vérité de la religion et les risques des passions sont choisies par Mentor. Le dixième livre y ajoute que Mentor "borna toute la musique aux fêtes dans les temples, pour y chanter les louanges des dieux et des héros qui ont donné l'exemple des plus rares vertus" (2, 102-103). La réforme de Salente restreint "les grands ornements d'architecture" (2, 103) aux temples. Les sculpteurs et les peintres doivent "conserver la mémoire des grands hommes et des grandes actions" (2, 107) dans les bâtiments publics ou dans les tombeaux.

Fénelon tient à préciser la nature du plaisir. Dans sa controverse
avec Bossuet, il rappelle que Platon vante le beau et la justice non
en tant qu'ils sont pour nous une source du plaisir, mais pour eux-
mêmes. Il explique sa pensée par le recours à une distinction scolastique: si l'on aimait la justice d'un amour intéressé, elle ne serait
que "l'objet matériel de la volonté. Son objet formel seroit la justice en tant qu'agréable et propre à donner du plaisir à l'homme.
Ainsi la justice ne seroit que le moyen, et le plaisir qui en résulte-
roit seroit la vraie fin de l'homme vertueux" (III, 357). La suite de
la 'Lettre...sur la charité' montre que Fénelon n'arrive à saisir la
manifestation de la justice que dans le cas limite où "le parfait
juste... est celui qui meurt sur une croix, abandonné, détesté, puni
comme un scélérat, et ne tirant aucune consolation de sa justice"
(III, 357). L'archevêque de Cambrai pense rapporter la pensée de
Platon dans ce portrait du "parfait juste", en vérité il n'exprime
que sa propre manière d'accéder à la vérité du christianisme. Cette
expérience spirituelle ne reste pas sans répercussion sur son expérience esthétique. Comme il ne saisit la présence de Dieu que dans
l'expérience de son absence, il ne réussit à expliquer sa conception
du beau qu'à travers l'idéal culturel d'un passé lointain. L'écart
entre la civilisation ancienne et la civilisation moderne n'est pas
seulement exploité dans 'Télémaque', il confère à toute son esthétique littéraire la légitimité morale.
      L'humanisme fénelonien juge la civilisation gréco-romaine selon sa
conformité avec l'idéal incarné par les civilisations des origines.
Il explique la poésie d'Homère à la lumière du monde biblique et il
condamne la morale dans les fables homériques au nom de la philosophie
de Platon, qu'il interprète en bon lecteur de saint Augustin comme
une préfiguration du christianisme. C'est pourquoi il évoque sans
cesse le charme de "l'heureuse et élégante simplicité que les Anciens
nous mettent devant les yeux" (LA, 37) en l'opposant à la décadence
des moeurs des siècles d'Alexandre, d'Auguste et de Louis le Grand.
Mais il vante également la supériorité de la philosophie de Socrate
et de ses disciples ainsi que de la religion chrétienne sur l'idolâtrie des Anciens. La simplicité des passés lointains concerne donc le
présent, mais elle n'est réalisable dans la civilisation moderne
qu'à condition d'accéder à la simplicité spirituelle. Fénelon en
conclut que la seule conscience religieuse connaît le plaisir authentique dans un monde. de l'inauthenticité. Le christianisme permet de
retrouver, à l'intérieur de la culture, ce que les civilisations des
origines possédaient à l'état de nature.
      La spiritualité fénelonienne n'arrive pas, comme nous l'avons vu
(III. 3), à créer une esthétique religieuse proprement dite. Mais sa
conception de la simplicité supplée cette lacune. Elle fait la synthèse entre une expérience historique d'un passé lointain et une
expérience religieuse née de la conscience spécifique du monde moder-

---

5 La mollesse est "une langueur de l'ame, qui l'engourdit, et qui
   lui ôte toute vie pour le bien" (VIII, 471).

ne. C'est pourquoi Fénelon oppose le naturel de la beauté authentique
à l'artificiel de la beauté inauthentique. Il polémique contre les
ouvrages brillants et vante "le beau simple" (LA, 78) qui fait la
synthèse entre la nature et la culture, la création de Dieu et l'invention de l'homme:

> Le beau ne perdroit rien de son prix, quand il seroit commun à
> tout le genre humain; il en seroit plus estimable. La rareté est
> un défaut et une pauvreté de la nature. Les rayons du soleil
> n'en sont pas moins un grand thrésor, quoiqu'ils éclairent tout
> l'univers. Je veux un beau si naturel qu'il n'ait aucun besoin
> de me surprendre par sa nouveauté. (LA, 78)

La beauté doit faire valoir l'essence des choses et pousser l'homme
vers la simplicité naturelle perdue sous l'influence de la civilité.
L'aspect surprenant des choses correspond aux raffinements artificiels
d'un monde inauthentique, il place l'homme hors de lui au lieu de le
ramener à lui-même.

Fénelon situe l'idéal de la belle nature dans un passé historique.
Selon les 'Dialogues sur l'éloquence', Homère et Virgile ont réalisé
un idéal du beau qui correspond aux critères du beau simple de la
'Lettre à l'Académie'[6]. Leur esthétique littéraire répondait à ses
préoccupations spirituelles. Elle se prêtait à son intention pédagogique dans deux sens: premièrement en tant que matière de l'enseignement scolaire, la fable païenne était un argument de choix dans les
humanités et la connaissance détaillée de la mythologie gréco-romaine
était nécessaire à tout homme cultivé[7]; deuxièmement en tant que
modèle d'instruction morale, les grandes épopées de l'Antiquité expriment la beauté simple de la nature que Fénelon veut retrouver dans la
civilisation moderne.

L''Iliade' a attiré l'attention de Fénelon parce qu'elle peint
Achille "naturellement avec tous ses défauts" (VI, 574) afin d'en
tirer une leçon morale pour la postérité. Ulysse est "un héros plus
régulier et plus accompli" (VI, 574) parce que son "caractère est la
sagesse" (VI, 574). L'auteur de 'Télémaque' apprécie que "l'Odyssée
renferme de tous côtés mille instructions morales pour tout le détail
de la vie" (VI, 574). Mais c'est le dessein de l''Enéide' qui lui
convient le mieux parce que Virgile représente en Enée le peuple
romain:

> Il a voulu montrer à ce peuple que son origine étoit divine, que
> les dieux lui avoient préparé de loin l'empire du monde; et par
> là il a voulu exciter ce peuple à soutenir, par ses vertus, la
> gloire de sa destinée. Il ne pouvoit jamais y avoir chez les
> païens une morale plus importante que celle-là. (VI, 574)

---

6   "Vous n'y trouverez pourtant pas ce qu'on appelle des jeux d'es-
    prit; ce sont des choses simples, la nature se montre partout,
    partout l'art se cache soigneusement...[le poète] met toute sa
    gloire à ne point paroître, pour vous occuper des choses qu'il
    peint" (VI, 582).
7   P. V. Delaporte, 'Du merveilleux dans la littérature française
    sous le règne de Louis XIV', Paris 1891, 10-27. C'est pourquoi on
    ne cesse de répéter que 'Télémaque' est "un cours fleuri de poli-
    tique, de philosophie, presque de religion" (ibid., 27).

La relation entre Enée et le peuple romain préfigure le rapport entre
le prince et son peuple. C'est pourquoi Fénelon reprend un grand
nombre d'éléments de l''Enéide' et transforme le récit des origines
d'une nation en une recherche du père, qui incarne les idéaux de la
royauté absolue[8].

Fénelon a besoin de l'écart entre les civilisations ancienne et
moderne pour ratifier, sur le plan historique, l'idéal de l'honnêteté
d'une civilisation du passé. Le monde homérique sert de contrepartie
à la France absolutiste et, partant, prend un rang qu'il n'avait pas
dans l'humanisme du classicisme français. Le schéma de l'opposition
entre les mondes ancien et moderne est partout présent dans le débat
sur la valeur exemplaire de l'Antiquité (cf. II. 1). Fénelon souligne,
qu'à l'intérieur de la civilisation ancienne, les temps héroïques des
épopées homériques s'opposent à la décadence de ce qu'on nomme alors
le siècle d'Alexandre. Il présente comme naïf un idéal incarné par
les moeurs et la poésie des épopées homériques. Il modifie, par là,
cette notion que la doctrine classique appliqua au monde gréco-
romain. Le naïf s'approche du simple pour désigner le naturel: Fénelon
aime "à voir dans l'Odyssée des peintures si naïves du détail de la
vie humaine"[9]. Cette notion caractérise la conception que Fénelon se
fait de l'Antiquité.

Fénelon rêve d'une société simple et naturelle peinte par les
épopées homériques et intègre le familier à la représentation de
l'héroïsme. Les partisans des Anciens se réclament de son autorité,
bien que sa critique du bel esprit diffère fondamentalement de la
leur et que sa conception de la nature rompe autant avec la leur que
son image de l'Antiquité se détache de l'idéal du classicisme[10]. Son
esthétique littéraire met en valeur le sentiment, tandis que sa spiritualité mène au "silence du coeur"[11]. L'innocence du monde primitif
préfigure la spontanéité de l'homme religieux, qui retrouve au bout
d'un procès d'abnégation totale une sorte de nature primitive. Cette
conception de la simplicité reproduit la démarche typique de la
pensée classique. Autant pour Fénelon que pour la génération précé-
dente, "l'art retrouve la nature au terme d'un effort qui le masque;

---

8 Pour cette raison, on a écrit dès le XVIIIe siècle que 'Télémaque'
   était "dans le goût de Virgile" (Malfilâtre, 'Le Génie de Virgile
   ouvrage posthume de Malfilâtre publié d'après les manuscrits autographes avec notes et additions par P. A. Miger', tome 3, Paris
   1810, 403).
9 LA, 79. N. Hepp constate que Fénelon "admire l'épisode du chant
   XXIV de l''Iliade' où l'on voit Priam aux pieds d'Achille" ('Homère
   en France'...cit., 600), un épisode qui entre dans sa catégorie du
   naïf et que personne, au XVIIe siècle, n'avait apprécié avant lui.
10 A. Cherel note à ce propos: "L'école de 1660 ne rejetait le bel
   esprit que comme une sottise: elle s'accommodait fort bien de ses
   règles, de l'effort; quand Racine et Molière voulaient "peindre
   d'après nature", ils cherchaient à connaître le coeur humain dans
   la réalité de ses passions, de ses vices, de ses travers. Ils
   étaient 'réalistes'" ('L'idée du "naturel" et le sentiment de la
   nature chez Fénelon', dans: 'Revue d'histoire littéraire de la
   France' 18 (1911), 816).
11 F. Varillon, 'Fénelon et l'amour pur', Paris 1957, 110.

il est la culture transformée en nature, le calcul masqué en spontanéité"[12]. Cette parenté structurale de la démarche fénelonienne avec
celle des grands auteurs du siècle permet de comprendre pourquoi
l'esthétique fénelonienne se prête à une lecture dans la perspective
des Anciens aussi bien que dans celle des Modernes.

L'esthétique de Fénelon conçoit l'idéal du classicisme sur le plan
nostalgique de la nature isolée dans un passé lointain. Elle cache
son origine religieuse à un point tel que son idéal de la beauté
simple ressemble aux jeux subtils de ses adversaires. "L'esthétique
mondaine et moderne, dont le 'Mercure Galant' est le porte-parole,
rejoint l'esthétique humaniste de Fénelon, qui n'est pas seulement
une réaction contre le goût moderne, mais aussi l'aboutissement d'un
mouvement beaucoup plus général dans toute la critique"[13]. La conception fénelonienne du naturel rappelle les discussions sur le style
négligé dans l'art de plaire comme dans l'art d'écrire, elle peut
être comprise comme "l'apogée du sublime"[14]. Loin de renier la tradition de la pensée mondaine, Fénelon reprend le vocabulaire et les
arguments de ses adversaires pour les intégrer dans sa propre pensée:

> On gagne beaucoup en perdant tous les ornements superflus pour
> se borner aux beautez simples, faciles, claires et négligées en
> apparence. Pour la poésie comme pour l'architecture, il faut que
> tous les morceaux nécessaires se tournent en ornements naturels.
> Mais tout ornement qui n'est qu'un ornenement est de trop... Je
> veux un sublime si familier, si doux et si simple que chacun
> soit d'abord tenté de croire qu'il l'auroit trouvé sans peine,
> quoique peu d'hommes soient capables de le trouver ... Je veux
> un homme qui me fasse oublier qu'il est auteur et qui se mette
> comme de plein pied en conversation avec moy. (LA, 74-75)

Fénelon s'est approprié les idéaux de l'atticisme classique. Sa conception du sublime se présente comme un épanouissement de la négligence dans la conversation. Son idée d'un sublime familier consacre
la correspondance entre l'art de plaire et l'art d'écrire[15]. Héritier
de l'atticisme de Balzac à La Fontaine (cf. I. 1), sa subordination
de l'art à la nature poursuit les efforts de la pensée classique
visant à retrouver, au sein de la culture, la spontanéité de la
nature[16].

---

12 B. Tocanne, 'L'idée de nature en France dans la seconde moitié du
    XVIIe siècle. Contribution à l'histoire de la pensée classique',
    Paris 1978, 402. Fumaroli note: "Il ne faut pas confondre naturel
    et spontanéité. Le naturel implique un sens 'cultivé', mais devenu
    'seconde nature', du decorum, social pour les 'mondains', religieux
    (la 'majesté divine') chez Saint-Cyran. Dans les deux cas, le
    naturel n'est autre que le suprême état de la civilisation" ('L'Age
    de l'éloquence'...cit., 639).
13 Tocanne, ibid., 403.
14 C'est sous ce titre que Th. Litman traite de l'esthétique fénelo-
    nienne dans 'Le sublime en France (1660-1714)', Paris 1971, 197-
    234.
15 Fumaroli note: "A tous égards, la 'Lettre à l'Académie' résume les
    conclusions de deux siècles de querelles françaises autour de la
    rhétorique" ('L'Age de l'éloquence' ...cit., 554). Sur la notion
    du naturel et du familier, cf. Ch. Strosetzki, 'Konversation. Ein
    Kapitel gesellschaftlicher und literarischer Pragmatik im Frank-
    reich des 17. Jahrhunderts', Frankfurt 1978, 36-38.
16 R. Zuber souligne que "la dialectique du sauvage et du civilisé

La conception fénelonienne du naturel est une notion éminemment culturelle. C'est sa force aux yeux des uns, c'est une faiblesse qui rend 'Télémaque' illisible aux yeux des autres. A. Albalat parle d'un "style efféminé et sobre, à la fois irréprochable et insupportable"[17]. Il reconnaît pourtant que "ce sont précisément les défauts de 'Télémaque' qui firent son succès" (ibid., 222). Le succès du livre a, en effet, "précipité l'avènement du mol et du faux"[18]. Son assimilation du naturel au cliché de la poésie homérique a contribué à séparer le classicisme du XVIIe siècle des belles âmes du XVIIIe siècle. Rémy de Gourmont a soutenu que les imitateurs ont gâté la fraîcheur des clichés du 'Télémaque[19]. La 'Telemacomanie' contredit cette hypothèse. Elle juge l''Odyssée' naturelle, 'Télémaque' "guindé, singulier, extraordinaire" (472). Faydit fait valoir le goût classique d'un Boileau, mais c'est précisément ce goût qui a fait découvrir aux lecteurs dans 'Télémaque' le charme de la simplicité homérique. Le caractère culturel de la conception fénelonienne du beau simple et naturel convient au goût moderne. Le cliché homérique évoque un état de nature parce qu'il représente un idéal culturel opposé au raffinement moderne.

Le caractère culturel du naturel fénelonien rend 'Télémaque' précieux au goût moderne. Boileau est un des premiers à le constater[20]. Celui qu'on a nommé le législateur du Parnasse reconnaît la réussite linguistique de 'Télémaque'. Fénelon a adapté la poésie homérique au goût du grand Monde. Son ouvrage est surtout une réussite linguistique.

Boileau espérait que le succès du 'Télémaque' préparât la voie à Homère. Houdar de La Motte pensait le contraire. Il chanta devant l'Académie Française un hymne à la gloire de Fénelon dont l'ouvrage

---

passera, pour s'y révéler féconde, des réflexions sur l'atticisme aux discussions littéraires de la fin du dix-septième siècle" ('Atticisme et classicisme', dans: 'Critique et création littéraires'...cit., 383). Dans le cadre de ce problème, on s'occupe tout au long du siècle de la négligence. C'est pourquoi R. Duchêne a soutenu que "la valorisation de la négligence semble être... une des constantes réactions de l'esprit de liberté contre les règles" ('Madame de Sévigné et le style négligé', dans: 'Oeuvres & Critiques' I, 2 (1976), 115). Il pense réfuter par cette constatation l'opinion de F. Nies qui croit à une valorisation de la négligence après 1660 ('Gattungspoetik und Publikumsstruktur. Zur Geschichte der Sévignébriefe', München 1972, 22). L'exemple de Fénelon montre pourtant une modification de la négligence, de sorte qu'il semble plus prudent de souligner les divergences que de retenir une signification identique de cette notion. Fénelon interprète l'imitation de la nature comme une "peinture" en penchant vers une opposition entre l'art et la nature dans ce sens que partout où l'art paraît la nature s'en va. Selon lui "toute beauté naturelle doit donner l'illusion d'être involontaire et fortuite" (Litman, ibid., 209).
17 'Le travail du style'...cit., 219.
18 A. Chastel, 'Fénelon et l'art classique', dans: 'Bulletin de la Société historique et archéologique du Périgord' 88 (1951), 248.
19 'Esthétique de la langue française. La déformation - la métaphore - le cliché le vers libre - le vers populaire' 5ème éd. revue, corrigée et augmentée, Paris 1905, 320-321.
20 Le 10 novembre 1699, il écrit à Brosette à propos du succès que connaît le livre: "L'avidité avec laquelle on le lit faict bien voir que si on traduisoit Homere en beaux mots il feroit l'effect qu'il doit faire et qu'il a toujours fait" (éd. cit., 18).

confirmait la grandeur de la France du Roi-Soleil:

> Notre âge retrouve un Homere,
> Dans ce Poëme salutaire,
> Par la Vertu même inventé;
> Les Nymphes de la double cime,
> Ne l'affranchirent de la Rime,
> Qu'en faveur de la Verité.
> ('Ode à Messieurs de l'Académie Françoise', dans: 'Oeuvres de
> Monsieur Houdar de La Motte'...vol. 1, Paris 1754, 3)

La Motte salua en Fénelon un second Homère parce qu'il avait réussi
à résoudre le problème linguistique devant lequel tous les traducteurs
du poète et tous ses imitateurs de la France moderne avaient échoué.
Il croit que Fénelon y est arrivé en s'affranchissant des contraintes
de la rime. La France pouvait désormais prétendre à la gloire due au
poème épique, dont l'absence était douloureusement ressentie par tous
ceux qui s'engageaient à prouver la supériorité du siècle de Louis le
Grand sur les siècles d'Alexandre et d'Auguste[21]. La Motte considéra
le succès littéraire de 'Télémaque' comme un triomphe de la civilisation française. 'Télémaque' prouve que le modèle culturel de la France
moderne vaut autant que celui de l'héritage gréco-romain. On aboutit
ainsi à la situation paradoxale que la conception de la simplicité
développée par Fénelon contre la civilisation moderne devient le
symbole destiné à prouver la supériorité culturelle du monde moderne
sur le monde ancien[22].

Claude Buffier a remarqué que le succès du livre est dû à la prose:

> On lit les traductions de l'Enéïde, qui sont en prose plus volon-
> tiers que les meilleures en vers français. C'est ce qui se
> rencontre aussi à l'égard des autres poëmes épiques... Le Télé-
> maque n'auroit jamais eu, si je ne me trompe, un succès aussi
> grand en vers, quelques beaux qu'ils puissent être, que dans la
> prose où il a été composé. ('Cours de Sciences sur des principes
> nouveaux et simples pour former le langage, l'esprit et le coeur,
> dans l'usage ordinaire de la vie, suivi de Homère en arbitrage',
> Paris 1732 et 1715, réimpr. Genève 1971, 535)

La réussite d'une prose poétique a fait de 'Télémaque' un événement

---

21 Etienne Fourmont a riposté à La Motte: "Quelle est la personne qui
   sache ce que c'est qu'écrire, qui ose comparer le Telemaque à
   l'Iliade, une declamation ampoulée au style pur de la nature?"
   ('Examen pacifique de la querelle de Madame Dacier et de Monsieur
   de La Motte sur Homere. Avec un Traité sur le Poëme Epique, et la
   Critique des deux Iliades et de plusieurs autres Poëmes, tome II,
   Paris 1716, 193).
22 L'éloge que La Motte décerna à 'Télémaque' n'a pas manqué de sou-
   lever des commentaires ironiques. François Gacon attaque les trois
   derniers vers en prétendant ne rien y comprendre. Selon Gacon, on
   peut expliquer les trois vers de La Motte en se référant au débat
   sur le rapport entre poésie et prose. Alors le poète dit "que la
   vérité dans le 'Telemaque' étoit si belle en prose, qu'elle n'avoit
   pas besoin des ornements de la Poësie" ('Homere vengé par L.P.S.
   F.', Paris 1715, 367). Mais il n'est pas exclu que La Motte se
   réfère au conflit entre la poésie et la morale et prétend "que le
   'Telemaque' étant en vers auroit passé pour une fiction Poëtique,
   au lieu qu'étant en prose on le pouvoit prendre pour une veritable
   Histoire" (ibid., 367). La remarque ironique de Gacon dévoile le
   caractère de prétexte des arguments en faveur de 'Télémaque' comme
   étant une épopée française.

littéraire. C'est pourquoi il fallait réfléchir sur la part que la poésie et la prose ont dans la diffusion d'une oeuvre. Cette discussion avait deux enjeux: d'une part la valeur esthétique de la poésie des anciens, d'autre part les possibilités expressives du langage poétique français[23]. Terrasson prétend que Madame Dacier a modifié sa traduction d'Homère sous l'influence de 'Télémaque'[24]. Madame Dacier elle-même renvoie, dans la préface de sa traduction de 'L'Iliade d'Homère' (1711), à Aristote, selon lequel "la prose n'est pas ennemie du Poëme Epique" (XI). La prose poétique de 'Télémaque' ouvre donc une voie nouvelle à la création littéraire. Elle fournit "le premier exemple convaincant d'une poésie sans rime, sans assonance, sans arrangement de syllabes fixe"[25].

Le style de 'Télémaque' n'apparut pas seulement comme un langage qui sut traduire la poésie en prose, mais aussi comme un style poétique: d'où l'idée du "Poëme en prose"[26]. Jean-François de Pons, un admirateur des théories littéraires de La Motte, soutient dans sa 'Dissertation sur le Poëme Epique contre la doctrine de M. D.' (1717) que 'Télémaque' prouve la valeur poétique de la prose, car "les vers n'ont aucunes richesses qui n'appartiennent à la Prose, & dont elle ne sçache user avec succès"[27]. La prose entre, dès lors, en concurrence avec le vers. Evidemment, Fénelon n'a jamais réclamé, pour son 'Télémaque le rang de poème en prose, mais sa théorie pédagogique de la poésie a confirmé la valorisation de la prose comme moyen d'expression poétique. C'est ainsi que le style du 'Télémaque' a suggéré l'idée d'un poème en prose, qui représente le pendant moderne des épopées anciennes.

Comme la prose de 'Télémaque' égale, selon les partisans du goût moderne, la poésie des épopées ancienne, ainsi sa morale surpasse celle de ses prédécesseurs. L'importance de cet argument vient du rôle que la théorie littéraire attribue à la moralité des grandes épopées de l'Antiquité. Madame Dacier défend Homère contre les atta-

---

23 Cf. à ce propos mon article 'Literaturästhetik und Übersetzungstheorie in Desfontaintes' Vorrede zur Vergil-Übersetzung (1743). Ein Beitrag zum Verständis der Problematik des Übersetzens in der Frühaufklärung', dans: 'Sprachtheorie und Sprachenpraxis. Festschrift für Henri Vernay' éd. par W. Mair et E. Sallager, Tübingen 1979, 85-110.
24 "Je sçai de plus que Me D. qui a travaillé à son Homère bien des années, en avoit fait d'abord une traduction simple & nuë comme l'original; mais le Poëme de Telemaque ayant parû vers de temps-là, la grande réputation qu'il s'acquit dés sa naissance, mit Me D. en crainte pour son Homère, & l'engagea, à refondre sa traduction, pour mettre l'Iliade dans le style de Telemaque... quel triomphe pour Telemaque, dont les admirateurs de profession n'ont jamais pû dire aucun bien, & qui a toûjours été l'objet de leur haine secrette par l'honneur qu'il fait à nôtre siécle, & par la honte qu'il fait à Homère qu'il a fallu rendre imitateur du moderne" ('Dissertation critique sur l'Iliade d'Homere, où à l'occasion de ce Poëme on cherche les regles d'une Poëtique fondée sur la raison, & sur les exemples des Anciens & des Modernes', Paris 1715, tome 2, 585-586).
25 E. Carcassonne, 'Fénelon l'homme et l'oeuvre', Paris 1946, 109; cf. aussi G. Lanson, 'L'Art de la prose', Paris 1968, 112-118.
26 La Motte, 'Oeuvres'...cit., vol. 3, 107.
27 'Oeuvres', Paris 1738 et 1715, réimpr. Genève 1971, 141.

ques de La Motte en soutenant que l''Iliade' et l''Odyssée' "sont
tous deux une fable inventée pour former les moeurs par des instructions deguisées sous les Allegories d'une action"[28]. Cette explication
allégorique des épopées se prête également à caractériser l'intention
pédagogique de 'Télémaque'. Terrasson part de la même idée que Madame
Dacier et dénie à l''Iliade' la qualité de poème épique parce qu'elle
vante "les vices à fuir"[29]. Il concède, à la rigueur, cette qualité
à l''Odyssée' et met 'Télémaque' nettement au-dessus des poèmes homériques parce que le rang littéraire des épopées s'explique par la
"grandeur des vûës morales qui seule peut rendre un ouvrage veritablement universel" (ibid., 275). Par ces prémisses il démontre que
'Télémaque' "est le Poëme le plus durable & du goût le plus général
qui ait jamais été" (ibid., 275). Il est évident que 'Télémaque'
"correspond beaucoup mieux que les poèmes homériques et que l'Enéïde
à la définition rationnelle de l'épopée"[30]. Il répond par son intention pédagogique aux besoins que les Anciens veulent satisfaire par
l'étude des grandes épopées de l'Antiquité et que les Modernes s'ef-
forcent de contenter sur le plan de la civilisation moderne. Peu
importe, pour les partisans de la civilisation moderne, que 'Télémaque' s'élève contre leur conception de la civilisation, puisqu'il s'y
oppose en invoquant cette civilisation même.

L'Antiquité de convention, qui a contribué à transformer 'Télémaque' en satire politique, cause également sa transformation en poème
épique. Terrasson s'est trompé en pensant que 'Télémaque' aurait eu
"quelque avantage de plus [si] le Héros d'un Poëme François [avait
eu] quelque rapport à la France" (ibid., tome 1, 276). L'Antiquité de
convention permet d'une part de voir dans 'Télémaque' un ouvrage qui
concerne la France moderne et permet d'autre part de le faire entrer
dans les catégories de la doctrine classique. Elle "a semblé mettre
en pratique les doctrines de Boileau, mais pour les appliquer dans le
sens des théories des Modernes: notre législateur du Parnasse recom-
mandait la Mythologie et les héros païens pour eux-mêmes; Fénelon ne
les accepte qu'à condition de les transformer; le monde antique sort
de ses ingénieuses mains, tout imprégné de christianisme. - Le 'Télémaque' continue donc la victoire de Perrault"[31].

La morale chrétienne, dont Fénelon projette les exigences dans le
cliché d'une simplicité homérique, rehausse le prestige esthétique de
l'ouvrage moderne. La dimension contestataire du cliché de la simplicité ancienne se muera en charme esthétique dans le registre stylis-

---

28 'Des causes de la corruption du goust', Paris 1714, 69.
29 'Dissertation critique'...cit., vol. I, 274.
30 R. Naves, 'Le goût de Voltaire', Paris 1937, 34. L'auteur anonyme a
   reconnu ce fait en ripostant à Voltaire: "Ce fut sur les régles de
   l'Essai sur le Poëme Epique, que j'établis que le Telemaque est un
   Poëme. Vous comprenez que c'étoit en même-tems battre contre M. de
   Voltaire avec ses propres armes" ('Apologie du Telemaque contre
   les sentimens de Monsieur de Voltaire. Tirés de son Essai sur le
   Poëme Epique', Paris 1736, 7; cet écrit est attribué à Cl. Cappe-
   ronnier).
31 J. Duchesne, 'Histoire des poèmes épiques français du XVIIe
   siècle', Paris 1870, 347.

tique, l'idéal du prince chrétien évoluera vers une description utopique du roi philosophe et de ses maximes de gouvernement. La lecture de 'Télémaque' comme poème de la France absolutiste ne niera pas que la politique de 'Télémaque' ne s'accorde pas aux vues du Roi-Soleil, mais elle intègrera ce désaccord dans la structure littéraire de l'oeuvre. La nature idéale de 'Télémaque' fera dès lors partie du genre littéraire. L'image de 'Télémaque' comme poème de la France moderne rejoindra la perspective de la pédagogie princière, elle retrouvera la vérité de l'intention fénelonienne en modifiant profondément la structure de son oeuvre et la nature de sa pensée.

L''Approbation' que comporte la première édition officiellement autorisée en France rappelle l'enjeu politique de la discussion esthétique sur la forme littéraire de 'Télémaque'. La pièce, datée du premier juin 1716 et signée par De Sacy, comporte un éloge du poème de la France moderne:

> J'ai cru qu'il ne méritoit pas seulement d'être imprimé, mais encore d'être traduit dans toutes les langues que parlent ou qu'entendent les peuples qui aspirent à être heureux. Ce poème épique, quoique en prose, met notre nation en état de n'avoir rien à envier de ce côté-là aux Grecs et aux Romains. (cité d'après l''Introduction' à l'éd. crit. de 'Télémaque', CXV)

La fortune de 'Télémaque' comme poème épique s'inscrit dans la lignée des efforts pour consacrer l'apogée de la civilisation française sous le règne de Louis le Grand. Elle satisfait à l'ambition d'avoir une épopée française qui complète le spectre des chefs-d'oeuvres produits par le siècle de Louis XIV. La France a désormais son épopée, et puisque celle-ci ne peut pas servir de modèle dans le domaine des réussites formelles, on insiste sur la réussite morale de 'Télémaque'[32]. La morale de 'Télémaque' répond tout à fait aux exigences de la poétique du poème épique de l'époque parce qu'elle correspond mieux au système des valeurs du monde moderne que celle d'Homère ou de Virgile.

Trublet avoue la nature politique de l'argument moral et s'excuse de sa "témérité, d'oser toucher à un Ouvrage consacré, par la réputation de plusieurs années, & qui a réüni en sa faveur, les Partisans des Anciens & des Modernes"[33]. Le chroniqueur du 'Mercure' n'apprécie ni les qualités littéraires de 'Télémaque', ni son pastiche des épopées de l'Antiquité, il trouve tout de même le moyen de vanter l'ouvrage comme gloire de la civilisation moderne:

---

32 L'éloge de la morale fénelonienne par De Sacy renvoie au panégyrique de Terrasson, qui constate, à la gloire du règne de Louis le Grand: "Je dis que le don le plus utile que les Muses aient fait aux hommes par opposition particulière à Homere, & laissant bien loin tout Ouvrage de la même espece, c'est Telemaque; car si le bonheur du genre humain pouvoit naître d'un Poëme, il naîtroit de celui-là. Comment est-ce donc que des Auteurs qui ont vû Telemaque peuvent dire, que l'éclipse du Poëme épique a duré & dure encore depuis Virgile" (ibid., tome 1, 277). Le 'Journal de Trévoux' citera ce passage lorsqu'il publie en mai 1717 un compte-rendu de la première édition autorisée de 'Télémaque' (810).

33 'Nouveau Mercure', juin 1717, 109.

Les Poëmes de l'Odyssée & de Telemaque se font tous deux tort, mais d'une manière bien différente; le Poëte Grec gâte un peu le Poëte François, & le Poëte François efface le Poëte Grec. Mais le grand avantage de Mr. de Cambray sur le Chantre d'Illion est du côté de la Morale; avantage cependant, il faut l'avoüer, où la différence des tems qui ont vû naître les deux Poëtes, a beaucoup contribué. Souvent celle d'Homere n'est pas digne d'un honnête Payen, au lieu que celle de Mr. de Fenelon a toute la pureté qu'exige le Christianisme. (ibid., 135-136)

Trublet excuse la faiblesse esthétique de 'Télémaque' parce que la morale de l'oeuvre parle en faveur du monde moderne. Voltaire lui-même, qui s'oppose décidément à l'esthétique littéraire du livre, ne veut pas renoncer au prestige que cet ouvrage apporte au siècle de Louis le Grand[34].

---

34 'Siècle de Louis XIV', dans: 'Oeuvres complètes'...cit., vol. 14, 544. Voltaire nie, dans son 'Essai sur la poésie épique' (1727), à 'Télémaque' le droit de porter le "titre de poëme épique" ('Oeuvres complètes'...cit., tome 8, 361). Ce jugement est contesté par l''Apologie du Telemaque' dont la défense de Fénelon est approuvée par les 'Observations sur les écrits modernes' parce que 'Télémaque' "est un vrai Poëme épique, mais d'une espece particuliere, & inconnuë avant M. de Fénelon ... Cela n'a pas besoin de preuves pour quiconque a lû l'ouvrage, regardé de toutes les Nations comme un chef-d'oeuvre, & traduit dans toutes les Langues. C'est le vrai & le seul Poëme épique de la France" (V, Lettre LXIX, 214).

CONCLUSION: LE DEBAT SUR 'TELEMAQUE' A LA FIN DU SIECLE CLASSIQUE ET SON SUCCES AU SIECLE DES LUMIERES

Il fallait insister dans l'analyse qui précède sur la véritable intention de Fénelon pour pouvoir mettre à nu les ressorts cachés du débat sur 'Télémaque'. La structure de l'ouvrage fénelonien et la cohérence de sa pensée permettent d'expliquer pourquoi les premiers lecteurs éprouvaient de telles difficultés à comprendre l'intention de l'auteur: ils contestaient les présupposés métaphysiques de ses buts pédagogiques et politiques. L'archevêque de Cambrai proposait une solution contestable aux problèmes soulevés par l'évolution de la civilisation française. Il s'efforçait de maintenir la prétention universelle de la morale chrétienne en se plaçant sur le plan du monde moderne. Il provoquait le malentendu parce qu'il osait exprimer le point de vue de la religion sous une forme littéraire. Le mélange du sérieux de la religion avec le divertissant de la littérature était permis, à l'époque, dans la littérature scolaire, mais il était rejeté par l'esthétique littéraire proprement dite. L'évolution de la doctrine littéraire à la fin du siècle classique a rendu méconnaissable cette distinction des deux plans: 'Télémaque' a été conçu en tant qu'écrit instructif, il fut reçu par le grand monde comme une oeuvre littéraire. Ce changement de plan a favorisé le détournement de la pensée exprimée par l'ouvrage.

L'énoncé de 'Télémaque' se prêtait à être ainsi détourné. Dès lors que la forme littéraire obscurcit les bases religieuses de la politique fénelonienne, les partisans des temps modernes peuvent s'approprier l'ouvrage. Et comme Fénelon insère la tradition religieuse dans le domaine du monde moderne et de sa mentalité, les philosophes ont fait de lui un précurseur de leurs propres idées[1]. La coïncidence entre la condamnation des 'Maximes des Saints' et la

---

1 D'Alembert constate à ce propos: "Les mieux écrits de ses Ouvrages, s'ils ne sont pas les mieux raisonnés, sont peut-être ceux qu'il a faits sur le Quiétisme, c'est à dire, sur cet amour désintéressé qu'il exigeoit pour l'Etre Suprême, mais que la Religion désavoue. Pardonnons à cette ame tendre & active d'avoir perdu tant de chaleur & d'éloquence sur un pareil sujet; il y parloit du plaisir d'aimer" ('Eloge de Fénelon', dans: 'Histoire des membres de l'Académie Françoise morts depuis 1700 jusqu'en 1771 pour servir de suite aux éloges imprimés et lus dans les séances publiques de cette Compagnie', tome I, Paris 1787, réimpr. Genève 1970, 296).

publication de 'Télémaque' a fait méconnaître les bases théologiques
des écrits composés pour le duc de Bourgogne. L'enjeu religieux de
'Télémaque' n'est discuté que sur le plan pédagogique.

Pour D'Alembert, la fortune de 'Télémaque' se présente de la
manière suivante: dans une première période, qui va de la publication
de l'ouvrage à la Régence, "la nouveauté du genre, l'intérêt du sujet,
les graces du style, & plus encore la critique indirecte, mais conti-
nuelle d'un Monarque qui n'étoit plus le Dieu de ses Sujets" (ibid.,
301) ont contribué au succès de l'ouvrage. Dans une deuxième période,
caractérisée par "la corruption qu'amena la Régence" (ibid., 301), on
juge 'Télémaque' monotone et on le classe parmi la littérature pour
l'éducation de la jeunesse. L'auteur pense que c'est "rabaisser"
l'ouvrage que de le ranger ainsi parmi les écrits éducatifs. Dans une
troisième période, qui coïncide avec son époque, 'Télémaque' est plus
apprécié:

> Ce Livre a fort augmenté de prix dans notre siecle, qui plus
> éclairé que le précédent sur les vrais principes du bonheur des
> Etats, semble les renfermer dans ces deux mots, agriculture &
> tolérance; il voudroit élever des autels au Citoyen qui a tant
> recommandé la premiere, & à l'Evêque qui a tant pratiqué la
> seconde. (ibid., 301)

D'Alembert substitue la doctrine économique des Physiocrates au renvoi
au monde biblique. La critique morale du luxe se transforme alors en
une controverse sur le système économique. La Cité terrestre, que
'Télémaque' a modelée selon les idéaux de la Cité de Dieu, se transmue
en une utopie philosophique où un idéal économique et philosophique
porte la promesse du bonheur collectif.

'Télémaque' a été lu par l'imagination utopique des Lumières comme
"la représentation globale d'une Cité nouvelle"[2]. Cette lecture a
négligé l'idée de continuité par laquelle les réformes proposées dans
'Télémaque' se distinguent des Etats utopiques inventés par les philosophes. La spiritualité fénelonienne voulait relier les temps héroïques du passé lointain au présent de la France absolutiste. La référence aux moeurs bibliques décrites par Fleury reste sur un plan
historique si l'on accepte la perspective théologique de Fénelon.
Dès que la philosophie morale est substituée à cette perspective,
montrant ainsi le conflit entre le devoir et l'être, les avatars du
monde biblique constituent une "idée-image totalisante et disruptive
d'une société autre, mais aussi et surtout d'une vie sociale meilleure" (Baczko, ibid., 30). La raison philosophique peut réunir, sur
un autre plan que celui adopté par Fénelon, un très grand nombre des
éléments formant le message de 'Télémaque', elle n'arrive pourtant
pas à refaire la synthèse opérée par l'ouvrage.

D'Alembert reproduit au plan de la morale naturelle la prétention
universelle que Fénelon attribue à la morale chrétienne. Il dit des
écrits composés pour le duc de Bourgogne:

> L'Auteur y fait beaucoup moins parler la Religion que la Morale

---

2 B. Baczko, 'Lumières de l'utopie', Paris 1978, 30.

naturelle; non par un principe d'indifférence pour cette Religion
dont il étoit un si digne Ministre, mais par le motif le plus
sage & le plus louable, celui de rendre, s'il le pouvoit, ses
leçons utiles à tous les jeunes Princes de la terre, en leur
parlant un langage qu'ils fussent tous à portée d'entendre;
langage que la Nature apprend à tous les coeurs, & qui d'accord
avec toutes les Religions, est indépendant de celle que les Loix
de chaque Etat peuvent y avoir établie. (ibid., 304)

D'Alembert soutient l'universalisme de la morale fénelonienne au
détriment de la dimension historique de 'Télémaque'. L'Antiquité de
convention ne constitue plus, dans cette perspective, le point de
convergence entre la civilisation primitive et la France moderne. La
peinture d'une félicité utopique devient alors une mise en accusation
du règne du Roi-Soleil.

Dans son 'Eloge', D'Alembert se réfère à Ramsay, qui a transformé
la spiritualité du prince en une philosophie politique. Ramsay a réuni
ses idées dans son 'Essay de Politique où l'on traite de la nécessité, de l'origine, des Droits, des Bornes et des différentes formes
de la Souveraineté. Selon les Principes de l'Auteur de Télémaque' (La
Haye 1719). Cet écrit a été intégré dans les éditions des 'Oeuvres
complètes' de Fénelon d'après la seconde édition intitulée 'Essai
philosophique sur le Gouvernement Civil, où l'on traite de la nécessité, de l'origine, des bornes et des différentes formes de la souve-
rainté. Selon les principes de feu M. François de Salignac de La
Mothe-Fénelon, archevêque-duc de Cambrai' (Londres 1721). Cette deuxième édition de l'ouvrage se distingue sensiblement de la première.
Ramsay explique la politique de Fénelon comme si elle était une
réponse à Locke. Son 'Essai', qu'on cite jusqu'à nos jours pour
expliquer la politique fénelonienne, est "une oeuvre jacobite...
Ramsay revient, contre Locke, à Filmer et à son 'Patriarcha'"[3]. Il
substitue "les notions de tolérance et de famille humaine" (ibid.,
289) au fondement théologique de la politique fénelonienne. Il cède
aux nécessités de la propagande jacobite et à sa préférence personnelle de franc-maçon, mais fait aussi des efforts pour constituer un
discours scientifique, qui décrit les mécanismes de la vie politique.
La notion fénelonienne de loi est alors remplacée par une conception
appropriée aux distinctions des juristes et aux discussions philosophiques de l'époque.

C'est par l'intermédiaire de Ramsay que Montesquieu semble avoir
découvert son goût pour Fénelon[4]. On pourrait s'attendre à une incompatibilité des univers de Montesquieu et de Fénelon, puisque le
premier substitua une réflexion sur la possibilité d'agir dans une
situation politique donnée à la référence au système des valeurs
religieuses[5]. En vérité, Montesquieu se sert de l'oeuvre fénelonienne
tant sur le plan politique que sur celui de l'esthétique littéraire.

---

3 J. Molino, 'L'"Essai philosophique sur le gouvernement civil"'...
   cit., 282.
4 A. Cherel, 'Fénelon au XVIIIe siècle'...cit., 322-323.
5 Cf. W. Kuhfuss, 'Mässigung und Politik. Studien zur politischen
   Sprache und Theorie Montesquieus', München 1975, 66-69.

Quoique Fénelon combatte la conception laïque de l'art de régner, ses idées politiques sont utilisées par ceux qui mettent entre parenthèses la pensée religieuse.

Le succès littéraire de 'Télémaque' a encouragé les auteurs à imiter la structure de l'ouvrage. Cherel a réuni un grand nombre d'ouvrages qu'il considère comme des "imitations" de 'Télémaque'[6]. Ces auteurs ont supposé que Fénelon a innové dans le domaine de la poétique en créant un écrit pédagogique qui permet de discuter les problèmes actuels de la civilisation en insistant sur ce qui la distingue d'une civilisation différente. Ils ont pu, dans ce cas, considérer 'Télémaque' comme un précurseur du roman philosophique.

'Télémaque' est utilisé par la littérature du XVIIIe siècle de deux manières. D'une part, on le prend pour modèle du procédé qui consiste à projeter l'actualité contemporaine dans la description d'une civilisation étrangère. On arrive ainsi à créer les chefs-d'oeuvre de la littérature philosophique des 'Lettres persanes' à 'Candide'. D'autre part, on considère l'Antiquité de convention comme un état de la nature oublié en raison de l'évolution de la civilisation moderne et, ainsi, apparaît le mythe de la civilisation des origines où tout était selon la nature. 'Télémaque' prépare ainsi l'avènement de Rousseau et de Bernardin de Saint-Pierre[7]. Le succès de la 'Nouvelle Héloïse' marquera le déclin de la fortune de 'Télémaque' parmi les auteurs littéraires du siècle des Lumières.

Le succès de 'Télémaque' dans le domaine de l'éducation princière et dans celui de l'éducation scolaire mériterait une étude à part. Signalons seulement qu'il y a au niveau de l'éducation un processus analogue à celui que nous avons relevé au niveau de la théorie politique. L'essor de la pédagogie enfantine permet de transformer la dimension théologique des idées féneloniennes en une dimension pédagogique. Ce que 'Télémaque' présente d'anachronique par sa prétention à maintenir l'universalisme de la morale chrétienne dans le monde politique se transforme alors en une moralité idéale dont le caractère éducatif s'adapte à la spécificité de l'esprit d'un jeune homme. La visée religieuse de l'ouvrage entre alors dans la moralisation de la pédagogie enfantine.

'Télémaque' reste au XVIIIe siècle un point de repère dans l'éducation des Fils de France. Plus tard, le jeune Louis XVI écrira des 'Maximes morales et politiques tirées de Télémaque' (1766)[8]. Ces

---

6 Op. cit., 640-643.
7 Cf. D. Mornet, 'Le sentiment de la nature en France de J.-J. Rousseau à Bernardin de Saint-Pierre. Essai sur les rapports de la littérature et des moeurs', Paris 1907, 139-140.
8 La première édition n'a été tirée qu'à peu d'exemplaires. On peut consulter cet ouvrage dans l'édition: 'Maximes morales et politiques tirées de Télémaque sur la science des rois et le bonheur des peuples, imprimées en 1766 par Louis-Auguste dauphin pour la cour seulement, et réimprimées avec quelques autres maximes de Monseigneur le dauphin père de Louis XVI, qui s'adressent également aux princes destinés à régner', Paris 1814. B. Köpeczi a montré que ce "livre divin" du siècle contribuait à diffuser la doctrine de l'absolutisme éclairé. "Même s'ils n'avaient pas accepté dans les

extraits très libres de l'ouvrage fénelonien auront le même sort que l'original: ils éveilleront le déplaisir de Louis XV et seront vite retirés[9]. Mais le grand public ne se soucie plus du produit né de l'éducation princière, car cette éducation est en train de perdre le statut qu'elle avait au XVIIe siècle.

Dans la deuxième moitié du XVIIIe siècle, les philosophes commencent à miner les bases de l'éducation princière. La naissance de Louis XVI incite à réfléchir sur l'éducation du prince. Le 'Mercure' de décembre 1754 publie un dialogue intitulé 'L'éducation d'un prince' où Marivaux combat l'illusion des rois qui tirent orgueil de leurs prérogatives. Le gouverneur Théophile démontre à son pupille Théodose que "la nature ne connaît pas les nobles"[10]. P. Girault de Coursac a montré, dans son étude sur l'éducation de Louis XVI, que le jeune dauphin doit choisir lui-même les idéaux propagés par 'Télémaque'. Ses maîtres lui vantent les délices de la fainéantise d'un souverain déléguant ses fonctions aux ministres. Même dans l'entourage du futur roi, on n'attend plus le bonheur du peuple et la prospérité de l'Etat de la sagesse du souverain. Rousseau soutient même dans son 'Contrat social' (1762) que l'éducation gâte le futur souverain au lieu de le préparer à ses devoirs[11]. L'admiration de Rousseau pour 'Télémaque' n'empêche pas que sa théorie politique et anthropologique consacre la fin de la carrière de l'ouvrage dans l'éducation princière. L'évolution de la philosophie politique des Lumières rend superflue l'intention du précepteur du duc de Bourgogne. La morale politique de 'Télémaque' entre alors définitivement dans les voies de la pensée révolutionnaire. Robespierre tient Fénelon pour le seul homme politique doué d'une intégrité morale durant le siècle de Louis XIV[12].

---

details l'idéal de l'évêque de Cambrai, les joséphistes et les jacobins hongrois ont été animés par sa conception du salut public" ('La première (?) tentative de traduction en latin des Aventures de Télémaque', dans: 'Revue de littérature comparée' 48 (1974), 103-107).

9 Cf. P. Girault de Coursac, 'L'éducation d'un roi: Louis XVI', Paris 1972, 93, cf. aussi l'étude de D. Gembicki sur "le dernier tenant de l'absolutisme qui essaie d'adapter et de reformuler la doctrine classique de la monarchie absolue" ('De Jacques-Bénigne Bossuet, précepteur du dauphin à Jacob-Nicolas Moreau, historiographe de France: deux jalons du conservatisme religieux sous l'ancien régime', dans: 'Journées Bossuet'...cit., 189): 'Histoire et Politique à la fin de l'ancien régime. Jacob-Nicolas Moreau (1717-1803)', Paris 1979.

10 Marivaux, 'Journaux et oeuvres diverses. Edition complète'. Texte établi ... par F. Deloffre et M. Gilot, Paris 1969, 527.

11 "Tout concourt à priver de justice un homme élevé pour commander aux autres. On prend beaucoup de peine, à ce qu'on dit, pour enseigner aux jeunes princes l'art de régner: il ne paroît pas que cette éducation leur profite. On feroit mieux de commencer par leur enseigner l'art d'obéir. Les plus grands rois qu'ait célébrés l'histoire n'ont point été élevés pour régner; c'est une science qu'on ne possède jamais moins qu'après l'avoir trop apprise, et qu'on acquiert mieux en obéissant qu'en commandant" (éd. Paris 1962, 286).

12 "Parmi ceux qui, au temps dont je parle, se signalèrent dans la carrière des lettres et de la philosophie, un homme, par l'élévation de son âme et par la grandeur de son caractère, se montra digne du ministère de précepteur du genre-humain" (Robespierre, 'Oeuvres', tome X, Paris 1967, 455).

BIBLIOGRAPHIE

1. OEUVRES DE FENELON

FENELON, Oeuvres complètes précédées de son Histoire littéraire par
M^{xxx}, ·Paris-Lille-Besançon, 1848-1852 10 vol. (cit. = chiffre romain pour indiquer le volume suivi d'un chiffre arabe pour indiquer la page)

FENELON, Oeuvres complètes, Paris 1810, 10 vol.

FENELON, Avantures de Telemaque, Fils d'Ulysse, ou suite du quatrième
livre d'Homère. Par Monseigneur François de Salignac de La Mothe
Fenelon, Archevêque Duc de Cambray..., ci-devant Précepteur des
Messeigneurs les Duc de Bourgogne, d'Anjou & de Berry &c. servant
d'instruction à Monseigneur le Duc de Bourgogne. Dernière Edition,
plus ample & plus exacte que les précedentes, La Haye, Adrian
Moetjens, 1701 (contient une préface de l'abbé de La Landelle de
Saint Rémy)

FENELON, Les Avantures de Telemaque, Fils d'Ulysse. Composées par feu
Messire François de Salignac de La Motte Fénelon, Précepteur des
Messeigneurs les Enfans de France; Et depuis Archevêque-Duc de
Cambray, Prince du Saint-Empire. Nouvelle Edition augmentée & corrigée sur le manuscrit original de l'auteur. Avec des Remarques
pour l'intelligence de ce Poëme Allegorique, Amsterdam, Wettstein,
1719

FENELON, Les Avantures de Télémaque. Nouvelle édition publiée avec
une recension complète des manuscrits authentiques, une introduction et des notes par A. Cahen, Paris 1927, 2 vol. (cit.= le
premier chiffre arabe indique le volume, le second la page)

FENELON, Les Avantures de Télémaque. Chronologie et introduction par
J.-L. Goré, Paris 1968

FENELON, Correspondance de Fénelon, texte établi par J. Orcibal, Paris 1972 et suiv., 5 vol parus (cit.= Corr suivi du numéro du vol
et de la page)

FENELON, Lettre à Louis XIV avec une préface de H. Guillemin, Neuchâtel, s. d.

FENELON, Lettre à l'Académie, avec les versions primitives. Edition
critique par E. Caldarini, Genève 1970 (cit. = LA suiv. de la page)

FENELON, Ecrits et lettres politiques publiées sur les manuscrits
autographes par Ch. Urbain, Paris 1920

FENELON, Explication des Maximes des Saints sur la vie intérieure.

Edition critique publiée d'après des documents inédits par A. Cherel, Paris 1911

FENELON, Explication des articles d'Issy, publiée pour la première fois avec une introduction, des notes et des appendices par A. Cherel, Paris 1915

FENELON, Le Gnostique de saint Clément d'Alexandrie, opuscule inédit de Fénelon, publié avec une introduction par le P. P. Dudon, Paris 1930

FENELON, Pages nouvelles pour servir à l'étude des origines du quiétisme avant 1694, publiées par M. Langlois, Paris 1934

2. ECRITS COMPOSES OU PUBLIES AU XVIIe SIECLE TRAITANT DE L'EDUCATION DU PRINCE

Cette bibliographie réunit des oeuvres qu'on peut considérer comme des Miroirs des Princes. Le genre littéraire rassemble au XVIIe siècle trois différents types d'ouvrages: 1. des Miroirs des Princes traitant des devoirs du souverain; ils s'adressent au souverain régnant et au jeune prince. 2. des écrits s'efforçant d'introduire le jeune prince dans les idées politiques. 3. des écrits de théorie pédagogique traitant de l'éducation princière. N'y figurent que des ouvrages composés ou publiés au XVIIe siècle et écrits en français ou dans une des langues connues par les lettrés français de l'époque: latin, espagnol, italien. Les ouvrages écrits en allemand ou en anglais ne sont signalés qu'à condition d'être traduits en français ou en latin.

AEGIDIUS ROMANUS, Aegidii Columnae ... de Regimine principum libri III, per Hieronymum Samaritarium, Romae, apud B. Zannettum, 1607

AGAPET, Préceptes d'Agapetus à Justinian, mis en françois par le Roy très chrestien, Louis treiziesme... en ses leçons ordinaires, Paris, P. Le Court, 1612

AGAPET, Exhortation faicte par Agapete Diacre de la grande Eglise de Constantinople à l'Empereur Iustinian. Traduicte de Grec en François par Hierosme de Benevent..., Paris, Nicolas La Caille, 1612

AGAPET, Les Tablettes royales ou autrement les septante deux preceptes du diacre Agapet, donnez à l'empereur Justinian, tournez du grec en françois par Jean-Baptiste Richard, Paris, A. Champenois, 1614

AGAPET, Agapeti Expositio admonitoria e graeco ad verbum expressa ... Authore Guid. Britonello ... In usum studiosae Iuventutis, Parisiis, Ioannes Libert, 1634

ARNAULD D'ANDILLY, Mémoires pour un souverain, dans: La vérité sur les Arnauld, complétée à l'aide de leur correspondance inédite par Pierre Varin, Paris, Poussielgue-Rusand, 1842, 2 vol.

AVENARIUS, Johannes, Discursus ethico-politicus de virtutibus Principum, Wittebergae, Sumptibus haeredum Selfischianorum, 1628

AVILES, Pedro de, Advertencias de un politico a su Principe, observadas en el feliz govierno del excelentisimo señor D. Antonio Pedro, Alvarez, Osorio, Gomez, D'Avila, y Toledo, Napoles, Por Nouelo de Bonis, 1673

BACOUE, Léon, Delphinus seu de prima principis institutione. Sex libris. Ad clarissimum ducem Monteserium, serenissimi Galliarum

Delphini Praefectum, Parisiis, Jacobus Piget, 1671, autre éd. 1685

BALZAC, Guez de, Le Prince, Paris, T. Du Bray, R. Rocolet, C. Somius, 1631, autres éd. 1632, 1634, 1642, 1660, 1661, 1677, et dans: Oeuvres publiées par Valentin Conrart, Paris 1665, réimpr. Genève, Slatkine, 1971, 2 vol.

BARCLAY, John, L'Argenis. Traduction nouvelle, Paris, Nicolas Buon, 1624

BARTHES, Jean-Jacques, Les Véritez Royales, ou l'Instruction du Prince Chrestien, dedié au Roy, Paris, L. Moreau, 1645

BASILE, Remontrances de Basile, empereur des Romains, à Léon son cher fils & Compagnon à l'Empire, suivies par acrostiche et mises de grec en françois par exprès commandement du très auguste Louis XIII...par le sieur de Fleurance Rivault, Paris, Ant. Estienne, 1612 - autres éd. 1646, 1649

BAUDOIN, Jean, Le Prince parfait, et ses Qualitez les plus eminentes. Avec des Conseils et des Exemples Moraux & Politiques; tirez des Oeuvres de Juste-Lipse, & des plus celebres Autheurs anciens & modernes, qui ont écrit de l'Histoire universelle, Paris, Cardin Besogne, 1650

BELLARMINO, De officio principis Christiani (1619) - Le Monarque par-fait, ou le Devoir d'un prince chrétien composé en latin par Mon-seigneur le card. Bellarmin, et mis en françois par Jean de Lannel, Paris, Sebastian Cramoisy, 1625

BLANCHOT, Pierre, Le Diurnal des Roys, et Conseillers d'Estat. Où sont les Maximes extraictes de l'Escriture. Autrement la Iustice Distributive; partie I, de la Justice de la loy, Lyon, Vincent de Coeursillys, 1635

[BODIN, Jean], Consilia Iohannis Bodini Galli & Fausti Longiani Itali, De principe recte instituendo cum praeceptis cujusdam prin-cipis politicis, quae bene instituendo in imperio observanda. Ex Gallica, Italica & Castellan lingua latine reddita a Johanne Bor-nitio, Vinaviae 1602

BOITET DE FRAUVILLE, Claude, Le Prince des Princes ou l'Art de regner, contenant son instruction aux sciences & à la politique. Contre les Orateurs de ce temps, Paris, Cardin Besogne, 1632

BOSSUET, De institutione Ludovici Delphini Ludovici XIV filii ad Innocentium XI Pontificem Maximum - De l'instruction de Monsei-gneur le Dauphin au Pape Innocent XI (1679), dans: Oeuvres, éd. Lachat, vol. 23, Paris 1864, 1-29

BOSSUET, Politique tirée des propres paroles de l'Ecriture sainte. Ed. critique avec introduction et notes par J. Le Brun, Genève 1967

BOURSAULT, Edme, La véritable étude des souverains. Dedié à Monsei-gneur le Dauphin, Paris, Claude Barbin, 1671

CABOT, Vincent, Les Politiques, Toulouse, Pierre Bosc, 1630

CARAFA, Carlo Maria, Instruttione cristiana per i principi e regnan-ti, cavata dalla Scrittura Sacra di Carlo Carafa ... et, in questa secunda impressione in miglior forma corretta, et accresciuta, Mazzarino, per la Barbera, 1687

CAUSSIN, Nicolas, Regnum Dei seu Dissertationes in libros Regum, in quibus quae ad institutionem principum illustriumque virorum totamque politicen sacram attinent, insigni methodo tractantur, Paris, 1650 - Coloniae Agrippinae, Joannes Kinckius, 1652

CHARLES QUINT, Instructions de l'Empereur Charles V. à Philippe II., roi d'Espagne. Et de Philippe II. au Prince Philippe, son Fils. Mises en François par ...Antoine Teissier...2e Edition. A laquelle on a joint la Métode qu'on a tenüe pour l'éducation des enfans de France, La Haye, Louïs et Henry van Dole, 1700 - 1ère éd. Berlin, R. Roger, 1699

CONTZEN, Adam, Methodus Doctrinae Civilis, seu Abissini Regis Historia, Coloniae Agrippinae, apud Ioannem Kinckium, 1628

CONVERSATION sur le livre de Telemaque entre la R. et le p. R., Cologne, Pierre Marteau, 1703

CORDEMOY, Gerault de, Divers Traitez de Metaphysique, d'Histoire, et de Politique, Paris, Jean Baptiste Coignard, 1691, Des moyens de rendre un Etat heureux, 205-222; Maximes tirées de l'histoire de Charles IX, 229-285

COVARRUBIAS OROSCO, Sebastian de, Emblemas morales, Madrid, L. Sanchez, 1610

DANEAU, Lambert, Aphorismi politici, primo ex variis scriptoribus per Lambertum Danaeum collecti, deinde multis egregiis et memorabilibus exemplis illustrati ... auctore Everardo Bronchorst, Lugduni Batavorum, ex officina J. Marci, 1623 (autres éd., 1612, 1620, 1638, 1652)

DANES, Jean, Toutes les Actions du Regne de Louis XIII. Rapportées au Surnom de Juste, qui luy fut donné. Et qui inspire la Prediction certaine qu'il auroit un Fils Dauphin, longtemps avant sa Naissance, qui a esté celle de Louis le Grand..., s. l., 1643

DANES, Jean, Le Regne de Louys Trezieme donné pour exemple et instruction au Roy son Fils, Paris, Louys Boulanger, 1644

DESMARESTS DE SAINT-SORLIN, Jean, Rosane histoire tirée de celle des Romains et des Perses, Paris, Henry le Gras, 1639

DU BOIS-HUS, Le Prince sçavant, à la Reyne regente, Paris, Pierre Rocolet, 1644

DU BOIS-HUS, Le Prince illustre, Paris, Pierre Rocolet, 1645

DU PEYRAT, Guillaume, Le Daufin ou l'Image d'un Grand Roy. Tirée des proprietez du Daufin, du Ciel et de la Mer, Paris, F. Gueffier, 1605

DU SOUHAIT, Le vray Prince, à tres-vertueux & magnanime Prince Charles Emanuel de Sauoye, Lyon, Thibaud Ancelin, 1599

DU SOUHAIT, Le vray Prince auec son parfaict aage & son heureux fin. Desdié à tres-illustre et magnanime prince monseigneur August Duc de Luneburg, Paris, Gabriel la Marche, 1601

ENRIQUEZ DE VILLEGAS, Diego, El principe en la idea, Madrid, Imprenta Real, 1656

ERASMUS, Desiderius, Principis Christiani Institutio, Lugduni Batavorum, ex officina Ioannis Maire, 1641

ESPAGNET, Jean d', Le Rozier des guerres composé par le feu Roy Louis
    XI. de ce nom: Pour Monseigneur le Dauphin Charles son fils. Mis
    en lumiere sur le manuscrit trouué au Chasteau de Nerac dans le
    cabinet du Roy par le sieur President d'Espagnet...Et ensuite un
    traitté De l'Institution du ieune Prince, fait par ledit sieur
    President d'Espagnet, Paris, Nicolas Buon, 1616

FARET, Nicolas, Des vertus nécessaires à un prince pour bien gouver-
    ner ses sujets, Paris, Toussainct du Bray, 1623

[FERDINAND III, empereur], Princeps in compendio, hoc est puncta
    aliquot compendiosa, quae circa gubernationem Reip. observandae
    videntur, Wiennae, Mattheus Cosmerovius, 1688 (Privilège de 1632)

FERNANDEZ DE OTERO, Jeronimo, El maestro del Principe, Madrid, Vi. de
    Juan Gonzalez, 1633

FIGUEROA, Pedro de, Aviso de pricipes en aphorismos políticos y
    morales meditados en la historia de Saul, primer libro de los
    Reyes desde cap. 8., Madrid, D. Diaz de La Carrera, 1647

FLECHIER, Esprit, Desseins de M. le président de Périgny sur l'ins-
    truction de M. le Dauphin, dans: Oeuvres complètes... Paris,
    Migne, 1856, tome 2, 821-826

FLURENCE-RIVAULT, David de, Le Phoenix d'Achilles en la personne
    duquel est depeint le Precepteur d'un grand Prince, Paris, David
    le Clerc, 1607

FLURANCE-RIVAULT, David de, Discours sur le Dessein de faire entre-
    tenir le Roy par des Hommes Sçavans, Paris, 1610

FOIX, Marc-Antoine, L'Art d'élever un Prince, dédié à Monseigneur le
    duc de Bourgogne, Paris, Vve de Claude Thiboust, 1688

FOIX, Marc-Antoine, L'Art de former l'esprit et le coeur d'un Prince.
    Seconde Edition, Paris, Vve de Claude Thiboust et Pierre Esclassan
    1688

GALLEGO DE LA SERNA, Juan, Opera physica, medica, ethica, quinque
    tractatibus comprehensa - tractatus V liber unicus De optima regis
    institutione secundum Platonis, & Aristotelis decreta, Lugduni,
    Iacobus & Petrus Prist, 1634

GARABY DE LA LUZERNE, Antoine, Sentimens Chrestiens, Politiques et
    Moraux. Maximes d'Estat et de Religion illustrées de paragraphes
    selon l'ordre des quatrains, Caen, Marin Yvon, 1654

GAULTIER, Jacques, Aphorismes ou Sentences dorées extraictes des
    Lettres tant Espagnoles que Latines d'Antoine Peres. Esquelles on
    peut remarquer une tres-belle instruction pour les Roys, Princes &
    subiects, pour les superieurs & inferieux: choses tres-utiles &
    necessaires pour la conservation & augmentation des Royaumes,
    Republiques & toutes Communautez, Paris, Pierre Chevalier, 1602

GERSON, Jean, Opera, Parisiis 1606, vol. II, Tractatus...de conside-
    rationibus quas princeps debet habere, 844-853; vol. IV, De offi-
    cio Paedagogi domini Delphini Franciae, 231-233

GILLET DE LA TESSONERIE, L'Art de Regner ou le Sage Gouverneur,
    tragicomedie, Paris, Toussaint Quinet, 1645 - autre éd. 1648

GODEAU, Antoine, L'Institution du prince chrestien, Paris, Vve. J.

Camusat et P. Le Petit, 1644

GONZALEZ DE SALZEDO, Pedro, Nudricion real, reglas o preceptos de como se ha de educar á los reyes mozos, desde los siete á los catorce años; sacados de la vida y hechos de el santo rey Don Fernando III de Castilla, y formados de las leyes que ordeñó en su vida el rey Alonso, Madrid, B. de Villa-Diego, 1671

GOURNAY, Marie de Jars de, Les Advis ou les Presens de la Damoiselle de Gournay, troisieme edition augmentée, reueuë & corrigée, Paris, Toussainct du Bray 1644 - De l'éducation des Enfans de France, 1-29; - Abrégé d'institution pour le Prince souverain, 176-232

GRACIAN, Baltasar, El Politico D. Fernando el Catholico, que publica Don Vincencio Juan de Lastanosa, Huesca, J. Nogués, 1646 - Réflexions politiques de Baltasar Gracian sur les plus grands princes et particulièrement sur Ferdinand le Catholique, ouvrage traduit de l'espagnol, avec des notes historiques et critiques, par M.D.S.+++ (de Silhouette) S.l. 1730

GUEVARA, Antonio de, L'Horloge des princes, avec l'histoire de Marc-Aurèle, empereur romain, recueilly par don Antoine de Guevara... traduict de castellan en françois par R.-B. Grise...depuis reveu et corrigé par N. de Herberay, Lyon, P. Rigaud, 1608

GURMENDI, Francisco de, Doctrina phisica y moral de Principes... traduzido de Arabigo en Castellano, par Francisco de Gurmendi, Madrid, Andrés de Para, 1615

GURREA, Diego, Arte de enseñar hijos de Príncipes y señores, Lerida, Mauricio Anglada, 1623

GUYON, Louis, Les diverses leçons de Loys Guyon...suivans celles de Pierre Messie et du sieur de Vauprivaz, Lyon, Claude Morillon, 1604 -livre I, chap. 28: Interprétation du dire de Platon que les rois doivent philosopher et les philosophes régner; livre IV, chap. 8: De la différence du Roi et du Tyran; chap. XXIII: Qu'un Prince doit faire bastir de somptueux edifices pour rendre son nom immortel; chap. XXIV: Comment les Princes pourront bastir pour immortaliser leurs noms, sans fouler le peuple

HEROARD, Jean, De l'Institution du Prince, Paris, J. Janon, 1609 - repris dans: Journal de Jean Heroard sur l'enfance et la jeunesse de Louis XIII (1601-1628). Extrait des manuscrits originaux et publié par L. Soulié et Ed. de Barthélemy, tome II, Paris, Firmin-Didot, 1868, 320-392 (trad. lat. 1617)

L'IMAGE du Souverain ou l'illustre portraict des divinitez mortelles: où il est traité de la dignité Royale, de l'ancienne institution des Roys, par qui est-ce qu'ils ont esté eleus, à quelle fin Dieu les a créez, iusques où se peut estendre le legitime pouvoir qu'ils ont sur nous, s'il est permis aux Sujets de iuger des actions de leur Prince, & de quelle reuerance il nous faut user en parlant de leur personne. Contre l'opinion des libertins du siecle, dedié à sa Majesté par P.B.E., Paris 1649

L'INSTITUTION du jeune Prince. Autresfois presentée à Henry le Grand, Roy de France...pour le service de Monseigneur le Daufin. Par

R.L.M., Paris Vve Abel L'Angelier, 1612

ISOCRATE, Le Prince d'Isocrate, ou l'Art de bien regner, adressé à
   Nicole roy de Salamine ... par M. Dubreton, Paris, Ant. de Sommaville - August. Courbé, 1642 (éd. grecque et latine, Paris 1656)

JACQUES PREMIER d'Angleterre, Basilikon doron, ou Présent royal de
   Jaques premier, roy d'Angleterre, Escoce et d'Irlande, au prince
   Henry, son fils, contenant une instruction de bien régner. Traduit
   de l'anglois (Par M. de Villiers Hotman), Paris Guillaume Auvray,
   1603 - 2ème éd. 1604

JOLY, Claude, Recueil de maximes veritables et importantes pour
   l'Institution du Roy. Contre la fausse & pernicieuse Politique du
   Cardinal Mazarin, prétendu Sur-Intendant de l'éducation de Sa
   Majesté, Paris 1652

JOLY, Claude, Codicille d'or ou Petit Recueil tiré de l'Institution
   du Prince Chrétien composée par Erasme, Paris 1665 (autres éd.
   1666, 1667)

JUAN DE SANTA MARIA, Tratado de República y Politica Christiana. Para
   Reyes y Príncipes; y para los que en el gouierno tienen sus veces,
   Madrid, Imprenta Real, 1615 (autres éd. 1617, 1619)

JUAN DE SANTA MARIA, Republique et Politique Chrestienne. Où s'apprend l'ordre et vraye police de Royaumes et Republiques; les
   matieres de Justice et de Gouvernement; les adresses maximes et
   raisons d'Estat; la science de bien regner et gouverner un peuple.
   Et où les sujets apprendront l'obeyssance et service qu'ils doivent à leurs Roys, Princes et Souverains. Traduit de l'Espagnol en
   François par le sieur Du Perier, Paris, Estienne Richer, 1631

KIRCHER, Athanasius, Principis Christiani archetypon politicum,
   Amstelod, J. Jansonius a Waesberge, 1672

KITSCH, Heinrich, Scheda Regia sive I. Commentatio de officiis et
   institutis Principis Agapeti...ad Justinianum... II. M. Aurelii
   Imp. ad Commodum F. Imperii haeredem & Successorem III. Sententiae
   hominis Christiani aphoristica IV. Sententiae Ethico-politicae ex
   Italico Latino civitate donatae, in classes XVI digestae, Princi-
   pibus instituendis conventissimae V. Imp. Rom. Series a Jul.
   Caesare ad Rodolph. II denatum & ejus legitimis votis designatum
   successorem Matthiam I. schematismo peculiari declarata Anno, quo
   Vot IV a Data est Corona Matthiae, ex Chalcographia Zachariae
   Dörfferi

LABBE, Pierre, Educatio regis christiana et politica. Ad eminentissi-
   mum cardinalem Mazarinum, s. 1. - réimprimé dans Elogia sacra,
   Grenoble, P. Charuys 1664

LA FONS, Jacques de, Le Dauphin, Paris, Claude Morel, 1609

LA HOUGETTE, Philippe, dit Pierre, Fortin de, Catéchisme royal, Paris
   1645, autres éd. 1646, 1650, 1656

LAMORMAINI, Gulielmo, Idea Principis Christiani. Ferdinandi II. Roma-
   norum Imperatoris virtutes, Coloniae, Apud Ioannem Kinchium, 1634

LA MOTHE LE VAYER, François de, De l'Instruction de Monseigneur le
   Dauphin, 1640; La Politique du Prince, 1654, dans: Oeuvres, Nou-

velle édition revue et augmentée, Dresde, Michel Groell, 1756-1759, 14 vol.

LANCRE, Pierre de, Le Livre des princes contenant plusieurs notables discours pour l'instruction des roys, empereurs et monarques, Paris, N. Buon, 1617

LE GRAND, Antoine, Scydromedia, seu sermo, quem Alphonsus de la Vida habuit coram Comite de Falmouth de monarchia, Johannes Ziegler, Biblopola, 1680

LEIBNIZ, Gottfried Wilhelm, Projet de l'éducation d'un Prince (1693), publié par G. W. Böhmer, Magazin für Kirchen- und Gelehrten-Geschichte nebst Beiträgen zur Menschenkenntnis überhaupt, Göttingen 1787 1/2 (September/Oktober) 177-199

LEIBNIZ, Gottfried Wilhelm, Cogitata de insigni bonitate et multa sapientia Principi juveni inspiranda..., dans: J. Kvacala, Neue Leibnizsche Fragmente über die Erziehung eines Prinzen, dans: Zeitschrift für Geschichte der Erziehung und des Unterrichts 4 (1914), 79-83

LE MOYNE, Pierre, L'Art de regner, Paris, Sebastien Cramoisy & Sebastien Mabre-Cramoisy, 1665

LIPSIUS, Justus, Dissertatuncula apud principes: item C. Plinii Panegyricus liber Traiano dictus, cum eiusdem Lipsii commentario, Antverpiae, J. Moretus, 1600 (autres éd. 1604, 1613, 1622, 1670, 1671)

LIPSIUS, Justus, Politicorum sive civilis doctrinae libri sex, qui ad principatum maxime spectant, Lugduni Batavorum, Apud Francescum Raphelengium, 1590 (autres éd. 1601, 1610, 1632, 1641, 1674)

LIPSIUS, Justus, Les Politiques ou Doctrine civile de Juste Lipsius, où est principalement traité de ce qui appartient à la principauté, avec le traicté de la constance pour se résoudre à supporter les afflictions politiques, Paris, M. Guillemot, 1602 (autres éd. 1609, 1613)

LOUIS IX, Les Préceptes du roy S. Louys à Philippe III, son fils, pour bien vivre et régner, tirez des histoires de France & des Registres de la Chambre des comptes; avec des discours sur chacun d'iceux de Me A. Theveneau... où sont raportez et interprétez plusieurs Ordonnaces touchant la police, tant spirituelle que temporelle, Paris, J. Petit-Pas, 1627

LOUIS XIV, Mémoires de Louis XIV publiés avec une introduction et des notes par J. Longnon, Paris, Bossard, 1923

LUCA, Giovanni Battista de, Il Principe cristiano pratico, abbozato nell'ozio tusculano autumnale del 1675. Accresciuto, e ridotto a diuersa forma ne' spazij estiui, auanzati alle occupazioni del Quirinale nel 1679, Roma, Stamperia della Reuerenda Camera Apostolica, 1680

MACHIAVEL, Le Prince [traduit par Amelot de La Houssaye], Amsterdam, Wettstein, 1686 (autres éd. 1683, 1684, 1693; autres trad. 1613, 1640, 1664)

MANCINI, Leopold, Viridarium morale Principis christiani e Sacris ac profanis Scriptoribus concinnatum, Monachii, Sumptibus Hermanni a Gelder, 1681

MARIANA, Juan de, De rege et regis institutione, libri III, (1599), Moguntiae, A. Wechelius, 1605 (autre éd. 1611); trad. esp. dans: Obras, vol. II, Madrid 1950, 463-576

MARLIANI, Ambrogio, Theatrum politicum, in quo quid agendum sit a Principe, & quid cavendum accurate praescribitur, Norimbergae, Sumptibus Balthasaris Joachimi & Martini Endterorum, 1684 (autres éd. 1631, 1645, 1659)

MARQUEZ, Juan, El Governador christiano, deducido de las vidas de Moysen y Josue, Salamanca 1612 - L'Homme d'Estat chrestien tiré des vies de Moyse et Josué...traduit d'espagnol en françois par...D. Vivion, Nancy, J. Garnich, 1621, 2 tomes en 1 vol.

MATTHIEU; Pierre de, Histoire de Louis XI., Roy de France et Des choses memorables aduenuës en l'Europe durant vingt & deux années de son règne. Enrichie de plusieurs obseruations qui tiennent lieu de commentaires, divisée en unze livres [suivie de: Maximes, Iugemens et Oberseruations politiques de Philippes de Commines], Paris, Vve de Matthieu Guillemot, 1610 (autres éd. 1620, 1628)

MENARD, Pierre, L'Academie des Princes, où les Roys apprennent l'Art de Regner de la bouche des Roys. Ouvrage tiré de l'Histoire tant ancienne que nouvelle & traduite par P. M., Paris, Cramoisy, 1646

MENDO, Andrés, Principe perfecto y ministros ajustados. Documentos politicos y morales en emblemas, Lyon, H. Boissat, G. Remeus ..., 1661 (autre éd. 1657, 1662)

MENOCHIO, Giovani Stefano, Hieropolitikon sive Institutionis politicae e S. Scripturis depromptae, libri tres, Lyon 1625 - Colonniae Agripinae, Ioannes Kinckius, 1626

MIROIR royal ou fidele portraict du monarque accomply. Tiré au modelle d'un grand Gustave de Suede, Paris 1649

MORELLET, Laurent, Explication historique de ce qu'il y a de plus remarquable dans la Maison Royale de Versailles. Et en celle de Monsieur à Saint-Cloud, Paris, B. C. Nego, 1681

MORELLET, Laurent, Traité de Morale pour l'Education des Princes, tiré des Peintures de la Gallerie de Saint-Cloud, Paris, Jean B. Nego, 1696

MORVAN DE BELLEGARDE, Jean-Baptiste, Les règles de la vie civile avec des traits d'histoire pour former l'esprit d'un jeune prince, 1693 -Oeuvres diverses, tome IV, Paris, Claude Robustel, 1723

MORVAN DE BELLLEGARDE, Jean-Baptiste, Maximes avec des exemples tirez de l'Histoire-sainte et profane, ancienne et moderne, pour l'instruction du Roi. Où l'on donne des Preceptes pour l'Education, & pour former les Moeurs & l'Esprit (1717), Bruxelles, Jean Leonard, 1726, 2 vol.

MUGNIER, Hubert, La veritable politique du Prince chrestien à la confusion des sages du monde, & pour la condamnation des Politiques du siecle, Paris, Sebastian Piquet, 1647

MUT, Vicente, El Príncipe en la guerra y en la paz, copiado de la vida del Emperador Justiniano, Madrid, J. Sanchez, 1640

NATTA, Marcus Antonius, De Principum Doctrina libri novem cum aliis eiusdem generis...[Plutarchi Chaeronsis commentariolum de Principum doctrina, Erasmo Roterdamo interprete - Plutarchi Chaeronsis commentariolum cum Principibus maxime Philosophum disputare debere]. Recensente Zachario Palthenio, Francofurti, ex Officina Zachario-Paltheniana, 1603

NICOLE, Pierre, De l'Education d'un Prince, divisée en trois parties dont la dernière contient divers traitez utiles à tout le monde, Paris, Vve C. Savreux, 1670 (autres éd. 1671, 1677)

NIEREMBERG, Juan Eusebio, Theopoliticus. Secunda pars: De providentia salutis publicae sive cardinibus gerendae reipublicae, Antverpiae, Balthasar Moretus, 1641

NIEREMBERG, Juan Eusebio, Corona virtuosa y virtud coronada, en que se proponen los frutos de la virtud de un principe, juntamente con los heroicos exemplos de virtudes de los emparadores de la casa de Austria, y reyes de España, Madrid, F. Maroto, 1643

NUÑEZ DE CASTRO, Alonso, Seneca impugnado de Seneca, en questiones políticas y morales (1650), Madrid, Pablo de Val, 1661

PATRIZZI, Francesco, De Regno et regis institutione libri ... IX. Opus historiarum ac sententiarum varietate refertum ... denuo ab innumeris ... mendis perpurgatum ... Editio postrema, Argentorati, Impresis L. Zetzneri, 1608

PEREFIXE, Hardouin de, Instituio principis ad Ludovicum XIV Franciae et Navarrae Regum Christianissimum, Paris, Antonius Vitré, 1647

PEREFIXE, Hardouin de, Histoire du Roy Henry le Grand (1650), revuë, corrigée & augmentée, Amsterdam, Elzevier, 1679 (autres éd. Paris 1661, 1662, 1664, 1681)

PHILIPPE III, Les advis du très-puissant Philippe III. Roy d'Espagne, à ses serenissimes enfans. En la presence du Seigneur Duc d'Uceda, du President de Castille, son confesseur, et du Père Simon Royas, Paris, A. Binard, 1621

PIC, Jean, Maximes et reflexions sur l'éducation de la jeunesse où sont renfermez les devoirs des Parens & Precepteurs envers les Enfans. Avec des Maximes & des reflexions particulieres sur l'éducation des Princes, Paris, Vve S. Cramoisy, 1690

PLINE LE JEUNE, Harangue panégyrique de Pline second, pièce d'éloquence la plus accomplie que nous ayons jamais euë, récitée en plein Sénat devant l'empereur Trajan, Paris T. Quinet, 1632 - autre éd. trad. par La Mesnardière 1642; - trad. par Esprit 1677 et 1697

PORCHERON, David (en religion Placide), Maximes pour l'éducation d'un jeune seigneur, avec les instructions de l'empereur Basile pour Léon son fils et l'abrégé de leur vie, Paris, S. Lagromme, 1690

POTIER DE MORAIS, Discours des Divertissemens, Inclinations, & Perfections Royales, Paris, Ecrivain, 1644 (autre éd. intitulé Traitté ...1644)

LE PRINCE ABSOLU, Paris 1617

QUEVEDO Y VILLEGAS, Francisco Gomez de, Politica de Dios, govierno de Christo, tirania de Satanas, escrivelo con las plumas de los Evangelistas, don Francisco de Quevedo Villegas, Barcelona, L. Duran y Y. Argémir, 1626 (autres éd. 1629, 1631, 1655)

REMONTRANCES du Roy Louis XII. au Roy LOUIS XI. sur leur differente façon de regner, Paris 1649

RIBADENEYRA, Pedro de, Traité de la religion que doit suivre le prince chrestien & des vertus qu'il doit avoir pour bien gouverner et conserver son Estat, contre la doctrine de Nicolas Machiavel et des politiques de nostre temps, composé en Espagnol par le R. P. Pierre Ribadeneyra et traduit par le P. Antoine de Balinghem (1595), Douay, Jean Bogart, 1610

RIVET, André, Instruction du Prince Chrestien. Par Dialogues, entre un jeune Prince, & son directeur. Avec une meditation sur la voeu de David au Psaume CI, Leyde, Ian Maire, 1642

RIVET, Frédéric, De l'education des enfans et particulierement de celle des princes. Où il est montré de quelle importance sont les sept premieres années de la vie, Amsterdam, Daniel Elzevier, 1679, 1ère éd. Paris 1654

SAAVEDRA FAJARDO, Idea de un principe politico-christiano representada en cien empresas, Münster 1640 -Symbola christiano-politica; idea principis christiano-politici centum symbolis expressa, Bruxelles, Ioannes Mommartius et Franciscus Vivieni 1649 - Le prince chrestien et politique, traduit de l'espagnol par Jean Rou, Paris, Compagnie des libraires du Palais, 1668, 2 vol. (autres éd. 1669, 1670)

SAAVEDRA FAJARDO, Diego, Obras, Madrid, Biblioteca de Autores Españoles, 1947

SAINT-MAURICE, Robert de, Le Sage politique instruisant son jeune prince de toutes les choses qui le peuvent fortifier dans une belle éducation, Paris, L. Chamhoudry, 1658

SANTES, Johannes, Speculum boni Principis Alphonsus Rex Aragoniae. Hoc est, Dicta et facta Alphonsi Regis Aragoniae. Primum IV. libris confuse descripta ab Antonio Panormita: Sed nunc in certos titulos & canones, maxime Ethicos & Politicos, digesta: Similibus quoque quibusdam, & dissimilibus, ex Aeneae Sylvii commentariis, nec non Chronologia, vita & rerum gestarum eiusdam Alphonsi aucta, Amstelodami, Apud Ludovicum Elzevirium, 1646

SCRIBANUS, Carolus, Politico-Christianus Philippo IV Hispaniarum Regi DD., Antverpiae, apud Martinum Nutium, 1624

SCUDERY, Georges de, Salomon instruisant le Roi, Paris, Augustin Courbé, 1651 (repris dans: Almahide ou l'esclave reine, vol. VIII, Paris 1663, 545-587)

SCUDERY, Georges de, Discours politiques des rois, Paris, Compagnie des libraires du Palais, 1663

SENAULT, Jean, Le monarque ou les devoirs du Souverain (1661), Paris, Pierre Le Petit, 1662

SFORZA PALLAVICINO, Discorso dell'illustrissimo Signor marchese

Sforza Pallavicino poi   Cardinale, Se il Principe debba essere let-
terato, al serenissimo   Ferdinando III Gran Duca di Toscana, dans:
Spicilegium Romanum, tomus   VI, Roma,   typis Collegii Urbani, 1841,
618–640

TALPIN, Jean,   Institution   d'un Prince   Chrestien,   Paris,   Nicolas
Chesneau,   1567 (selon   Joly,   Codicille   d'or,   45   il existe une
édition intitulée La police   Chrestienne   &   l'Institution du Prince
Chrestien, 1608)

THESAURUS POLITICUS: Relationes,   instructiones,   dissertationes,
aliosque de rebus ad   plenam   Imperiorum,   Regnorum,   Provinciarum,
omniumque quae ab iis   dependent cognitionem   pertinentibus Tractatus complectens. Ex Italico   latinus factus opera & studio Gasparis
Ens L., Coloniae, Apud Gerardum Greuenbruch, 1609. 2 vol.

THEVENEAU, Adam, Les Morales de M. A.   Theveneau, où il est traité de
l'institution du   jeune   prince, des   vertus   qui lui sont requises
quand il est prince et   quand   il   est roi...avec un discours de la
vanité du siècle   d'aujourd'hui, Paris, Toussainct du Bray, 1607, 2
parties en 1 vol.

THOMAS D'AQUIN,   Opuscula   theologica et   moralia,   Parisiis,   apud
Societatem Bibliopolarum,   1660, vol.   20, De eruditione principum,
qui in biblioth. Vaticana   repertus, nunc in lucem editus est, 672–
763; De regimine principum apud regem Cypri, 764–842

TOMASI, Tomaso, Il principe   studioso   nato ai servigi del serenissimo
Cosmo, gran principe di Toscana, Venetia, G. B. Sutra, 1643

TONDI, Bonaventura, L'Orologio   de' principi, Napoli, per S. Casteldo,
1682

VARILLAS, Antoine (pseud. le   sieur de   Bonair), La pratique de l'éducation des Princes,   Paris,   Claude   Barbin, 1684 (autres éd. 1685,
1686, 1689, 1691)

VAUQUELIN DES   YVETEAUX,   Nicolas, Institution   du   Prince, Paris, Vve
Patisson, 1604

VAUQUELIN DES   YVETEAUX,   Nicolas, Oeuvres   complètes,   publiées   et
annotées d'après les   manuscrits   originaux et les recueils collec-
tifs de poésie du XVIIe siècle par G. Mongrédien, Paris 1921

VAURE, Claude, L'Estat   chrestien ou Maximes   politiques   tirées de
l'Escriture;   contre   les   faulses   raisons   d'estat, des libertins
politiques   de   ce siècle. Traicté   utile   &   profitable à toutes
sortes de personnes,   notamment aux   empereurs,   roys...et à tous
ceux qui parlent en   public.   Plus un   discours pour la providence
divine contre la pretendue   fortune   que les courtisans et mondains
admettent à son préjudice, Paris, M. Durand, 1626

VERNULZ, Nicolas, Virtutum   Augustissimae Gentis   Austriacae libri
tres. Solis Caesarum,   Regum,   Principumque   Austriacorum exemplis
adornati. Una   cum   Monitis Ethicis Politicisque,   Lovanii,   Typis
Iacobi Zegeri, 1611

[VERVAUX, Johannes],   Monita   paterna Maximiliani, utriusque Bavariae
Ducis... ad Ferdinandum,   utriusque Bavariae Ducem, Filium adhuc
trimulum (1662),   dans: Geschichte   der   Erziehung   der Bayrischen

Wittelsbacher... von F. Schmidt, Berlin, Hofmann, 1892, 101-141

LE VRAY PRINCE et le bon sujet contenant l'unique méthode pour bien gouverner les peuples par les véritables maximes qui doivent accompagner un prince, Paris 1636

XENOPHON, La Cyropaedie ou Histoire de Cyrus. Traduite du Grec de Xenophon par Mr Charpentier, Paris, Antoine de Sommaville, 1659

YVES DE PARIS, L'Agent de Dieu dans le monde, Paris, Denis Thierry, 1656

ZINCGREF, Julius Wilhelm, Emblematum Ethico-Politicorum Centuria. Editio secunda, Francfurti, Johann Ammonius, 1624

3. ECRITS COMPOSES AVANT 1800

ALEMBERT, Jean Le Rond, dit d', Histoire des membres de l'Académie françoise morts depuis 1700 jusqu'en 1771. Pour servir de suite aux Eloges imprimés et lus dans les séances publiques de cette compagnie, Paris 1787, réimpr. Genève 1970

ANDREAE, Johann Valentin, Christianopolis (1619). Originaltext und Übertragung nach D. S. Georgi 1741. Eingeleitet und herausgegeben von R. van Dülmen, Stuttgart 1972

APOLOGIE du Telemaque contre les sentimens de Monsieur de Voltaire. Tirés de son Essai sur le Poëme Epique, Paris, 1736

AUBIGNAC, François Hédelin d', Macarise ou la reine des isles fortunées. Histoire allegorique contenant la Philosophie Morale des Stoïques sous le voile de plusieurs aventures agréables en forme de Roman, Paris 1664

BALZAC, Guez de, Oeuvres divisées en deux tomes publiées par Valentin Conrart, Paris 1665

BANIER, Reflexions sur la Cyro-pedie et sur l'Histoire de Cyrus (30 avril 1725), dans: Mémoires ...de l'Académie Royale des Inscriptions & Belles-Lettres, Amsterdam tome 9, 1731, 1-41

BARANGER, Thomas, Guide fidèle de la vraie gloire présenté à Mgr⸱ le duc de Bourgogne, instruisant ce jeune Prince des choses qu'il doit croire, demander, pratiquer, fréquenter et eviter pour être Roy pendant tous les siecles, Paris 1688

BAUDOIN, Jean, Iconologie, ou, Explication nouuelle de plusieurs Images, Emblemes, et autres Figures Hyerogliphiques des Vertus, des Vices, des Arts, des Sciences, des Causes naturelles, des Humeurs differentes, & des Passions humaines. Oeuure augmentée d'une seconde partie; necessaire à toute sorte d'Esprits, et particulierement à ceux qui aspirent à estre, ou qui sont en effet Orateurs, Poetes, Sculpteurs, Peintres, Ingenieurs, Autheurs de Medailles, de Deuises, de Ballets, & de Poëmes Dramatiques, Tirée des Recherches & Figures de Cesar Ripa, moralisées par J. Baudoin, Paris 1644

BAUDOT DE JULLY, Dialogues entre Messieurs Patru et d'Ablancourt sur les plaisirs, Paris 1701, 2 vol.

BAYLE, Pierre, Oeuvres diverses, La Haye 1727, réimpr. avec une introduction par E. Labrousse, Hildesheim 1968-1970, 4 vol.

BAYLE, Pierre, Dictionnaire historique et critique. Nouvelle édition, augmentée de notes extraites de Chaufepié, Joly, La Monnoie, Leduchat, L.-J. Leclerc, Prosper Marchand etc. publiée par A.-J. Q., Paris 1820-1824, 16 vol.

BEAUVILLIER, Paul de, Pensées intimes du duc P. de Beauvillier...

Publiées, d'après un manuscrit inédit, avec une introduction et des notes par M. Langlois, Paris 1925

BELLUGA, Pedro Juan, Speculum principum, in quo universa imperatorum, regum, principum, rerumpublicarum ac civitatum ... jura ... praesertim regni Aragoniae ... tractantur ex jure canonico, civili, constitutionibus regnum Hispaniae ... una cum additionibus et commentariis D. Camili Borelli, ... Accessere D. Antonii de Fuertes et Biota ... additionibus, Bruxellae 1655

BERULLE, Oeuvres complètes, Paris 1644, 2 vol.

BIBLIOTHEQUE Britannique ou Histoire des ouvrages des savants de la Grande-Bretagne (1733-1747)

BOILEAU-DESPREAUX, Oeuvres complètes. Texte établi et présenté par Ch.-H. Boudhours, Paris 1934-1943, 7 vol.

BORDELON, Laurent, La Belle Education, Paris 1693

BOSSUET, Oeuvres complètes. Ed. par F. Lachat, Paris 1862-1866, 31 vol.

BOSSUET, Correspondance, publiée par Ch. Urbain et E. Levesque, Paris 1909-1925, 25 vol.

BOUHOURS, Dominique, Entretiens d'Ariste et d'Eugène (1671), introduction et notes de R. Radouant, Paris 1920

DUC DE BOURGOGNE, Le duc de Bourgogne et le duc de Beauvillier. Lettres inédites 1700-1708, publiées par le marquis de Vogüé, Paris 1900

BUFFIER, Claude, Cours de Sciences sur des principes nouveaux et simples pour former le langage, l'esprit et le coeur dans l'usage ordinaire de la vie, suivi de Homere en arbitrage, Paris 1732 et 1715, réimpr. Genève 1971

CALLIERES, François de, Histoire poëtique de la guerre nouvellement declarée entre les Anciens et les Modernes, Paris 1688

CAMPANELLA, Tommaso, Monarchia Messiae, Aesii 1633, rist. anast. con due "Discorsi della libertà e della felice suggezione allo Stato ecclesiastico", a cura di L. Firpo, Torino 1960

CAMPANELLA, Tommaso, La Città del Sole. Testo italiano e testo latino a cura di N. Bobbio, Torino 1941

CAMPANELLA, Tommaso, Aforismi politici con sommari e postille inedite integrati dalla rielaboratione latina del De politica e dal Commento di Ugo Grozio. Testi critici, con le varianti dei codici e delle stampe originali, introduzione et note a cura di L. Firpo, Torino 1941

CASTEL DE SAINT-PIERRE, Charles, Ouvrages de Morale et de Politique, Rotterdam 1737

CAUSSIN, Nicolas, La Cour sainte, ou l'institution chrétienne des grands, avec des exemples de ceux qui dans les cours ont fleuri dans la sainteté, Paris 1624

CHAPELAIN, Jean, Opuscules critiques, éd. par A. C. Hunter, Paris 1936

CONTZEN, Adam, Politicorum libri decem, in quibus de perfectae Reipublicae forma, virtutibus et vitiis, institutione civium, legibus, Magistratu ecclesiastico, civili, potentia Reipublicae itemque seditione et bello, ad usum vitamque communem accomodate tractatur, Moguntiae, sumptibus Ioannis Kinckii, 1624

COTIN, Charles, Reflexions sur la conduite du Roy, Paris 1663

COULON, Louis, L'Ulysse françois, ou le Voyage de France, de Flandre et de Savoye, contenant les plus rares curiosités des pays, la situation des villes, les moeurs, ... des habitans, Paris 1643

COUSTEL, Pierre, Traité d'Education Chretienne et Littéraire, propre à inspirer aux Jeunes Gens les sentimens d'une solide piété et à leur donner le gout des Belles-Lettres, Paris 1749, 2 vol.

CRESSOLLES, Louis de, Vacationes Autumnales, sive de perfecta oratoris actione et pronuntiatione libri III, Paris 1620

DACIER, André, La Poetique d'Aristote contenant les Regles les plus exactes pour juger du Poëme Heroïque, & des Pieces de Theatre, la Tragedie & la Comedie. Traduite en françois avec des Remarques critiques sur tout l'Ouvrage par Mr. Dacier, Paris 1692

DACIER, Anne Lefevre, L'Iliade d'Homere, traduite en françois avec des Remarques par Madame Dacier, Paris 1711

DACIER, Anne Lefevre, Des causes de la corruption du goust, Paris 1714

DACIER, Anne Lefevre, L'Odyssée d'Homere traduite en françois avec des Remarques par Mme Dacier, Paris 1716

DAN, Pierre, Le Tresor des Merveilles de la Maison Royale de Fontainebleau, contenant la Description de son Antiquité, de sa Fondation, de ses Bastimens, de ses rares Peintures, Tableaux, Emblemes, & Deuises: de ses Iardins, de ses Fontaines, & autres singularitez qui s'y voyent... Paris 1642

DANCHET, Antoine, Télémaque, tragédie. Fragment des Modernes. Représentée pour la première fois par l'Académie Royale de Musique le 11 novembre 1704, Paris 1704

DESMARESTS DE SAINT-SORLIN, Jean, La verité des Fables ou l'Histoire des Dieux de l'Antiquité, Paris 1648, 2 vol.

DESMARESTS DE SAINT-SORLIN, Jean, La Comparaison de la Langue et de la Poësie Françoise, Auec la Grecque & la Latine. Et des Poëtes Grecs, Latins & François. Et les Amours de Protée et de Physis. Dediez aux beaux Esprits de France, Paris, 1670

DU BOS, Réflexions critiques sur la poésie et la peinture, 3 vol., réimpr. de la septième éd. Paris 1770, Genève 1967

DU CERCEAU, Defense de la Poësie Françoise, dans: Nouveau Mercure, février 1717

DUNOYER, Anne-Marguerite Petit, Lettres historiques et galantes de Madame Dunoyer, contenant différents Histoires, Aventures, Anecdotes curieuses & singulières, tome 1, Londres 1742

DU PLAISIR, Sentiments sur les lettres et sur l'histoire avec des scrupules sur le style. Edition critique avec notes et commentaires par Ph. Hourcade, Genève 1975

ERASMUS, De civilitate morum puerilium, trad. fr. La civilité puérile, précédé d'une notice sur les livres de civilité depuis le XVIe siècle par A. Bonneau, présenté par Ph. Ariès, Paris 1977

FARET, Nicolas, L'Honneste homme ou l'Art de plaire à la cour, publié par M. Magendie, Paris 1925

FAYDIT, Le Telemaque spirituel ou le Roman mystique sur l'amour divin et sur l'amour naturel condamné par N.S.P. le Pape Innocent XII. et par tous les evesques de France dans le livre intitulé Explication des Maximes des Saints, Seconde Lettre à Madame la Marquise de+++, s.l. 1699

FAYDIT, La Telemacomanie, ou la Censure et Critique du Roman intitulé, Les Avantures de Telemaque Fils d'Ulysse, ou suite du quatrième Livre de l'Odyssée d'Homère, Eleuteropole 1700

FILESAC, Jean, De idolatria politica et legitimo principis cultu commentarius, Parisiis 1615

FLEURY, Claude, Discours sur l'Histoire ecclesiastique, Paris 1720

FLEURY, Claude, Opuscules, Nismes 1780-1781, 4 vol.

FLEURY, Claude, Les Moeurs des Israélites. Extraits précédés d'une notice par A. Cherel, Paris 1912

FLEURY, Claude, Dialogues de Claude Fleury sur l'éloquence judiciaire (1664) Si on doit citer dans les Plaidoyers, Paris 1925

FONTENELLE, Oeuvres complètes, éd. par G.-B. Depping, Paris 1818, 3 vol.

FOURMONT, Etienne, Examen pacifique de la querelle de Madame Dacier et de Monsieur de La Motte sur Homere. Avec un Traité sur le Poëme Epique, et la Critique des deux Iliades, et plusieurs autres Poëmes, Paris 1716

FOURNIER DE TONY, Les Nymphes de Dyctyme ou Revolutions de l'Empire Virginal, Paris 1790

FRAGUIER, Qu'il ne peut y avoir de Poëme en Prose, (11 août 1719), dans: Mémoires ...de l'Académie Royale des Inscriptions & Belles-Lettres, Amsterdam tome 8, 1731, 418-436

FRAGUIER, Dissertation sur la Cyropédie de Xénophon, dans: Mémoires ...de l'Académie Royale des Inscriptions et Belles Lettres, Paris tome 2, 1736, 45-63

FRERET, Observations sur la Cyropédie de Xenophon, principalement par rapport à la Géographie, dans: Mémoires ...de l'Académie Royale des Inscriptions & Belles-Lettres, La Haye tome 6, 1734, 340-376

GACON, François, Homere vengé par L.P.S.F., Paris 1715

[GALIMARD, Jean], Philosophie du Prince, ou la veritable Idée de la nouvelle et de l'ancienne philosophie, dédiée à Monseigneur le duc de Bourgogne, Paris 1689

[GALIMARD, Jean], L'Histoire reduite à ses Principes, dediée à Monseigneur le duc de Bourgogne, Paris 1690

GARASSE, François, La doctrine curieuse des beaux esprits de ce temps, ou pretendus tels, contenant plusieurs maximes pernicieuses à l'Estat, à la Religion et aux bonnes Moeurs, combattue et renversée par P. F. Garasse, Paris 1623

GARAU, Francisco, El Sabio instruido de la Naturaleza en cuarenta maximas politicas, y morales illustradas con todo genero de erudizion sacra, y umana, Barcelona 1675

GARZONI, Tomaso, La Piazza universale di tutte le professioni del mondo. Nuovamente ristampata, & porta in luce da Tomaso Garzoni, Venetia 1610

GEDOYN, Nicolas, Oeuvres diverses, Paris 1745

GENEST, Charles-Claude, Dissertations sur la Poësie Pastorale, ou de l'Idylle et de l'Eglogue, Paris 1707

GIBERT, Balthasar, Jugemens des savans sur les auteurs qui ont traité de la Rhétorique, avec un précis de la doctrine de ces auteurs, Paris 1713-1719, 3 vol.

GISBERT, Blaise, L'éloquence chrétienne dans l'idée et dans la pratique, Lyon 1715

GÖLNITZ, Abraham, Ulysses belgico-gallicus, fides tibi dux et Achates per Belgium hispan., Regnum Galliae, Ducat. Sabandiae, Turinum usque Pedemontii metropolim, Lugduni Batavorum 1631

GOMBERVILLE, Marin Leroy de, La doctrine des moeurs, tirée de la philosophie des Stoïques: représentée en cent tableaux et expliquée en cent discours pour l'instruction de la jeunesse, Paris 1646

GRENAILLE, François de, L'honneste Garçon ou l'Art de bien elever la Noblesse à la Vertu, aux Sciences, & à tous les exercices conuenables à sa condition, Paris 1642

GUEUDEVILLE, Critique generale des Avantures de Telemaque, Cologne 1700

GUEUDEVILLE, Critique du premier tome des Avantures de Telemaque, Cologne 1700

GUEUDEVILLE, Critique du second tome des Avantures de Telemaque, Critique de la suite du second tome des Avantures de Telemaque, Cologne 1700

GUEUDEVILLE, Critique de la premiere et seconde suite du tome second des Avantures de Telemaque, Cologne 1700

GUEUDEVILLE, Critique de la suite du second tome des Avantures de Telemaque, Cologne 1700

GUEUDEVILLE, Le Critique ressuscité ou fin de la Critique des Avantures de Telemaque, où l'on voit le veritable Portrait des bons & des mauvais Rois, Cologne 1700

GUION, Jeanne Marie Bouvier de la Mothe, Les opuscules spirituels, Cologne 1720, réimpr. mit einem Vorwort von J. Orcibal, Hildesheim 1978

HEBERT, François, Mémoires du Curé de Versailles François Hébert 1686-1704, publiés avec une introduction par G. Girard, Paris 1927

HISTOIRE des ouvrages des savans, publié par Henri Basnage de Beauval (1687-1709)

HORN, Georgius, Ulysea, sive studiosus peregrinans omnia lustra litora, Lugduni Batavorum 1671

HUET, Pierre-Daniel, Lettre-traité...sur l'origine des romans. Edition du tricentenaire 1669-1969 suivie de La lecture des vieux romans par Jean Chapelain. Ed. crit. par F. Gégou, Paris 1971

HUET, Pierre-Daniel, Demonstratio Evangelica ad serenissimum delphinum, Paris 1679

HUET, Pierre-Daniel, Huetiana ou pensées diverses de M. Huet Evesque d'Avranches, Paris 1722

IRAILH, Augustin Simon, Querelles littéraires ou mémoires pour servir à l'histoire des révolutions de la République des Lettres depuis Homère jusqu'à nos jours, Paris 1761

JOLY, Claude, Avis chrétiens et moraux pour l'institution des enfans, Paris 1675

JOSSET, Pierre, Rhetorice Placida quam Pieris irrigat unda Grandia Facundae referens Praecepta Loquelae Haec etiam Logicae praeludia docta sagacis Strictaque Grammaticae compendia digerit artis, Limoges 1650

JOURNAL de Trévoux ou Mémoires pour servir l'histoire des sciences et des arts, recueillis par l'ordre de S.A.S. Monseigneur le prince souverain de Dombes (1701-1767)

LA BRUYERE, Les Caractères. Préface et notes de G. Mongrédien, Paris 1948

LA FAYE, Abraham de, Miroir des actions vertueuses d'un Jeune Prince, representées en forme de Dialogues, parsemez d'utiles sentences & prouerbes non moins plaisants que recreatifs: composéz pour l'usage des Princes & Ducs de Saxe, Juliers, Cleves & Monts, &c., courtenants à Weimar. Spiegel oder nützliche Gespräche der Tugent und Fürstenmässigen exercitien junger Fürsten und Herrn mit vielen schönen und nützlichen Sprüchen für Augen gestelt und denen Durchleuchtigen Hochgebornen Fürsten und Herrn Hertzogen zu Sachsen/Jülich/Cleff/ und Bergk/ etc. Gebrüdern Weymarischer Lini Sn. G. F. und H. allen achten sampt und sonders zu unterthänigen Gefallen und schuldigen Gehorsam gleichsam nach dem Leben abgebildet und bißhero profitirt durch Abraham De La Fay, Jena 1613

LA HARPE, Eloge de Fénelon, dans: Oeuvres, Paris 1821, tome 4, réimpr. Genève 1968, 73-113

LA MOTTE, Antoine Houdar de, Oeuvres complètes, Paris 1754, 11 vol.

LAMY, Bernard, Nouvelles Reflexions sur l'Art Poëtique. Dans lesquelles en expliquant quelles sont les causes du plaisir que donne la Poësie, & quels sont les fondemens de toutes les Regles de cet Art, on fait connoître en même tems le danger qu'il y a dans la lecture des Poëtes, Paris 1668, réimpr. Genève 1973

LAMY, Bernard, La Rhetorique ou l'Art de parler (1675). Cinquième édition, revûë & augmentée, où l'on ajouté ses Nouvelles Reflexions sur l'Art Poétique, Amsterdam, Vve de Paul Maret, 1712

LE BOSSU, René, Traité du Poëme Epique (1675). Réimpr. de l'éd. La Haye 1714 avec une introduction par V. Kapp, Hamburg 1981

LE BRET, Cardin, De la Souveraineté du Roy, Paris 1632

LE DIEU, Mémoires & Journal sur la vie et les oeuvres de Bossuet publiés pour la première fois d'après les manuscrits autographes et accompagnés d'une introduction et de notes par l'Abbé Guettée, Paris 1856-1857, 4 vol.

LE MOYNE, Pierre, Les Peintures Morales où les Passions sont representées par Tableaux, par Characteres & Questions nouuelles & curieuses, Paris 1640-1643, 2 vol.

LE MOYNE, Pierre, Saint Louys ou la Sainte Couronne Reconquise. Poëme
    Heroïque (1658), Paris 1666
LENGLET-DUFRESNOY, De l'usage des romans où l'on fait voir leur
    utilité et leurs différents caractères avec une bibliothèque des
    romans accompagnée de remarques critiques sur leur choix et leurs
    éditions, Paris 1734, 2 vol.
LONGEPIERRE, Hilaire-Bernard de Requeleyne, Discours sur les anciens,
    Paris 1687
LOUIS XVI, Maximes morales et politiques tirées de Télémaque sur la
    science des rois et le bonheur des peuples, imprimées en 1766 par
    Louis-Auguste dauphin pour la cour seulement, et réimprimées avec
    quelques autres maximes de Monseigneur le dauphin père de Louis
    XVI, qui s'adressent également aux princes destinés à régner,
    Paris 1814
MACHIAVELLI, Niccolò, Opere a cura di M. Bonfantini, Milano-Napoli
    1954
MAINTENON, Madame de, Lettres, publiées par M. Langlois, Paris 1935-
    1939, 4 vol.
MALEBRANCHE, Oeuvres complètes, Paris 1962-1970, 21 vol.
MALFILATRE, Jacques-Charles-Louis de, Le Génie de Virgile ouvrage
    posthume de Malfilâtre, publié d'après les manuscrits autographes
    avec des notes et additions par P. A. Miger, Paris 1810, 4 vol.
MARIVAUX, Journaux et oeuvres diverses. Edition complète. Texte
    établi avec introduction, chronologie, commentaire, bibliographie,
    glossaire et index par F. Deloffre et M. Gilot, Paris 1969
MARTINEAU, Isaac, Recueil des Vertus de Louis de France Duc de Bour-
    gogne et ensuite Dauphin, Paris 1712
MENESTRIER, Claude-François, L'Art des Emblemes où s'enseigne la
    Morale par les Figures de la Fable, de l'Histoire, & de la Nature.
    Ouvrage rempli de près de cent Figures, Paris 1684
MEMOIRES des intendants sur l'état des généralités dressés pour
    l'instruction du duc de Bourgogne. Tome 1. Mémoire de la généra-
    lité de Paris, publié par A. M. de Boislisle, Paris 1881
MERCURE GALANT - Mercure de France (1672-1791)
MERE, Chevalier de, Oeuvres complètes, éd. par Ch.-H. Boudhours,
    Paris 1930, 3 vol.
MOLINIER, Etienne, Panégyrique du roy S. Louys, sur le subject de la
    célébration de sa feste, ordonnée par Nostre S. Père, à la reques-
    te du roy...Louis XIII...avec une oraison en vers au roy sainct
    Louys pour la prospérité du Roy, Paris, R. Griffart, 1618
MOLINIER, Etienne, Les Politiques chrestiennes ou Tableau des vertus
    politiques considérées en l'estat chrestien, Paris, M. Collet, 1621
MONTAIGNE, Essais. Texte établi et annoté par A. Thibaudet, Paris 1950
MORVAN DE BELLEGARDE, Jean-Baptiste, Modeles de conversation pour les
    Personnes Polies, Paris 1697
MORVAN DE BELLEGARDE, Jean-Baptiste, Lettres curieuses de Littérature
    et de Morale, Paris 1702
NANCEL, La souveraineté des rois (poëme épique divisé en trois

livres), s.l. 1610

NAUDE, Gabriel, Bibliographia politica, Paris 1633 - Gasparis Scoppii Paedia politica et Gabrielis Naudaei Bibliographia politica un & ejusdem argumenti alia. Nova editio reliquiis omnibus multum emendatior, cura H. Coringii, Helmstadii 1663

NICOLE, Pierre, Essais de morale, contenus en divers traités sur plusieurs devoirs importants, et instruction théologiques, Paris 1733-1751, réimpr. Genève 1971

NOUVELLES DE LA REPUBLIQUE DES LETTRES (1684-1718)

OBSERVATIONS SUR LES ECRITS MODERNES, publiées par Pierre-François Guyot Desfontaines (1735-1743)

ORLEANS, Elisabeth Charlotte Palatine Duchesse d'Orléans, Correspondance.·. extraite de ses lettres originales déposées aux Archives de Hanovre et de ses lettres publiées par M. L.-W. Holland, Traduction et notes par E. Jaeglé, Deuxième édition, revue et augmentée, Paris 1890, 2 vol.

PASCAL, Oeuvres complètes. Préface, tableau chronologie, note bibliographique, notes, tables de concordance établis par J. Chevalier, Paris 1954

PERRAULT, Charles, Parallele des Anciens et des Modernes en ce qui regarde les Arts et les Sciences, Paris 1688-1697, réimpr. mit einer einleitenden Abhandlung von H. R. Jauss und kunstgeschichtlichen Exkursen von M. Imdahl, München 1964, 4 vol. en 1 tome

PERRAULT, Charles, Les hommes illustres qui ont paru en France pendant ce siecle: avec leurs portraits au naturel, Paris 1697-1700

PHILOSTRATE, Les Images ou Tableaux de platte peinture des deux Philostrates Sophistes Grecs et des Statues de Callistrate. Mis en François par Blaise de Vigenere...enrichis d'Arguments et d'Annotations reueus et corrigez sur l'original par un docte personnage de ce temps en la langue Grecque et representez en taille douce sur chacun d'iceux par Artus Thomas, Paris 1615

PONS, Jean-François de, Oeuvres, Paris 1738 et 1715, réimpr. Genève 1971

PROYART, Vie du Dauphin, Père de Louis XV, Paris 1819, 2 vol.

QUERBEUF, Essai historique sur la personne et les écrits de Fénelon (1810), dans: Fénelon, Oeuvres complètes, Paris 1810, tome 1

RAMSAY, André-Michel, Essay de Politique où l'on traite de la nécessité, de l'origine, des Droits, des Bornes, et des differentes formes de la Souveraineté. Selon les Principes de l'Auteur de Télémaque, La Haye 1719

RAMSAY, André-Michel, Essai philosophique sur le Gouvernement Civil, où l'on traite de la nécessité, de l'origine, des bornes et des différentes formes de la souveraineté. Selon les principes de feu M. François de Salignac de la Mothe-Fénelon, archevêque-duc de Cambrai, Londres 1721

RAMSAY, André-Michel, Histoire de la vie de Mess[r]. François de Salignac de la Motte-Fenelon, Archeveque Duc de Cambray, La Haye 1723

RAPIN, René, Les Comparaisons des grands hommes de l'Antiquité, qui ont le plus excellé dans les belles Lettres, Amsterdam 1693, 3 vol.

RAPIN, René, Les Réflexions sur la poétique de ce temps et sur les ouvrages des poètes anciens et modernes. Edition critique publiée par E. T. Dubois, Genève 1970

REBUFFE, Pierre, Tractati varii, Lugduni 1600

RICHELIEU, Testament politique, éd. par L. André, Paris 1947

RIGORD, Jean-Pierre, Critique d'un livre intitulé la Telemacomanie, Amsterdam 1706

ROBESPIERRE, Oeuvres, tome X, éd. par M. Bouloiseau et A. Souboul, Paris 1967

ROMANCIERS du XVIIe siècle. Textes présentés et annotés par A. Adam, Paris 1958

ROUSSEAU, Du Contrat Social ou Principes du droit publique, Paris 1962

SAINT-SIMON, Mémoires, éd. par A. de Boislisle, Paris, 1881-1928, 43 vol.

SAINT-SIMON, Ecrits inédits publiés sur les manuscrits conservés au dépot des Affaires Etrangères par M. P. Faugère, Paris 1880-1893, 8 vol.

SAINT-SIMON, Projets de gouvernement du duc de Bourgogne dauphin. Mémoire attribué au Duc de Saint-Simon et publié pour la première fois d'après un manuscrit de la Bibliothèque Impériale par M. P. Mesnard, Paris 1860

SALES, François de, Oeuvres de Saint François de Sales... Edition complète d'après les autographes et les éditions originales enrichies de nombreuses pièces inédites, Annecy 1892-1964, 27 vol.

SCUDERY, Georges de, Alaric ou Rome vaincue. Poëme heroïque, Leyde 1654

SENAULT, Jean-François, De l'usage des passions (1644), Paris 1661

SEVIGNE, Madame de, Lettres de Madame de Sévigné, de sa famille et de ses amis, recueillies et annotées par M. Mommerque, Paris, tome 10, 1862

SEYSSEL, Claude de, La Grant monarchie de France (1517), textes établis et présentés par J. Poujol, Paris 1960

TEISSIER, Antoine, Abregé de la Vie de divers Princes illustres, avec des Reflexions sur leur conduite, Amsterdam 1710

TERRASSON, Jean, Dissertation critique sur l'Iliade d'Homere où à l'occasion de ce Poëme on cherche les regles d'une Poëtique fondée sur la raison, & sur les exemples des Anciens & des Modernes, Paris 1715-1716, 2 vol.

THOMASSIN, Louis, La Methode d'étudier et d'enseigner Chrétiennement & solidement les Lettres Humaines par rapport aux Lettres Divines et aux Ecritures. Divisée en six Parties. Dont les trois premieres regardent l'Etude des Poëtes: Et les trois suivantes celle des Historiens, des Philosophes, et des Grammairiens, Paris 1681-1693

TOURNEMINE, René-Joseph, Projet d'un ouvrage sur l'origine des fables, dans: Journal de Trévoux nov.-déc. 1702, 84-111, janv. 1703, 452-464

LES TRIOMPHES de Louis le Juste XIII. du nom Roy de France et de

Navarre. Contenans les plus grandes Actions où sa Majesté s'est trouvé en personne, représentées en Figures Aenigmatiques exposées par un Poëme Héroique de Charles Beys, & accompagnées de vers François sous chaque Figure, composez par P. Corneille. Avec les Portraits des Rois, Princes et Généraux d'Armées, qui ont assisté ou servy ce Belliqueux Louis le Juste Combattant; Et leurs Deuises & Expositions en Formes d'Eloges, par Henri Estienne... Ensemble le Plan des Villes, Sieges et Batailles, avec un Abregé de la Vie de ce Grand Monarque, par René Bary...Le tout traduit en Latin par le R. P. Nicolai...Ouvrage entrepris & fini par Iean Valdor...Le Tout par Commandement de leurs Majestez, Paris 1649

VALENS, Pierre, Telemachus sive de profectu in virtute et sapientia. Ad Serenißimum D.D. Henricum Borbonium Principem Condaeum, Paris 1609

VOLTAIRE, Oeuvres complètes, éd. par L. Moland, Paris 1883-1885, 52 vol.

VUILLART, Germain, Lettres de Germain Vuillart ami de Port-Royal à M. Louis de Préfontaine (1684-1700). Introduction et notes de R. Clark, Genève 1951

YVES DE PARIS, Le Gentilhomme Chrestien, Paris 1666

4. ECRITS COMPOSES APRES 1800

ADAM, Antoine, Histoire de la littérature française au XVIIe siècle, Paris 1948-1957, 5 vol.

ADLER, Alfred, Fénelon's "Télémaque": Intention and Effect, dans: Studies in Philology 55 (1958), 591-602

ALBALAT, Antoine, La question de Télémaque, dans: Revue bleue 1 (1903), 501-503

ALBALAT, Antoine, Le travail du style enseigné par les corrections manuscrites des grands écrivains, Paris ¹³1931

ALBERTINI, Rudolf von, Das politische Denken in Frankreich zur Zeit Richelieus, Marburg 1971

ANTON, Helmut, Gesellschaftsideal und Gesellschaftsmoral im ausgehenden 17. Jahrhundert. Studien zur französischen Moralliteratur im Anschluß an J.-B. Morvan de Bellegarde, Breslau 1935

ARIES, Philippe, L'enfant et la vie familiale sous l'Ancien Régime, Paris 1975 (Coll. Points Histoire)

ASPECTS de l'humanisme Jésuite au début du XVIIe siècle, numéro spécial de la Revue des sciences humaines 158 (1975), 247-293

ATKINSON, Geoffroy, The extraordinary voyage in French literature before 1700, New York 1920

ATKINSON, Geoffroy, Les relations de voyages du XVIIe siècle et l'évolution des idées. Contribution à l'étude de la formation de l'esprit du XVIIe siècle, Paris 1924

AUDIAT, Louis, Fénelon et son Télémaque, dans: Revue de Saintonge et d'Aunis 19 (1899), 236-238

AULOTTE, Robert, L'Institution du Prince selon Antoine Godeau, dans: A. Godeau (1605-1672). De la galanterie à la sainteté. Actes des journées commémoratives Grasse 21-24 avril 1972, publiés par Y. Giraud, Paris 1975

AVERNA, Giuseppe, Le idee politiche e sociali di Fénelon, dans: Rivista di filosofia del diritto 14 (1934), 752-758

BADY, René, L'homme et son "institution" de Montaigne à Bérulle 1580-1625, Paris 1964

BALTHASAR, Hans Urs von, Herrlichkeit. Eine theologische Ästhetik, Einsiedeln 1961-1967, 7 vol.

BARANTE, Baron de, Etudes littéraires et historiques I, Paris 1858

BACZKO, Bronislaw, Lumières de l'utopie, Paris 1978

BARRIERE, P., Fénelon romancier sarladais, dans: Bulletin de la Société historique et archéologique du Périgord 138 (1951), 222-237

BAUSSET, L.-F., Histoire de Fénelon composée sur les manuscrits originaux, seconde édition revue, corrigée et augmentée, Paris 1809, 3 vol.

BELL, Dora M., L'idéal éthique de la royauté en France au Moyen Age, Genève-Paris 1962

BENDER, Karl-Heinz, Revolutionen. Die Entstehung des politischen Revolutionsbegriffs in Frankreich zwischen Mittelalter und Aufklärung, München 1977

BENSIEK, Wolfgang, Die ästhetisch-literarischen Schriften Fénelons und ihr Einfluß in der ersten Hälfte des 18. Jahrhunderts in Deutschland, Phil. Diss. Tübingen 1972

BERGES, Wilhelm, Die Fürstenspiegel des hohen und späten Mittelalters (1938), réimpr. Stuttgart 1952

BERTOLINO, Alberto, La politica economica de Fénelon e il pensiero politico ed economico del suo tempo, dans: Studi senesi 151 (1927), 1-79

BERROUARD, Marie-François - François de Sainte-Marie, Bernard Charles, Enfance spirituelle, dans: Dictionnaire de spiritualité, tome 4, 1, col. 682-714

BIZOS, Gaston, Fénelon éducateur, Paris 1886

BLANC, André, Fonction de la référence mythologique dans le Télémaque, XVIIe siècle 31 (1979), 373-388

BLANC, André, Au dernier livre du "Télémaque". Rencontre du Père ou passage du divin?, dans: Revue d'histoire littéraire de la France 80 (1980), 699-706

BLOCH, Marc, Les rois thaumaturges. Etudes sur le caractère surnaturel attribué à la puissance royale particulièrement en France et en Angleterre, Paris 1961

BLUMENBERG, Hans, Die Legitimität der Neuzeit, Frankfurt 1966

BODIN, Jean. Actes du colloque international Jean Bodin à Munich, hrsg. von H. Denzer, München 1973

BONTEMPS, Claude - Raybaud, Léon-Pierre - Brancourt, Jean-Pierre, Le Prince dans la France des XVIe et XVIIe sicècle, Paris 1965

BORINSKI, Karl, Baltasar Gracian und die Hofliteratur in Deutschland, Halle 1894

BOTS, J. A., André Rivet en zijn positie in de Republiek der Letteren, dans: Tijschrift voor Geschiedenis 84 (1971), 24-35

BOULVE, Léon, De l'hellénisme chez Fénelon, Paris 1897

BOURGOIN, Auguste, Les maîtres de la critique au XVIIe siècle. Chapelain-Saint-Evremond-La Bruyère-Fénelon, Paris 1889

BOZZA, Tommaso, Scritti politici italiani dal 1550 al 1650. Saggi di bibliografia, Roma 1949

BRADLAY, Ritamary, Backgrounds of the title "Speculum" in medieval literature, dans: Speculum 29 (1954), 100-115

BRAY, René, La formation de la doctrine classique en France, Paris 1951

BREUER, Dieter, Adam Contzens Staatsroman. Zur Funktion der Poesie im absolutistischen Staat, dans: Germanisch-romanische Monatsschrift. Beiheft 1, Heidelberg 1979, 77-126

BRISSAUD, Jean, Un libéral au XVIIe siècle, Claude Joly (1607-1700), Paris 1898

BRUN, A., Note sur Fénelon et le Père Daniel, dans: Annales de la
Faculté des Lettres d'Aix 23 (1944), 101-110

BRUNETIERE, Ferdinand, Etudes critiques sur l'histoire de la littérature française, deuxième série, Paris 1913

BUCK, August, Die humanistische Tradition in der Romania, Bad Homburg
v.d.H. 1968

CABANES, Augustin, Moeurs intimes du passé, Paris 1917-1936, 7^e
série: Enfances royales, de Charles V à Louis XIV; 8e série:
Education de princes

CAGNAC, Moïse, Fénelon, études critiques, Paris 1910

CAGNAC, Moïse, Le duc de Bourgogne 1682-1712, Paris 1921

CARADEC, François, Histoire de la littérature enfantine en France,
Paris 1977

CARCASSONNE, Ely, Etat présent des travaux sur Fénelon, Paris 1939

CARCASSONNE, Ely, Fénelon l'homme et l'oeuvre, Paris 1946

CAZENAVE, Gil, L'Image du Prince dans les premiers romans de Charles
Sorel, dans: XVIIe siècle 105 (1974), 19-28

CERTEAU, Michel de, "Mystique" au XVIIe siècle. Le problème du
langage "mystique", dans: L'homme devant Dieu. Mélanges offerts au
P. H. de Lubac, vol. II, Paris 1964, 267-291

CHARTIER, Roger - Julia, Dominique - Compère, Marie-Madeleine,
L'éducation en France du XVIe au XVIIIe siècle, Paris 1976

CHASTEL, André, Fénelon et l'art classique, dans: Bulletin de la
Société historique et archéologique du Périgord 88 (1951), 244-249

CHAUNU, Pierre, La civilisation de l'Europe classique, Paris 1966

CHATEAUBRIAND, Oeuvres complètes, Paris 1826-1831, 28 vol.

CHASSINAUD-NOGARET, Guy, La noblesse au XVIIIe siècle. De la Féoda-
lité aux Lumières, Paris 1976

CHEREL, Albert, L'idée du "naturel" et le sentiment de la nature chez
Fénelon, dans: Revue d'histoire littéraire de la France 18 (1911),
810-826

CHEREL, Albert, Fénelon au XVIIIe siècle en France (1715-1820), Paris
1917

CHEREL, Albert, Ramsay et la "tolérance" de Fénelon, dans: Revue du
dix-huitième siècle 4 (1918), 17-32

CHEREL, Albert, La pédagogie fénelonienne, dans: Revue d'histoire
littéraire de la France 25 (1918), 505-531

CHEREL, Albert, L'anti-machiavélisme de Fénelon et la "conversion" du
roi, dans: Mélanges Dufourq, Paris 1932, 181-193

CHEREL, Albert, Fénelon ou la religion du pur amour, Paris 1934

CHEREL, Albert, La pensée de Machiavel en France, Paris 1935

CHEREL, Albert, La prose poétique française, Paris 1940

CHEROT, Henri, Etude sur la vie et les oeuvres du P. Le Moyne (1602-
1671), Paris 1887

CHEROT, Henri, Trois éducations princières au XVIIe siècle. Le Grand
Condé, son fils le duc d'Enghien, son petit-fils le duc de Bourbon
1630-1684, Paris 1896

CHURCH, William F., Richelieu and Reason of State, Princeton 1972

CLARK, Priscilla P., Leçons du grand siècle: The Aesthetics of Education in Télémaque, dans: Papers on French Seventeenth Century Literature 6 (1976/77), 23-36

CLAYTON, Vista, The Prose Poem in French Literature of the Eighteenth Century, New York 1936

COGNET, Louis, Crépuscule des mystiques. Le conflit Fénelon-Bossuet, Tournai 1958

COHEN, Henri, Guide de l'amateur de livres à gravures du XVIIIe siècle, sixième édition revue, corrigée et considérablement augmentée par Seymour de Ricci, tome 1, Paris 1912

COIRAULT, Yves, Louis XIV destinataire de Fénelon et de Saint-Simon, dans: Spicilegio moderno 10 (1978), 53-67

COLLIGNON, Albert-Christian, Notes historiques, littéraires et bibliographiques sur "l'Argenis" de Jean Barclay, Paris-Nancy 1902

COLLINET, Jean-Pierre, La Fontaine et les problèmes de l'éducation, dans: Le XVIIe siècle et l'éducation, Marseille 1972, 143-152

COMPAYRE, Gabriel, Histoire critique des doctrines de l'éducation en France depuis le seizième siècle, Paris 1879, 2 vol.

CONLON, Pierre M., Prélude au siècle des Lumières en France. Répertoire chronologique de 1680-1715, Genève 1970-1975, 6 vol.

COULET, Henri, Le roman jusqu'à la Révolution, Paris 1967-1968, 2 vol.

COUSIN, Victor, La société française au XVIIe siècle, d'après le Grand Cyrus de Mlle de Scudéry, Paris 1858, 2 vol.

COUTON, Georges, Réapprendre à lire: deux langages de l'allégorie au XVIIe siècle, dans: Cahiers de l'Association internationale des Etudes Françaises 28 (1976), 81-101

CRISTIANESIMO E RAGION DI STATO, Atti del II Congresso Internazionale di Studi Umanisti a cura di E. Castelli, Roma 1953

CRITIQUE et création littéraires en France au XVIIe siècle Paris 4-6 juin 1974, Paris 1977 (=Colloques internationaux du Centre National de la Recherche Scientifique N° 557)

CROUSLE, François Léon, Fénelon et Bossuet. Etudes morales et littéraires, Paris 1894-1895, 2 vol.

CURTIUS, Ernst Robert, Europäische Literatur und lateinisches Mittelalter, Bern 1948

DAINVILLE, François de, L'éducation des Jésuites (XVIe - XVIIIe siècles). Textes réunis et présentés par M.-M. Compère, Paris 1978

DANIELOU, M., Fénelon éducateur, dans: XVIIe siècle 12-14 (1951/52), 181-189

DANIELOU, M., Fénelon et le duc de Bourgogne. Etude d'une éducation, Paris 1955

DARRICAU, R., La spiritualité du prince, dans: XVIIe siècle 62-63 (1964), 78-111

DARRICAU, Raymond, art. Miroirs des Princes, dans: Dictionnaire de spiritualité, vol. 10, Paris 1980, 1303-1312

DARTIGUES, Gaston, Le Traité des Etudes de l'abbé Claude Fleury (1686). Examen historique et critique, Paris 1921

DELAPORTE, Victor, Du merveilleux dans la littérature française sous le règne de Louis XIV, Paris 1891

DELVAL, E., Autour du "Télémaque" de Fénelon, dans: Mémoires de la Société d'Emulation du Cambrai. I. Le Pamphlet d'un pédant La Télémacomanie de Pierre-Valentin Faydit (1640-1709) 84 (1936), 133-215, II. Les libelles d'un ironiste Nicolas Gueudeville (1650-1720) 85(1937), 137-212

DEPRUN, Jean, La philosophie de l'inquiétude en France au XVIIIe siècle, Paris 1979

DERWA, Marcelle, Recherches sur le dialogue didactique des humanistes à Fénelon, Thèse dactylographiée, Liège 1963

DERWA, Marcelle, Les "Dialogues des Morts" de Fénelon dans la tradition du colloque scolaire humaniste, dans: Hommages à Marie Delcourt, Bruxelles 1970, 402-405

DERWA, Marcelle, Un aspect du colloque humaniste: le dialogue à variations, dans: Revue de littérature comparée 48 (1974), 190-202

DESPOIS, Eugène, Des influences royales en littérature I. Louis XIV, dans: Revue des deux mondes 1853 II, 1229-1246

DIAMANT-BERGER, Maurice, Un essai de réhabilitation littéraire. Nouvelles recherches sur le "Rosier des Guerres" du Louis XI, dans: Mercure de France 181 (15 juillet 1925), 513-521

DOLLINGER, Heinz, Kurfürst Maximilian I. von Bayern und Justus Lipsius. Eine Studie zur Staatstheorie eines frühabsolutistischen Fürsten, dans: Archiv für Kulturgeschichte 46 (1964), 227-308

DRUJON, Fernand, Les livres à clef. Etude de bibliographie critique et analytique pour servir à l'histoire littéraire, Paris 1888, 2 vol.

DRUON, Henri, De l'enseignement politique donné par Bossuet et Fénelon précepteurs aux princes, leurs élèves, dans: Mémoires de l'Académie de Stanislas 139 (1888), 5e série, tome 6, 445-494

DRUON, Henri, Histoire de l'éducation des princes dans la maison des Bourbons, Paris 1897, 2 vol.

DRYHURST, James, Evhémère ressuscité: "La vérité des Fables" de Desmarets, dans: Cahiers de l'Association internationale des Etudes Françaises 25 (1973), 281-293

DUBOIS, Claude-Gilbert, La Conception de l'Histoire en France au XVIe siècle (1560-1610), Paris 1979

DUBOIS, Elfrieda, René Rapin l'homme et l'oeuvre, Lille 1972

DUCHENE, Roger, Madame de Sévigné et le style négligé, dans: Oeuvres & Critiques I, 2 (1976), 113-127

DUCHESNE, Julien, Histoire des poèmes épiques français du XVIIe siècle, Paris 1870

DÜLMEN, Richard van, Die Utopie einer christlichen Gesellschaft Johann Valentin Andreae (1586-1654). Teil 1, Stuttgart 1978

DUPRIEZ, Bernard, Fénelon et la Bible. Les origines du mysticisme fénelonien, Paris 1961

ELIAS, Nobert, Die höfische Gesellschaft. Untersuchungen zur Soziologie des Königtums und der höfischen Aristokratie mit einer Einleitung: Soziologie und Geschichtswissenschaft, Darmstadt-Neuwied

1969

ELIAS, Nobert, Über den Prozeß der Zivilisation. Soziogenetische und psychogenetische Untersuchungen, Bern 1969, 2 vol.

ENTRER dans la vie. Naissances et enfances dans la France traditionnelle, présenté par Jacques Gélis, Mireille Laget et Marie-France Morel, Paris 1978

ERLANGER, Philippe, Fénelon et la Révolution française, dans: Revue de Paris 69 (novembre 1962), 78-87

ESMONIN, Edmond, Etudes sur la France des XVIIe et XVIIIe siècles, Paris 1964

L'EUROPE SAVANTE III (juin 1718), 169-214

FABUREAU, H., La Télémacomanie de l'abbé Faydit, dans: Mercure de France 310 (1950), 381-384

FAGUET, Emile, Dix-septième siècle. Etudes littéraires, Paris 1901

FAILE, René, Autour de l'"Examen de conscience pour un roi" de Fénelon, dans: Revue française d'histoire du livre 4 (1974), 177-249

FALCHI, Antonio, Le moderne teorie teocratiche, Milano 1908

FERRARI, Angel, Fernando el Católico en Baltasar Gracián, Madrid 1945

FERTIG, Ludwig, Die Hofmeister. Ein Beitrag zur Geschichte des Lehrerstandes und der bürgerlichen Intelligenz, Stuttgart 1979

FINCH, Robert, The Sixth Sense. Individualism in French Poetry 1686-1760, Toronto 1966

FIRPO, Luigi, Lo stato ideale della Controriforma, Bari 1957

FLANDRIN, Jean-Louis, Familles parenté, maison, sexualité dans l'ancienne société, Paris 1976

FLOECK, Wilfried, Esthétique et théologie. L'influence des auteurs religieux sur la doctrine classique, dans: Papers on French Seventeenth Century Literature 9 (1978), 152-171

FLOQUET, Amable, Bossuet précepteur du Dauphin, fils de Louis XIV, et évêque à la Cour (1670-1682), Paris 1864

FRANCK, Adolphe, Réformateurs et publicistes de l'Europe au XVIIe siècle, Paris 1881, 465-483

FRANÇOIS, Alexis, Les origines lyriques de la phrase moderne. Etude sur la prose cadencée dans la littérature française au dix-huitième siècle, Paris 1929

FRICKE, Dietmar, Die französischen Fassungen der Institutio Principis Christiani des Erasmus von Rotterdam, Genève-Paris 1967

FRICKE, Dietmar, Die pädagogischen Irrfahrten des Telemach: Fénelons Zögling zwischen Venus und Minerva, dans: L. Koch - J. Oelkers (Hrsg.), Bildung, Gesellschaft, Politik. Anton J. Gail zum 70. Geburtstag, Frankfurt 1981, 241-270

FRÜHSORGE, Gotthardt, Der politische Körper. Zum Begriff des Politischen im 17. Jahrhundert und in den Romanen Christian Weises, Stuttgart 1974

FUCHS, Hans-Jürgen, Entfremdung und Narzismus. Semantische Untersuchungen zur Geschichte der "Selbstbezogenheit" als Vorgeschichte von französisch "amour-propre", Stuttgart 1977

FUMAROLI, Marc, La querelle de la moralité du théâtre avant Nicole et

Bossuet, dans: Revue d'histoire littéraire de la France 70 (1970), 1005-1030

FUMAROLI, Marc, Rhétorique et dramaturgie: le statut du personnage dans la tragédie classique, dans: Revue d'histoire du théâtre 3 (1972), 223-250

FUMAROLI, Marc, Réflexions sur quelques frontispices gravés d'ouvrages de rhétorique et d'éloquence (1594-1641), dans: Bulletin de la Société de l'histoire de l'art français (1975), 19-34

FUMAROLI, Marc, Une épopée Jésuite à Limoges, en 1650, dans: Le Limousin au XVIIe siècle (littérature, histoire, histoire religieuse). Actes du colloque de Limoges sous le patronage de la Société d'Etudes du XVIIe siècle 9-10 octobre 1976, numéro spécial de Trames, Limoges 1979, 13-32

FUMAROLI, Marc, L'Age de l'éloquence. Rhétorique et "res literaria" de la Renaissance au seuil de l'époque classique, Genève 1980

GALLINO CARILLO, María Agneles, Los tratados sobre educación de príncipes. Siglos XVI y XVII, Madrid 1948

GALLI-PELLEGRINI, Rosa, Le Prince selon Georges de Scudéry dans les Discours politiques des Rois, dans: XVIIe siècle 33 (1981), 36-51

GALLOUEDEC-GENUYS, Françoise, Le prince selon Fénelon, Paris 1963

GAQUERE, François, La vie et les oeuvres de Claude Fleury (1640-1723), Paris 1925

GEMBICKI, Dieter, Histoire et Politique à la fin de l'ancien régime. Jacob-Nicolas Moreau (1717-1803), Paris 1979

GEMBRUCH, Werner, Reformforderungen in Frankreich um die Wende vom 17. zum 18. Jahrhundert. Ein Beitrag zur Geschichte der Opposition gegen System und Politik Ludwigs XIV., dans: Historische Zeitschrift 209 (1969), 265-317

GENAY, L., Etude morale et littéraire sur le Télémaque, Paris 1876

GENNEP, A. van, Nouvelles recherches sur l'histoire en France de la méthode ethnographique Claude Guichard, Richard Simon, Claude Fleury, dans: Revue de l'histoire des religions 82 (1920), 139-162

GESCHICHTE der Erziehung der Bayrischen Wittelsbacher von den frühesten Zeiten bis 1750. Urkunden nebst geschichtlichem Überblick und Registern von F. Schmidt, Berlin 1899

GILLOT, Hubert, La querelle des Anciens et des Modernes, Paris 1914

GIRAULT DE COURSAC, Pierette, L'éducation d'un roi: Louis XVI, Paris 1972

GORE, Jeanne-Lydie, La notion d'indifférence chez Fénelon, Paris 1956

GORE, Jeanne-Lydie, L'itinéraire de Fénelon: humanisme et spiritualité, Paris 1957

GORE, Jeanne-Lydie, Le Télémaque, périple odysséen ou voyage initiatique, dans: Cahiers de l'Association internationale des Etudes Françaises 15 (1963), 59-78

GORE, Jeanne-Lydie, Néoplatonisme et quiétisme: Fénelon et l'Aréopagite, dans: Revue d'histoire littéraire de la France 69 (1969), 583-602

GORE, Jeanne-Lydie, Fénelon ou du pur amour à la charité, dans:

XVIIe siècle 90/91 (1971), 57-73

GOUBERT, Pierre, Louis XIV et vingt millions de Français, Paris ^{2}1977

GOUHIER, Henri, Fénelon philosophe, Paris 1977

GOUHIER, Henri, Autour du jeune Fénelon, dans: Permanence de la Philosophie. Mélanges offerts à Joseph Moreau, Neuchâtel-Lausanne 1977, 241-249

GOUHIER, Henri, Cartésianisme et Augustinisme au XVIIe siècle, Paris 1978

GOUHIER, Henri, Rousseau et Fénelon, dans: Reappraisels of Rousseau. Studies in honour of R. A. Leigh, Manchester 1980, 279-289

GOULEMOT, Jean-Marie, Discours, histoire et révolutions. Représentations de l'histoire et discours sur les révolutions de l'âge classique aux Lumières, Paris 1975

GOURMONT, Rémy de, Esthétique de la langue française. La déformation – la métaphore – le cliché le vers libre – le vers populaire, 5ème éd. revue, corrigée et augmentée, Paris 1905

GUITTON, Georges, Le Père de La Chaise confesseur de Louis XIV, Paris 1959, 2 vol.

GUSDORF, Georges, Naissance de la conscience romantique au siècle des Lumières, Paris 1976

HADOT, Paul, art. Fürstenspiegel, dans: Reallexikon für Antike und Christentum, vol. 8, Stuttgart 1972, 555-632

HAILLANT, Marguerite, Fénelon et la prédication, Paris 1969

HARTUNG, Fritz, L'Etat c'est moi, dans: Historische Zeitschrift 169 (1949), 1-30

HAUSSONVILLE, Comte d', Le Duc de Bourgogne. I. Naissance et première enfance, dans: Revue des deux mondes 1er février 1897, 524-552; II. L'éducation – Beauvillier et Fénelon, 1er avril 1897, 523-562

HAUSSONVILLE, Comte d', La duchesse de Bourgogne et l'alliance savoyarde sous Louis XIV, Paris 1898-1908, 4 vol.

HAUTECOEUR, Louis, Louis XIV Roi-Soleil, Paris s.d.

HAVENS, George Remington, The Age of Ideas: from Reaction to Revolution in Eighteenth Century France, New York 1955

HAZARD, PAUL, La crise de la conscience européenne, Paris 1935

HENDERSON, G. D., Chevalier Ramsay, London 1952

HENN, Claudia, Simplizität, Naivetät, Einfalt. Studien zur ästhetischen Terminologie in Frankreich und Deutschland 1674-1771, Zürich 1974

HERKOMMER, Hubert, art. Das Buch der Könige alter ê und niuwer ê, dans: Die deutsche Literatur des Mittelalters, vol. 1, Berlin 1978, 1089-1092

HEPP, Noémi, De l'épopée au roman: l'"Odyssée" et "Télémaque", dans: La littérature narrative d'imagination, Paris 1961, 97-110

HEPP, Noémi, Homère en France au XVIIe siècle, Paris 1968

HEPP, Noémi, Deux amis d'Homère au XVIIe siècle. Textes inédits de Paul Pellison et de Claude Fleury, Paris 1970

HEPP, Noémi, Humanisme et cartésianisme: La guerre ou la paix?, dans: Travaux de linguistique et de littérature 13 (1975), 451-461

HEYDENREICH, Titus, Culteranismo und theologische Poetik. Die "Collusiones de letras humanas y divinas" (1637-1644) des Aragoniers Gaspar Buesso de Arnal zur Verteidigung Góngoras, Frankfurt 1977

HILLENAAR, Henk, Fénelon et les Jésuites, La Haye 1967

HILLENAAR, Henk, Fénelon et Pasquier Quesnel, dans: Revue des sciences philosophiques et théologiques 61 (1977), 33-58

HINRICHS, Carl, Zur Selbstauffassung Ludwigs XIV. in seinen Mémoiren, dans: Formen der Selbstdarstellung. Festgabe für F. Neubert, Berlin 1956, 145-160

HINRICHS, Ernst, Fürstenlehre und politisches Handeln im Frankreich Heinrichs IV. Untersuchungen über die politischen Denk- und Handlungsformen im Späthumanismus, Göttingen 1969

HOBERT, Winfried, Fénelon als Denker der politischen und sozialen Reform, Phil. Diss. Braunschweig 1974

HOWARTH, W. D., Life and Letters in France. The Seventeenth Century, London 1965

HUDDE, Hinrich, Fénelons und Maréchals Märchen für Kronprinzen, dans: Bildung und Ausbildung in der Romania, hrsg. von R. Kloepfer, München 1979, vol. 1, 80-95

IJSEWIJN, J., Un poème inédit de François Modius sur l'éducation du prince humaniste, dans: Latomus 25 (1966), 570-583

JACQUIOT, Josèphe, Médailles et jetons de Louis XIV d'après le manuscrit de Londres ADD. 31908, Paris 1968, 2 vol.

JANET, Paul, Fénelon, Paris 1892

JAUSS, Hans Robert, Literaturgeschichte als Provokation, Frankfurt 1973

JEHASSE, Jean, La renaissance de la critique. L'essor de l'humanisme érudit de 1560 à 1614, Saint-Etienne 1976

JEHASSE, Jean, Guez de Balzac et le génie romain 1597-1654, Saint-Etienne 1977

JOPPIN, Gabriel, Fénelon et la mystique du pur amour, Paris 1938

JOURNEES BOSSUET. La Prédication au XVIIe siècle. Actes du Colloque tenu à Dijon les 2, 3, 4 décembre 1977... publiés par Th. Goyet et J.-P. Collinet, Paris 1980

KAPP, Volker, Der Zusammenhang von Poetik der Ekloge und Beurteilung der Zivilisation bei Fontenelle und Houdar de La Motte, dans: Romanische Forschungen 89 (1977), 417-441

KAPP, Volker, L'éloquence du barreau et l'éloquence de la chaire. La critique de la prédication mondaine par La Bruyère et l'analyse des problèmes institutionnels et stylistiques de l'éloquence religieuse par Claude Fleury et Fénelon, dans: Papers on French Seventeenth Century Literature 9 (1978), 173-196

KAPP, Volker, Ergebnisse und Stand der Fénelon-Forschung (1946-1978), dans: Romanistisches Jahrbuch 29 (1978), 100-114

KAPP, Volker, Literaturästhetik und Übersetzungstheorie in Desfontaines' Vorrede zur Vergil-Übersetzung (1743). Ein Beitrag zum Verständnis der Problematik des Übersetzens in der Frühaufklärung, dans: Sprachtheorie und Sprachenpraxis. Festschrift für Henri

Vernay zu seinem 60. Geburtstag, éd. par W. Mair et E. Sallager, Tübingen 1979, 85-110

KAPP, Volker, Rhetorische Theoriebildung im Frankreich des 17. und frühen 18. Jahrhunderts. Methodologische Randbemerkungn mit Nachträgen zu einer Auswahlbibliographie von R. Behrens, dans: Zeitschrift für französische Sprache und Literatur 89 (1979), 195-210

KAPP, Volker, Die Idealisierung der höfischen Welt im klassischen Drama, dans: Französische Literatur in Einzeldarstellungen, hrsg. von P. Brockmeier - H. Wetzel, vol. 1, Stuttgart 1981, 115-175

KAPP, Volker, Die Lebensform der guten Gesellschaft als Problem christlicher Ethik in der französischen Frühaufklärung. Zu Baudot de Jullys "Dialogen über die Vergnügungen" (1701), dans: Trierer Theologische Zeitschrift 90 (1981), 154-164

KIESEL, Helmut, Bei Hof, bei Höll. Untersuchungen zur literarischen Hofkritik von Sebastian Brant bis Friedrich Schiller, Tübingen 1979

KIRCHENHEIM, A. von, Schlaraffia politica. Geschichte der Dichtungen vom besten Staate, Leipzig 1892

KLEINEKE, Wilhelm, Englische Fürstenspiegel vom Policraticus Johanns v. Salisbury bis zu Basilikon doron König Jakobs I., Halle 1937

KÖPECZI, Béla, La première (?) tentative de traduction en latin des Aventures de Télémaque, dans: Revue de littérature comparée 48 (1974), 103-107

KORTUM, Hans, Charles Perrault und Nicolas Boileau. Der Antike-Streit im Zeitalter der klassischen französischen Literatur, Berlin 1966

KRAUS, Johannes - Calvet, Joseph (éd.), Fénelon. Persönlichkeit und Werk. Festschrift zur 300. Wiederkehr seines Geburtstages, Baden-Baden 1953

KRAUSS, Werner - Kortum, Hans, Antike und Moderne in der Literaturdiskussion des 18. Jahrhunderts. Hrsg. und eingeleitet von W. Krauss und H. Kortum, Berlin 1966

KRUEDEMER, Jürgen Freiherr von, Die Rolle des Hofes im Absolutismus, Stuttgart 1973

KUHFUSS, Walter, Mässigung und Politik. Studien zur politischen Sprache und Theorie Montesquieus, München 1975

KUHFUSS, Walter, modération: Die Ideologisierung eines politischen Begriffs im Französischen, dans: Romanische Forschungen 87 (1975), 442-481

KYYRÖ, Kauko, Fénelons Ästhetik und Kritik, Helsinki 1952

LABHARDT, André, Curiositas. Notes sur l'histoire d'un mot et d'une notion, dans: Museum Helveticum 17 (1960), 206-224

LACOUR-GAYET, G., L'éducation politique de Louis XIV, Paris 1898

LAFOND, Jean, La Rochefoucauld, Augustinisme et littérature, Paris 1977

LA FONTAINE VERWEY, H. de, Les caractères de civilité et la propagande religieuse, dans: Bibliothèque d'Humanisme et Renaissance 26 (1964), 7-27

LA FONTAINE VERWEY, H. de, The first "book of etiquette" for children. Erasmus, De civilitate morum puerilium, dans: Quaerendo 1

(1971), 19-30

LA GORCE, Agnès de, Le vrai visage de Fénelon, Paris 1958

LANDOLF, Gottfried, Esthétique de Fénelon, Zürich 1914

LANGLOIS, Marcel, Louis XIV et la cour d'après trois témoins nouveaux: Bélise, Beauvillier, Chamillart, Paris 1926

LANSON, Gustave, L'Art de la prose, Paris 1968

LAVISSE, Ernest, Histoire de France illustrée depuis les Origines jusqu'à la Révolution, tome 7 et 8, Paris 1911

LE BRUN, Jacques, La spiritualité de Bossuet, Paris 1972

LE BRUN, Jacques, Les oeuvres de piété de Fénelon. Critique textuelle et histoire de la spiritualité, dans: Revue des sciences philosophiques et théologiques 61 (1977), 4-18

LE BRUN, Jacques, Bulletin d'histoire de la spiritualité: L'époque moderne, dans: Revue d'histoire de la spiritualité 53 (1977), 165-198

LE BRUN, Jacques, Entre la Perpétuité et la Demonstratio Evangelica, dans: Leibniz à Paris (1672-1676), tome II, La philosophie de Leibniz, Wiesbaden 1978, 1-13

LE BRUN, Jacques, Das Entstehen der historischen Kritik im Bereich der religiösen Wissenschaften im 17. Jahrhundert, dans: Trierer Theologische Zeitschrift 89 (1980), 100-117

LE BRUN, Jacques, Critique des abus et signifiance des pratiques (La controverse Leibniz-Bossuet), dans: Theoria cum praxi. Zum Verhältnis von Theorie und Praxis im 17. und 18. Jahrhundert, vol. III, Wiesbaden 1980, 247-257

LEINER, Wolfgang, Der Widmungsbrief in der französischen Literatur (1580-1715), Heidelberg 1965

LEINER, Wolfgang, Projets et travaux en cours, dans: Actes du 8ème Colloque de Marseille (janvier 1978), Marseille 1979, 259-262 (=C.M.R.17)

LEVRON, Jacques, La vie quotidienne à la cour de Versailles aux XVIIe et XVIIIe siècles, Paris 1972

LITMAN, Théodore A., Le sublime en France (1660-1714), Paris 1971

LIZERAND, Georges, Le duc de Beauvillier (1648-1714), Paris 1933

LOMBARD, Alfred, Fénelon et le retour à l'antique au XVIIIe siècle, Neuchâtel 1954

MAGNE, Bernard, Crise de la littérature française sous Louis XIV: humanisme et nationalisme, Paris 1976

MALE, Emile, La clef des allégories peintes et sculptées au XVIIe et au XVIIIe siècle, dans: Revue des deux mondes 39 (1er mai 1927), 106-129, et (15 mai 1927), 375-394

MALETTKE, Klaus, Opposition und Konspiration unter Ludwig XIV. Studien zu Kritik und Widerstand gegen System und Politik des französischen Königs während der ersten Hälfte seiner persönlichen Regierung, Göttingen 1976

MANDROU, Robert, Louis XIV et son temps 1661-1715, Paris 1973

MARAVALL, José-Antonio, La philosophie politique espagnole au XVIIe siècle dans ses rapports avec l'esprit de la Contre-Réforme, Paris

1955

MARMIER, Jean, Horace en France au dix-septième siècle, Paris 1962

MARTIN, Henri Gérard, Fénelon en Hollande, Amsterdam 1927

MARTIN, Henri-Jean, Livres, pouvoir et société à Paris au XVIIᵉ siècle, Genève 1969

MAUGAIN, Gabriel, Documenti bibliografici e critici per la storia della fortuna del Fénelon in Italia, Paris 1910

MESSERSCHMIDT, Ludwig, Über französisch "bel esprit". Eine wortge-schichtliche Studie, Giessen 1922

METHIVIER, Hubert, La France de Louis XIV. Un grand règne?, Paris 1975

MEUVRET, Jean, Le problème des subsistances à l'époque de Louis XIV. La production des céréales dans la France du XVIIᵉ et XVIIIᵉ siècle, Paris - La Haye 1977, 2 vol.

MEYER, Jean, Noblesses et pouvoirs dans l'Europe d'Ancien Régime, Paris 1973

MEYER, Jean, Le XVIIᵉ siècle et sa place dans l'évolution à long ter-me, dans: XVIIᵉ siècle 106-107 (1975), 23-58

MOHR, Eva, Fénelon und der Staat, Bern-Frankfurt 1971

MOLINO, Jean, L'"Essai philosophique sur le gouvernement civil" Ramsay ou Fénelon? dans: La Régence, Paris 1970, 276-293

MONGREDIEN, Georges, Etudes sur la vie et l'oeuvre de Nicolas Vauque-lin, Seigneur des Yveteaux, précepteur de Louis XIII, Paris 1921

MOREAU, Pierre-François, Les racines de la loi: Fénelon et l'utopie, dans: Revue des sciences philosophiques et théologiques 61 (1977), 84-86

MORNET, Daniel, Le sentiment de la nature en France de J.-J. Rousseau à Bernardin de Saint-Pierre. Essai sur les rapports de la litté-rature et des moeurs, Paris 1907

MOUSNIER, Roland, Les idées politiques de Fénelon, dans: XVIIᵉ siècle 12-14 (1951/52), 190-206

MOUSNIER, Roland, Les Institutions de la France sous la monarchie absolue, tome 1, Paris 1974; tome 2, Paris 1980

MOUSNIER, Roland, Qui a été Louis XIV, dans: Mélanges Mongrédien, Paris 1974, 37-61

MULAGK, Karl-Heinz, Phänomene des politischen Menschen im 17. Jahr-hundert. Propädeutische Studien zum Werk Lohensteins unter be-sonderer Berücksichtigung Diego Saavedra Fajardos und Balthasar Graciáns, Berlin 1973

MÜNCH, Wilhelm, Die Theorie der Fürstenerziehung im Wandel der Jahr-hunderte, dans: Mitteilungen der Gesellschaft für deutsche Erzie-hungs- und Schulgeschichte 18 (1908), 249-264

MÜNCH, Wilhelm, Gedanken über Fürstenerziehung aus alter und neuer Zeit, München 1909

MURILLO FERROL, Francisco, Saavedra Fajardo e la política del barro-co, Madrid 1957

NAERT, Emilienne, Leibniz et la querelle du pur amour, Paris 1959

NAVES, Raymond, Le goût de Voltaire, Paris 1937

NIES, Fritz, Gattungspoetik und Publikumsstruktur. Zur Geschichte der

Sévignébriefe, München 1972

NIES, Fritz, Genres mineurs. Texte zur Theorie und Geschichte nicht-kanonisierter Literatur (vom 16. Jahrhundert bis zur Gegenwart) hrsg. und kommentiert von Fritz Nies unter Mitarbeit von Jürgen Rehbein, München 1978

NISARD, Désiré, Histoire de la littérature française, tome 3, Paris ⁴1867, 383-407

OESTREICH, Gerhard, Justus Lipsius als Theoretiker des neuzeitlichen Machtstaates, dans: Historische Zeitschrift 181 (1956), 31-78

ORCIBAL, Jean, Le procès des "Maximes des Saints" devant le Saint Office, dans: Archivio italiano per la storia della pietà, tome 5, Roma 1968

ORCIBAL, Jean, Fénelon sur l'Aréopage et à Pathmos. Problèmes de méthode, dans: Revue d'histoire littéraire de la France 69 (1969), 430-450

OSTERLOH, Richard, Fénelon und die Anfänge der literarischen Opposition gegen das politische System Ludwigs XIV, Phil. Diss. Göttingen 1913

PACAUT, Marcel, La théocratie. L'Eglise et le pouvoir au Moyen Age, Paris 1957

PATRICK, J. Max, Scydromedia, a Forgotten Utopia of the Seventeenth Century, dans: Philological Quaterly 23 (1944), 273-282

PETERMANN, Bruno, Der Streit um Vers und Prosa in der französischen Literatur des XVIII. Jahrhunderts, Halle 1913

PINTARD, René, Le libertinage érudit dans la première moitié du XVIIᵉ siècle, Paris 1943, 2 vol.

PIRE, G., Fénelon et Rousseau, du Télémaque à l'Emile, dans: Les Etudes classiques 23 (1955), 288-309

PIZZORUSSO, Arnaldo, La poetica di Fénelon, Milano 1959

POISSON, Georges, Monsieur de Saint-Simon, Paris 1973

POULET, Georges, Fénelon et le temps, dans: Nouvelle Revue française N. S. 2 (1954), 624-644

PROSDOLINI, Luigi, Il progetto di "Riforma dei Principi" al concilio di Trento, dans: Aevum 13 (1939), 1-64

PRYS, Joseph, Der Staatsroman des 16. und 17. Jahrhunderts und sein Erziehungsideal, Würzburg 1913

RAYMOND, Marcel, Fénelon, Paris 1967

REDONDO, Augustin, Antonio de Guevara (1480?-1545) et l'Espagne de son temps. De la carrière officielle aux oeuvres politico-morales, Genève 1976

RICHTER, Julius, Das Erziehungswesen am Hofe der Wettiner Albertinischer (Haupt-)Linie, Berlin 1913

ROBINET, André, Gloire et simplicité dans l'utopie fénelonienne, dans: Revue des sciences philosophiques et théologiques 61 (1977), 65-83

RODIS-LEWIS, Geneviève, Un théoricien du langage au XVIIᵉ siècle: le P. B. Lamy, dans: Le Français Moderne 36 (1968), 19-50

ROTHKRUG, Lionel, Opposition to Louis XIV. The Political and Social

Origins of the French Enlightenment, Princeton 1965

ROWEN, Herbert H., "L'Etat c'est moi": Louis XIV and the State, dans: French Historical Studies 2 (1961-1962), 83-98

SACY, Silvestre de, Variétés littéraires morales et historiques, Paris [2]1859, 2 vol.

SAINT-GERMAIN, Jacques, La vie quotidienne en France à la fin du grand siècle d'après les archives, en partie inédites, du lieutenant général de police Marc-René d'Argenson, Paris 1965

SALLWÜRK, E. von, Fénelon und die Literatur der weiblichen Bildung in Frankreich von Claude Fleury bis Frau Necker de Saussure, Langensalza 1886

SCHLOBACH, Jochen, Zyklentheorie und Epochenmetaphorik. Studien zur bildlichen Sprache der Geschichtsreflexion in Frankreich von der Renaissance bis zur Frühaufklärung, München 1980

SCHLUMBOHM, Christa, De la Magnificence et de la Magnanimité. Zur Verherrlichung Ludwigs XIV. in Literatur und bildender Kunst, dans: Romanistisches Jahrbuch 30 (1979), 83-99

SCHMID, Karl Friedrich, John Barclays Argenis. I. Ausgaben der Argenis, ihrer Fortsetzungen und Übersetzungen, Berlin-Leipzig 1904

SCHMITTLEIN, Raymond, L'aspect politique du différend Bossuet - Fénelon, Bade 1954

SCHNEIDER, Gerhard, Der Libertin: zur Geistes- und Sozialgeschichte des Bürgertums im 16. und 17. Jahrhundert, Stuttgart 1970

SCHNEIDERS, Werner, Sozietätspläne und Sozialutopie bei Leibniz, dans: Studia Leibnitiana VII, 1 (1975), 58-80

SCHNEIDERS, Werner, Republica optima. Zur metaphysischen und moralischen Fundierung der Politik bei Leibniz, dans: Studia Leibnitiana IX, 1 (1977), 1-26

SCHRADER, Ludwig, Odysseus im Siglo de Oro. Zur mythologischen Allegorie im Theater Calderóns und seiner Zeitgenossen, dans: Spanische Literatur im Goldenen Zeitalter. Fritz Schalk zum 70. Geburtstag, hrsg. von H. Baader und E. Loos, Frankfurt 1973, 401-439

SCHÜTZ, Hermann. Fénelon's Abenteuer des Telemach literarhistorisch und kritisch dargestellt, Minden 1868

SCHULZ-BUSCHHAUS, Ulrich, Honnête Homme und Poeta doctus. Zum Verhältnis von Boileaus und Menzinis poetologischen Lehrgedichten, dans: Arcadia 9 (1974), 113-133

SEE, Henri, Les idées politiques de Fénelon, dans: Revue d'histoire moderne et contemporaine 1 (1899-1900), 545-565

SELLIER, Philippe, Pascal et saint Augustin, Paris 1970

SELLIERE, Ernest, Mme Guyon et Fénelon précurseurs de Rousseau, Paris 1918

SEILS, Ernst-Albert, Die Staatslehre des Jesuiten Adam Contzen, Beichtvater Kurfürst Maximilian I. von Bayern, Lübeck-Hamburg 1968

SKALWEIT, Stephan, Das Herrscherbild des 17. Jahrhunderts, dans: Historische Zeitschrift 184 (1957), 65-80

SMITH, Pauline M., The Anticourtier Trend in Sixteenth Century French Literature, Genève 1966

SNYDERS, Georges, La pédagogie en France aux XVIIe et XVIIIe siècles, Paris 1965

SOMBART, Werner, Liebe, Luxus und Kapitalismus, München 1967

SOMMERVOGEL, Carlos, Bibliothèque de la Compagnie de Jésus.... Nouvelle édition.... 12 vol., 1919-1930, réimpr. Louvain 1960

SONNINO, Paul, The Dating and Authorship of Louis XIV's Mémoires, dans: French Historical Studies 3 (1964), 303-337

SORIANO, Marc, Guide de littérature pour la jeunesse. Courants, problèmes, choix d'auteurs, Paris 1975

SPAEMANN, Robert, Reflexion und Spontaneität. Studien über Fénelon, Stuttgart 1963

SPECHT, Rainer, Innovation und Folgelast. Beispiele aus der neueren Philosophie- und Wissenschaftsgeschichte, Stuttgart 1972

SPITZER, Leo, Classical and Christian Ideas of World Harmony, ed. by A. Granville Hatcher, 1963, trad. it., Bologna 1967

STANFORD, W. B., On some References to Ulysses in French Literature from Du Bellay to Fénelon, dans: Studies in Philology 50 (1953), 446-456

STANFORD, William Bedell, The Ulysses Theme. A Study in Adaptability of a Traditional Hero, Oxford 1954

STACKELBERG, Jürgen von, Tacitus in der Romania. Studien zur literarischen Rezeption des Tacitus in Italien und Frankreich, Tübingen 1960

STENDHAL, Oeuvres complètes, éd. par Henri Martineau, Paris 1927-1938, 54 vol.

STROSETZKI, Christoph, Konversation. Ein Kapitel gesellschaftlicher und literarischer Pragmatik im Frankreich des 17. Jahrhunderts, Frankfurt 1978

STÜBEL, Bruno, Die Instructionen Carls V. für Philipp II., dans: Mitteilungen des Instituts für österreichische Geschichtsforschung 23 (1902), 611-638

SUTCLIFFE, F. E., Guez de Balzac et son temps. Littérature et politique, Paris 1959

TAVARD, Georges, La tradition au XVIIe siècle en France et en Angleterre, Paris 1969

THIREAU, Jean-Louis, Les idées politiques de Louis XIV, Paris 1973

THUAU, Etienne, Raison d'Etat et pensée politique à l'époque de Richelieu, Paris 1966

THUILLIER, Guy, Economie et Administration au grand siècle: L'Abbé Claude Fleury, dans: Revue administrative 58 (1957), 348-357

THUILLIER, Guy, Comment les Français voyaient l'administration au XVIIe siècle: Le "Droit Public de France de l'abbé Claude Fleury", dans: Revue administrative 103 (1965), 20-25

TIETZ, Manfred, Religiöse Literatur für Laien. Ein Vermittlungsproblem - Kontroverspredigt, Andachtsbuch, Traktat und Roman bei saint François de Sales und Jean-Pierre Camus, dans: Jahrbuch für salesianische Studien 16 (1980), 47-64

TOCANNE, Bernard, L'idée de nature en France dans la seconde moitié du XVIIe siècle. Contribution à l'histoire de la pensée classique, Paris 1978

TOINET, Raymond, Les Ecrivains moralistes au XVIIe siècle. Essai d'une table alphabétique des ouvrages publiés pendant le siècle de Louis XIV, 1638-1715, dans: Revue d'histoire littéraire de la France 23 (1916), 570-610; 24 (1917), 296-306, 656-675; 25 (1918), 310-320, 655-675; 25 (1918), 310-320, 655-671; 33 (1926), 395-407

TRECA, Georges, Les doctrines et les réformes de droit public en réaction contre l'absolutisme de Louis XIV dans l'entourage du duc de Bourgogne, Paris 1909

TRENARD, Louis, Les Mémoires des intendants pour l'instruction du Duc de Bourgogne. Introduction générale, Paris 1975

TRICENTENAIRE de la naissance de Fénelon, numéro spécial de la Revue XVIIe siècle, 12-14 (1951/52)

TROUSSON, Raymond, Voyages au pays de nulle part. Histoire littéraire de la pensée utopique, Bruxelles 1975

TRUC, Gonzague, Educations de princes, Paris 1947

TRUCHET, Jacques, La prédication de Bossuet. Etude de thèmes, Paris 1960, 2 vol.

TRUCHET, Jacques, Politique de Bossuet, Paris 1966

TYVAERT, Michel, L'image du roi: légitimité et moralité royales dans les histoires de France au XVIIe siècle, dans: Revue d'histoire moderne et contemporaine 21 (1974), 521-547

UHLIG, Claus, Hofkritik im England des Mittelalters und der Renaissance. Studien zu einem Gemeinplatz der europäischen Moralistik, Berlin 1973

LES VALEURS chez les Mémorialistes français du XVIIe siècle avant la Fronde. Actes publiés par N. Hepp et J. Hennequin, Paris 1979

VAN WIJNGAARDEN, Nicolaas, Les Odyssées philosophiques en France entre 1616 et 1789, Haarlem 1932

VARILLON, François, Fénelon, Oeuvres spirituelles. Introduction et choix de textes, Paris 1954

VARILLON, François, Fénelon et le pur amour, Paris 1957

VIERHAUS, Rudolf, Absolutismus, dans: Sowjetsystem und demokratische Gesellschaft. Eine vergleichende Enzyklopädie, éd. par C. D. Kernig, tome 1, Freiburg 1966, col. 17-37

VOSS, Jürgen, Philippe de Commynes und sein Memoirenwerk in der Forschung seit 1945, dans: Deutsches Archiv für Erforschung des Mittelalters 29 (1973), 224-235

WAGLER, Fr. A., Bemerkungen über den Télémaque mit besonderer Rücksicht auf den Gebrauch desselben als Schulbuch, dans: Archiv für das Studium der neueren Sprachen und Literaturen 14 (1852), 106-133

WANNER, Raymond, Claude Fleury (1640-1723) as an Educational Historiographer and Thinker, The Hague 1975

WILHELM, Julius, Odysseus in Fénelons "Aventures de Télémaque", dans: Zeitschrift für französische Sprache und Literatur 66 (1956), 231-240

WINDEL, Rudolf, Über die emblematische Methode des Johannes Buno,

dans: Zeitschrift für Geschichte der Erziehung und des Unterrichts
3 (1913), 243-252

WOLLENBERG, Jörg, Richelieu. Staatsräson und Kircheninteresse. Zur
Legitimation der Politik des Kardinalpriesters, Bielefeld 1977

YOUSSEF, Zobeidah, Polémique et littérature chez Guez de Balzac,
Paris 1972

ZERMATI, David-J., La place de Fénelon dans l'histoire des doctrines
économiques, Alger 1934

ZUBER, Roger, Les "Belles Infidèles" et la formation du goût classique. Perrot d'Ablancourt et Guez de Balzac, Paris 1968

ZUBER, Roger, De Scaliger à Saumaise: Leyde et les grands "Critiques"
français, dans: Bulletin de la Société de l'Histoire du Protestan-
tisme. Français 126 (1980), 461-488

INDEX DES NOMS PROPRES

INDEX ANALYTIQUE